Amor Quântico

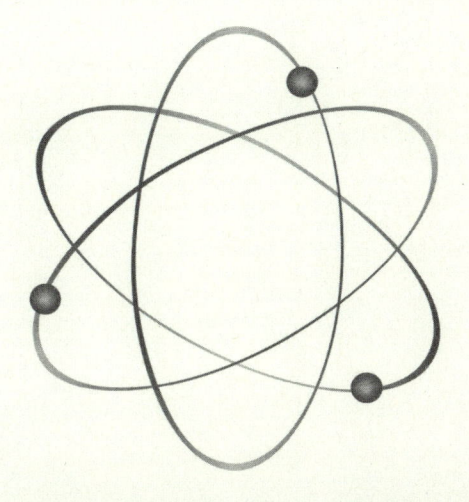

Use a Energia Atômica de Seu Corpo para Criar o Relacionamento Que Você Deseja

Laura Berman, Ph.D.

Amor Quântico

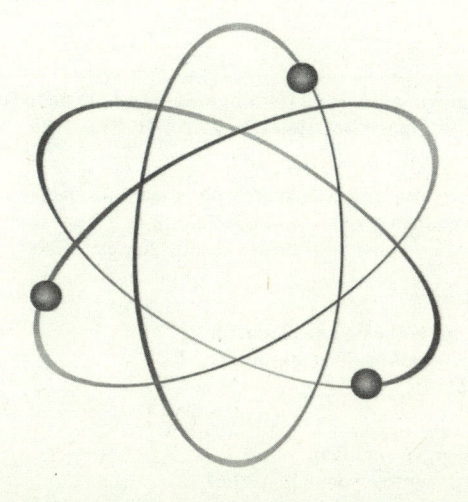

Use a Energia Atômica de Seu Corpo para Criar o Relacionamento Que Você Deseja

Tradução:
Giovanna Louise Libralon

MADRAS®

Publicado originalmente em inglês sob o título *Quantun Love*, por Hay House Inc.USA.
©2016, Laura Berman, Ph.D.
Direitos de edição e tradução para o Brasil.
Tradução autorizada do inglês.
© 2016, Madras Editora Ltda.

Editor:
Wagner Veneziani Costa

Produção e Capa:
Equipe Técnica Madras

Ilustrações do Sistema de Chacras:
Cortesia de Bruce Lipton

Tradução:
Giovanna Louise Libralon

Revisão:
Maria Cristina Scomparini
Silvia Massimini Felix

Dados Internacionais de Catalogação na Publicação (CIP)
(Câmara Brasileira do Livro, SP, Brasil)

Berman, Laura
Amor quântico: use a energia atômica de seu corpo para criar o relacionamento que você deseja/Laura Berman; tradução Giovanna Louise Libralon. – São Paulo: Madras, 2016.
Título original: Quantum love : use your body's atomic energy

ISBN 978-85-370-1027-3

1. Amor 2. Homem-mulher – Relacionamento 3. Intimidade (Psicologia) 4. Orientação sexual para mulheres I. Título.

16-06576   CDD-306.7

Índices para catálogo sistemático:
1. Amor: Relacionamentos: Sociologia 306.7

É proibida a reprodução total ou parcial desta obra, de qualquer forma ou por qualquer meio eletrônico, mecânico, inclusive por meio de processos xerográficos, incluindo ainda o uso da internet, sem a permissão expressa da Madras Editora, na pessoa de seu editor (Lei nº 9.610, de 19/2/1998).

Todos os direitos desta edição, em língua portuguesa, reservados pela

MADRAS EDITORA LTDA.
Rua Paulo Gonçalves, 88 – Santana
CEP: 02403-020 – São Paulo/SP
Caixa Postal: 12183 – CEP: 02013-970
Tel.: (11) 2281-5555 – Fax: (11) 2959-3090
www.madras.com.br

*Este livro é dedicado a VOCÊ:
aquele eu interior e essencial que o mantém,
sempre e incondicionalmente, em Amor Quântico.*

Agradecimentos

Sinto-me inundada de gratidão pelo amor e apoio que me cercam. Em primeiro lugar, sou grata à Hay House por apostar no que foi um novo direcionamento para mim e por acreditar na mensagem do Amor Quântico. Espero deixá-los orgulhosos! Anne Barthel, você é uma editora maravilhosa e atenciosa. Agradeço por seus talentos, sua paciência e seu foco. Ann Maynard, obrigada por seu brilhantismo e sua capacidade de articular as ideias mais complexas com poesia! Bridget Sharkey, como você é talentosa. Obrigada por sua orientação, suas modificações e cortes, e sua presteza constante! A meu gerente na 2Market Media, Steve Carlis, obrigada por sua motivação, criatividade e visão. Um agradecimento especial vai para Martha Beck, que me colocou no caminho que mudaria minha vida ao me oferecer seu tempo, sua compaixão, e ao sugerir que eu apenas escrevesse uma coisa verdadeira todos os dias.

A minhas irmãs de fórum: Munisha Bhatia, Elyse Klein, Lucy Moog, Michele Sakheim-Wein, Carter Sharfstein e Karen Zucker. Vocês têm sido minhas rochas, minhas líderes de torcida e companheiras de crescimento, sempre presentes, sempre me sustentando em amor. A meus camaradas Incendiários: Kathy Bresler, Annmarie Chereso, Lisa Carter, Susan Hyman, Elizabeth Kilbourne, Andrea Kaufman e Cookie Weber – sinto-me inundada de gratidão por ter manifestado cada um de vocês em meu universo. Cada um de vocês tem sido um professor, inspirando-me e apoiando-me ao longo de meu salto ao Amor Quântico.

Sou extremamente sortuda de ter muitos irmãos de alma em minha vida: Marla Henderson, que tem sido minha musa espiritual e companheira desde sempre; Randy Wilder, cujo amor incondicional e irreverência são insubstituíveis; Dana Weinstein, sempre oferecendo bom humor e perspectiva quando necessário; Jennifer Gilbert, geralmente no mesmo caminho e sempre trazendo novas perspectivas; e Robert Ohotto, intuitivo extraordinário – eu o reconheci como uma alma-irmã no instante em que o vi. Obrigada por me dizer para pousar meu avião!

A meu pai, Irwin Berman, agradeço por me amar tão profundamente e me desafiar a amar a mim mesma. Agradeço a Gail Rose por restabelecer o amor generoso à vida de meu pai e compartilhá-lo com o restante de nós. A minha mãe, Linda Berman, e minhas avós, Teal Friedman e Jean Berman, que já não estão neste plano: vocês estão comigo e dentro de mim todos os dias. A minha mãe honorária, Sandra Flowers: você é o amor em pessoa, ensinando-me muito sobre confiança e fé.

A meus filhos Ethan, Sammy e Jackson: vocês são minhas maiores bênçãos. Obrigada por sua generosa concordância em permitir que eu contasse tanto da história de vocês e por abrirem o coração ao Amor Quântico em nossa casa (apesar de um ocasional revirar de olhos). E a meu amado Sam Chapman, meu marido e melhor professor: você é o melhor Amante Quântico que uma garota poderia desejar. Agradeço por sua disposição em esforçar-se continuamente para crescer junto comigo.

Nota do editor internacional:

A autora deste livro não fornece, direta ou indiretamente, aconselhamento médico; tampouco prescreve o uso de quaisquer técnicas como forma de tratamento para problemas de ordem física, emocional ou médica sem a consulta a um médico. A intenção da autora é tão somente oferecer informações de natureza genérica para ajudá-lo, leitor, em sua busca por bem-estar emocional e espiritual. A autora e a editora não se responsabilizam pelos atos do leitor, caso faça uso de quaisquer informações deste livro em seu próprio benefício.

ÍNDICE

Uma Nota de Boas-Vindas 12

Capítulo 1: O Que é Amor Quântico, Afinal? 15
    Por que, afinal, estou escrevendo *este* livro? 16
    Estou assumindo minhas crenças publicamente 20
    Uma nota sobre seu eu verdadeiro 21

Capítulo 2: Conheça Seu Físico Quântico Interior 24
    Afinal, o que é Física Quântica? 25
    Princípio nº 1 da Física Quântica: Tudo é Energia 27
    Princípio nº 2 da Física Quântica:
    Estamos Todos Conectados 28
    Ajustamento sincrônico em ação 32
    Princípio nº 3 da Física Quântica: Você Cria Sua Realidade....34
    A verdade sobre nossos cinco sentidos 40
    Intenção, atração e criação 42

Capítulo 3: Descubra Seu Perfil Energético 46
    Sintonize-se 47
    Vibrações, ondas – do que você está falando? 51
    O mapa da consciência 53
    Frequência e a Lei da Atração 56
    A mim, por mim, através de mim 60
    O mapa do amor quântico 63
    A sabedoria da frequência egoica 68
    Qual é seu IFEI? 71

Capítulo 4: Compromisso Nº 1 – Assumirei a Responsabilidade pela Energia Que Trago ao Relacionamento 79

    Princípio-chave nº 1 da frequência inerente: um coração aberto é o caminho mais rápido à frequência inerente 80
    Princípio-chave nº 2 da frequência inerente: acesse a energia à sua volta... em seus termos 82
    Princípio-chave nº 3 da frequência inerente: gratidão............86
    Princípio-chave nº 4 da frequência inerente: a arte da entrega.......................89
    Princípio-chave nº 5 da frequência inerente: atenção presente 93

Capítulo 5: Apaixonar-Se *Versus* Amor Quântico...................97
    Atração..99
    Três minutos 101
    Um novo campo energético 103
    Ressonância 104
    Paixão...107
    Vínculo afetivo: uma doce volta à normalidade..................111
    A diferença do Amor Quântico 113

Capítulo 6: Compromisso Nº 2 – Terei Clareza Quanto ao Que Quero do Amor 124
    Como ter clareza quanto ao que você quer do amor 125
    Quais são seus Objetivos de Amor Quântico?....................128
    Diminuindo a distância 131
    A Lei da Atração: como manifestar seus Objetivos de Amor Quântico 136
    Como superar desafios..144
    Sem riscos, sem ganhos: às vezes, amar significa partir um coração.......................................150

Capítulo 7: Seu Corpo é Uma Usina de Energia 152
    O que o câncer me ensinou..152
    O poder da conexão mente-corpo.......................................153
    Como nosso corpo armazena emoções 166
    Nossos chacras 171

Capítulo 8: Compromisso Nº 3 – Assumirei a Responsabilidade
pela Energia de Meu Corpo 181
    Como trabalhar com a energia de seu corpo 182
    Como trabalhar com sua respiração 191
    Movimente seu corpo 195
    Alimente seu corpo 196
    Ame seu corpo 204

Capítulo 9: Reeduque Seu Cérebro para
Que Sua Mente Possa Trabalhar 211
    O que é o cérebro? O que é a mente? 212
    Nossas crenças e nossa realidade 214
    Como é o funcionamento de nosso cérebro 224

Capítulo 10: Compromisso Nº 4 – Reconhecerei Quando Estiver
Emperrado e Mudarei do Cérebro para a Mente 239
    Tire o colete de peso emocional 240
    Saia do triângulo do drama 241
    Reescreva as histórias de seus espinhos 249
    Quando a dor é grande demais: às vezes, a única forma de
    deixá-la para trás é passando por ela 259
    Lembre-se de como é estar em coerência 262
    Lubrifique-se: estratégias para ficar menos emperrado 267

Capítulo 11: Sexo Quântico 275
    A experiência do Sexo Quântico 276
    A arte de manifestar o Sexo Quântico 284
    Yin e *Yang* 291
    Alimente o fogo da energia sexual 295
    Sexo tântrico 313
    A ressaca energética do sexo 317

Uma Nota de Agradecimento 321
Apêndice 325
Fontes de Pesquisa de Amor Quântico 355

Uma Nota de Boas-Vindas

Caro leitor,
Você está pronto para o Amor Quântico?
Sei que, à primeira vista, o termo talvez soe como o nome de uma banda da década de 1980, ou algo que você deixou passar durante suas aulas de física do Ensino Médio. Bem, asseguro-lhe que não se trata de uma banda de metaleiros cabeludos nem de alguma exposição chata. Amor Quântico é o termo que uso para descrever aquele amor gratificante, incondicional, apaixonado, revigorante, recompensador e erótico. *"É só isso?"*, talvez você pergunte. Não! Isso é só o começo. Acredito, em primeiro lugar, que o Amor Quântico seja o motivo pelo qual todos nós estamos neste planeta. É o que nos move e nos conecta. É o que nos inspira e nos trará cura, se o deixarmos agir.

Se você escolheu este livro porque está com o coração partido, eu o compreendo. Posso ouvi-lo. Você veio ao lugar certo. Se está aqui porque acha que seu parceiro não o ama mais, ou porque imagina que não pode deixar seu companheiro ver seu "corpo feio" nu; se está cansado de ter as mesmas discussões; se você sente que não é beijado ou cortejado o suficiente, ou acha que nunca encontrará a pessoa certa; se está solitário, inconsolável, envergonhado, com medo ou raiva, este é o livro certo para você. E se está feliz com seu relacionamento, mas quer saber como deixá-lo ainda melhor, você também veio ao lugar certo.

O Amor Quântico é nosso direito inalienável e inato. Ainda assim, a maioria de nós passa a vida inteira totalmente desconectada dele. Na verdade, eu estava exatamente nesse mesmo barco alguns anos atrás. Eu havia passado 25 anos trabalhando com casais, ajudando-os a melhorar sua vida amorosa. Era um trabalho gratificante, significativo e importante. Então, minha vida aparentemente perfeita começou a ruir debaixo de meus pés e acabei decidindo dar um salto rumo ao desconhecido. Foi aí que dei início a uma jornada de descobertas, mergulhando em um oceano inteiramente novo e profundo de sabedoria, o qual conjugava ciência, filosofia, física e até mesmo metafísica. Isso representaria um acréscimo poderoso a meu trabalho, para não mencionar os demais aspectos de minha vida. Escrevi este livro para compartilhar com você aquilo que aprendi.

Deixe-me dar algumas explicações sobre o formato deste livro. Ele está dividido em dois tipos diferentes de capítulos, o que basicamente o levará da teoria à prática. Temos os capítulos de teoria convencional, que explicam em profundidade o que é o Amor Quântico, como ele funciona, por que funciona e o que ele pode fazer por você, por seu parceiro e por seu relacionamento a partir de uma perspectiva emocional, física e espiritual. Esses capítulos estão entremeados com capítulos de Compromissos, que são os capítulos da prática. Neles, solicito que você assuma compromissos fundamentais de fazer as coisas que o aproximarão do Amor Quântico, e também ensino formas práticas de aplicar o que você está aprendendo a fim de criar Amor Quântico em sua vida.

Haverá momentos em que pedirei que você faça um exercício escrito ou registre alguns passos-chave em seu caminho de Amor Quântico, por isso talvez queira manter um caderno ou bloco de anotações, transformando-o em seu Diário de Amor Quântico – ou, se preferir, pode acessar o *site* <www.drlauraberman.com/quantumlove> e fazer o *download* de uma versão eletrônica do Diário de Amor Quântico para acompanhá-lo em sua jornada. Alguns exercícios fundamentais serão apresentados nos próprios capítulos. Outros estarão disponíveis no Apêndice. Você encontrará ainda outras ferramentas e exercícios *online* no *site* <www.drlauraberman.com/quantumlove>.

Quero fazer algumas observações antes de avançarmos. Primeiro, o Amor Quântico é para *todas as pessoas* e *todos os tipos de relacionamentos*: homossexuais, heterossexuais, ou qualquer coisa entre tais extremos. Amor romântico é amor romântico, e é bonito e gratificante em todas as suas formas.

E, por favor, saiba que os solteiros são bem-vindos! Você pode usar este livro para criar e praticar o Amor Quântico em sua vida independentemente de seu *status* de relacionamento. A maior parte das discussões, bem como dos conselhos e exercícios que proponho, pertence ao contexto dos relacionamentos. Quando você constrói Amor Quântico em sua vida, ele certamente o ajudará a atrair o par perfeito para você. Além disso, todas as técnicas que você aprenderá neste livro o ajudarão a construir um amor duradouro, rico, profundo e gratificante quando ele chegar.

Todos os modelos e ferramentas que criei para compor Amor Quântico foram elaborados a partir do conhecimento de sábios e líderes de pensamento que vieram antes de nós, desde muitos milhares de anos atrás até hoje. Tanto quanto possível, "provarei", com ciência e pesquisas, como e por que o Amor Quântico funciona. Mas, por vezes, haverá um hiato entre o que posso provar com dados empíricos e aquilo que posso dizer que creio ser absolutamente verdadeiro com base em como funcionou em minha própria vida e na vida de inúmeras pessoas a quem aconselhei. Todos os nomes e dados de identificação relativos aos casos que esboço neste livro foram alterados. Confiança e respeito são essenciais em todos os relacionamentos, inclusive (e em especial) em meu relacionamento com pessoas que entraram em minha vida buscando ajuda.

Esteja certo de uma coisa: passar ao Amor Quântico é uma jornada e ela exigirá que você se abra a novas ideias, desafie crenças de longa data e assuma a responsabilidade pela realidade que você criou e por aquela, nova e muito melhor, que poderá criar. Pode não ser fácil, mas acredite em mim quando digo que valerá a pena. Você é totalmente merecedor do amor que deseja. Ele está à sua espera. É hora de dar o primeiro passo em um novo caminho, o caminho do Amor Quântico.

O Amor Quântico é uma transformação. Uma vez que você aprenda a colocar a seu serviço a poderosa energia de sua mente, de seu corpo e de seu espírito, sua vida e seu relacionamento já não serão os mesmos. O Amor Quântico é também um resgate. Você nasceu em um perfeito estado de amor e, embora sua experiência possa tê-lo afastado da verdade e da sabedoria desse eu essencial, ele permanece ali, inalterado, reluzente e perfeito. Você precisa apenas voltar a tal estado. *Amor Quântico* mostrará como.

Capítulo 1

O Que é Amor Quântico, Afinal?

Os amantes não acabam por se encontrar em algum
ponto do caminho. Eles estão um no outro desde o início.
Rumi

Colocado de forma simples, o Amor Quântico é o amor que surge quando você conscientemente se apossa da energia de seu corpo, de seu coração e de sua mente e a usa em prol de seu relacionamento. É pegar a Física Quântica – a ciência do funcionamento da energia – e aplicá-la em sua vida amorosa de modo que revele seu poder oculto de criar exatamente o relacionamento que você deseja.

Talvez você acredite que a melhor parte do amor estava lá no comecinho de seu relacionamento: a fase da lua de mel, mergulhada em dopamina, quando não se consegue comer nem dormir e se está perdidamente apaixonado. Quando as borboletas em seu estômago se acalmam, você se acomoda naquela situação que promete ser duradoura, quer se sentindo mais calmo e mais conectado, ou, como a maioria das pessoas, sentindo-se preocupado, achando que alguma coisa está faltando ou se perdeu.

Pode ser que você já tenha tentado tudo, desde terapia de casal até o *Kama Sutra*. Talvez, em uma tentativa de trazer de volta a empolgação e o drama, você se prenda a uma vertiginosa sucessão de brigas explosivas e jogos mentais abusivos. Ou talvez tenha simplesmente se acomodado àquilo que acredita ser o melhor que pode esperar do relacionamento: sexo morno, brigas repetitivas e uma sensação aflitiva de tédio e insatisfação.

Você provavelmente vem pensando que existem apenas duas opções: resgatar de alguma forma a magia do início ou entregar os pontos e se dar por vencido. Mas a verdade é que existe uma alternativa melhor e mais gratificante – um nível mais elevado de amor sinalizando para que você siga adiante, e não para trás. É o Amor Quântico.

Graças aos tremendos avanços no campo da Física Quântica, o estudo de nossa vida e nosso mundo em seu nível mais diminuto e fundamental, hoje sabemos que, em nosso âmago molecular, cada um de nós é tão somente um recipiente de energia. Uma gama de estudos fascinantes, muitos dos quais compartilharei com você neste livro, deixou claro que a realidade em que existimos é, de fato, criada *por nós*, pelas expectativas que temos com relação a ela. Isso é particularmente verdadeiro no tocante a nossos relacionamentos mais importantes. A Física Quântica demonstra que o observador (você) e o que quer que esteja sendo observado (seu parceiro ou seu relacionamento) estão conectados em nível energético, e que você pode influenciar o que observa da maneira que quiser. Basicamente, a ciência da Física Quântica prova que qualquer realidade possível está disponível para nós a cada milésimo de segundo, mas é nossa *perspectiva pessoal* – nossa expectativa quanto ao que nossa realidade será – que faz com que ela aconteça!

Nas páginas a seguir, mostrarei o que já está *de fato* acontecendo em seu mundo interior e, então, explicarei como você pode usar isso conscientemente para criar paixão, entusiasmo e conexão em níveis que você nunca imaginou ser possíveis. Você não pode voltar à fase da lua de mel. E, se for realmente honesto consigo mesmo, sabe que não quer trocar o conforto, a confiança e a familiaridade de um relacionamento de longa data pela empolgação de algo novo. Você quer tudo ao mesmo tempo: um amor que seja intenso e gratificante, que satisfaça suas necessidades e seus desejos em todos os níveis, mas que também alcance níveis mais elevados de intimidade e o conecte a um senso mais pleno de propósito.

Isso parece bom demais para ser verdade?

Pois não é. Está absolutamente ao seu alcance. Como especialista em sexo e relacionamentos, ajudo casais a alcançar isso o tempo todo. E, se estiver disposto, você e seu parceiro podem chegar lá também, transformando seu relacionamento na manifestação de seus desejos mais profundos.

Por que, afinal, estou escrevendo *este* livro?

Se você já leu alguns de meus trabalhos ou acompanhou minhas aparições na televisão, este tópico talvez pareça ser uma espécie de desvio de foco. O que poderia levar uma terapeuta em questões sexuais e de relacionamento a, de repente, mergulhar no mundo da energia e da matéria? E como é que isso se aplica a relacionamentos?

Isso certamente foi algo que ninguém de meu círculo profissional ou de minha vida pessoal esperava. Também não é algo que eu tenha estudado no passado. Eu tinha uma ideia geral de como o Universo funcionava, e ela fazia sentido para mim. Mas, desde então, mudei e expandi minha perspectiva, em grande parte porque não tive escolha.

Foi somente ao completar 41 anos de idade que comecei a questionar tudo o que eu imaginava que sabia. A morte um tanto súbita de minha mãe, que faleceu em decorrência de um câncer, causou um abalo sísmico em meu universo. Pela primeira vez em minha vida adulta, senti-me insegura, arrasada e perdida. Vivenciei uma dor que não sabia que era possível sentir, como se tivessem arrancado um pedaço de mim. Eu já não tinha certeza de quem eu era, e não sabia como vencer o luto de uma forma efetiva. É claro que eu havia aconselhado muitas pessoas ao longo desse processo, e havia, eu mesma, vivenciado a perda muitas vezes antes. Mas a conexão que eu tinha com minha mãe era mais profunda que quase qualquer outra coisa em minha vida.

Então, menos de um ano depois de perdê-la, fui diagnosticada com câncer de mama – no mesmo seio em que o câncer de minha mãe havia aparecido. Nunca antes eu havia precisado tanto do amor e da orientação de minha mãe como naquele momento, nunca antes eu havia encarado minha própria mortalidade de uma maneira tão crua e vulnerável. Minha mãe havia morrido. Será que eu seria a próxima? Será que meus próprios filhos, tão jovens, seriam forçados a enfrentar a dor e a tristeza com que eu mal conseguia lidar como adulta?

Não preciso dizer que o câncer abalou minha família. Meu marido, Sam, e meus filhos, Ethan, Sammy e Jackson, lidaram cada qual de forma diferente com a situação. Sam tentou ser minha rocha, mas eu sabia o horror e a sensação de impotência que ele experimentava. Ele estava tão acostumado a ter sempre o controle das coisas, a ser bem-sucedido, a estar no topo. Agora, ele era incapaz de resolver o pior problema que já havia enfrentado. Enquanto isso, meus filhos estavam assustados e apreensivos, e não reagiam bem em seu esforço de confrontar a terrível perspectiva de perder a mãe. Quanto a mim, sentia-me deprimida, desconectada e até mesmo furiosa. Por que aquilo estava acontecendo? Eu levava uma vida saudável. Fazia yoga, não fumava e raramente ingeria álcool. Por que meu corpo estava me traindo depois de eu me esforçar tanto para cuidar dele? Por que o mundo era tão incerto e tão cruel? Como eu poderia sentir segurança quando parecia que estava vivendo sobre uma falha geológica?

Em pouco tempo, meus questionamentos se tornaram mais que meros lamentos retóricos internos. Sou uma leitora e uma pesquisadora contumaz, então me transformei na Nancy Drew* das crises existenciais. Queria entender o processo pelo qual eu estava passando e aprender a ajudar meu corpo e minha mente (para não mencionar minha família) ao longo do período de angústia que viria pela frente. Queria aumentar minhas chances de sobrevivência e estender o tempo que eu teria com meus entes queridos. Munida apenas de meu Kindle e de uma mente questionadora, eu estava absolutamente decidida a olhar a vida e a morte de frente e obter algumas respostas.

Suponho que minha esperança fosse compreender o segredo do funcionamento da vida e, assim, entender melhor minha tristeza e meu medo. E eu estava certa, mas não percebi como minhas pesquisas mudariam a trajetória de minha vida e de minha carreira. Olhando para trás, não posso evitar sentir um arroubo de gratidão. Foi o período mais sombrio de minha vida, mas também o mais enriquecedor, poderoso e transformador.

Passei a chamar as crises de minha vida de OMECs (abreviação de Outra M@!#ita Experiência de Crescimento), porque perder minha mãe e sobreviver ao câncer foram experiências que me ensinaram que com nossas maiores dores podem vir nossas maiores bênçãos. Se não fosse pela intensa sensação de dor e perda que eu estava vivenciando, teria continuado como estava. Minha vida, que era maravilhosa, teria permanecido igual, mas eu não teria alcançado o estado de clareza, entendimento e maravilha que alcancei desde então. A dor é uma professora maravilhosa e uma motivadora feroz. Ela me compeliu a aprender as lições que mudaram minha vida, meus relacionamentos e o modo como trabalho com as pessoas e os casais que me procuram para tratamento.

Primeiro, comecei pesquisando como sobreviver ao câncer e crescer com a experiência. Eu queria ouvir o que diziam outros sobreviventes e aprender algo com sua sabedoria e sua força. Mas, ao seguir as pistas do que eu estava lendo e ver para onde aquilo estava me levando, percebi que tais autores tinham mais que histórias de luta e listas de

---

* N.T.: Personagem fictícia de uma série de mistério publicada pelo editor Edward Stratemeyer. Nancy Drew surgiu em 1930 e teve uma influência cultural muito grande. A personagem é uma jovem detetive amadora.

superalimentos para compartilhar comigo. Os livros abordavam, além de nutrição e dietas anticâncer, pesquisas sobre neurociência, *feedback* biológico e a profunda conexão que de fato existe entre nossa mente e nosso corpo. Quanto mais eu lia, mais aquilo fazia sentido para mim, e comecei a aplicar a ciência por trás daquilo para cuidar de minha própria saúde.

Então, as coisas começaram a ficar realmente interessantes.

Foi durante minhas buscas por textos sobre o poder da mente que deparei com *O Segredo*. A maioria de nós ouviu falar do *best-seller* de Rhonda Byrne, de 2006, que tratava da Lei da Atração. Afinal, ele permaneceu na lista dos mais vendidos por 146 semanas consecutivas. Graças ao sucesso e à popularidade do livro de Byrne, a Lei da Atração passou a fazer parte do léxico corrente, embora geralmente acompanhada de um revirar de olhos. O programa de tevê norte-americano *Saturday Night Live* fez até uma sátira do livro. A Lei da Atração ensina que "semelhante atrai semelhante". Em outras palavras, pensamentos positivos atraem acontecimentos positivos, e pensamentos negativos atraem acontecimentos negativos. Byrne resume isso muito bem com a seguinte descrição: "Pensamentos são magnéticos e dotados de frequência. Quando se produzem pensamentos, eles são enviados ao Universo e atraem magneticamente todas as coisas semelhantes que estiverem na mesma frequência. Tudo o que é enviado retorna à fonte – você".

Como muitas outras pessoas, eu captei a ideia. Cheguei a lidar um pouco com suas linhas gerais, mas nunca efetivamente a coloquei em prática. Eu queria acreditar nela, mas não conseguia aceitá-la por completo. É claro que o pensamento positivo é incrível, e eu compreendia seus benefícios físicos, mas eu não conseguia abarcar com minha mente o que exatamente *era* a Lei da Atração. Minha dúvida se manifestava em perguntas para as quais eu não conseguia encontrar respostas: *Qual é seu mecanismo de funcionamento? E o que ela diz sobre mim, afirmando que estou atraindo todas essas perdas e doenças para minha vida?*

Sou uma cientista nata: preciso de dados e de pesquisas para acreditar que alguma coisa é verdadeira. Este era, em parte, o motivo de minha resistência com relação a *O Segredo*. Eu precisava de alguma coisa menos "sentimental" e mais "factual". Então, acionei o "modo científico" e comecei a cavar mais fundo. *Quem diz que isso realmente funciona? E por que funciona? Existe alguma ciência por trás desse "novo pensamento" da Lei da Atração?* Em vez que me frustrar com minhas perguntas, decidi encontrar respostas objetivas e realistas.

Foi nesse estado de questionamento que deparei com a Física Quântica pela primeira vez. Em meus estudos, vim a perceber que as lições da Física Quântica podiam ser aplicadas não só na ciência, mas em todos os aspectos da existência humana. Descobri que, em essência, a Física Quântica *é* a ciência por trás da Lei da Atração. Agora tudo começava a fazer sentido. À medida que eu aprendia as lições quantificáveis subjacentes a essa incrível ideia metafísica, ela se tornava cada vez mais real e mais tangível para mim. Comecei a pensar nas informações e a colocá-las em prática em minha própria vida, e logo senti o impacto surpreendente dessa nova compreensão. Fiquei impressionada com o que descobri acerca da energia de meu corpo e de como ela afetava aqueles à minha volta de formas muito concretas.

Comecei a usar as lições que aprendi para ajudar casais que me procuravam para fazer terapia e fiquei encantada com os resultados positivos. Usei o que aprendi para ajudar meus filhos a lidar com a ansiedade e o estresse. Apliquei os princípios a meu relacionamento com meu marido e vi nosso vínculo começar a se aprofundar e amadurecer quase de imediato. Como uma marola em um lago, a mudança irradiou por todos os aspectos de minha existência. E eu soube que tinha algo importante para compartilhar com o mundo.

Estou assumindo minhas crenças publicamente

Eis a verdade: além de ser pesquisadora, terapeuta e cientista, depois de meus estudos do mundo quântico, hoje tenho uma crença muito mais clara e firme em Deus. Sei que essa palavra tem enormes implicações para muitas pessoas. No entanto, o Deus em que acredito é universal e está presente em todas as crenças e religiões. Para mim, "Deus" não é um conceito religioso, institucional ou exterior. Quer você chame Deus de Jesus, Cristo, Alá, Krishna, Gaia, ou de qualquer outro nome, ou de nome nenhum, creio que quase todo mundo que acredita em Deus pode concordar que Deus, em sua fonte, é nada mais que *Amor*, puro e belo.

Então, quando me refiro a Deus, estou na verdade falando da energia do Amor, vibrando em sua máxima frequência. Não acho que Deus esteja em algum lugar distante, afastado milhões de quilômetros daqui. Em vez disso, penso que todos nós sejamos Deus e que Deus está em todos nós. Acredito que cada um de nós é uma criação, uma expressão magnífica, única e mágica do Amor perfeitamente concebido, que tudo sabe e tudo abrange. Se Deus é o sol, nós somos os milhões de raios que emanam dele. Embora pareça que estamos separados, somos, na verdade, todos feitos da mesma coisa; todos nós derivamos da mesma fonte.

Este livro aborda religião de alguma forma? Não. Quer você seja judeu, muçulmano, cristão, wiccano, ateu ou agnóstico, os princípios apresentados neste livro podem ser aplicados a sua vida. E prometo que as páginas a seguir serão bem menos esotéricas. Mas quero que você saiba que ideias desse tipo aparecerão inevitavelmente, já que não nego que nosso mundo esteja carregado de um poder indefinível e misterioso. A ciência pode levar-nos apenas até aqui; depois disso, a fé tem de nos levar um pouco mais adiante. Portanto, embora este não seja um livro religioso, ele envolve alguns preceitos espirituais na medida em que a própria vida o faz e, assim, não posso afastar totalmente essas ideias da discussão.

Historicamente, não se espera que clínicos e cientistas se interessem por questões mais esotéricas, ao menos não em público. Se algo não pode ser explicado preto no branco e provado de forma empírica, então não devemos sequer levá-lo em consideração. Por isso, tenho sim dúvidas e um pouco de medo de "assumir publicamente" minhas crenças. Mas estou dando esse salto no escuro porque acredito que aquilo que aprendi seja demasiado importante para ficar escondido. Vá em frente e seja cético – fique até um pouco aborrecido, se quiser. Mas, por favor, não desanime! Se você aguentar firme, prometo que vai aprender lições valiosíssimas, qualquer que seja sua crença.

Uma nota sobre seu eu verdadeiro

Este é um livro sobre seu relacionamento e sobre como gerar satisfação, conexão e felicidade dentro dele. Contudo, quero dedicar um instante para tratar da peça crucial desse quebra-cabeça: *você*.

Quem é você? Parece uma pergunta simples. Talvez você responda: "sou mãe", ou "sou professor", ou "sou engenheiro", ou "sou um pai caseiro". Ou você pode ser um pouco mais específico e dizer: "sou cristão", ou "sou judeu", ou "sou egípcio", ou "sou brasileiro". Talvez você me dissesse: "sou fanático por esportes", ou "amo chocolate", ou "sobrevivi ao câncer", ou "sou um tremendo jogador de golfe", ou mesmo "adoro Bruce Springsteen". Em suma, você falaria sobre todas as coisas que compõem a pessoa que você é, quer se refiram ao passado, a sua família, a seu emprego, a seus interesses ou a suas crenças.

No entanto, a questão é a seguinte: nada disso é realmente *você*. Essas coisas simplesmente compõem sua identidade. São as informações que eu poderia encontrar em sua página do *Facebook* ou do *LinkedIn*. São as coisas que você poderia compartilhar em um primeiro encontro ou com um novo conhecido. Mas estou aqui para lhe dizer que *nada disso* é seu eu *verdadeiro*.

Seu eu verdadeiro jamais poderia ser reduzido a um perfil de mídia social. Ele nunca poderia ser revelado em sua essência em um primeiro encontro. Seu eu verdadeiro é eterno, imutável, sem forma. Seu eu verdadeiro é aquela luz dentro de você que nunca se apaga, a fonte de vida que está profundamente entranhada em você e que observa todo o desenrolar de sua vida sem jamais mudar, envelhecer, vacilar ou morrer. Chamo seu eu verdadeiro de *eu essencial*. E seu eu essencial (não seu ego) é quem criará o Amor Quântico.

Em seu livro fascinante, *The Untethered Soul*, Michael Singer escreve: "Não há nada mais importante ao verdadeiro crescimento que perceber que você não é a voz da mente – você é aquele que a escuta". Em outras palavras, seu eu essencial não é a parte de seu cérebro que está lendo essas palavras. Não é sequer a parte que está pensando nessas palavras. Tampouco é a parte que está pensando em fazer o jantar, ou a parte preocupada com o trabalho, ou aquela que está de olho no filho aí perto. Não! Seu eu verdadeiro não está fazendo nada além de observar. Seu eu verdadeiro é o eu que *escuta* o pensamento, não aquele que *tem* o pensamento. Seu eu verdadeiro é aquele que está dentro de você desde o dia em que você foi criado, aquele que estava lá em seu aniversário de 4 anos e em seu aniversário de 40 anos.

Por que é tão importante perceber que esse é o eu verdadeiro? Porque quando você se dá conta de que não é só a mãe, o professor, o cristão, o jogador de golfe ou o chocólatra – que você é apenas *você*, eterna, inquestionável e imutavelmente –, de repente fica mais fácil abrir mão do controle. Você não se sente mais tão ameaçado pela vida, seja diante de uma palavra cruel, de uma briga, da perda do emprego, de uma mudança nas finanças ou de um problema com seus filhos. Tudo isso é importante, sim, mas, no fundo, tais coisas não têm o poder de atingir ou diminuir seu eu verdadeiro. Seu eu verdadeiro permanecerá tão impenetrável e inteiro como uma estrela no céu noturno.

Os físicos dizem que a energia não pode ser criada nem destruída. E a Física Quântica nos diz que você não é nada além de energia.

Portanto, a razão diria que você também não pode ser criado nem destruído. Seu eu verdadeiro não pode ser negativamente atingido por nada no mundo. Não se pode acrescentar nada a ele, nem se extrair nada dele, tampouco aprimorá-lo ou alterá-lo de qualquer forma. Você existe, você é completo e não tem de fazer nada para tornar-se mais real ou digno de amor. Que descoberta fantástica!

O que todas essas informações têm a ver com sua vida amorosa e seu relacionamento? E como você pode aplicar os princípios da Física Quântica a sua vida de uma maneira real, sustentável e poderosa? Deixe-me mostrar isso a você. Lembre-se: é normal surgirem perguntas e dúvidas à medida que você lê este livro. Na verdade, eu ficaria surpresa se elas não surgissem! Aceite tais dúvidas. Ame tais dúvidas. Deixe as perguntas existirem sem tentar forçar-se a ter respostas.

Essa jornada dará condições para que você e seu parceiro levem a intimidade física e emocional de vocês a um nível totalmente novo. Meu palpite é de que será algo que vocês nunca vivenciaram antes – de uma maneira positiva. Nos capítulos a seguir, você aprenderá sobre a energia de seu corpo, qual é a frequência única de sua própria energia e como vivenciar, de modo consciente, a perfeita harmonia que já existe entre sua frequência e a de seu parceiro. Isso não quer dizer que não haverá dificuldades ou que você não ficará emperrado em um padrão. Em vez disso, você estará tão bem sintonizado consigo mesmo e com seu parceiro que saberá como *permanecer* sintonizado e transformar cada crise em uma oportunidade muito bem-vinda para que vocês cresçam juntos – na esfera mental, emocional e sexual.

Não sou um guru espiritual nem atuo na área da Física Quântica. Sou terapeuta, cientista e uma mulher em um casamento muito feliz. Ao longo de minha jornada, pesquisas e práticas, descobri uma fórmula que pode ajudá-lo a descobrir o Amor Quântico dentro de si mesmo e de seu parceiro. Valendo-me de incidentes curiosos de minha própria vida pessoal e profissional, de estudos de caso e das mais recentes pesquisas metafísicas e científicas, ensinarei como você pode criar o Amor Quântico em sua vida. Você aprenderá a fazer mudanças fundamentais que se harmonizam com conceitos profundamente espirituais, mas que fazem total sentido, em termos de razão e ciência.

Estou tão animada que você esteja nesta jornada comigo que mal posso esperar para começar!

Capítulo 2

Conheça Seu Físico Quântico Interior

*"Pare de agir de forma tão tacanha.
Você é o universo em movimento extático."*
– Rumi

Você já imaginou alguma coisa que você queria que acontecesse – e, então, ela aconteceu? Já conheceu alguém e sentiu de imediato como se já o conhecesse a vida inteira? Sentiu que havia algo errado com um amigo ou um ente querido e, mais tarde, recebeu um telefonema dizendo que tal pessoa estava no hospital? Isso é a Física Quântica atuando em sua vida.

Agora, você já se pegou pensando em seu parceiro e, então, ele ou ela ligou? Já abraçou alguém e sentiu uma conexão espiritual e emocional que vai além das palavras? Sentiu seu humor mudar quando seu parceiro entrou em casa? Adivinhou o que seu parceiro estava pensando, sem que ele ou ela tivesse dito? Isso é a Física Quântica atuando *em seu relacionamento*.

Como você descobrirá logo mais, somos todos feitos de pura energia. Essa energia constrói tanto nosso corpo físico como nossos pensamentos e emoções, e está em constante vibração, em velocidades, ou frequências, variadas. A energia de nosso corpo, de nossos pensamentos e de nossas emoções é incrivelmente poderosa e atrai para nossa consciência coisas que estejam vibrando na mesma frequência, como diapasões que se harmonizam para soar uma única nota. Em outras palavras, se percebemos algo por meio de qualquer um de nossos cinco sentidos, isso significa que a vibração desse algo está em harmonia com as vibrações que estamos emitindo para o mundo.

Ora, e o que isso significa em nossa vida amorosa? Tudo! Seu companheiro está em sua vida porque a vibração pessoal de vocês os atraiu para o mundo um do outro. Ele ou ela está fundamentalmente em harmonia com você (mesmo que nem sempre pareça ser assim). Cada um de vocês tem o poder de afetar a energia do outro – e, ao afetarem a energia um do outro, vocês na verdade afetam a frequência física, mental e emocional um do outro. O Amor Quântico é um estado em que você e seu parceiro estão, ambos, energeticamente harmonizados em seu estado energético ótimo, como casal e como indivíduos. No desenrolar deste livro, apresentarei as ferramentas que você precisa para, de forma consciente e intencional, entrar nesse estado – e permanecer nele. Mas, primeiro, vamos aprender um pouco mais sobre a ciência que faz essas ferramentas funcionarem.

Afinal, o que é Física Quântica?

Se você é como a maioria das pessoas, sua cabeça começa a girar quando ouve o termo *Física Quântica*. É provável que isso seja especialmente verdadeiro se você não for uma pessoa em quem predomina a função do lado esquerdo do cérebro, que nunca se destacou em matemática ou ciências, ou jamais sonhou em se acomodar no sofá para assistir a um episódio de *Nova*, a série norte-americana de tevê sobre ciência.

Eu costumava me sentir exatamente assim. Física Quântica parecia ser um campo restrito que exigia diplomas de mestrado ou doutorado e um intelecto fenomenal para que se pudesse participar até mesmo de meras conversas a seu respeito. Bem, parecia *difícil*. Eu nunca imaginei que seus princípios fossem relativamente simples. As lições básicas dessa ciência podem ser compreendidas e aplicadas por qualquer um, mesmo por aqueles de nós que passaram raspando nas matérias relacionadas a ciência no ensino médio. Tudo o que temos de fazer é nos abrirmos a novas possibilidades.

Na realidade, a verdadeira dificuldade na compreensão da teoria quântica não deriva de suas abstrações complexas nem do jargão científico, mas antes do fato de que tais conceitos vão contra tudo aquilo que pensamos saber sobre nosso Universo. Assim como as pessoas da Idade Média pensavam que o mundo era plano e que o Sol girava ao redor da Terra, não faz muito tempo as pessoas de nossa própria época tinham ideias errôneas sobre o funcionamento do mundo.

No passado, a Física Clássica nos dizia que éramos o resultado de nossos atos e experiências de natureza material. O mesmo se aplicava a tudo à nossa volta – tudo o que tocávamos, víamos e vivenciávamos era resultado da atuação de forças externas. Considerávamos os elementos – o ar, a terra, o fogo e a água – as forças naturais que moldavam o mundo que conhecemos. Os físicos quânticos, no entanto, estão observando níveis *mais profundos*. Eles estão estudando as mais ínfimas partículas do universo, a base de tudo no mundo *e em nós*, e descobriram que o Universo talvez não funcione como pensávamos antes.

Essa nova compreensão acerca do funcionamento de nosso mundo e de nosso papel nele tem enormes implicações em nossos relacionamentos. A Física Quântica nos leva a questionar não só quem somos, mas *por que* somos e *como* somos, e como isso influencia nosso futuro, nossa vida e, em especial, nossos relacionamentos.

Isso vai doer só um pouquinho: como se abrir aos princípios da teoria quântica

A Física Quântica é inegavelmente complexa, portanto, focarei apenas nos princípios fundamentais que, acredito, sejam a base para mudar seu relacionamento. Por isso, não se preocupe, não há necessidade de diplomas de mestrado ou doutorado aqui!

Além disso, quero ser clara. Adoro formular e implementar pesquisas científicas, mas não sou uma profissional da Física Quântica. Quando comecei essa empreitada, fiquei intimidada porque tinha medo de que o assunto fosse demasiado difícil para que eu o compreendesse. Por esse motivo, buscarei apresentar as coisas em linguagem leiga tanto quanto possível. Peço desculpas a todos os físicos quânticos caso minhas explicações pareçam simplificadas demais! Acessibilidade é meu objetivo, e creio que todos possam tirar proveito dessas ideias transformadoras.

Por ora, você precisa apenas ter a mente aberta e estar disposto a olhar a vida através de novas lentes. Pedirei que você observe o mundo, e sua própria realidade pessoal, de um modo que parecerá meio estranho. Lembre-se: por milhares e milhares de anos, os seres humanos pensaram que "conheciam" tudo o que havia para conhecer a respeito da vida na Terra – até que veio uma nova geração e provou que o conhecimento das gerações anteriores estava incorreto ou incompleto. Por certo, o mesmo acontecerá com as crenças de nossa geração. Portanto, não tenha medo de reconsiderar e até mesmo desafiar suas concepções de longa data.

E lembre-se ainda de que não há problemas se você não estiver 100% de acordo com tais ideias. Você não precisa estar. Basta estar disposto a pensar sobre elas, cogitar sobre elas, afastar-se e encarar sua vida com uma mente aberta e perscrutadora.

Princípio nº 1 da Física Quântica: Tudo é Energia

Você é puro potencial. E não digo isso apenas no sentido literal de que você tem o potencial de mudar de emprego, perder peso ou escrever um *best-seller*. Você realmente tem o potencial de fazer todas essas coisas, e essa é uma verdade muito poderosa de acreditar e aceitar, capaz de mudar sua vida. Contudo, mais que isso, e em um nível ainda mais profundo, você é *pura energia*. Energia que não pode morrer nem ser contaminada ou destruída.

Essa mesma energia o conecta a tudo e a todos à sua volta. Você é feito da mesma energia de que são feitos seu parceiro, seu vizinho, a mulher do outro lado do mundo, as estrelas e até o próprio vento! As fronteiras que você percebe entre você e o mundo à sua volta não existem em nível quântico. Você não é uma poça d'água individual e solitária. Você é uma onda em um imenso oceano de inteligência, poder e sabedoria.

Talvez você esteja pensando: *É ótimo que sejamos todos seres repletos de energia potencial, mas o que isso realmente significa? E, se tenho tanta energia dentro de mim, por que estou morto de cansaço no fim do dia?* Quando uso o termo *energia* neste livro (e quando os físicos quânticos usam o termo), não o faço no sentido que você provavelmente está acostumado a ouvi-lo, como em "crianças têm muita energia", ou "comer proteína de carnes magras é uma boa maneira de aumentar sua energia". Na verdade, estou fazendo referência à fonte de vida em si, ao oceano de pura existência dentro de nós e à nossa volta a cada instante.

A energia em nós e em cada pedacinho do mundo que nos cerca está em constante movimento. Imagine essa energia como bilhões de fios de energia dançando, serpeando. Cada fio tem vibração e movimento únicos e atua como um ímã, atraindo fios com frequências e vibrações semelhantes. Essa atração pode expandir-se ao longo de todo o espaço e tempo (porque o espaço e o tempo não existem em nível quântico). À medida que esses fios de energia são atraídos uns aos outros, eles se agrupam. Quando a energia se agrupa em quantidade suficiente, ela cria uma forma que podemos ver efetivamente. Isso se chama massa.

Se o termo *massa* evocar em você lembranças negativas das aulas de ciências do ensino médio, não se preocupe. Na verdade, o conceito de massa é bem simples de definir. Massa é energia (e, por outro lado, energia é massa). Elas são a mesma coisa, mas em formas diferentes. Pense nisso da seguinte maneira: massa é energia que tem uma forma que conseguimos tocar e ver, ao passo que energia é massa potencial que ainda tem de ser formada.

Pense no que isso significa com relação a você, seu corpo e sua mente. Seu corpo, e cada parte que compõe seu corpo, é massa. É sua energia em forma física. Seus pensamentos são energia também, mas eles não têm forma. Eles não têm massa: existem simplesmente como energia. Seus sentimentos podem ser as duas coisas. Não podemos ver nossas emoções em si, mas com certeza podemos vê-las manifestadas em nossos sorrisos e caretas, nosso riso e nossas lágrimas. Tudo isso é energia – *sua energia*.

Nossa energia também não está trancada dentro de nós. Ela está constantemente irradiando para o universo e pode afetar nosso mundo e as pessoas que nos cercam de modos bastante palpáveis. Isso ocorre graças ao poder de nossa conexão compartilhada.

Princípio nº 2 da Física Quântica: Estamos Todos Conectados

Os maias tinham uma saudação tradicional: "*In Lak'ech*". Sua tradução é: "Sou outro você". Que concepção simples e, ao mesmo tempo, poderosa! Embora os antigos maias provavelmente não soubessem nada sobre Física Quântica, essa saudação é uma síntese perfeita de um de seus princípios: *Você não está sozinho*. O famoso psiquiatra e psicoterapeuta Carl Jung afirmou o mesmo, embora de maneira menos sucinta, quando escreveu: "Nós encontramos a nós mesmos inúmeras vezes, em milhares de disfarces, no caminho da vida". Em outras palavras, embora você possa sentir-se apartado do mundo à sua volta, às vezes até mesmo isolado dele, na realidade, você está conectado a tudo e a todas as pessoas que o cercam, e cada pessoa com quem você interage tem o potencial de lhe ensinar alguma coisa.

Não é fácil aceitar uma filosofia de unidade em nossa cultura, em especial onde o individualismo e a autonomia são muito valorizados (como o são, em particular, entre os norte-americanos). Contudo, a verdade é que a unidade é que tem permitido o desenvolvimento da humanidade. Quando a raça humana era jovem neste planeta, nossa sobrevivência dependia de nossa união. Não poderíamos sobreviver sem nossos irmãos humanos mais do que poderíamos fazê-lo sem oxigênio ou água doce. Precisávamos uns dos outros para proteção, companhia, e para dar continuidade à espécie. Nessa época do passado, as circunstâncias em que vivíamos refletiam a ausência de separação que existe entre nós em nível quântico. No entanto, com o passar do tempo, indivíduos de sociedades subsequentes tornaram-se cada vez menos dependentes uns dos outros. Deixamos de viver juntos em uma caverna ou viajando em tribos nômades e passamos a viver em cabanas separadas, depois em comunidades separadas, em apartamentos separados, em casas enormes, nas quais ficamos separados de nossas próprias famílias por milhares de quilômetros. Pouco a pouco, a capacidade de viver em separado – o prazer de estarmos sozinhos e nos definirmos como indivíduos – tornou-se não só a regra cultural, mas um prêmio.

Por mais reconfortantes que os princípios do individualismo possam ser a nosso ego (e por mais entranhados que estejam em nossos sistemas de crença fundamentais), muitos dos líderes de pensamento atuais estão agora questionando essa crença tão difundida de que as pessoas estão separadas umas das outras. Na verdade, estão questionando a crença de que as pessoas estão separadas de tudo o mais que existe.

Em Física Quântica, o princípio de que tudo está conectado é conhecido como "não localidade". Ele afirma que uma partícula energética pode influenciar outra partícula energética, mesmo quando tais partículas não se tocam de nenhuma maneira, e até quando estão separadas por milhões de quilômetros. Ideias quânticas como essa podem ser a ciência por trás da conexão humana.

A evolução da conexão humana em nível energético

Em 1964, o físico irlandês John Stewart Bell publicou um artigo sucinto propondo que partículas diminutas, tais como os elétrons, poderiam apresentar coordenação instantânea (ou seja, o movimento de uma poderia fazer com que a outra se movesse exatamente no mesmo instante), mesmo quando separadas por muitos quilômetros uma da outra. Albert Einstein não ficou impressionado com a ideia, que ele chamava de "ação fantasmagórica a distância". Além disso, testes feitos desde então sugerem um fenômeno a que os físicos se referem como "entrelaçamento ou emaranhamento quântico".[1]

O físico austríaco Erwin Schrödinger foi um dos primeiros a trazer à baila essa ideia de entrelaçamento quando percebeu que partículas diferentes podem comportar-se como se fossem uma mesma coisa, ainda que estejam separadas no espaço ou no tempo. Na verdade, essa conexão pode continuar existindo mesmo que uma das partículas já tenha deixado de existir.[2]

Esse conceito já é suficiente para deixá-lo completamente desconcertado! Mas encare-o da seguinte maneira: sabemos que a energia não pode ser criada nem destruída – ela simplesmente *é*. No entanto, a *forma* dessa energia pode mudar. Portanto, não importa onde estejam as partículas energéticas, ou que forma assumam, se duas partículas estão entrelaçadas, elas são a mesma coisa. Não importa se uma delas está na Lua e a outra, em Miami – se uma delas girar, em consequência a outra girará também. E como a energia está em tudo e em todos e existe em formas incontáveis, é seguro dizer que as partículas energéticas de que somos feitos têm entrelaçamentos infinitos ao longo do tempo e do espaço. Esse tipo de conexão e coordenação indica que a "unidade" é real. Graças ao entrelaçamento, somos todos *um* em nível quântico. Não somos seres individuais flutuando, desconectados, no espaço. Cada um de nós é feito de milhões de moléculas que compartilham da mesma história e do mesmo futuro. Que conceito incrível!

E é ainda mais impressionante quando se aplica o conceito do entrelaçamento a casais. A força do entrelaçamento energético entre parceiros pode ser tão intensa que, de formas surpreendentes, dois corpos podem comportar-se como se fossem o mesmo ser.

Pesquisadores da Universidade de Washington queriam saber qual seria o grau da ligação entre amantes e, para isso, pediram que casais se submetessem a um teste. Eles levavam um dos parceiros para

---

1. Greg Kuhn, *Why Quantum Physicists Do Not Fail: Learn the Secrets of Achieving Almost Anything Your Heart Desires* (Charleston, SC: CreateSpace Independent Publishig Platform, 2013).
2. Pam Grout, *E-Squared: Nine Do-It-Yourself Energy Experiments That Prove Your Thoughts Create Your Reality* (Carlsbad, CA: Hay House, 2013).

uma sala e mandavam o outro para outra parte do prédio. Então, lançavam um feixe de luz nos olhos do primeiro parceiro enquanto estudavam as reações oculares e cerebrais do segundo. Eles descobriram que o centro ocular no cérebro do segundo parceiro reagia quando o primeiro era exposto à luz, ainda que estivessem separados por uma grande distância e não tivessem ideia do que estava acontecendo na outra sala![3]

As antigas leis da Física não poderiam sequer começar a explicar uma reação tão surpreendente e tocante. Contudo, a Física Quântica tem uma explicação simples: estamos todos conectados, e estamos todos influenciando o mundo à nossa volta a todo instante. Nossa capacidade de influenciar por meio da conexão energética é chamada *coerência*.

Como influenciamos a energia de nosso parceiro e a nossa própria: coerência e ajustamento sincrônico

Coerência é um estado tranquilo, sereno e amoroso de alinhamento interno que ocorre quando seu coração está aberto – um estado que mostrarei como atingir mais adiante, neste livro. Quando você está em um estado de coerência, seu coração e sua mente trabalham juntos em perfeita harmonia. Não há perturbações interiores, apenas fluxo à medida que seus sistemas entram em máximo alinhamento. Quando você está em coerência, seus sistemas estão alinhados e vibram em uma frequência elevada.

Como você aprenderá nos próximos capítulos, frequência elevada é fundamental para o ingresso no caminho do Amor Quântico. Ela corresponde a estados de consciência mais elevados e felizes, como alegria, amor e gratidão. Um estado energético coerente também é excelente para o corpo, podendo fortalecer seu sistema imunológico, reduzir o estresse e manter uma sensação de bem-estar. Finalmente, quando você está em um estado energético coerente, você influencia seu parceiro e seu relacionamento de maneira positiva. Um dos pontos-chave deste livro é a lição de que *você* tem o poder de criar e reformular a paisagem de seu relacionamento da maneira que desejar tão somente criando,

---

3. Todd L. Richards, Leila Kozak, Clark Johnson e Leanna J. Standish, "Imagens de Ressonância Magnética Funcional Replicáveis como Evidência de Sinais Cerebrais Correlatos em Pessoas Física e Sensorialmente Isoladas", *Journal of Alternative and Complementary Medicine 11*, n. 6 (2005): p. 955-963.

em primeiro lugar, a mudança em você mesmo. Quando você está em um estado coerente, de generosa bondade, você está passando ao Amor Quântico e, graças à Física Quântica, também acaba levando seu parceiro e seu relacionamento para o Amor Quântico. Entrar em estado de coerência é uma arte e ensinarei como fazê-lo no capítulo 4 ("Compromisso nº 1 – Assumirei a Responsabilidade pela Energia Que Trago ao Relacionamento").

Quando você está fisiológica e energeticamente em coerência, passa a ter à sua disposição um nível de clareza e sabedoria a que não tem acesso quando não está em coerência. Muitas vezes, quando estamos tentando encontrar a solução para um problema, sentimo-nos ansioso e aborrecidos, e é difícil encontrar soluções nessas condições. Entrar em coerência lhe dá acesso à sabedoria de seu eu essencial. Isso também pode exercer uma influência positiva sobre a energia de seu parceiro por meio de um processo chamado *ajustamento sincrônico*.

O princípio do entrelaçamento nos ajuda a compreender que estamos todos conectados. O ajustamento sincrônico é um dos resultados do entrelaçamento, uma forma de coerência em que o estado energético de um sistema pode efetivamente influenciar outro sistema. Ele pode acontecer apenas em nós mesmos, como quando nossa frequência cardíaca aumenta e nossa respiração acelera ao mesmo tempo, ou pode estender-se para além de nós e influenciar nosso parceiro.

Ajustamento sincrônico em ação

Meu marido e eu estávamos no meio de uma discussão.
– Já conversamos sobre isso. Você *sabia*. E *ainda assim...*
Percebi que eu começava a adotar uma atitude defensiva. Era um reflexo que entrava em ação com demasiada frequência quando eu me sentia desafiada ou frustrada. Sam me contava seu lado da história, mas suas palavras foram se perdendo à medida que eu pensava em todas as coisas que eu responderia a ele. Eu já não estava sequer ouvindo o que ele dizia; apenas esperava minha vez de falar.

Esse era meu *modus operandi* de costume. Nunca fui do tipo que arreda de uma discussão. Como a maioria de minhas iguais pós-feministas, gosto de dizer que amamentei por um sutiã em chamas. Minha mãe me ensinou a jamais deixar um homem (ou qualquer pessoa, aliás) me controlar e a sempre permanecer firme em minha posição. Cresci com a ideia de que não se defender era o mesmo que se acovardar. A capacidade de debater meu ponto de vista, por outro lado, era sinal de força. Essas eram lições que eu havia ensinado a meus filhos também. Era um padrão antigo em minha vida e em minha família, e do qual muitas pessoas partilhavam.

A energia entre mim e Sam era cáustica, tensa. Estava palpável em nosso tom de voz, em nossa linguagem corporal e nas palavras que escolhíamos para usar – e isso com certeza não estava melhorando a situação. Mas, naquela ocasião, decidi conscientemente não cair em meu padrão habitual. Sintonizei a energia de meu corpo e senti a opressão no peito e nas costas. Ao perceber como aquela energia estava aumentando minha tensão, deixando-me fisicamente desconfortável e intensificando minhas defesas, eu me dei conta de que nenhum de nós se sentiria melhor a menos que abandonássemos aquele estado prejudicial.

Decidi que, apenas daquela vez, e a título de experiência, eu sairia da defensiva simplesmente relaxando em um estado de amor puro e incondicional por meu marido. Eu sempre sinto esse amor por ele, mesmo quando estou com raiva dele, mesmo quando tal sentimento está enterrado debaixo de uma pilha de ressentimento e atitudes defensivas. Sem tocá-lo fisicamente nem mudar em absoluto minha expressão, tentei alcançá-lo emocionalmente. Pensei em quanto eu o amava e como aquela discussão era insignificante na enorme realidade de nosso relacionamento e nossa história. Eu abri meu coração para ele. E deixei que continuasse falando.

Uma coisa estranha aconteceu.

De repente, Sam pareceu um pouco confuso. Então, ele disse: "Esqueci o que eu estava dizendo". Você precisa entender que uma das muitas coisas que acho atraente em meu marido é sua mente afiada. Ele poderia argumentar perante a Suprema Corte, se quisesse. Assim, para ele, perder a linha de raciocínio era, por si só, algo sem precedentes. Então, seu corpo relaxou visivelmente. Seu rosto se suavizou e seus ombros desceram, afastando-se das orelhas. Foi como se minha energia amorosa tivesse feito desaparecer toda a raiva e a tensão de dentro dele, embora ele não percebesse o que estava acontecendo.

Em Física Quântica, a conexão entre mim e Sam que tornou essa mudança possível é uma forma de coerência chamada ajustamento sincrônico. Quando entrei em um estado de bondade generosa, promovi coerência em mim; e, como Sam e eu estamos energeticamente entrelaçados, seu estado físico ajustou-se sincronicamente ao meu. Nossas energias entraram em harmonia vibracional e permitiram que nos conectássemos com nosso eu sublime. Nossa raiva e nossa tensão física desapareceram quando nos unimos em uma conexão amorosa.

Coerência e ajustamento sincrônico mostram como são realmente profundos e significativos os relacionamentos humanos. Você não está conectado a seu parceiro apenas porque vive na mesma casa ou usa o mesmo sobrenome. Tampouco a conexão entre vocês é totalmente física, nem totalmente mental. Existe alguma coisa muito mais profunda em todos nós que nos conecta uns aos outros.

Assim, fica claro que a coerência é crucial para criar a vida e o relacionamento que você deseja. Você e seu parceiro estão conectados um ao outro no nível mais fundamental. Vocês estão constantemente trocando mensagens, mesmo quando não estão conscientes disso, e até mesmo quando não estão no mesmo cômodo. Se seu parceiro estiver emitindo energia negativa, essa energia afetará negativamente seu estado de espírito, e, se isso não for abordado e resolvido, pode vir a prejudicar o relacionamento.

Imagine se, em minha discussão com Sam, em vez de passar a um estado de coerência amorosa, eu tivesse passado a um estado de raiva intensa. Essa energia certamente teria chegado até ele, que provavelmente teria respondido com sua própria energia raivosa. Você e seu parceiro naturalmente se ajustam sincronicamente à energia um do outro, quer o percebam, quer não. Mas, em geral, esses níveis energéticos são negativos e improdutivos. Quando você aprende a controlar sua energia e a aproveitá-la de forma efetiva, pode aprofundar e fortalecer sua conexão com seu parceiro. Essa capacidade não sofre quaisquer limitações físicas nem está presa nas linhas do tempo e do espaço. A influência de nossa energia pode viajar para qualquer lugar e manifestar-se de maneiras bem palpáveis.

Essa conexão nos propicia uma capacidade incrível de criar Amor Quântico em nossa vida.

Princípio nº 3 da Física Quântica: Você Cria Sua Realidade

Se eu lhe perguntar: "O que é real?", você pode achar que essa é uma pergunta muito simples de responder. Talvez você diga: "Eu sou real, você é real, essa mesa é real, essa sala é real. A planta ali no canto é real, o chá em nossas xícaras é real, e também o gato no sofá. Tudo o que vemos, ouvimos, sentimos, cheiramos e tocamos é real. O restante são só nossa imaginação e nossas lembranças".

Mas será? Permita-me ilustrá-lo com um experimento muito interessante sobre o pensamento, criado por Erwin Schrödinger em 1935. Ele pediu que algumas pessoas imaginassem um gato em uma caixa e, junto com o bichano, um frasco de veneno e um material radioativo. Se o material radioativo se desestabilizasse, ele faria com que o frasco de veneno se quebrasse e isso, por sua vez, mataria o gato. (Pobre gatinho! Não se preocupe. Tudo isso é hipotético.)

Schrödinger, então, fazia a pergunta: "O gato está vivo ou morto?". Como estamos todos fora da caixa, a única maneira de ter certeza seria abrir a caixa e observar: "Sim, o frasco se quebrou; o gato está morto". Ou: "Não, o frasco não se quebrou; o gato ainda está vivo". No entanto, se não abrirmos a caixa, diz Schrödinger, o gato está ao mesmo tempo vivo *e* morto, porque ambas as possibilidades existem e nenhum resultado foi eliminado, as duas opções ainda estão em pauta.[4]

O mesmo se dá com nossa realidade. Apenas podemos dizer: "sim, o gato está vivo" ao verificarmos a caixa para ter certeza. Se não verificarmos a caixa, o potencial tanto para a vida como para a morte permanece. E, então, o gato viverá para miar mais um dia? Depende de você.

Deixe-me perguntar outra vez: "O que é real?". A resposta é: *qualquer coisa que decidirmos*. Escolhemos nossa realidade. Estamos no comando. Nós decidimos.

Suas vibrações pessoais determinarão o mundo que você cria. Se você estiver com raiva, provavelmente criará mais cenários para sustentar sua raiva, já que a energia dessa emoção atrai as coisas que vibram em harmonia com ela. Tudo aquilo que está em seu mundo material representa de alguma forma sua vibração pessoal. Em outras palavras, quaisquer que sejam suas histórias, é provável que sua energia esteja trabalhando para provar que elas estão corretas.

Observar o mundo muda o mundo

E se eu lhe dissesse que, a cada instante, o Universo está sendo criado para você, por você, bem diante de seus olhos? Parece maluquice, mas é verdade.

---

4. E. Schrödinger, "Die Gegenwärtige Situation in der Quantenmechanik", *Naturwissenschaften* 23 (1935): p. 807-812; p. 823-828; p. 844-849. Discussão de A. Einstein, B. Podolsky e N. Rosen, *Physical Review 47* (1935): p. 777.

Tudo em nosso mundo físico é feito de átomos. Mas o que são átomos? Cientistas descobriram que, na verdade, os átomos não são nada além de 99,99999999999% de espaço vazio. Contudo, não é exatamente vazio um espaço preenchido com nada. É um espaço repleto de potencial, de energia e de informação. É um suprimento de possibilidade aguardando para se desenvolver e tomar forma para nós. É o campo quântico.

Os cientistas descobriram até mesmo que a matéria existe apenas quando é observada. Os átomos ganham forma quando lhes dirigimos nossa atenção. Do contrário, eles retornam a seu estado original de pura energia e potencial. De modo um tanto literal, o Universo está sendo criado *para* nós e, como nos mostra a Física Quântica, também está sendo criado *por* nós, porque nossas expectativas e crenças sobre o mundo têm o poder de moldar o que vemos ou mesmo determinar se o vemos.

Historicamente, costumávamos acreditar em um paradigma observador-observado. Havia um mundo e uma pessoa observando o mundo. Os dois não estavam conectados em absoluto. Os cientistas julgavam que podiam estudar assuntos e realizar pesquisas sem exercer nenhuma influência sobre o resultado de seus experimentos. Isso significava que suas descobertas eram absolutamente inatacáveis e confiáveis.

Hoje sabemos que isso é claramente falso. Não é verdadeiro para indivíduos (pessoas que estão sendo estudadas são sempre afetadas por tal conhecimento, daí a necessidade de grupos de controle e placebos), e não é verdadeiro sequer para objetos não humanos de estudo. Isso também se estende ao nível quântico: a distinção entre observador e observado não é válida sequer para elétrons no nível subatômico.

O físico Fred Alan Wolf afirma que o Universo não existe sem alguém que o perceba. Parece difícil de acreditar, mas pesquisas no campo da Física Quântica corroboram essa asserção. O melhor exemplo disso é um estudo conhecido como experimento da fenda dupla, realizado pela primeira vez no Instituto Weizmann de Ciência e reproduzido centenas, senão milhares, de vezes no mundo todo.

Os cientistas do Instituto Weizmann construíram um dispositivo minúsculo, semelhante a uma barreira, com duas aberturas. Eles então dispararam partículas (porções diminutas de matéria) no dispositivo e examinaram como elas saíam do outro lado do aparelho. Sem causar surpresa, as partículas atravessaram as duas aberturas e deixaram um padrão claro e sistemático como prova de sua trajetória. Em seguida, os pesquisadores emitiram ondas, para que atravessassem o dispositivo.

Eles descobriram que as ondas interferiam umas nas outras e criavam um "padrão de interferência" ao passar ao outro lado do dispositivo. Mais uma vez, isso fez sentido para os físicos, já que as ondas se sobrepunham (como fazem na natureza) e, portanto, eram incapazes de se comportar como partículas.

Em seguida, os cientistas fizeram com que elétrons atravessassem o dispositivo, na expectativa de que eles se comportassem como partículas e criassem um padrão claro e sistemático. (Um elétron é uma partícula subatômica com carga elétrica negativa.) No entanto, os elétrons não deixaram um padrão discernível e previsível. Como isso era possível? A princípio, os pesquisadores se perguntaram se os elétrons poderiam estar interferindo uns nos outros, exatamente como as ondas, e, assim, decidiram enviar apenas um elétron por vez pela barreira. Eles descobriram que o elétron ainda criava um padrão de interferência – como se estivesse interferindo em si mesmo!

Ávidos por aprender mais, os físicos decidiram criar um dispositivo que pudesse mensurar (ou observar) exatamente o que o elétron fazia ao atravessar. Mais uma vez, eles ficaram estupefatos ao descobrir que, quando o elétron estava sendo observado, ele *parava* de comportar-se como uma onda e começava a comportar-se como uma partícula, deixando um padrão de partícula em vez de um padrão de interferência. Os físicos ficaram perplexos, pois suas descobertas mostravam que o simples ato da observação literalmente alterava o modo como aquele minúsculo elétron escolhia comportar-se, como se o elétron soubesse que estava sendo observado e decidisse mudar sua forma por causa disso![5]

Então, o que isso realmente significa? Eu e muitos outros cientistas e professores acreditamos que isso significa que nós criamos de fato nossa própria realidade em nossa vida e em nossos relacionamentos. É claro que todos nós sabemos que criamos nossa *percepção* da realidade. Também temos uma tendência a concordar que a maneira como escolhemos interpretar diferentes acontecimentos em nível intelectual e emocional cria nossa experiência de vida. Abordaremos isso nos próximos capítulos. Mas o que estou abordando aqui é a ideia que constitui a ciência por trás da Lei da Atração e de *O Segredo*. Estamos criando nossa realidade a cada milissegundo. Mesmo porçõezinhas minúsculas de matéria estão literalmente respondendo a nosso olhar e agindo de

---

5. Andrew Robinson, *The Last Man Who Knew Everything* (New York: Pi Press, 2006).

maneira diferente por causa dele. Somos os arquitetos do mundo que vemos à nossa volta todos os dias.

Na realidade, exercemos tamanho controle sobre nossa realidade que basicamente escolhemos uma realidade enquanto ignoramos todas as demais oportunidades. E o fazemos a cada milissegundo. Embora acreditemos que as coisas "simplesmente" acontecem ou que o mundo "apenas é", a verdade é que você poderia ter escolhido dentre uma miríade de opções diferentes. Você poderia ter escolhido uma realidade completamente diferente... tal como pode fazer agora mesmo.

Existem infinitas realidades

Milhões de mulheres são diagnosticadas com câncer de mama. Contudo, a maneira como vivenciei o câncer de mama não foi igual à maneira como outras mulheres o fizeram, mesmo aquelas que receberam quase o mesmo diagnóstico e tratamento. Cada uma de nós passou pela experiência através do filtro de seus próprios sistemas de crença e de suas expectativas, assim como o fizeram nossos familiares e amigos. Cada um de meus filhos sentiu meu diagnóstico de um modo diferente e reagiu de uma forma diferente, tal como meu marido. Em outras palavras, cada um de nós vivenciou uma realidade diversa.

Quer nos demos conta disso ou não, isso é a Física Quântica em ação. Se as realidades estivessem gravadas na rocha, cada membro de minha família teria vivenciado meu diagnóstico de câncer da mesma maneira. Mas simplesmente não é isso que acontece. Uma liberdade incrível emerge dessa percepção: sua realidade é maleável e você tem o poder de controlá-la.

Existe uma enorme quantidade de pesquisas que têm ajudado a esclarecer como pode ser grande a influência do pensamento humano sobre o mundo material. O dr. Masaru Emoto foi um pesquisador japonês que dedicou grande parte de sua carreira ao estudo da água e das mudanças moleculares que ocorrem nela quando suas gotículas se cristalizam. O dr. Emoto queria descobrir se forças externas poderiam alterar o formato que assumem os cristais de água. Basicamente, ele queria descobrir se a consciência humana, se a intenção humana podia de fato *alterar* a estrutura molecular da água. Será que a água *reagiria* à energia dos pensamentos e das emoções humanas?

Para fazer tal pesquisa, o dr. Emoto fotografou moléculas de água depois de cristalizadas. Mas, antes que se cristalizassem, ele direcionou uma energia diferente para cada gotícula. Para algumas gotículas, ele tocou Beethoven; para outras, Metallica. Para algumas gotículas ele direcionou emoções como raiva ou imagens de pessoas como Adolf Hitler. Para outras, ele pensou em paz ou em pessoas como Madre Teresa e direcionou a elas a energia positiva que tais imagens criavam. De forma surpreendente, suas fotografias mostram que a água de fato parece responder de maneiras diversas a pensamentos positivos e negativos e a música harmônica ou cacofônica. A água que recebeu os focos de "gratidão" e "paz" revelou formas belas, quase simétricas. A água que recebeu a energia da raiva, da traição e do assassinato formou cristais irregulares de aparência escura e assimétrica.[6]

Agora, pense o seguinte: os seres humanos são constituídos principalmente de água. Pense no que as intenções e emoções negativas e positivas fizeram às gotículas de água. Imagine essa mesma alteração molecular ocorrendo em seu próprio corpo, todos os dias, sempre que você rumina emoções como a raiva e sentimentos de inferioridade e desalento. Agora, imagine essas poderosas vibrações energéticas afetando também seu parceiro.

A vida não é um caos totalmente fora de seu controle. Seu relacionamento não é irremediável. Sua vida sexual não precisa ser morna. Você pode decidir que tipo de vida quer ter e como deseja que seja seu relacionamento. Você é o autor de sua própria realidade. Você pode criar a vida que você quer. Quando perceber que sua realidade pode ser mudada por sua energia, você começará a reconhecer que suas crenças limitantes e suas lembranças dolorosas são mais que apenas desagradáveis. Elas estão realmente o impedindo de viver a vida que você deseja.

Estes três princípios quânticos – que somos todos energia, que estamos todos conectados e que criamos nossa realidade – formam a base do Amor Quântico. Eles nos mostram que tudo é possível e que temos o poder de moldar e reformular nossa vida e nosso relacionamento pelo poder de nosso campo de energia pessoal e pela força de nossa conexão energética com nosso parceiro.

A fim de começarmos a utilizar esse poder, devemos primeiro compreender as limitações que por tanto tempo nos impediram de reconhecê-lo.

---

6. Para ver tais cristais, acesse o canal do YouTube Bioenergy Healing & Beyond, no endereço <https://www.youtube.com/watch?v=tAvzsjcBtx8>.

A VERDADE SOBRE NOSSOS CINCO SENTIDOS

A essa altura, você talvez esteja pensando: como tudo isso é possível? Gatos estão, ao mesmo tempo, vivos e mortos, a água reage à música e as pessoas podem impedir crimes com seus pensamentos? Como isso pode ser real?

Tudo bem se isso tudo soar um pouco maluco. Afinal, essas ideias contrariam muitas das coisas que nos ensinam quando estamos crescendo. Como acontece com qualquer novo paradigma de pensamento, aceitá-lo é um desafio, em especial quando esse mesmo pensamento nos diz: "não há paradigma".

Para aumentar esse caos, existe o fato de que não somos capazes de ver nem vivenciar a maior parte do universo que nos cerca. Como diz John Maunsell, neurocientista na Universidade de Harvard: "As pessoas imaginam que estão vendo o que realmente está ali, mas não estão". E ele está certo. Todas as informações que nos chegam através de nossos olhos, ouvidos, nariz, língua e pele – e os cientistas estimam que *bilhões* de informações nos cheguem todos os dias – têm de ser filtradas por nosso cérebro para que possamos percebê-las de forma consciente. A fim de administrar o volume de estímulos que tem de processar, o cérebro desenvolve padrões, tendências e generalizações que agrupam as informações de modo exequível. Por vezes, ele distorce a informação para torná-la adequada e, outras vezes, simplesmente a apaga por completo. Seu cérebro *seleciona* o que receberá sua atenção com base naquilo que ele acredita ser importante. Assim, você está vendo o que escolhe ver, o que é capaz de ver e o que você está manifestando à sua frente. Seus sentidos modelam sua realidade e depois lhe dizem que é a única realidade que existe.

No entanto, sua realidade não é a única realidade disponível para você. Na verdade, existem infinitas realidades à sua disposição. Ainda que você tenha apenas 400 bilhões de informações disponíveis (e, na verdade, esse número é provavelmente muito maior), você só consegue ter consciência de aproximadamente 0,00001% daquele total. Do contrário, seu cérebro ficaria sobrecarregado. Vamos refletir sobre isso por um instante: toda a sua realidade é moldada por menos de uma décima-milésima parte da informação que você tem à sua disposição! Nós vemos e vivenciamos apenas um fragmento muitíssimo diminuto do mundo e do Universo porque nossos sentidos nos limitam quando se trata de ver o que está à nossa frente.

Embora nossos cinco sentidos possam por vezes ser um tanto limitantes, eles irradiam a luz que nos permite vivenciar o mundo. Contudo, eles vêm com fronteiras que podem limitar nossa percepção tanto quanto a possibilitam. Nossos sentidos nos enganam, levando-nos a crer que aquilo que estamos vendo e vivenciando é a totalidade da existência, quando estamos tão somente percebendo uma gota do oceano inteiro. E eles o fazem porque isso é uma exigência de nosso cérebro.

Por que nosso cérebro rejeita o excesso de informação?

Você já assistiu a algum filme ou programa de tevê em que a personagem é presenteada com a oportunidade de ler a mente de outras pessoas ou de ouvir os pensamentos e as orações do mundo? Sem exceção, tal personagem julga que esse é um truque legal no início, mas, depois de um tempo, enlouquece com o zum-zum-zum incessante de pensamentos, dores, orações e informações sem fim. Isso é basicamente o que aconteceria conosco se, de repente, fôssemos capazes de absorver os bilhões de informações disponíveis no mundo, só que em uma escala muitíssimo maior.

O famoso cientista e professor da Universidade de Georgetown, Karl Pribram, descobriu que o cérebro contém certo mecanismo "envelope" que funciona para assegurar que estamos acessando apenas as informações de que precisamos para viver o cotidiano. Como seria impossível que captássemos as infinitas informações do Universo sem enlouquecermos, nosso cérebro absorve somente a quantidade de informação que conseguimos usar e compreender.[7]

Nosso cérebro está constantemente peneirando a miríade de possibilidades que estão disponíveis a nós e selecionando que informações "ver" e em quais delas acreditar. Nós vemos, sentimos, saboreamos, tocamos e cheiramos uma versão ultracondensada do mundo, uma versão que nosso cérebro literalmente fabrica, em vez de vivenciarmos o mundo como ele existe de verdade. Afinal de contas, nosso cérebro está desempenhando um número imenso de tarefas a cada segundo de nossa existência! Ele não só está no comando de nossos atributos físicos, mas também processa 40 bilhões de informações por segundo! Podemos

---

7. Karl H. Pribram, "Teoria do Cérebro Holonômico na Formação de Imagens e na Percepção de Objetos", *Acta Psychologica 63*, nº 2 (1986): p. 175-210.

processar conscientemente apenas por volta de 2 mil informações – não admira que tantas coisas nos passem despercebidas!

O que tudo isso significa para você? Bem, espero que esteja começando a lhe dar uma noção do que é a Física Quântica e a energia como um todo. Também espero que esteja começando a lhe ensinar que você é muito mais que carne e ossos. Você irradia energia que pode ser sentida a toda a sua volta, em especial por aqueles que estão mais próximos. Se você conseguir entrar em contato com essa energia e utilizar seu fantástico potencial, poderá reconstruir sua vida de dentro para fora. Uma das formas mais efetivas para fazermos isso é pelo poder da intenção.

Intenção, atração e criação

Nossos pensamentos, intenções e sentimentos constituem uma energia tão poderosa como a energia de nosso eu material, e tal energia afeta fisicamente o mundo que nos cerca. Isso se dá porque nossos pensamentos e sentimentos são ondas energéticas vibracionais – as mesmas ondas energéticas que existem em tudo à nossa volta. Cada pensamento que você já teve e que ainda terá cria uma vibração que irradia para o campo quântico e se propaga para sempre. Essas vibrações encontram outras vibrações, entrecruzando-se em um incrível labirinto de energia. Reúna energia suficiente e ela se agregará em massa, transformando-se em uma forma que nos é tangível e visível. Em outras palavras, a energia que irradiamos na forma de pensamentos e intenções pode voltar a nós em forma física. Assim, a energia de nossas emoções pode estar *manifestando* os acontecimentos e os relacionamentos que ocorrem em nossa vida em um nível totalmente tácito, inconsciente e quântico. Essa é a ideia básica por trás da Lei da Atração.

Sentimentos, pensamentos, e as intenções que os acompanham (quer conscientes, quer inconscientes) têm energia e poder suficiente para afetar o mundo à nossa volta e as pessoas que estão nele. Estamos criando nosso próprio universo todo santo dia. Nossas expectativas e crenças podem literalmente modificar o modo como crescemos e nos desenvolvemos e alterar a pessoa que nos tornamos, não só em nível psicológico, mas também energético.

Sua intenção, seja ela consciente ou inconsciente, o levou para onde você está hoje. E, quando você não canaliza sua intenção e a conduz na direção em que quer seguir, provavelmente acabará em algum lugar onde nunca pretendeu estar.

Intenção direcionada é a chave da Lei da Atração. Se você acordar toda manhã e firmar a intenção: "eu só aceito ter um ótimo dia hoje", você vai ser bem-sucedido todos os dias. Isso não significa necessariamente que seu pneu não vai furar, que você não vai esquecer a carteira ou aborrecer seu cônjuge, ou vice-versa. Significa tão somente que, quando tais coisas acontecerem, você se lembrará de sua intenção e alinhará seus pensamentos e, portanto, suas ações com o objetivo de ter um ótimo dia.

E aqui está o segredo: se você verdadeiramente estabelecer isso como sua intenção e mantê-la acima de tudo o mais em sua mente, tanto consciente como subconsciente, eu garanto que lhe acontecerão coisas boas. Quanto mais energia positiva você emanar, mais acontecimentos positivos irão a seu encontro. A Lei da Atração é sintetizada de forma um tanto simples em uma citação que costuma ser atribuída a Albert Einstein: "Tudo é energia e nada mais que energia. Harmonize-se com a frequência da realidade que você deseja e fatalmente alcançará tal realidade. Não pode ser de outra forma. Isso não é filosofia. É física".

Einstein não é o único grande pensador que conhecia a importância dos pensamentos e intenções de uma pessoa. Buda dizia: "Tudo o que somos é resultado daquilo que pensamos". O mestre zen Thich Nhat Hanh escreveu: "Em nossa consciência existem muitas sementes negativas, e muitas sementes positivas também. A prática é evitar regar as sementes negativas, e identificar e aguar as sementes positivas todos os dias".

Você não pode pensar: "sou um perdedor", ou "sou feio", ou "nunca vou conseguir" e fugir ao impacto de tais pensamentos sobre si mesmo e sua realidade. Não quero dizer apenas que eles terão um impacto em seu humor e em sua autoestima. Quero dizer que esses pensamentos mudarão literalmente sua vida e, com certeza, não para melhor.

O mesmo vale para seu relacionamento. Se você pensa com frequência: "meu parceiro sempre me decepciona", ou "simplesmente não sou uma pessoa *sexy*", aposto que seu relacionamento e sua vida sexual vêm sofrendo muito, e inutilmente, como resultado. Aposto que você tem medo de começar o sexo, tem medo de se vestir ou agir de forma sedutora, tem medo de pedir o amor que você quer e merece. E muito provavelmente você estabeleceu, todos os dias, de modo inconsciente, uma intenção de ser infeliz, de se decepcionar, e de ter vergonha de seu corpo e sua sexualidade. Veja aonde essa intenção o levou.

A arte da manifestação:
O que está acontecendo em nível quântico?

No Capítulo 6 (Compromisso N° 2 – Terei Clareza Quanto ao Que Quero do Amor), discutiremos a arte da manifestação com riqueza de detalhes, em especial como usá-la para criar o tipo de relacionamento que você mais deseja. Por ora, quero apresentar os passos para manifestar a realidade que você quer e explicar como o processo funciona em nível quântico.

Como vimos, a Física Quântica nos ensina que nosso mundo interior – nossa energia, nossos pensamentos e nossas emoções – determina nosso mundo exterior, e não o contrário. Em outras palavras, sua energia interna cria o mundo material que lhe é exterior. *Todo ele.* Tudo em seu mundo, em sua realidade, foi criado por você.

Para entender como funciona essa baita ideia, teremos de voltar à Cidade Quântica.

Toda a matéria física do Universo está manifestada no campo quântico. Esse campo informe de energia aguarda, em estado de infinita possibilidade, que você crie seu mundo material a partir dele, o que você faz, quer de forma deliberada ou acidental, a cada segundo de cada dia de sua vida. O mundo material não é preexistente, não está à espera de sua observação: você cria o mundo material por meio de suas observações a cada instante.

A explicação científica disso é que as partículas subatômicas existem em um estado de mero potencial até que sejam observadas. Antes de você as observar, essas partículas subatômicas têm tão somente o *potencial* de se tornarem algo material e concreto. O experimento da fenda dupla nos mostra que é *sua* expectativa que faz com que as partículas subatômicas se manifestem como objetos concretos. Desse modo, a Física Quântica nos mostra que intenção e expectativa estão na raiz mesma de todas as nossas experiências físicas. Você nunca é um observador apartado, neutro, de sua vida.

A Física Quântica nos forçou a repensar tudo o que julgávamos saber sobre resultados lógicos. Já não deveríamos pensar em eventos formativos (ou coisas que provocam resultados) como sequências que nos proporcionam um resultado previsível. Esse é o paradigma da Física Clássica. De acordo com a não linearidade, outro conceito da Física Quântica, precisamos pensar que eventos formativos apenas levam a potenciais resultados ou consequências.

Nada no Universo material é um ente preexistente. Nenhum objeto material existe independente de você, aguardando que você o descubra. O mundo material é um amálgama da energia não física do observador com a energia do campo quântico, que é a energia com a possibilidade de tornar-se algo.

Os físicos quânticos explicam que cada observador vê seu próprio universo individual. E isso deve ser interpretado em seu sentido literal, *não* metafórico. Veja, os físicos chamam um objeto material do Universo de um *evento do espaço-tempo*. Um evento do espaço-tempo é um conjunto de partículas subatômicas, uma parcela do campo quântico, que abandonou sua condição de mero potencial porque foi observado e, portanto, obrigado a assumir uma forma definitiva e concreta. Seu corpo, seus cabelos, sua casa, seu vizinho, seu carro e todos os demais objetos materiais são exemplos de partículas subatômicas que foram compelidas, por sua observação e suas expectativas, a se transformar em um evento do tempo-espaço. A realidade material é tão somente o desvio temporário das partículas subatômicas de seu estado sem forma.

Então, se criamos nossa realidade por meio de nosso estado energético e de nossa observação, por que não poderíamos criar a realidade que queremos? É aqui que entra a arte da manifestação, que é possível graças à unidade de todas as coisas, a verdade compartilhada de que somos todos energia e somos todos um.

O Universo quer dar a você exatamente a vida e o relacionamento que você deseja. Ele é um lugar amistoso e quer que você alcance tudo quanto seu coração deseja. E, desde que você também queira tudo isso para si (e de fato acredite que é merecedor de todas as bênçãos do universo) e direcione sua energia corporal para o Amor Quântico, coisas incríveis chegarão até você. Não posso prometer que coisas ruins não acontecerão, mas posso afirmar que você não será tão afetado por elas. Você não vai levar o pneu furado para o lado pessoal, e não permitirá que uma discussão com seu cônjuge o faça sentir-se uma pessoa inferior e indigna de amor. Em vez disso, você será capaz de olhar para tais acontecimentos com um desapego amoroso e resolver seus problemas com um plano de ação claro e conciso. Você talvez consiga até mesmo alcançar um estado mental em que vê seus problemas com gratidão, como se fossem emissários enviados do além para auxiliá-lo a aprender lições valiosas e a atingir um estado de amor mais profundo. E, quanto a problemas que não têm solução, você será capaz de sentar-se serenamente com eles e tão somente permitir que existam até que chegue o tempo em que a resposta venha a você.

Como diria Einstein: não é filosofia. É física.

Capítulo 3

Descubra Seu Perfil Energético

*Somos todos Seres Vibracionais.
Você é como um mecanismo receptor. Quando sintonizar em uma
estação, ouvirá o que está tocando.*
Abraham[8]

Vida é energia. Emoções são energia. Você é energia. Seu parceiro é energia. Em nosso âmago, isso é tudo o que cada um de nós realmente é: energia. Tal verdade é simples, universal e poderosa. Quer seja tristeza, alegria, medo ou raiva, emoções não são nada além de energia fluindo por nosso corpo. Na verdade, a palavra latina para emoção (*motus animi*) significa "movimento de sentimentos". E, quando expressamos uma emoção, é exatamente isso o que estamos fazendo. Estamos pegando aquela energia emocional e colocando-a em movimento, seja gritando com nosso parceiro, rindo com nossos amigos ou chorando ao assistir a um filme triste. Você é energia em movimento, mesmo quando não está movimentando essas emoções em seu íntimo – por exemplo, quando está segurando as lágrimas durante uma entrevista de emprego horrorosa ou

---

8. Quem é Abraham-Hicks? Bem, não se trata exatamente de "quem", mas de "quê". Abraham é o nome coletivo do que se acredita ser um grupo de mentores espirituais canalizados por uma mulher chamada Esther Hicks. Independentemente de quanto isso possa parecer estranho e questionável dada nossa experiência da realidade e daquilo que é possível, a sabedoria que Abraham compartilha se expressa de forma maravilhosa e faz total sentido para mim. Eu incentivo as pessoas a lerem algumas das obras de Abraham como suporte para que saiam do cérebro e entrem na mente (algo que abordaremos logo mais, em outro capítulo), não importa qual seja sua verdadeira fonte. Confira o site: <http://www.abraham-hicks.com/lawofattractionsource/about_abraham.php>.

tentando não rir durante uma celebração religiosa. Sua energia também não existe dentro de um vácuo. A energia em movimento não permanece apenas dentro de você: ela pode ter um impacto tremendo naqueles que nos cercam. Sua energia pessoal pode afetar, e afetará, a energia de seu parceiro e de seu relacionamento.

Cada um de nós tem um perfil energético. Neste capítulo, eu o ajudarei a identificar qual é seu perfil energético e como ele está afetando seu relacionamento, para melhor ou para pior. Explicarei como a frequência da energia de seu corpo está criando as realidades de seu relacionamento sem que você sequer o perceba, e ensinarei como utilizar conscientemente essa energia para alcançar seus objetivos no relacionamento.

Sintonize-se

Foram meus filhos que me mostraram, pela primeira vez, que a energia de minhas emoções tinha um impacto poderoso em nosso relacionamento – coisa de que eu tinha de me conscientizar e pela qual precisava me responsabilizar.

Tudo começou com meu próprio diagnóstico de câncer, menos de um ano depois de minha mãe ter morrido de um câncer. Eu me senti arrastada em duas direções: primeiro por meu desejo de cuidar de minhas necessidades físicas; e, segundo, pelo desejo de lidar com meus próprios medos. *Droga, estou com câncer! O que essa quimioterapia vai fazer com meu corpo? Como vai ser minha recuperação? Como vou pagar todas essas contas?* Mas, além disso, havia todos aqueles estilhaços emocionais pairando à minha volta enquanto cada membro de minha família enfrentava meu diagnóstico. Meu filho mais velho, Ethan, tendo sobrevivido ele mesmo a um câncer, estava preso nas garras de sua própria ansiedade. Meu filho do meio, Sammy, tinha pesadelos. Meu caçula, Jackson, estava sofrendo de completos ataques de pânico durante o dia e se recusava a ir à escola.

Eu tentava encontrar maneiras de ajudá-los a lidar com a situação enquanto eu mesma administrava meus próprios sentimentos e medos. Meu marido foi uma fonte fenomenal de apoio, mas ele não podia compensar a inquietação geral que meu diagnóstico havia gerado na família. Bem depressa percebi que aquilo era mais do que eu conseguiria administrar, então comecei a procurar por uma solução de apoio. Terapia e até mesmo medicação, as vias comuns, simplesmente não estavam funcionando com meus filhos. Nossa situação era muito grave. Eu sentia como se tentasse desesperadamente agarrar-me a uma tábua de salvação, em busca de *alguma coisa* que pudesse ajudar-me a ajudar meus filhos. Foi assim que fui parar no consultório da dra. Therese Rowley, curadora intuitiva e médium.

Eu não era o tipo de pessoa que procurava intuitivos regularmente. Mas, quando se passa por muitas OMECs e nada mais parece estar funcionando, você começa a buscar alguns lugares mais esotéricos. E, nesse caso, isso mudou tudo.

Durante nossa primeira sessão, decidi colocar Ethan em foco. Tendo sobrevivido a uma leucemia na infância, ele sempre conseguira lidar com seus próprios desafios ímpares. Agora, ele estava em uma batalha constante para manter a atenção, o foco, controlar suas emoções e sua ansiedade. O estresse dos dramas de sua própria vida somado a minha doença estava pesando demais e ele se comportava mal, brigava na escola e estava terrivelmente deprimido.

Com todas essas coisas em mente, fiz cuidadosamente meu trajeto pelas calçadas apinhadas de Chicago até o consultório de Therese. Eu estava empolgada com aquele encontro, mas havia uma vozinha dentro de mim que dizia: "isso é bobagem" e "o que meus colegas diriam se me vissem indo procurar uma intuitiva?". Ignorei a voz. O que eu tinha a perder?

Quando Therese abriu a porta com um sorriso caloroso, fiquei desconcertada ao ver que ela parecia mais uma gerente de banco que uma terapeuta alternativa. Ela era sofisticada e usava um terno. Descobri mais tarde que ela tem de fato um Ph.D. e já havia trabalhado na área de consultoria corporativa. Segui Therese até seu consultório, no segundo andar de seu condomínio de apartamentos em Lincoln Park. O espaço era aconchegante e convidativo, com luz do sol que entrava pelas duas janelas atrás de Therese. A energia da sala dava uma sensação de paz, o que começou a me deixar um pouco mais à vontade.

– Sente-se, por favor – disse ela, sentando-se na cadeira de frente para mim. – Existe algum ponto específico de sua vida em que você quer concentrar sua atenção?

Sem muita certeza do que esperar, comecei a falar sobre Ethan e seus conflitos emocionais.

Therese fechou os olhos e inspirou profundamente. Ela explicou que, como muitos curadores energéticos, ela não precisa estar na mesma sala que a pessoa com quem está estabelecendo uma conexão. Hoje sei que isso se dá porque a energia não está confinada dentro das fronteiras do tempo e do espaço, mas à época pensei que aquilo era um pouco estranho. Tive de sorrir, imaginando meu filho do outro lado da cidade, na escola, sem fazer a menor ideia de que uma ex-especialista em consultoria, já na meia-idade, estava sintonizando a energia dele.

Eu estava distraída com tais imagens quando Therese de repente começou a descrever como ela se conecta à energia. Sua concepção era tão convincente que fiquei imediatamente fascinada. Ela disse que somos *muito* mais infinitos que nosso corpo físico. Imagine uma enorme luz branca, linda, com bilhões de filamentos descendo dela. Seu corpo humano é apenas um único filamento daquela luz infinita. Porém, o restante de seu eu essencial é composto de todos aqueles infinitos filamentos juntos, que estão entrelaçados e conectados com tudo o mais. Seu corpo físico é tão somente uma pequena parte de seu eu essencial. Estamos todos conectados à grande fonte e uns aos outros pela energia compartilhada de uma grande luz. Era essa luz que Therese estava conectando.

Enquanto Therese continuava a inspirar profundamente, ela disse com suavidade:

– Vou pedir ao eu superior de Ethan permissão para sintonizar-me com ele.

Poucos instantes depois, ela de repente abriu os olhos:

– Oh! Ele é clarissenciente!

– O que é *isso*? – perguntei, impressionada com o modo como ela parecia compreender um problema com que eu vinha lutando havia anos.

– Ele sente aquilo que outras pessoas sentem, mesmo aquilo que elas se recusam a aceitar. Acho que a dificuldade dele é não conseguir distinguir entre os sentimentos dos outros e os seus próprios sentimentos.

– Então, ele está sentindo as emoções de outras pessoas como se fossem dele? – perguntei. Eu nunca havia ouvido falar de clarissenciência antes.

– Exato. Ele não consegue ancorar-se porque não entende que esses sentimentos não estão vindo *dele*. Ele é como um cabo elétrico não aterrado, sacolejando de cá para lá com todas essas correntes de energia fluindo através dele e sem conseguir compreendê-las.

Era a descrição exata de Ethan. Ele estava sempre muito ansioso e muito aborrecido, mas normalmente parecia não ter a menor ideia de por que se sentia assim. Ethan parecia encontrar coisas com que se aborrecer ou se irritar mesmo quando não havia nenhuma. Sem compreender o que provocava tais ataques de cólera, era difícil (ou impossível) acalmá-lo.

Therese me ensinou alguns exercícios de ancoramento para praticar com Ethan, muito parecidos com aquele que compartilharei com você mais adiante, neste capítulo.

– O segredo – disse ela – é que você se ancore primeiro. Se você se ancorar, você conseguirá ancorá-lo.

Ela explicou que eu precisava estar muito consciente de minha própria energia quando estivesse na presença dele, porque isso literalmente determinaria a realidade de meu filho.

– Uma vez que você esteja ancorada, tranquila – prosseguiu Therese –, abrace-o e lhe transmita amor. Imagine seu amor fluindo, a partir de seu coração, diretamente para dentro do coração dele.

Eu a agradeci pela ajuda. Então, saí do consultório pensando comigo mesma: "Ethan não vai querer fazer isso de jeito nenhum".

Meu filho Ethan tem um cérebro científico e ele atua em um plano muito lógico. Minha preocupação era que a ideia de clarissenciência fosse demasiado "esquisita" para ele. Eu também acreditava já ter um *déficit* de credibilidade pelo fato de Ethan estar na adolescência e eu ser a *mamãe*. Quando fui para casa e contei a ele o que Therese havia dito, eu esperava que ele revirasse os olhos, achando tudo uma bobagem. Mas, em vez disso, ele respondeu:

– Não sei por que estou dizendo isso, mas acho que o que você está me dizendo é verdade.

Então, propus a ele o abraço de ancoramento e ele, hesitante, veio para meus braços com um sorriso sarcástico no rosto. Em dez segundos, meu garoto de 16 anos de idade se derreteu em meu abraço, no estado mais relaxado que eu havia visto em semanas.

Levei Ethan para sua própria sessão com Therese, e ele pediu que eu ficasse na sala com eles. Permaneci sentada, em silêncio, enquanto ela explicava tudo a meu filho e respondia a todas as suas perguntas. A certa altura, ela perguntou:

– O que você está captando na sala neste momento?

Ele olhou diretamente para mim e disse:

– Você está se sentindo frustrada?

– Não! – respondi, abismada. – Só estou sentada aqui, ouvindo.

Mas, então, pensei melhor e me dei conta de que eu havia acabado de pensar: *Será que está correndo tudo bem? Isto está demorando demais e eles não estão indo direto ao ponto! Quando vão chegar às mudanças súbitas de humor?* Eu *estava* me sentindo frustrada! Eu não tinha consciência de meu estado de espírito, mas meu filho pôde senti-lo.

Foi então que percebi claramente como meus próprios pensamentos, minhas emoções e expectativas vinham atuando contra nós. Eu estava sempre entrando no quarto de Ethan já prevendo uma discussão e, ao fazê-lo, provavelmente estava ajudando a criar o mesmo estado emocional nele.

Dali em diante, cuidei para passar a um estado amoroso de calma, de *coerência*, antes de me colocar na presença de Ethan. E isso fez uma diferença enorme quase de imediato. Toda a nossa dinâmica mudou quando assumi a responsabilidade pela energia que eu levava para o quarto comigo. Ao descobrir que a energia dos outros estava abalando meu adorável filho – energia que ele confundia com seus próprios sentimentos –, eu soube que tinha de assumir a responsabilidade pelo efeito que meus pensamentos, estados de espírito e intenções poderiam ter sobre aqueles à minha volta.

Estabeleci como intenção que minha família se sentisse plena, feliz e segura, e mantive conscientemente meu foco de atenção aí. Esforcei-me por adotar uma postura amorosa e benevolente quando pensava neles e imaginava cenários tranquilos, descontraídos e cheios de afeto. Comecei a aplicar a Lei da Atração no relacionamento com meus filhos. Foi uma mudança que primeiro criei em mim mesma e, depois, por meio da intenção consciente e focada, manifestei em minha realidade. Então, comecei a aplicá-la ao relacionamento com meu marido. Foi aí que a diversão realmente começou. Mas falarei sobre isso mais adiante.

É importante termos consciência de nossa energia porque ela não existe em um vácuo. Ela não fica sequer confinada dentro de nosso corpo! Somos diapasões. Quando se bate em um diapasão, ele começa a vibrar e emite suas vibrações para o mundo. Podemos ouvir tais vibrações na nota que elas criam. Nossa energia pessoal atua de forma muito semelhante, irradiando nossas vibrações para o campo quântico. Outras pessoas haverão de *ajustar-se sincronicamente* a nossa frequência, assim como outro diapasão começará a vibrar quando captar as vibrações daquele primeiro que foi golpeado. Essas ondas vibratórias se movimentam e têm o poder de influenciar, afetar e colocar objetos físicos em movimento. Esse é o princípio fundamental da arte da manifestação. *É assim que criamos Amor Quântico.*

Vibrações, ondas – do que você está falando?

Como discutimos no capítulo 2, o que imaginamos ser espaço vazio não está realmente vazio coisa nenhuma. Esse suposto vazio é o campo quântico: repleto de energia que dispara de cá para lá por um campo infinito de interconectividade. Por outro lado, coisas que consideramos sólidas (matéria) também são feitas dessa energia em movimento, só que ela vibra devagar o suficiente para que nossos sentidos a percebam. A fim de descobrirmos e compreendermos nosso perfil energético pessoal, teremos de dar um rápido mergulho nas profundezas da ciência para aprendermos sobre densidade energética.

No livro *You Are the Placebo*, o neurocientista Joe Dispenza nos ensina que os átomos emitem diferentes frequências eletromagnéticas. Esses campos de energia podem ser invisíveis, como os raios gama, os raios ultravioleta ou os raios X, ou podem ser visíveis, como os raios de luz. E ele explica que, assim como as ondas invisíveis de rádio carregam uma frequência cheia de informações codificadas, cada uma das diferentes frequências em nós também carrega sua própria vibração. As diversas frequências carregam informações diferentes e, dependendo da velocidade de sua vibração, produzem campos mais fortes ou mais fracos.

Gosto de imaginar tais frequências como as pás de um ventilador, que estão constantemente girando. Quanto mais depressa as pás giram, mais forte é a brisa que criam. Se as pás giram devagar, então a força que geram não é tão intensa. Do mesmo modo, quanto mais rápido é o giro das pás, mais difícil é vê-las; elas parecem apenas um borrão. Como escreve Dispenza: "Quanto mais depressa um átomo vibra e quanto mais energia ele gera, menor é o tempo que passa na realidade física". Em outras palavras, como as pás do ventilador, que giram tão depressa que não conseguimos vê-las, uma vez que um átomo comece a vibrar com velocidade suficiente, já não seremos capazes de vê-lo. Nossos cinco sentidos não conseguem acompanhá-lo.

Penney Peirce, uma intuitiva e autora do livro *Frequency*, é uma mulher que de fato compreende os princípios quânticos que ensino neste livro. Ela escreve sobre a ideia de que toda a vida é construída com base na energia e seu movimento (ondas senoidais, oitavas e espectros). Tudo em nós tem uma frequência energética – nosso corpo, nossos pensamentos, nossas emoções – e cada um de nós está emitindo sua própria frequência, que varia ao longo do dia (ou mesmo em questão de segundos) à medida que nossas ondas vibracionais se contraem, expandem-se, aceleram e desaceleram. Nossa frequência pode ser de alta intensidade ou de baixa intensidade, e os níveis de intensidade de nossas emoções podem ter algumas implicações significativas em nossos relacionamentos.

Eu penso em frequência como um rádio: você tem um botão que sintoniza as diferentes estações e um botão que controla o volume. (As pessoas ainda sabem o que são rádios, não é? Tenha paciência comigo, geração do milênio!) Você pode procurar de uma extremidade a outra no visor de sintonização até encontrar uma estação de seu agrado e, então, pode aumentar o volume para ouvir uma música em altura estrondosa ou abaixá-lo para não ouvir um comercial. Agora, imagine que as diversas estações não toquem música sertaneja, música popular ou *jazz*, mas sejam diferentes emoções. Nesse caso, a "estação de rádio" é sua energia emocional e o "volume" é a intensidade dela. Veja-se passando da Raiva à Confiança, daí ao Perdão e ao Entendimento. Então, imagine-se aumentando o volume na estação Entendimento!

Nossa frequência pessoal é basicamente a intensidade e a velocidade da vibração de nossa energia corporal. Quanto mais elevada é a frequência dos pensamentos e das emoções, melhor é a realidade que estamos criando para nós mesmos, mas continuaremos a falar sobre isso daqui a pouco. É incrível pensar que nossas emoções tenham uma existência mensurável, mas é exatamente o que acontece. O campo da cinesiologia, o estudo dos movimentos do corpo e da reação dos músculos a estímulos diversos, inaugurou uma abordagem totalmente nova de nossos estados pessoais de consciência, de nossos níveis energéticos e nossas frequências vibracionais. Ocorre que nossas emoções têm energia quantificável, e nossos *estados* emocionais afetam a frequência energética de nosso corpo.

O MAPA DA CONSCIÊNCIA

Em seu livro *Power vs. Force*, o dr. David Hawkins explica que emoções diferentes têm frequências diferentes. Esses sentimentos existem em um *continuum* e, quanto mais elevada a frequência, melhor é o sentimento. A isso ele chama Mapa da Consciência. Na verdade, Hawkins desenvolveu um sistema de medidas que registra a frequência vibracional de nossos diversos estados energéticos. Ele captou a verdadeira movimentação energética de nossas emoções!

Hawkins conseguiu estabelecer medidas para a força energética de nossas emoções por meio de um processo chamado cinesiologia. Esse estudo do movimento (cinese é a palavra grega para "movimento") está em desenvolvimento desde a década de 1960, quando George Goodheart descobriu que certos músculos indicadores em nosso corpo se fortaleciam ou enfraqueciam em resposta a estímulos positivos ou negativos. Coisas positivas ou benignas fortaleceriam os músculos indicadores, e estímulos negativos teriam o efeito contrário. Em outras palavras, seus músculos ficam mais fortes ou mais fracos dependendo de seu estado mental. A força do músculo é um indicativo de quanta energia está presente. Na cinesiologia, a força muscular é testada mediante uma pressão exercida pelo cinesiologista sobre os músculos da pessoa que está sendo avaliada. Se o músculo resiste à pressão, é considerado "forte" ou "firme". Os músculos que cedem à pressão são tidos por "fracos" ou "frouxos". Essa resposta muscular independe de verdadeira força física: se uma mulher pequenina aplicar os testes a um jogador de futebol enorme, obterá as mesmas respostas se os sujeitos do teste se inverterem. Goodheart deu a isso o nome de cinesiologia aplicada.[9]

O dr. John Diamond levou o trabalho de Goodheart um passo adiante, aprimorando a ideia de cinesiologia comportamental. Ele voltou sua atenção aos estímulos a fim de verificar se tipos diferentes de estímulos produziriam um efeito diverso. E, de fato, isso acontecia. Ele descobriu que certos tipos de música, de imagens, de literatura, e até palavras independentes poderiam induzir os movimentos corporais de outras pessoas a uma resposta de maior força. Em outras palavras, ele descobriu que um discurso inspirador, uma bela paisagem ou uma música revigorante poderia efetivamente tornar uma pessoa mais forte. O dr. Diamond descobriu ainda que a verdade podia produzir uma resposta de fortalecimento e que contar uma mentira enfraqueceria o corpo da pessoa que a contou.[10]

Então, veio David Hawkins.

Ao longo de mais de 20 anos e com milhares de pacientes, Hawkins correlacionou as descobertas cinesiológicas a uma escala logarítmica para estabelecer medidas do poder relativo da energia de diferentes atitudes, pensamentos, sentimentos, situações e relacionamentos. O que ele criou foi uma escala plausível que corroborava o que psicólogos, sociólogos e médicos podiam contar a partir de relatos verídicos.

A escala de Hawkins vai de 1 a 1.000, formando um *continuum* que abrange toda a extensão da consciência humana. Aquilo a que

---

9. Martha Anderson, "Cinesiologia, uma Ferramenta da Consciência – Como Distinguir a Verdade do Irreal", *Natural News*, 21 de janeiro de 2012.
10. J. Diamond, *BK – Behavioral Kinesiology: How to Activate Your Thymus and Increase Your Life Energy* (New York: Harper & Row, 1979).

Hawkins chama "níveis energéticos" na marca de 200 ou menos enfraquecem o corpo, ao passo que níveis energéticos que marquem de 200 para cima o fortalecem. De acordo com Hawkins, tais medidas não ostentam uma progressão aritmética dos níveis energéticos, mas uma progressão logarítmica: por exemplo, 300 não é o dobro da amplitude de 150, é 300 à décima potência (300^{10}). Portanto, um aumento de até mesmo poucos pontos no Mapa da Consciência representa um avanço significativo em potência, e o ritmo de aumento à medida que você sobe na escala é enorme.

Vamos dar uma olhada rápida nas emoções que ficam na extremidade mais baixa da escala, abaixo de 200. Ali estão a Vergonha, depois a Culpa, o Desânimo, o Sofrimento, o Medo e a Ansiedade, a Avidez, a Raiva e o Ódio. Nada divertido. Esses níveis de energia da baixa escala são aquilo a que Hawkins se refere como Esforço. Eles o enfraquecem e o fazem sentir-se horrível.

Agora, comecemos a subir na escala. Na marca de 250 (Neutralidade e Confiança), vemos uma mudança para melhor. Então, prosseguimos, passando à Boa Vontade, Otimismo, Aceitação e Perdão, depois à Razão e ao Entendimento. Vamos seguir adiante: Amor e Reverência, Alegria e Serenidade, Gratidão e Reconhecimento, e então Paz e Bem-Aventurança. Esses níveis energéticos são aquilo a que Hawkins se refere como Poder.[11] Eles fortalecem seu corpo e fazem com que você se sinta muito bem. É nesses níveis energéticos mais elevados que queremos estar, como explicarei daqui a pouco. No topo da escala temos Iluminação e Inefabilidade, mas a maioria de nós não alcançará tal nível energético. Alguns seres devem ter conseguido – Buda, Jesus e Krishna, para mencionar uns poucos. Porém, não se aflija se você nunca chegar às marcas entre 700 e 1.000!

A marca de 200 é o ponto de equilíbrio entre o negativo e o positivo, Esforço e Poder, fraqueza e força. Toda e qualquer atitude, pensamento, sentimento e associação com marcas abaixo de 200 *enfraquecerá* sua energia, e isso pode ter um impacto imenso em sua realidade e em seu relacionamento. Abaixo de 200 é a zona da raiva, da vergonha, e na qual culpamos os outros ou a nós mesmos. É a zona de nosso ego, vibrando na frequência do ego. Ao ultrapassarmos a marca de 200 e passarmos ao estado de coragem, a mudança é palpável. O que está além é a zona de

---

11. David R. Hawkins, *Power vs. Force: The Hidden Determinants of Human Behavior*, (Carlsbad, CA: Hay House, 2013).

nosso eu essencial, vibrando em nossa frequência inerente. E é a partir daí que começamos a passar ao Amor Quântico. Falarei mais a respeito da frequência egoica e da frequência inerente da essência daqui a pouco.

Frequência e a Lei da Atração

A frequência desempenha um papel *importantíssimo* no modo como criamos, ou cocriamos, nossa realidade. Quer tenhamos consciência disso ou não, estamos sempre irradiando nossa frequência para o campo quântico. Ela interage com a energia do campo para moldar e criar nosso mundo e nossa experiência. Se você estiver em um estado de baixa frequência, tal como raiva ou culpa, sua frequência atrai para seu campo coisas com energia semelhante. Como discutimos anteriormente, a Lei da Atração é "semelhante atrai semelhante". Seu estado energético atrairá aquilo que estiver vibrando em uma frequência semelhante: as coisas em nosso mundo estarão naquela "estação".

Reflita sobre o trecho tão comumente citado do Evangelho de Mateus 7:7, no Novo Testamento: "Pedi, e vos será dado; buscai, e achareis; batei, e vos será aberto. Pois todo aquele que pede, recebe, e aquele que procura, acha, e àquele que bate será aberta a porta".

Eu provavelmente ouvi menções a essa passagem centenas de vezes ao longo de minha vida, mas apenas há pouco tempo comecei a de fato compreendê-la de um ponto de vista de autoempoderamento. "Pedi, e vos será dado" sempre me soou como uma atitude passiva: peça o que você quer e, então, com sorte, isso talvez venha até você. Simplesmente não se encaixava com a história de "imponha-se e não seja um capacho" que cresci ouvindo. Fui ensinada a acreditar que, com uma grande dose de empenho (e comportamento "tipo A"), você conseguiria conquistar tudo o que quisesse. Não bastava apenas *pedir*. Contudo, analisar a passagem a partir de uma perspectiva quântica me fez perceber que ela poderia, na verdade, estar fazendo referência ao que hoje compreendemos como a Lei da Atração. Quando você lança mão do poder do campo quântico, apurando suas emoções e sua intenção para criar a frequência ou vibração de seu desejo, você atrairá para si as coisas que quer. "Aquele que procura, acha", porque sua frequência harmônica atraiu aquilo para sua realidade!

Outra coisa que também adoro nessa passagem é que ela fala a partir de um estado de plenitude. Não há condições nem reservas, tampouco provações pelas quais você tenha de passar antes de conseguir o que quer (ou antes mesmo de ser digno de pedir). Ela com certeza não diz: "Àquele que bater será aberto, desde que primeiro perca cinco quilos". A passagem diz que somos o bastante pelo simples fato de estarmos *aqui*. Merecemos pedir e receber, buscar e encontrar, bater e obter uma resposta porque somos, cada um de nós, perfeitos e completos tal como somos.

A maioria de nós não percebe como a energia de nosso corpo está sendo afetada pelo mundo à nossa volta. Somos como bolinhas de pingue-pongue ricocheteadas sobre a mesa, aparentemente impotentes no tocante ao local onde vamos parar. Nosso estado de espírito, nossos pensamentos e nossos sentimentos estão fora de controle à medida que somos lançados de uma situação para a seguinte. Nosso parceiro não nos dá um beijo ao sair? Nosso humor fica péssimo. Nosso chefe nos dá um aumento? Nosso humor vai às alturas. Nossos filhos são grosseiros conosco? Ficamos arrasados. As frequências energéticas de nosso corpo estão naturalmente espalhadas por toda parte, conduzindo nossas experiências, e não o contrário.

O Amor Quântico surge quando elevamos e estabilizamos a frequência energética de nosso corpo e permanecemos, tanto quanto possível, em um estado de coerência. À medida que aprendemos a lapidar nossa percepção e modificar nossos padrões repetitivos de pensamento – em especial aqueles baseados em nossas experiências da infância e nas crenças que forjamos quando crianças –, somos capazes de começar a criar novas crenças e novos modos de reagir ao mundo. Podemos começar a viver em nossa frequência inerente em vez de ficarmos em nossa frequência egoica.

Frequência Inerente

A dra. Jill Bolte Taylor é uma neuroanatomista que passou ela mesma por uma tremenda OMEC. Em 1996, ela sofreu um grave derrame que basicamente destruiu as funções do hemisfério esquerdo de seu cérebro, a parte que processa a linguagem, os números, bem como nosso senso de identidade, de passado e de futuro. Ela já não conseguia perceber as fronteiras entre seu corpo e o restante de seu ambiente. Em seu livro *My Stroke of Insight: A Brain Scientist's Personal Journey*, ela escreve que, à época do derrame, a tagarelice constante do hemisfério esquerdo de seu cérebro de repente silenciou, "como se alguém pegasse um controle remoto e apertasse o botão da função *mudo*". Ela ficou totalmente desconectada do lado do cérebro que sustenta a noção de eu, a porção egoica de seu cérebro. Tempo e espaço não existiam. Seu corpo não existia. Ela via tão somente energia, poderosa e magnificente, e sentia-se em completa união com a bela energia de tudo que a cercava. Ela sabia que era um ser pleno, digno e completo exatamente como era. É claro que nenhum de nós jamais desejaria passar pelo grave trauma físico que Taylor vivenciou para receber seu "golpe de percepção", mas sua experiência oferece o conhecimento impactante de que tal estado existe no cérebro de cada um de nós e, como diz ela, é algo que podemos sintonizar.

Isso é a frequência inerente. Isso é um estado de coerência. É assim quando você está vibrando em sua frequência mais elevada e consegue atrair toda sorte de coisas maravilhosas para sua vida, sejam elas materiais ou espirituais. Não se preocupe. Se parece pouco realista ou algo inalcançável, saiba que não o é. Posso ajudá-lo a encontrar sua frequência natural e retornar a ela sempre que desejar. Essa perspectiva de plenitude, de valor, dignidade e completude é a perspectiva da frequência inerente. Nossa frequência inerente é o estado em que podemos verdadeiramente atrair as coisas que desejamos.

Nossa frequência inerente é uma frequência de amor e fé, puros e perfeitos. É o estado em que cada um de nós nasceu e ao qual cada um nós pertence de fato. Também considero nossa frequência inerente equivalente a um estado de coerência. Coerência, como discutimos no capítulo 2, é quando você mergulha naquele sentimento de amor incondicional e de conexão com todas as coisas vivas. É quando você deixa o amor inundá-lo e transbordar à sua volta. Quando você está nesse estado, sente-se maravilhoso e em paz, e irradia uma energia de alta vibração que lhe permite atrair nada além de positividade. Seu diapasão pessoal está trazendo coisas boas para você. Frequência elevada atrai frequência elevada. Sua interação com o mundo deriva de um estado de autenticidade e poder. O relacionamento com seu parceiro é abençoado com um sentimento de amor e confiança sem limites.

A boa notícia é que você pode sempre mudar sua frequência e, ao dar início à jornada, talvez perceba que precisa mudá-la constantemente ao longo do dia, à medida que escorrega de volta ao estado de frequência egoica. Não há problema. Será como ficar mudando de canal: é apenas uma questão de voltar sempre à frequência inerente. Falarei mais sobre isso adiante.

Estar em um estado de frequência inerente é muito diferente de estar em um estado de frequência egoica. A frequência inerente não exige nada além de fé e entrega. Não estou falando de fé em Deus ou em um poder superior em si (embora isso possa fazer parte de sua frequência inerente), mas sim de fé em seu próprio eu e em sua bondade inata, bem como na bondade inata do mundo.

Frequência Egoica

Então, o que é frequência egoica e como saber se você está nela? A resposta não é simplesmente "se você está infeliz, está na frequência egoica" porque, na verdade, você pode estar bem feliz na frequência egoica, ou ao menos contente ali! Você pode sentir-se realizado, seguro, invejado e importante. Pode até mesmo sentir-se amado e respeitado.

No entanto, existe uma maneira de saber *com certeza* se você está na frequência egoica: é se você está *fazendo esforço*. A frequência egoica pode ser gratificante e por vezes até agradável, mas isso nunca vem com facilidade. Você tem de ralar muito para conseguir cada migalha de satisfação e aprovação. Precisa estar sempre "se saindo bem". Você vive apreensivo, preocupado, estressado a maior parte do tempo a fim de fazer com que tudo funcione da maneira que você quer ou manter tudo seguindo na direção certa. Para ser o parceiro perfeito, o pai perfeito, o empregado perfeito e o filho perfeito, você precisa fazer um esforço constante. Por quê? Porque é agindo assim que você se sente digno de amor.

Em regra, esse é o tipo de coisa que não pensamos de forma consciente. A maioria de nós não pensa "preciso fazer *x*, *y* e *z* para ganhar amor", mas é assim que nos comportamos. Contudo, a frequência egoica não tem de ver apenas com ganhar amor de outras pessoas: tem de ver com o amor que damos a nós mesmos também. Aqueles de nós que vivem a maior parte do tempo na frequência egoica não conseguem amar e perdoar a si mesmos, a menos que sintam ter conquistado esse direito, seja ficando de pé a noite toda para assar biscoitos para o bazar de guloseimas dos filhos, seja mantendo um emprego que odeiam a fim de prover a família de muitos bens materiais, seja desistindo das próprias necessidades e desejos para servir a qualquer outra pessoa. Tal mentalidade é pura frequência egoica e deriva da crença de que não somos o bastante e de que o mundo não é um lugar de amor incondicional e generosidade. O amor vem com expectativas, com condições, com custos, com exigências. Não só acreditamos que o amor deve ser conquistado e que a quantidade de amor disponível é limitada, como muitos de nós realmente temem que viver sem amor seja uma possibilidade bastante real. Não admira que nos esforcemos tanto para tentar conquistá-lo! Estamos em um constante estado de ansiedade, tentando evitar viver uma "realidade" fria, sombria e sem amor.

A frequência egoica deriva, via de regra, de uma crença arraigada de que não temos valor, de que a vida é injusta e de que nossa condição é irremediável. Ficamos "emperrados", tentando conquistar amor e aprovação, seja perdendo peso, ganhando mais dinheiro, ou mesmo buscando objetivos aparentemente espirituais, tais como ser um cristão melhor ou viver com um coração de Buda.

Quando estamos em frequência egoica, vibramos a partir de um estado de escassez. E, quando "pedimos", não estamos em uma frequência que nos permita criar a realidade que desejamos. Estamos no modo consertar-gerenciar-controlar (CGC). Estamos fazendo um grande esforço para obter respostas. Estamos procurando pistas em todo lugar. Estamos batendo, batendo e batendo... e parece que a porta simplesmente nunca se abre. Por vezes, ela se abre por um breve instante e conseguimos ter um vislumbre do que está do outro lado, mas, de repente, ela se fecha outra vez. Talvez você tenha tido essa experiência ao segurar seu filho pela primeira vez, ou ao vivenciar uma epifania religiosa, ou quando ficou lúcido pela primeira vez, ou finalmente abriu mão de um relacionamento prejudicial. Por um instante, você sentiu como se compreendesse tudo e estivesse inundado de amor, propósito e esperança... e, então, POF! Você perdeu essa sensação. O mundo começou a desabar e todos os causadores de estresse de sua vida cotidiana o derrubaram de volta à frequência egoica.

A mim, por mim, através de mim

Os autores de *The 15 Commitments of Conscious Leadership*, os *coaches* de vida pessoal Diana Chapman, Jim Dethmer e Kaley Warner Klemp, falam sobre três estados de consciência fundamentais que acabam por formar um maravilhoso modelo para que você compreenda e eleve sua frequência. Eles abordam a questão em termos de estar acima ou abaixo de determinada "linha". Acima da linha existe um estado de abertura, curiosidade e compromisso com o crescimento e o aprendizado. Abaixo da linha encontramos um estado de mente fechada, atitude defensiva e compromisso com estar certo. Esse estado abaixo da linha fica do lado esquerdo do Mapa do Amor Quântico, que explicarei mais adiante, neste capítulo, e o estado acima da linha fica à direita, onde queremos estar em Amor Quântico.

O estado de consciência A MIM

O estado de consciência A MIM está abaixo da linha, na frequência egoica. A maioria das pessoas desperdiça a maior parte de seu tempo aí. Todos nós passamos algum tempo aí. Quando você está na consciência A MIM, você se vê à mercê de outras pessoas, circunstâncias, acontecimentos, e assim por diante. As coisas estão acontecendo ou sendo feitas *a você*. Isso é vitimização. Aqueles que estão na consciência A MIM culpam os outros (ou a si mesmos) pela situação atual de seu relacionamento. Suas conversas e seus pensamentos estão dominados pela pergunta "por que eu?". A maioria de nós é educada nessa consciência e permanece nela. Em resumo, esse estado de consciência diz: "Eu sou o efeito do mundo à minha volta". Ou: "Se ao menos isso fosse diferente, então aquilo estaria melhor".

O estado de consciência POR MIM

Este se situa acima da linha. Você deixa de viver na vitimização e passa a viver como cocriador de sua realidade. A pessoa no estado de consciência POR MIM escolhe ver que tudo no mundo se desenrola com perfeição para seu benefício e desenvolvimento. Como minha amiga, a estrategista intuitiva e *coach* de liderança Susan Hyman, gosta de dizer: "O que está acontecendo é o mais adequado". A pessoa nesse estado de consciência opta pela curiosidade em detrimento da atitude defensiva e da necessidade de ter razão. Em vez de perguntar "por que eu?", indivíduos na zona POR MIM pensam sobre o que podem aprender e tomam as rédeas das circunstâncias.

Quando você está no estado de consciência POR MIM, está na frequência inerente. Você consegue enxergar as dádivas deste mundo e como elas lhe podem ser úteis. A vida está a seu serviço e você não tem dúvidas de que o que está acontecendo é *por* você e fará sentido, mesmo que ainda não consiga percebê-lo. Na zona POR MIM podemos sustentar um estado de maravilha e prodígio em nossa vida. Temos menos necessidade de ter razão em nossos relacionamentos e na vida em geral. Estamos na zona do Amor Quântico.

O estado de consciência ATRAVÉS DE MIM

Nesse estado de consciência, você está *realmente* na zona do Amor Quântico. A curiosidade começa a conduzi-lo às grandes questões e ao conhecimento de que você está de fato criando tudo em sua realidade. Você reconhece seu poder e sabe que existe um poder universal superior para além de você mesmo. Você está no campo do entusiasmo, da fé e da curiosidade acerca daquilo que está criando, tanto as coisas excelentes quanto as dificuldades. Ao deparar com um desafio ou uma situação indesejável, você se pergunta: "Como isso está sendo útil a mim? O que quer se manifestar por meu intermédio na vida e nesse relacionamento?". Nesse campo, sua entrega é total àquilo que está sendo criado e você está na frequência inerente. Você abre mão da necessidade de consertar, gerenciar e controlar, e se concentra em permanecer naquele estado energético, tomando decisões e fazendo conexões a partir de onde está.

A questão é que você *tem poder* em cada um desses estados de consciência porque sua energia afetará aqueles à sua volta. Se o estado POR MIM está passando ao Amor Quântico, quando você estiver no estado ATRAVÉS DE MIM estará inteiramente lá. Quando estiver em um estado de consciência mais elevado, seja um estado POR MIM ou ATRAVÉS DE MIM, você será capaz de influenciar de maneira positiva aqueles cuja própria energia se ajuste sincronicamente com a sua.

O Mapa do Amor Quântico

O Mapa do Amor Quântico (Figura 1) é um modelo que fornece um ponto de referência visual de onde você está em seu relacionamento e de onde quer estar. Eu o criei a partir de uma síntese das obras de David Hawkins; Abraham; Chapman, Dethmer e Klemp; e de diversos outros *coaches* e escritores de empoderamento pessoal cujo trabalho respeito e no qual acredito.

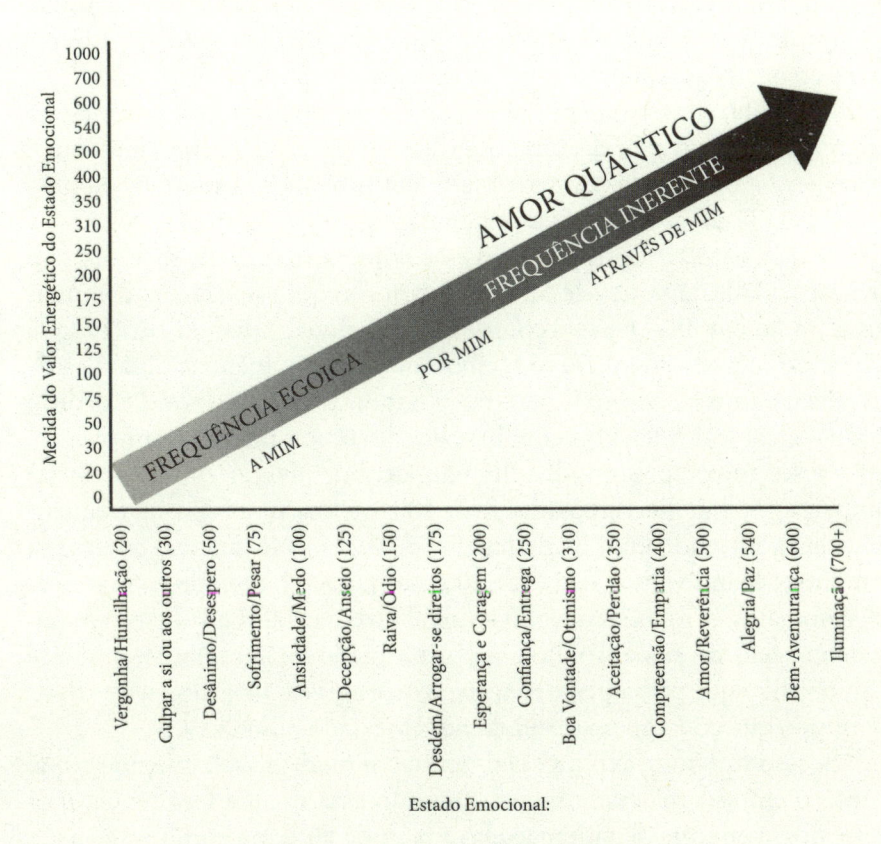

Figura 1: O Mapa do Amor Quântico

No eixo X há uma série de estados emocionais, e no eixo Y estão as marcas de sua energia corporal quando você está naqueles estados emocionais. Os estados emocionais e as marcas foram extraídos do Mapa da Consciência, de Hawkins. Quando seu corpo está em uma marca abaixo de 200, você está no estado de consciência A MIM, na frequência egoica. Ao avançar na escala, nas marcas entre 200 e 400, você está no estado de consciência POR MIM, na frequência inerente e no início da zona do Amor Quântico. Acima de 400, você está de fato vibrando em frequência inerente e vivendo no estado de consciência ATRAVÉS DE MIM, experimentando plenamente o Amor Quântico. Como você pode ver, embora seja raro que a maioria de nós consiga chegar a uma marca acima de 700 (e muito menos permanecer lá), as possibilidades de Amor Quântico são simplesmente infinitas e a escala jamais termina. O Mapa do Amor Quântico pode ser uma ferramenta capaz de fornecer uma perspectiva clara do ponto em que você está em quaisquer dificuldades da vida, mas em especial em seu relacionamento. Ele funciona quer você esteja avaliando uma questão em particular (sua vida sexual ou a sinergia na guarda compartilhada dos filhos, por exemplo) ou buscando uma visão global de seu relacionamento.

O que você também precisa saber é que a frequência inerente tem uma capacidade fantástica de compensar aquelas que estão em marcas mais baixas, tanto em nível pessoal como em nível global. Quando você passa à frequência inerente, está não só melhorando drasticamente a dinâmica de seu relacionamento como de fato muda o mundo para melhor! De acordo com os cálculos de Hawkins com base em diferentes marcas de nível energético e seu impacto: um indivíduo na marca de 500 (amor e reverência) compensa 750 mil indivíduos abaixo de 200 (ou seja, que estão em frequência egoica); um indivíduo na marca de 600 (bem-aventurança) compensa 10 milhões de indivíduos abaixo de 200; e um único indivíduo na marca de 700 compensa 70 milhões de indivíduos abaixo de 200. Tudo bem, a maioria de nós não vai passar muito tempo em estado de iluminação, mas esse é um objetivo que vale a pena, e eu abençoo e agradeço os monges e sábios do mundo que conseguem sustentar aquele estado por nós!

Se isso funciona exponencialmente em nível global, imagine o que acontece em seu relacionamento. Quando estamos na frequência inerente, nossa energia de vibração elevada pode ajudar a equilibrar ou até mesmo elevar a frequência daqueles que nos cercam à medida que se ajustam sincronicamente a nós. Isso é benéfico sobretudo para nossos propósitos em relacionamentos amorosos. Um dos princípios-chave do Amor Quântico é que você deve criar primeiro as condições em si mesmo. Quando você estiver na frequência inerente, um estado de plenitude, inteireza e amor, elevará seu relacionamento e seu parceiro ao Amor Quântico com você.

Para ver onde você se encontra no Mapa do Amor Quântico neste exato momento, vá ao Apêndice e faça o Questionário do Amor Quântico. Você notará que o questionário está dividido em áreas específicas, o que lhe fornecerá um conjunto de pontuações em vez de uma única pontuação para o relacionamento. E isso é porque, felizmente ou infelizmente (eu digo felizmente), relacionamentos não são assim tão simples. Você pode descobrir que, no âmbito de sua vida sexual, está na frequência inerente, mas, no tocante à autoexpressão, é mais provável que você esteja na frequência egoica.

Qualquer que seja o caso, esse exercício visa fornecer-lhe informações importantes sobre sua posição, bem como ajudá-lo a estabelecer objetivos para chegar aonde quer estar no Amor Quântico. Não há respostas certas ou erradas. Ao terminar de ler este livro, você estará preparado para ser um mestre da frequência inerente e do Amor Quântico.

Você pode assinalar sua posição no Mapa do Amor Quântico nas páginas do Apêndice, copiar o Mapa do Amor Quântico em outra folha de papel ou visitar o site <www.drlauraberman.com/quantumlove> e usar a versão *on-line*. Mas, antes disso, por favor, leia a seção abaixo.

As chaves da coerência

Antes de responder ao Questionário do Amor Quântico, quero apresentar dois dos componentes fundamentais do mergulho na frequência inerente, porque é nesse estado que você poderá responder às perguntas com mais abertura e honestidade. Há dois passos fundamentais para entrar em um estado de coerência: ancorar-se e abrir o coração. É impossível superestimar as aplicações desse estado a sua vida amorosa.

Primeiro vem o ancoramento. Descobri a importância do ancoramento com uma talentosíssima e adorável curadora energética, Linda Hall, que trabalhou com minha mãe durante sua doença. A presença de Linda naquele período terrível foi uma dádiva e guardo comigo até hoje as lições que ela ensinou.

Então, o que é ancoramento? É voltarmos ao nosso corpo por meio de nossa consciência. Todos os dias, passamos a maior parte do tempo totalmente fora de nosso corpo e do momento presente. Estamos sempre pensando naquilo que já aconteceu ou no que vai acontecer no futuro; ficamos pensando em nosso parceiro, em nossos filhos, nosso trabalho e na logística de nossa vida. Prestamos atenção até mesmo em completos estranhos, como no idiota que não nos deixa passar para a outra faixa na estrada. Contudo, é raro voltarmos nossa atenção exclusivamente para nosso corpo, a fim de nos comunicarmos com ele e regressarmos ao seu abrigo em vez de arrastá-lo conosco por aí. É disso que se trata o ancoramento.

Quando estamos ancorados, experimentamos uma sensação mais ampla de presença, segurança e pertencimento. É quase como um acomodar-se, um estar confortável em um lugar. Pode ser feito em apenas uns poucos instantes e cria uma sensação maravilhosa de segurança e conexão com a terra e nosso lugar nela. O ancoramento também pode promover grande energização porque estamos acessando a energia mais primária e vital que existe (como veremos no capítulo 7). A partir do estado de segurança e presença a que passamos com o ancoramento, somos capazes de avançar de modo mais efetivo a nosso estado coerente. Sem isso, somos mais como cabos elétricos não aterrados!

Um guia para o ancoramento

Sente-se em uma posição confortável, feche os olhos e inspire profundamente algumas vezes. Ao inspirar, imagine uma luz linda, da cor que você quiser, entrando pelo topo de sua cabeça. Ao expirar, imagine a luz descendo diretamente pelo centro de seu corpo, saindo por seu cóccix, penetrando profundamente na terra e deitando ramificações, como as raízes de uma árvore.

A luz entra com cada inspiração e, com cada expiração, se enraíza cada vez mais fundo na terra. Deixe que as raízes se expandam, estendendo-se em todas as direções. Linda Hall me ensinou que, assim como as raízes de uma árvore na natureza têm o dobro da espessura de seus maiores galhos, você deve imaginar suas raízes de ancoramento na terra duas vezes mais espessas e profundas que a extensão de seu ser naquele momento. Por exemplo, quando estou prestes a ir ao ar na televisão e ser vista por milhões de pessoas, imagino minhas raízes se estendendo em todas as direções por toda a extensão dos Estados Unidos. Se quero me manter em frequência inerente com minha família e preciso de ancoramento, imagino minhas raízes estendendo-se até alcançar o dobro do tamanho de nossa casa.

Imagine seu corpo sendo ancorado à terra pela força e extensão de suas raízes. Essa é a sensação de estar ancorado.

Para ouvir uma meditação guiada para ancoramento, visite o *site* <www.drlauraberman.com/quantumlove>.

Meditação para abrir o coração

Uma vez que você esteja ancorado, sugiro que passe diretamente ao processo de abrir seu coração. Ao realizar esse exercício, você começa a entrar na frequência inerente. Você se abre para dar e receber amor. É o passo final que o levará à coerência, um estado de puro amor incondicional.

Assim como vivemos boa parte do tempo fora de nosso corpo, também costumamos viver tempo demais fora de nossa frequência inerente. Fechamos ou estreitamos nossos canais energéticos, em parte para nos defendermos deste mundo barulhento, e fechamos nosso coração aos outros. Quando estamos nesse estado, estamos na frequência egoica e, como já mencionei, não é possível ter sequer um vislumbre do Amor Quântico a partir desse estado. É abrindo o coração que você encontra a frequência inerente.

Feche os olhos e continue a respirar profundamente. Primeiro, lembre-se de um momento ou período em que sentiu um puro amor incondicional, em que estava tudo bem com o mundo. Pode ser quando você segurou seu filho nos braços pela primeira vez, ou talvez quando alguém que o amava incondicionalmente lhe deu apoio. Também pode envolver estar em um lugar que você adorou, em um belo dia ensolarado – lance mão de qualquer lembrança que você tenha de um momento em que se sentiu você mesmo e tudo à sua volta estava em perfeita harmonia.

Agora, à medida que continua respirando em seu estado de ancoramento, concentre-se no cenário que você escolheu, como se você estivesse ali *neste exato instante*. Esteja lá, como se estivesse vivenciando o local em primeira pessoa. Você não está se vendo na situação: você está *lá*, usando todos os seus sentidos. Se sua imagem for a de segurar seu bebê pela primeira vez, você pode baixar os olhos e ver o bebê em seus braços, sentir como é segurá-lo, imaginar que está sentindo aquele cheirinho gostoso de nenê... O que você vê? Como se sente? Esteja nas emoções desse estado de espírito como se tudo estivesse acontecendo agora. Sinta seu coração se abrindo para receber o amor incondicional que você está vivenciando neste momento. É provável que você sinta alguma alteração em seu corpo – uma leveza que se espalha pelo peito – ou um sorriso pode surgir em seu rosto. Agora você está em estado de coerência.

Para ouvir uma meditação guiada para abrir o coração, visite o *site* <www.drlauraberman.com/quantumlove>.

Ancorar-se e abrir o coração é uma maneira excelente de se centrar e passar à frequência inerente a qualquer tempo. Já cheguei até a fazer isso no carro, a caminho de um compromisso (mantendo os olhos abertos, é claro). Julgo especialmente útil lançar mão desse processo para passar ao estado de coerência antes de alguma situação em que eu tenha de me expressar de forma honesta e autêntica. Por isso, sou categórica ao recomendar que, antes de se avaliar com o Questionário do Amor Quântico, você se coloque em um estado de ancoramento e abra seu coração.

A sabedoria da frequência egoica

Agora que você descobriu como a frequência inerente é incrível e que o Universo (e seu parceiro) responderá de maneira maravilhosa a uma pessoa que esteja vibrando nesse estado, talvez esteja decepcionado e arrependido por ter passado tanto tempo de sua vida na frequência egoica. Além disso, você pode estar preocupado, pensando que ainda escorregará frequentemente de volta à frequência egoica e não será capaz de acessar a coerência do "jeito certo".

Eis a boa notícia: não existe jeito certo! Não tem problema escorregar de volta à frequência egoica e até mesmo permanecer lá por um tempo. Na verdade, quando você cai na frequência egoica, em geral é porque seu corpo ou seu espírito está chamando sua atenção para alguma coisa. Algo não está servindo. Então, em vez de ter medo da frequência egoica e ficar decepcionado quando percebe que está nela, opte por de fato mergulhar nesse estado e observar de perto o que está acontecendo dentro de você. Existe uma sabedoria a ser adquirida aí.

Quando você compreender que a frequência egoica e seu ego podem realmente ter lições importantes a lhe ensinar – lições que podem ajudá-lo a se aprofundar em sua frequência inerente e a promovê-la –, conseguirá voltar ao estado de coerência com facilidade. O segredo é abraçar a contração que vem com a frequência egoica. Como as contrações físicas do trabalho de parto, esse tipo de contração energética pode às vezes ser doloroso na esfera emocional, mas, quando você se entrega à dor, pode criar e liberar uma energia revigorante de encorajamento. Contrações são um ciclo rítmico de estreitamento e abertura. Qualquer mulher que tenha vivenciado o trabalho de parto sabe que, quando você relaxa nas contrações e não luta contra elas, respirando no ritmo delas, elas se tornam menos dolorosas e passam mais depressa. O mesmo se dá com a frequência egoica. Na realidade, eu o incentivo a encarar o período que você passar na frequência egoica como um pequeno trabalho de parto que traz à luz uma nova faceta de seu ser.

O expandir e o contrair compõem um ritmo fundamental em nosso mundo natural. Está presente na maioria das coisas, sejam elas grandes como o oceano, ou pequenas como nossas células. A energia está sempre se movimentando, contraindo e expandindo. É por isso que descobrir onde estamos no Mapa do Amor Quântico não é tão simples como assinalar um ponto em um gráfico. A fim de termos plena compreensão do ponto em que estamos no mapa, é preciso também entender como nosso perfil energético único funciona em nosso íntimo. Talvez sua tendência seja pousar em um ponto do Mapa do Amor Quântico e permanecer ali a maior parte do tempo. Porém, em minha experiência, cada um de nós tende a oscilar um pouco em redor desse ponto, entrando e saindo de frequências mais elevadas e mais baixas. Portanto, o próximo passo para o uso do Mapa do Amor Quântico é conhecer o que chamo Índice de Frequência Egoica/Inerente, ou IFEI. Seu IFEI é basicamente um modo de mapear *seu* padrão típico de contrações na frequência egoica e expansões rumo à frequência inerente. Quando você souber com certeza qual é o padrão de seu IFEI e conhecer o modo como você se movimenta pelo Mapa do Amor Quântico, poderá usar essa consciência para sair mais depressa de frequências baixas e passar a frequências elevadas.

Em cada um de nós, as contrações e expansões estão acontecendo em um fluxo constante que tem esta aparência:

∞

Figura 2: O formato de nosso IFEI

Não é coincidência para mim que essa imagem tenha o formato do símbolo do infinito, porque as contrações e expansões que estão sempre acontecendo em nosso mundo natural também acontecem continuamente em nosso mundo emocional. Sobreposto ao Mapa do Amor Quântico, seu IFEI pode mostrar a tendência de suas oscilações entre a frequência inerente e a frequência egoica.

O lado esquerdo de seu IFEI costuma representar sua condição típica em baixas frequências, e o lado direito mostra seu estado em frequências elevadas. O ponto central marca, em regra, o estado emocional (e a marca) que constitui seu habitual ponto de transição de frequências baixas para frequências elevadas – e, felizmente, da frequência egoica para a frequência inerente. Ao compreender qual é seu ponto de transição, ele se torna um farol que sinaliza quando você está vivenciando uma alteração de energia, o que lhe permite direcioná-la positivamente no Mapa do Amor Quântico.

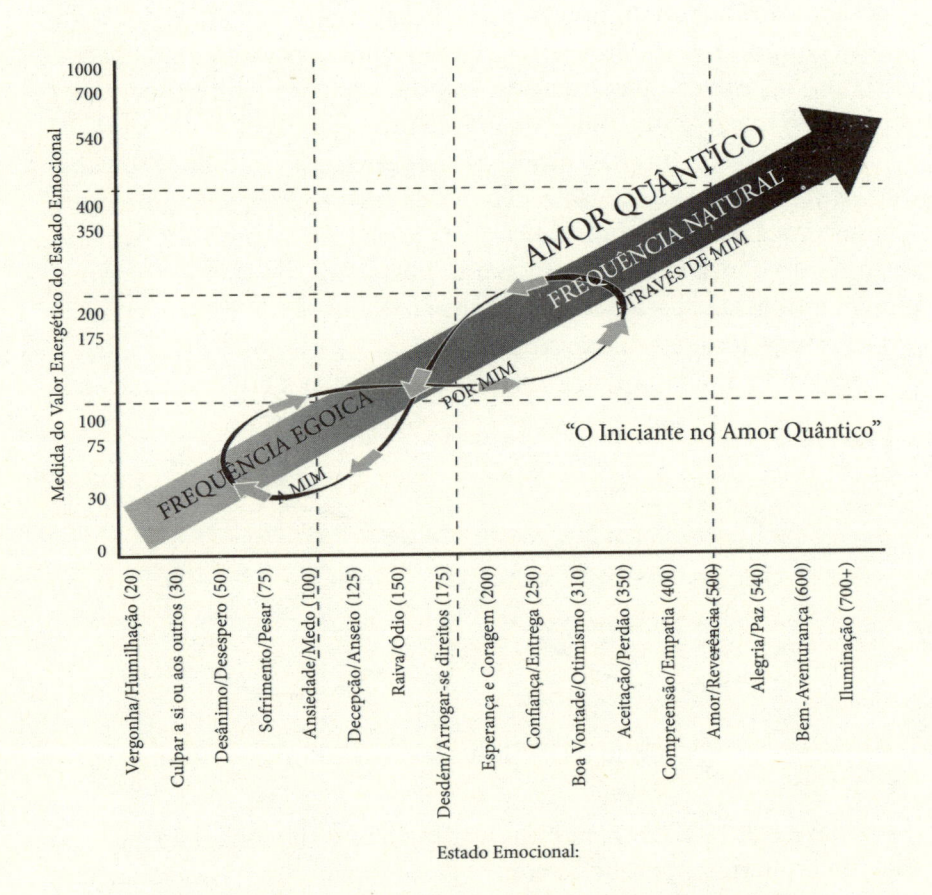

Figura 3: Exemplo de IFEI – O Iniciante no Amor Quântico

Tomemos a Figura 3 como exemplo. A uma pessoa com um IFEI como esse eu chamo Iniciante no Amor Quântico. Em sua condição mais pessimista, essa pessoa sente desânimo, enquanto na mais otimista ela sente aceitação. Nesse exemplo, seria importante para o Iniciante no Amor Quântico saber que a raiva e o desdém constituem um poderoso ponto de transição quando ele está voltando a um estado de alegria. Para mais exemplos de IFEIs típicos que encontro em minha prática terapêutica, visite o *site* <www.drlauraberman.com/quantumlove>.

Qual é seu IFEI?

O Questionário do IFEI o ajudará a identificar seu fluxo de contração e expansão energética, bem como determinará seu ponto de transição entre expansão e contração. Cada grupo de perguntas pedirá que você descreva o modo como se sente em seu estado mais otimista e em seu estado mais pessimista quando pensa em diversos aspectos de seu relacionamento. Como no Questionário do Amor Quântico, haverá alguns aspectos de seu relacionamento nos quais você vibra em uma frequência energética mais elevada que em outros, e isso é perfeitamente normal. Nos capítulos a seguir, você aprenderá como avançar no Mapa do Amor Quântico em *todas* as áreas de seu relacionamento.

Se você não tem um parceiro no momento, não há problema. Basta que você pense em como tende a se sentir em seus relacionamentos ou use seu último relacionamento significativo para orientá-lo. Também pode ser muito útil, para não dizer esclarecedor, pedir que seu parceiro faça o questionário e, em seguida, comparar os resultados. Conhecer o IFEI um do outro pode oferecer não só *insights* preciosos com relação aos padrões emocionais do parceiro, como também revelar a perspectiva de tais padrões em seu relacionamento. Talvez você descubra que vocês dois vivenciam o relacionamento de maneira muito diferente.

Agora, vá ao Apêndice e responda ao questionário, depois volte a estas páginas para aprender mais.

Como interpretar os resultados e assinalar seu IFEI no mapa

Como acontece no Questionário do Amor Quântico, você notará que as perguntas estão organizadas por diferentes áreas do relacionamento. Você pode descobrir que o IFEI para sua capacidade de lidar com seu parceiro no tocante à abordagem da logística de sua vida está em um lugar muito diferente daquele em que está o IFEI de sua conexão sexual. Ou talvez você veja que seu IFEI se localiza em uma frequência energética elevada quando se trata da comunicação com seu parceiro, o que significa que isso é algo provavelmente muito fácil para você. Mas pode ser que sua conexão espiritual esteja em uma frequência baixa, indicando que você tem dificuldade para "ler" seu parceiro em um nível intuitivo.

Ainda como com o Mapa do Amor Quântico, você usará os resultados de seu Questionário do IFEI quando passar aos próximos capítulos e aprender estratégias práticas para alcançar o Amor Quântico.

Cada uma das duas atitudes mentais a que, em prol da simplicidade, me refiro como "otimista" e "pessimista" representará um ponto diferente em seu IFEI. Sua atitude ou estado mais otimista é o modo como você se sente quando está pleno de confiança e entusiasmo com relação àquele aspecto de seu relacionamento. Por outro lado, seu estado mais pessimista é o modo como você se sente quando se considera simplesmente péssimo naquela área do relacionamento. Sua disposição mental mais otimista será a extremidade de máxima frequência de seu IFEI. Sua disposição mental mais pessimista representará a extremidade de mais baixa frequência de seu IFEI. Assinale cada um dos pontos no Mapa do Amor Quântico. Agora, encontre o ponto do meio, entre os dois extremos, e também *o assinale* no Mapa do Amor Quântico. Esse é seu ponto de transição.

Em seguida, desenhe um símbolo do infinito inclinado (como no exemplo da Figura 3), ligando aqueles três pontos, o ponto do meio formando a interseção das linhas. Como com o Questionário do Amor Quântico, você pode desenhar nas páginas deste livro, copiar o Mapa do Amor Quântico em outra folha de papel ou visitar o *site* <www.drlauraberman.com/quantumlove> para usar a versão *on-line*.

A figura desse oito inclinado representa o ciclo energético de seu IFEI, único e pessoal, só seu. A figura de algumas pessoas será alongada, e de outras, mais compacta. Ainda, a figura de algumas terá sua maior parte na frequência inerente, e de outras, na frequência egoica.

A ideia do Questionário do IFEI é reconhecer seu padrão energético típico de modo que você consiga notar o mais cedo possível quando estiver entrando em uma fase de contração (afastando-se da frequência inerente) e, então, usar estratégias de mudança e outras ferramentas que apresentarei no próximo capítulo para abreviar o tempo de transição de volta à expansão. Essa consciência é parte do processo de descobrir como empregar bem sua energia e moldar seu IFEI para que esteja tanto quanto possível na frequência inerente. Lembre-se: ninguém está na frequência inerente o tempo *inteiro*.

Quero chamar especial atenção a seu ponto de transição, o ponto do meio de seu IFEI. É nele que você passa da contração à expansão (e vice-versa), por isso é importantíssimo que você esteja consciente desse estado emocional, como ele é, que sensações ele provoca em você e o que costuma fazê-lo chegar até ele. Assim, se você perceber que está naquele estado, poderá dizer a si mesmo: "Ah, devo estar entrando em um período de contração"; ou "Estou me aproximando de uma expansão". Caso você de fato note que está seguindo rumo à extremidade de baixa frequência de seu IFEI, não se julgue por isso. Se você puder elevar sua energia nesse momento (usando técnicas que ensinarei nas próximas páginas), então ótimo, mas, às vezes, o melhor é apenas entregar-se ao declínio energético. Deixe-se levar por ele, permita-se sentir a emoção que você precisa sentir e, em seguida, faça o que estiver ao seu alcance para passar a um estado mais coerente.

Lembre-se: estes são apenas padrões; eles não estão gravados na pedra. Consciência é o primeiro elemento fundamental e, nos próximos capítulos, mostrarei tudo o que você precisa saber sobre como alterar seu padrão energético, passando a uma frequência mais elevada e a mais Amor Quântico.

De onde vem seu IFEI

Por que não permanecemos simplesmente em nossa natural frequência inerente? Se a frequência inerente é nosso estado perfeito – aquele em que nascemos e no qual nossa energia está mais elevada e mais amorosa –, então por que ela não é nosso padrão o tempo todo? Por que é possível que sejamos tirados dela?

A resposta mais objetiva é por causa de *você*. Ou, antes, o *você* a respeito de quem seu ego adora tagarelar: seu senso de individualidade, as fronteiras entre você e o restante do mundo, seu passado e seu futuro, e o mérito de seus anos de bagagem emocional. Basicamente todos os aspectos de que o derrame de Jill Bolte Taylor a libertou. Todo aquele barulho em seu cérebro (a lista de coisas a fazer, a ansiedade, os temores com relação ao futuro) não vem de seu eu essencial: ele vem de seu ego, ao qual Michael Singer se refere, em *The Untethered Soul*, como "um colega de quarto maluco".

Esse *você* barulhento, desrespeitoso e por vezes grosseiro é sua frequência egoica, que eu acredito ser um reflexo (uma imagem do reverso) do propósito de sua alma estar aqui. Como mencionei anteriormente, seu colega de quarto maluco adora ficar tagarelando sobre escassez e inferioridade, com uma ênfase adicional no esforço. Ele tagarela *muito alto*. E, quando se deixa levar pelas crenças que seu ego está vomitando, você cai em um estado de resistência, vergonha e medo. Você sintoniza as histórias que vêm de seu mundo exterior e se apega a elas. Você fica pensando o que poderia dar (ou está dando) errado e buscando maneiras de se proteger. É algo muito fácil de fazer, em especial porque, na maioria das vezes, não percebemos sequer que o estamos fazendo.

A verdade é que cada um de nós nasceu com energia pura e perfeita em nosso íntimo, uma plena expressão física de nossa frequência inerente. Irradiávamos luz, amor, esperança, serenidade e autenticidade. Nós nascemos sem sentir vergonha, medo, dúvida, raiva ou autoacusação. Basta olhar para um recém-nascido para ver que isso é verdade. Não importa em que família ou situação nasçam (seja em uma mansão em Hollywood ou em uma cabana em um país de terceiro mundo assolado pela guerra), bebês vêm a este mundo com nada além de puro amor e confiança. Eles confiam em seus pais de todo o coração, sem reservas. Eles confiam que o mundo é caloroso, bondoso e receptivo. Eles acreditam. Eles têm esperança. E o fazem sem absolutamente nenhum esforço nem muros de autoproteção. Essa energia pura e perfeita é seu eu essencial. Ele é imutável, inalterável. Sua luz perfeita está dentro de você neste exato instante, não importa o que esteja acontecendo em seu mundo, e ela não vai a lugar algum. Seu colega de quarto maluco, seu ego, não pode tocá-la.

No entanto, como todos os humanos, em um nível prático, bebês têm uma incrível capacidade de se adaptar a sua situação. Darwin e a maioria dos psicoterapeutas concordariam que bebês são programados para aprender a adaptar-se à realidade daqueles que lhes dispensam cuidados porque isso é crucial para sua sobrevivência. Cedo aprendemos a emular a atmosfera de nossa casa, a ficarmos dentro dos limites e a agir como um espelho daqueles que são essenciais à nossa sobrevivência. Nós aprendemos a expressar emoções baseados no modo como nossa família expressa emoções (e, como sabemos, emoção é tão somente energia). Assim, em princípio, aprendemos a controlar nosso estado energético com base em como nossa família o faz. Muito embora a maioria de nós acabe por questionar tais normas e noções em algum momento, nossas susceptibilidades, a maneira como lidamos com conflitos, se somos barulhentos ou silenciosos, se somos alegres ou medrosos, tudo isso é construído ao longo daqueles primeiros anos de formação. Esses são os aspectos de nossa personalidade que costumamos não questionar. Em vez disso, apenas pensamos: "É assim que sou". O estilo energético de nossa família se torna nossa herança e o primeiro estágio de nossa frequência egoica. No âmago, cada ser vivo na Terra tem um objetivo: sobreviver. E a sobrevivência de um bebê depende de sua capacidade de adaptar-se a sua unidade familiar. Infelizmente, adaptar-se em geral implica desenvolver habilidades de raiva, desconfiança, dúvida e a capacidade de erguer barreiras. É por isso que, ao crescer, de seres desinibidos e adoráveis que eram, as crianças se tornam adultos hesitantes e temerosos, com medo de ser magoados, de ser enganados ou de se iludirem.

Michael Singer explica que cada um de nós está andando por aí com inúmeros "espinhos" sensíveis em nosso íntimo.[12] Eles representam pontos de grandes traumas e experiências dolorosas de nosso passado, mensagens negativas, medos e humilhações. Esses espinhos podem assumir qualquer forma e tamanho. Alguns são bastante óbvios, como uma OMEC ou um trauma, ao passo que outros são muito menores ou estão tão profundamente encravados ali que você talvez nem saiba de sua existência até que algo os toque e dispare uma reação em você. Imagine roçar a mão, por acidente, em um cacto. Você tira a maioria dos espinhos da mão, mas ainda restam aqueles minúsculos, quase invisíveis, em sua pele. Eles não doem até que algo os toque. Portanto, cuidado!

O mesmo acontece com nossos espinhos emocionais. Quando alguma coisa inevitavelmente acaba tocando um deles, isso dispara uma reação em nós. Percebemos que sentimos uma raiva excessiva quando alguém nos corta no trânsito ou ficamos absolutamente arrasados quando subimos na balança e descobrimos que ganhamos dois quilos. Nossa reação não é proporcional ao "crime". Por quê? Será que se trata apenas do incidente no trânsito ou do ganho de peso? Não. Reagimos de forma desproporcionada porque aquele incidente roçou em um de

---

12. Michael Singer, *The Untethered Soul: The Journey Beyond Yourself* (Oakland, CA: New Harbinger Publications/Noetic Books, 2007).

nossos espinhos e atingiu um nervo. Sempre que isso acontece, passamos de imediato à frequência egoica.

Um casal, Jackie e Jake, me procurou depois que um diagnóstico médico virou suas vidas de cabeça para baixo. Eles também tinham alguns graves espinhos. A mãe de Jackie sempre a criticou muito na infância e na adolescência. Ela nunca podia realmente falar o que pensava e, se tivesse de fato uma opinião, em geral isso lhe era negado e arrancado por ser "desrespeitoso". Jake era muito gentil e obsequioso, e Jackie sentia ter total permissão para expressar-se no relacionamento. Jake havia sido recentemente diagnosticado com um tumor cerebral que fora encontrado na área pituitária de seu córtex pré-frontal, a parte do cérebro que regula o controle de impulsos. Sua nova impulsividade o levava a dizer coisas que talvez fossem um pouco autênticas *demais*. Ele demonstrava reações mais intensas e uma predisposição a grandes explosões de raiva. Isso estava disparando reações em Jackie o tempo todo.

Intelectualmente, Jackie sabia o que estava acontecendo e que Jake não tinha controle sobre suas explosões. Ela tinha total compreensão de que ele não estava tentando magoá-la. Jackie sabia que gostava de estar no controle, mas nunca havia percebido quanto precisava sentir que tinha voz. Quando Jake, por não conseguir filtrar seus pensamentos e reações, começou a comportar-se de modo a fazê-la sentir que sua voz era menosprezada ou desconsiderada, ela começou a ficar extremamente ressentida e a fechar-se.

Por meio do trabalho que realizamos juntos, Jackie conseguiu reconhecer seus espinhos e compreender que as emoções que surgiam em seu íntimo não estavam de fato relacionadas a Jake. Seus espinhos haviam colorido as lentes pelas quais ela enxergava o relacionamento (e Jake). Ao se dar conta disso, tudo começou a mudar.

Ao conseguir identificar tais espinhos, Jackie se tornou capaz de reconhecer quando estavam sendo tocados. Então, com essa clareza mental, ela pôde começar a decidir conscientemente como queria sentir-se quando Jake se comportava de uma maneira que parecia desdenhosa, raivosa ou controladora. Em vez de simplesmente cair de volta na frequência egoica e criar mais sentimentos ruins, ela conseguiu liberá-los e penetrar ainda mais na frequência inerente.

Em seu IFEI, Jackie percebeu que oscilava entre culpa (75) e aceitação e perdão (375). A culpa vinha da ideia de que, como Jake estava doente, ela devia estar dando mais espaço para ele se expressar, sem levar seus comentários para o lado pessoal. O desdém e a necessidade de arrogar-se direitos vinham da sensação de que ela estava fazendo sacrifícios demais ao cuidar dele. Em vez de estar na frequência inerente ao menos parte do tempo, Jackie percebeu que seu IFEI estava continuamente na frequência egoica.

Ela começou a aceitar quanto estava apavorada e a usar as técnicas que ensinarei nos próximos capítulos para dar início a um avanço rumo ao estado de boa vontade/otimismo e até mesmo de aceitação/perdão. Jackie estava perdoando não apenas Jake, mas também a si mesma *e à mãe*. Ela começou a sentir compaixão por todos eles, a compaixão que não recebeu na infância. Então, passou a vivenciar mais tempo no estado POR MIM, e tudo em seu relacionamento começou a mudar.

Jake teve até uma recuperação inesperada de toda a função cerebral depois de conseguirem operar seu tumor.

– Você acha que foi porque eu manifestei isso? –, perguntou-me Jackie.

Eu sorri, encolhi os ombros e disse:

– Quem sabe?

A maioria de nós não está sequer consciente de ter espinhos emocionais que doem quando tocados. Reconhecemos as emoções de mágoa apenas quando as sentimos. Mas, assim como se pode pegar uma lupa e uma pinça e remover os espinhos que o cacto deixou para trás, também podemos tratar de nossos espinhos emocionais.

Cada um de nós ergueu, de forma consciente ou subconsciente, muros em torno do coração e da mente a fim de bloquear aquilo que imaginamos ser o perigo do mundo. É mais fácil ficar fechado e na defensiva, ficar na frequência egoica. No entanto, posso garantir que o Amor Quântico está disponível para você e, nos próximos capítulos, você aprenderá a desafiar suas noções e crenças e descobrirá estratégias para mudar sua frequência e fazer seu IFEI avançar no Mapa do Amor Quântico.

Isso me traz à mente a maravilhosa frase do poeta e místico sufi Rumi, que disse: "Sua tarefa não é buscar amor, mas tão somente procurar e encontrar, em seu íntimo, todas as barreiras que você construiu para evitá-lo". Assim, da mesma forma, sua tarefa não é obrigar-se a estar em um estado de coerência ou abrir caminho à força até sua frequência inerente, mas apenas trazer consciência para sua jornada e descobrir de onde vem sua resistência. O que faz com que você se feche, sentindo raiva e mágoa, quando seu parceiro se atrasa para o jantar?

O que faz com que você evite seu parceiro no quarto quando, na verdade, você quer desesperadamente agarrar-se a ele ou a ela? Que energia vem à tona quando você pensa em seu relacionamento com seu cônjuge?

Ao examinar tais questões, você provavelmente descobrirá algumas respostas surpreendentes e algumas verdades ocultas sobre si mesmo. Em especial quando entra na frequência inerente. A partir dessa morada serena do eu essencial, talvez você descubra que aquilo que o afasta de seu cônjuge não é raiva, mas medo e tristeza. Pode ser que você descubra ser capaz de vivenciar níveis profundos de perdão e amor incondicional, os quais você sequer sabia que abrigava em si. Talvez você consiga passar a olhar para seu cônjuge quando ele ou ela estiver irritado e não sentir irritação, mas amor. Pode ser que você veja um grande urso de pelúcia dentro da raiva, ou um filhote de leão furioso ou um peixe-boi rabugento. Qualquer que seja a imagem que funcionar para você! Ao fazer isso, você será capaz de reformular sua perspectiva. Você verá seu parceiro como uma pessoa que o ama e quer apenas ser ouvido, valorizado e respeitado.

No próximo capítulo, apresentarei inúmeras ferramentas para tirá-lo da frequência egoica e levá-lo à frequência inerente. A partir do estado coerente de sua frequência inerente, você conseguirá explorar tais questões e alcançar a clareza extraordinária que vem quando nos conectamos com nosso eu essencial e silenciamos a voz do ego.

A boa notícia é que, embora cada um de nós tenha sido influenciado por sua criação e experiência, *nosso eu essencial não o foi*. Se cada um de nós nasce com plena energia amorosa no íntimo, e energia não pode ser jamais criada nem destruída, significa que aquela energia ainda está lá. Ela não desbotou, não envelheceu nem diminuiu ao longo dos anos. Essa energia esteve apenas escondida. Esse amor esteve ali o tempo todo e está esperando pelo momento em que o descobriremos, aguardando que nos tornemos conscientes e receptivos uma vez mais.

Jill Bolte Taylor usou as palavras "estou aqui, venha encontrar-me" para descrever como se sentia durante a batalha inicial de sua recuperação depois do derrame. Acredito que nosso eu essencial E o eu essencial de nosso parceiro estão dizendo a mesma coisa: *estou aqui, venha encontrar-me*.

Esse é o caminho do Amor Quântico.

Capítulo 4

Compromisso Nº 1

Assumirei a Responsabilidade pela Energia Que Trago ao Relacionamento

Você não atrai o que você quer.
Você atrai o que você é.
Dr. Wayne Dyer

Agora você entende seu perfil energético – onde você se encaixa no Mapa do Amor Quântico, bem como o tipo energético de seu corpo no relacionamento, quer com relação a um parâmetro ou em geral. Você também compreende como aquele tipo se desenvolveu e como a frequência de sua energia é determinada por seus estados emocionais mais comuns. Já está claro para você que, quanto mais elevada a frequência ou a marca no mapa, mais experiências positivas você perceberá e criará em seu relacionamento e nas pessoas que estão à sua volta.

Comprometa-se a notar quando estiver passando da frequência inerente à frequência egoica e tome medidas para colocar-se de volta em coerência. Afinal, sua energia e sua consciência estão criando sua realidade, *inclusive* a realidade de seu relacionamento. Comprometa-se a fazer o que for necessário para manter-se, e a seu parceiro, no caminho do Amor Quântico.

Lembre-se, quando sua marca está acima de 200, passando aos estados POR MIM e ATRAVÉS DE MIM, você está de fato vivenciando o Amor Quântico. Você irá oscilar, contrair-se e expandir para vibrações mais baixas e mais elevadas. Mas agora você conhece seu tipo e sabe como identificar aquele ponto de transição para a expansão ou contração, entre as marcas mais elevadas e as mais baixas. Neste capítulo, mostrarei maneiras de sair mais depressa de marcas energéticas baixas, não importa quanto você se sinta emperrado, e de permanecer mais tempo em marcas elevadas, colocando-se em frequência inerente tanto quanto possível.

Como você já aprendeu, não há nada errado com a frequência egoica. Ela é bastante útil, e você está constantemente entrando nela e saindo dela como parte do fluxo e refluxo natural de sua energia. O objetivo aqui não é travar sua energia no estado POR MIM ou ATRAVÉS DE MIM. Isso seria impossível. O objetivo é fazer seu IFEI avançar no Mapa do Amor Quântico. Quando você assume a responsabilidade por sua frequência, isso o coloca no banco do motorista. Lembre-se: quando você está na frequência inerente, seu parceiro se ajusta sincronicamente a você e, então, você está criando a realidade que mais deseja.

Abaixo estão os cinco princípios-chave que, como descobri, são incrivelmente eficientes no sentido de permitir que você passe da frequência egoica à frequência inerente, não importa em que circunstâncias esteja. Abordaremos a maioria deles com mais profundidade nos próximos capítulos. Esses cinco princípios-chave são: abrir seu coração, acessar o campo energético à sua volta, sentir gratidão, entregar-se e estar conscientemente atento.

Princípio-chave nº 1 da frequência inerente: um coração aberto é o caminho mais rápido à frequência inerente

Abrir seu coração – que também significa abrir-se para dar e receber amor – é uma maneira fantástica de sair daquelas marcas de frequências mais baixas, em especial quando você está ansioso ou com raiva, e passar à frequência inerente. Isso o colocará imediatamente na frequência inerente e você o sentirá no próprio corpo. Há alguns anos, tive a oportunidade de entrevistar, em meu programa de rádio, o psiquiatra Srinivasan Pillay, da Universidade de Harvard, autor de *Life Unlocked*, e falar com ele sobre estratégias para lidar com o medo e a ansiedade. Foi ele quem me apresentou a noção de visualização como uma maneira de ativar o córtex pré-frontal do cérebro e sair neurologicamente do estado de medo. Desde então, essa é uma estratégia que uso com muitos de meus pacientes. Quando sentimos medo, o córtex pré-frontal – a parte do cérebro que produz pensamentos organizados, enxerga soluções e entende o quadro mais amplo – para de funcionar e as amígdalas cerebrais, a parte reptiliana do cérebro, assume o controle.

Discutiremos tal processo em profundidade no capítulo 9, mas, por ora, é importante que você saiba que, quando seu cérebro trava assim, você sente medo. E é praticamente impossível passar ao Amor Quântico a partir de um estado de medo.

Quando você faz a meditação para abrir o coração, aquela que apresentei no capítulo anterior, surge uma sensação de alargamento, de expansão, e até mesmo de uma alegria borbulhante na região de seu coração. É como se seu coração estivesse ficando mais leve e mais amplo. Esse processo está efetivamente fazendo com que você entre em coerência, que é o estado em que as energias de seu corpo, de sua mente e de seu espírito estão em harmonia.

Pesquisas recentes realizadas pelo *Institute of HeartMath* revelaram que o coração é uma poderosa usina geradora capaz de mudar e afetar a energia que nos cerca, assunto de que trataremos no capítulo 7. Você pode transformar a meditação para abertura do coração em uma prática isolada regular, quando sentir que está emperrado em pensamentos negativos, ou simplesmente quiser aumentar sua própria vibração com a intenção de manter tal estado para que seu parceiro se ajuste sincronicamente a você. No entanto, uma excelente prática adicional é usá-la como uma espécie de *biofeedback energético*. Assim, você pode aprender a passar a esse poderoso estado energético de abertura amorosa em uma fração de segundo.

Primeiro, pratique a meditação da abertura do coração, diversas vezes, e familiarize-se com ela quando *não estiver* particularmente estressado. Você notará mudanças nas sensações físicas de seu corpo, melhora de humor e uma atitude mais positiva, e provavelmente as mesmas mudanças nas pessoas à sua volta. Com o tempo, você conseguirá passar ao estado de abertura do coração sem ter de pensar em um belo lugar de amor incondicional em sua mente ou colocar-se ali. Você será capaz de passar à frequência inerente sem pensar, sabendo qual é a sensação dela em seu corpo.

Exercício para *feedback* energético da abertura do coração

1. Ancore-se e acesse o estado de abertura do coração, conforme descrevi no capítulo anterior.
2. Agora, passe a um estado de constrição: pense em algo que realmente dispare a dor de seus espinhos, que o faça sentir medo e raiva. Permaneça nesse estado por alguns instantes e observe como

se sente. Você provavelmente notará um aperto, uma pressão no peito, nas costas, nos maxilares. Você já não se sentirá efusivo e leve.
3. Agora, volte ao estado de abertura do coração.
4. Repita os passos 1 e 2 várias vezes e você observará que fica cada vez mais fácil passar de um estado de constrição para um estado de abertura do coração. Seu corpo e seu eu essencial estão em máximo alinhamento quando você está na frequência inerente. Você ficará familiarizado com as sensações e criará uma conexão mente-corpo que lhe permitirá passar à frequência inerente em um piscar de olhos, sempre que desejar e sem pensar.

Princípio-chave nº 2 da frequência inerente: acesse a energia à sua volta... em seus termos

Como já aprendemos, somos todos energia, afetando a energia que nos cerca e sendo afetados por ela. Isso significa que, se não estivermos conscientes de nosso próprio estado energético, poderemos pensar que ele está sendo ditado por algo em nosso campo, coisa que cada um de nós já vivenciou em seus relacionamentos. Já sentiu alguma vez que seu humor muda de acordo com o humor de seu parceiro? Se você está feliz, leve e despreocupado e ela entra pela porta com uma expressão azeda no rosto, você consegue quase perceber uma sensação de temor e apreensão crescendo em seu estômago. "O que aconteceu?", você pergunta de imediato, enquanto sua mente dispara, pensando nas possibilidades. *Será que o chefe dela gritou com ela? Será que ela teve um corte na jornada de trabalho e, consequentemente, redução no salário? Será que as crianças se comportaram mal no carro?* Em um piscar de olhos, seu humor positivo se estilhaçou em mil pedacinhos... e você ainda não sabe sequer por que sua parceira está aborrecida, ou se ela está de fato aborrecida. Talvez ela só esteja com dor de estômago!

Por que fazemos isso? A resposta, como comentei no capítulo anterior, é sobrevivência. A maioria de nós passou a infância em um lar com muitos "limites máximos", as vozes que surgem para nos dizer que estamos "alegres demais" ou "à vontade demais" e nos instruem a esperar o que ainda vem pela frente. (Discutiremos mais a respeito de limites máximos no capítulo 9.) Ou talvez tivemos um pai ou uma mãe alcoólatra ou viciado(a), ou vivemos em uma família em que o amor parecia algo condicional. Contudo, a capacidade de ler e sentir energia é algo que todos temos dentro de nós, ainda que tal capacidade tenha sido inibida ou que nossa atenção tenha sido desviada dela. A fim de viver mais tempo na frequência inerente, o segredo é usar essa capacidade para se conectar à energia que está em você e à sua volta em *seus* termos, não o contrário.

Descobri que pessoas que tiveram uma infância muito difícil costumam ter uma intuição supersensível e uma misteriosa habilidade de ler a energia do lugar em que estão. Não que elas tenham necessariamente maior poder intuitivo que o restante de nós. Elas apenas têm um acesso facilitado. A verdade é que tais pessoas em geral desenvolveram e exercitaram a conexão intuitiva pela necessidade de sobrevivência. Algumas crianças conseguem dizer, no exato instante em que entram pela porta, se o pai está bêbado ou se a mãe está com raiva, apenas sentindo a energia que está circulando pela casa. Roberto Ohotto, um famoso estrategista intuitivo sobre questões pessoais, certa vez confidenciou a mim que acredita que sua percepção de dons intuitivos tenha começado em sua infância, vivida em uma casa atingida pelo alcoolismo, um ambiente inseguro e tempestuoso. Ele chegou a um ponto em que entrava em casa e sabia de imediato se era seguro ficar ou se deveria saltar de volta à bicicleta e pedalar rumo ao parque o mais rápido que pudesse até que a barra estivesse energeticamente limpa. Hoje, ele consegue usar essas habilidades para melhorar a própria carreira e ajudar aqueles que o cercam a alcançar um nível de plenitude e entusiasmo.

Infelizmente, o caso de Ohotto é um tanto raro. Em vez de se beneficiarem do uso de sua sensibilidade, muitas pessoas julgam que sua intuição altamente sintonizada pode prejudicar sua vida. Elas não elevam a seu nível energético as pessoas que as cercam; em vez disso, tendem a afundar nos baixos níveis de energia dos outros, exatamente como o que descrevi no capítulo anterior sobre o antigo comportamento de meu filho Ethan. Elas podem até mesmo cair na codependência. Hoje acredito que a única diferença entre essas pessoas e pessoas como Robert Ohotto é a consciência, bem como a capacidade de usar tal consciência e voltar voluntariamente à frequência inerente.

Avaliando e acessando sua intuição

A intuição é uma dádiva inestimável e belíssima que cada um de nós já tem dentro de si, quer nos demos conta disso ou não. Em *Frequency*, Penney Peirce oferece uma "enquete de sensibilidade vibracional" para que você possa mensurar sua própria sensibilidade, e eu adaptei essa ferramenta para lhe apresentar o Questionário da Intuição, que segue abaixo. Ele foi elaborado para ajudá-lo a identificar seus hábitos no que tange a sensações e descobrir como eles podem estar afetando sua capacidade de acessar a voz da intuição de seu eu essencial. Aquelas áreas em que não nos permitimos sentir também são provavelmente áreas nas quais estamos carregando a energia de coisas que precisamos trabalhar. Se o questionário indicar qualquer área em que você possa estar bloqueando sua energia, aconselho-o a investigá-la, de modo a conseguir determinar a fonte de suas sensações negativas e, então, acessá-las e liberá-las.

Nas perguntas a seguir, classifique sua resposta em uma escada de 1 a 5 (sendo 1 "Nunca" e 5 "Sempre").

Questionário da Intuição

Minha intuição sobre...	Nunca	Raramente	Às Vezes	Geralmente	Sempre
Os outros:					
Meu humor é facilmente afetado pelo humor dos outros.	1	2	3	4	5
Em regra, sei se posso confiar em alguém logo depois de nos conhecermos.	1	2	3	4	5
Consigo perceber quando estão mentindo para mim.	1	2	3	4	5
Consigo sentir o humor de outras pessoas, mesmo que elas não o verbalizem.	1	2	3	4	5
Sei o que outras pessoas estão pensando antes que digam uma única palavra.	1	2	3	4	5
Eu mesmo:					
Confio em meu instinto e em minha primeira impressão.	1	2	3	4	5
Confio em minha percepção interna e em minha capacidade de tomar decisões.	1	2	3	4	5

Minhas emoções me dizem muito sobre o que realmente penso de algo.	1	2	3	4	5
Consigo perceber o que meu corpo e minha mente precisam, e dou isso a eles.	1	2	3	4	5
Confio em minha sensação a respeito de algo quando estou tomando decisões.	1	2	3	4	5
O mundo à minha volta:					
Consigo entrar em um lugar e saber de imediato se é um lugar em que quero estar – ou se não é!	1	2	3	4	5
Consigo sentir quando alguma coisa importante vai acontecer nas notícias sobre o mundo, sobre o tempo, sobre acontecimentos, etc.	1	2	3	4	5
Consigo perceber as coisas que existem fora de nosso mundo físico.	1	2	3	4	5
Posso ver auras ou campos de energia, sentir entidades não físicas ou espíritos, ou perceber a alma dos outros.	1	2	3	4	5
Sou muito sensível ao barulho ou às vibrações tumultuadas do mundo à minha volta.	1	2	3	4	5

Agora, some seus pontos. Uma pontuação entre 15 e 35 indica que você precisa trabalhar sua capacidade de conectar-se com sua intuição e provavelmente está fechando, restringindo ou bloqueando seus canais de energia com crenças de baixa frequência, do tipo A MIM. Se sua pontuação ficou entre 36 e 55, você tem algum acesso a sua intuição, mas ele é inconstante; e se sua pontuação estiver entre 56 e 75, você tem uma conexão contínua e confiável com sua intuição e é provável que a use como guia regularmente. Lembre-se: não existe nível de sensibilidade certo ou errado, portanto, não se julgue se sua pontuação for baixa. Use essa avaliação como um ponto de partida.

Então, o que você pode fazer se quiser deixar que sua intuição lhe fale com mais clareza? Um dos segredos é silenciar a tagarelice de sua mente. Meditação, ou mesmo algo simples como os exercícios de ancoramento e de abertura do coração que discutimos, pode ser muito útil para levá-lo de volta a um estado coerente e sereno, de modo que sua intuição possa falar e ser ouvida.

Para aprender outras formas de acessar sua própria intuição, visite o *site* <www.drlauraberman.com/quantumlove>.

Princípio-chave nº 3
da frequência inerente: gratidão

Você já teve um daqueles dias em que, de cara, sabe que será difícil? Talvez você acorde de mau humor, pegue todos os sinais vermelhos no trajeto de casa para o escritório e, então, seja tirado de sua escrivaninha por uma inesperada reunião geral de funcionários, apenas para descobrir, mais tarde, que sua caixa de *e-mails* está abarrotada de mensagens frenéticas de "Onde você está?" de um cliente aflito. Pode ser que você volte para casa dirigindo em um trânsito pesado, querendo nada mais que se sentar quieto em seu sofá e ler, assistir tevê ou esbravejar sobre seu dia terrível com seu parceiro. Você entra em casa e, antes mesmo de soltar as chaves, seu parceiro diz: "Parece que você se esqueceu de pagar a conta da tevê a cabo". Parece que isso é a última coisa de que você precisa. E você responde com raiva. Ou simplesmente não responde. Todas essas pequenas coisas se acumularam ao longo de seu dia, acabaram com seu humor e estão prestes a arrastar o humor de seu parceiro com o seu. Por que essa sensação de que o mundo está contra você hoje?

Ou pode ser que, em vez de uma série de pequenos obstáculos e chateações, aconteça algo muito grande e ruim: uma OMEC. Parece que seu mundo foi virado de cabeça para baixo.

Não importa se são grandes ou pequenas, ou quanto são frustrantes e dolorosas, experiências difíceis não surgem apenas para nos torturar e nos deixar arrasados. De nossas maiores dores emergem nossas maiores dádivas. É uma verdade que pode ser bastante difícil de ver quando se está no meio daquelas dores. Mas, apesar de talvez não conhecermos a razão por trás da dor nesse momento – na verdade, provavelmente não a conheceremos por um tempo –, isso não significa que não exista razão nenhuma. Quando fui diagnosticada com câncer de mama, meus primeiros pensamentos foram: "Não posso ter câncer. Tenho família, carreira... não tenho tempo para um *câncer*". Quando a seriedade emocional começou a se instalar em mim, meus pensamentos passaram a ser se eu conseguiria lidar com o que me aguardava, tanto física ("Como vou me sentir com a quimioterapia? Qual será o impacto em meu corpo, em longo prazo?") como emocionalmente ("Acabei de perder minha mãe para o câncer. Acho que não consigo suportar mais dor neste momento."). Se havia uma lição a ser aprendida com a OME-C-bomba que acabava de cair em minha vida, não a enxerguei na época. Sequer me ocorreu procurá-la.

Se você tivesse perguntado de que eu precisava nas semanas que se seguiram, eu teria dado inúmeras respostas: uma hora de paz e sossego; um abraço de um de meus filhos; um cobertor quentinho e uma compressa fria; um ombro para chorar; minha mãe. Mas, se você tivesse perguntado como o câncer estava sendo útil a mim, acho que eu teria me levantado e saído da sala.

Pouco tempo depois de terminado meu tratamento contra o câncer, meu filho Jackson, então com 8 anos de idade, perguntou: "Mamãe, o câncer foi divertido?". Respondi, quase imediatamente: "Não! É claro que não!". Mas, então, parei e pensei a respeito. Em alguns aspectos, em retrospectiva da outra faceta do câncer, houve muitas partes da experiência que *foram* divertidas. Por mais difícil que tenha sido, o câncer foi a autorização de que eu precisava para desacelerar, conectar-me com o que era importante e aceitar o amor e o auxílio que os outros tinham para me oferecer. Ele me forçou a avaliar minha vida e a fazer mudanças que me levaram a uma vida mais plena e muito mais divertida. Não estou menosprezando a dor e a luta que vêm com o câncer. Eu as conheço de perto. Mas tenho de dizer que, sim, de uma forma esquisita, o câncer pode ser divertido. E, o que é ainda mais estranho, sou extremamente grata pelo câncer e pela sabedoria e clareza que alcancei na jornada para vencê-lo.

A raiz da capacidade de passar a um estado de gratidão é a capacidade de entregar-se ao desconhecido (e possivelmente incognoscível) e descobrir coisas pelas quais agradecer, mesmo quando parece que não se pode encontrar nenhuma. Assim como sempre há uma lição em sua dor, sempre existe algo em sua vida clamando por gratidão. Não me refiro apenas ao fato de você ter comida na mesa, ou de sua casa ser aconchegante e segura, o que o coloca à frente de milhões de pessoas no mundo de hoje. Refiro-me a sentir gratidão por estar aqui, vivo, mentalmente são e emocionalmente forte, e grato pelas dádivas que são encontradas na pior das circunstâncias. Você se sente grato pelo ar que respira e por ter consciência. Você se sente grato pela capacidade de desafiar seus pensamentos e avaliá-los sob uma nova luz. Você se sente grato por ter uma jornada a empreender e lições a aprender. Quando você está em um estado de gratidão, passa quase de imediato à frequência inerente. O ego evapora e você se aproxima de seu eu essencial.

Antes de minhas grandes OMECs, a gratidão não era um estado a que eu passava automaticamente. Parecia difícil, algo mais para monges que para uma mãe com um emprego de expediente integral e muito estresse nas mãos. Afinal, havia tantas coisas que precisavam ser consertadas, gerenciadas e controladas! No entanto, meu mundo mudou, e o seu mudará também quando você parar de fazer a pergunta de praxe: "Por que isso está acontecendo comigo?" e, em vez disso, perguntar: "Como isso pode estar *a meu favor*? O que posso ganhar com essa experiência? Que lições estou sendo convidado a aprender?".

Dar um "reiniciar gratidão" é uma maneira fácil de passar à frequência inerente. Funciona, quer você esteja no meio de uma OMEC, em uma crise em seu relacionamento, ou em um período de abatimento, ou mesmo se você apenas teve um dia horroroso. É uma mudança de perspectiva que promove uma mudança efetiva em sua energia e consciência. A ideia por trás de dar um "reiniciar gratidão" é absurdamente simples (embora, por vezes, possa exigir um pouco de criatividade): pare de tentar consertar-gerenciar-controlar (CGC), entregue-se ao que está acontecendo (mesmo que só por pouco tempo) e comprometa-se a buscar alguma coisa pela qual se sentir grato em toda e qualquer situação.

Reiniciar gratidão

Assuma um compromisso de, ao menos por um tempo, encontrar dádivas em qualquer coisa que o irrite, estresse ou aborreça. Mesmo que seja um esforço, como sentir gratidão pelos sintomas da TPM ("Esse surto é um lembrete de que meu sistema reprodutivo está saudável!"), você reconhecerá algum elementozinho positivo em sua experiência. Talvez seu computador não esteja iniciando porque você realmente deve ir lá para fora respirar um pouco de ar puro. Pode ser que você não tenha recebido uma resposta acerca daquele trabalho que quer porque outro trabalho ainda mais incrível está prestes a ser oferecido. Caso você simplesmente não consiga ver o lado bom de alguma coisa, talvez possa comprometer-se a estar aberto a descobrir como essa experiência ou acontecimento é "favorável a você". Pode ser que seus filhos estejam brigando porque devem enfatizar para você as formas como você tem inconscientemente brigado com seu parceiro. Tente fazer isso por um dia, uma semana ou até duas. Quando chegar à marca de duas semanas, você ficará espantado e surpreso diante do nível de frequência inerente que será capaz de manter e do efeito positivo que isso estará surtindo nas pessoas à sua volta e na realidade que você estiver criando.

1. Use este mantra: *Eu me entrego a este momento/este dia/esta semana. Não só me entrego como também encontrarei alguma coisa para agradecer em cada situação.*
2. Se você é alguém que não costuma ver o lado bom das coisas, em especial em seu relacionamento, mantenha um diário de gratidão, seja por escrito (talvez em seu Diário do Amor Quântico) ou em seu *smartphone*. Faça uma lista de coisas, pequenas e grandes, sobre seu parceiro, pelas quais você é grato. Talvez ele ou ela tenha ficado muito atraente na roupa que estava vestindo. Talvez ele tenha levado o lixo para fora – ainda que ele faça isso toda noite, você pode ser grata por não ter de fazê-lo. Talvez ela tenha simplesmente deixado de lado seus equipamentos eletrônicos por dez minutos enquanto vocês estavam juntos. Pode ser que ela tenha feito um elogio a você. Procure coisas pelas quais possa sentir-se grato e mantenha uma lista atualizada. Vá para a lista sempre que perceber que está fazendo esforço para ficar na frequência inerente de um modo geral, mas principalmente quando perto de seu parceiro.

No capítulo 6 (Compromisso Nº 2 – Terei Clareza Quanto ao Que Quero do Amor), ensinarei mais sobre como aplicar a arte da gratidão a seu relacionamento e o poder que isso pode ter na criação de uma nova realidade nele, fazendo com que você e seu parceiro passem ao Amor Quântico.

Princípio-chave nº 4 da frequência inerente:
A arte da entrega

A entrega acontece quando você para de olhar para fora de si mesmo em busca de certeza, confiança, aceitação e paz. Você para de *tentar* ser merecedor. Você para de *tentar* conquistar amor. E aceita, talvez pela primeira vez em sua vida inteira, que você não só merece amor, mas que foi feito para tal propósito. Você é um instrumento que está aqui apenas para dar e receber amor. Você tem uma alma que foi feita à imagem do amor e um coração capaz de irradiar e vivenciar o amor mesmo através dos abismos do tempo e do espaço.

E você não tem de fazer nada para conquistar esse amor. Você não precisa perder 4,5 quilos e meio nem ganhar 100 mil dólares por ano, tampouco ser a mãe ou o pai perfeito, ou o cônjuge perfeito. Esse amor já é seu. Você está pedindo uma vela, mas não está no escuro. Está em busca de perdão, mas nunca caiu do estado de graça. Você é o estado de graça. Você é o perdão. Você é a vela.

A arte da gratidão, que discutimos anteriormente, é, em última análise, uma lição de fé e entrega. Você acredita com fé que tem algo a aprender com a dor e se entrega ao desconforto que a lição requer. Não tente consertar, gerenciar ou controlar sua trajetória a um estado de coerência! Quando você tenta CGC tudo em sua vida, está em um estado de constrição e na frequência egoica. Seu coração é como um punho fechado. Nada pode entrar, e nada pode sair. A constrição não trará uma sensação confortável nos níveis físico e emocional, e também não o ajudará em nível energético.

Às vezes, ficamos presos em nossas histórias negativas e nos sentimentos impotentes: "Não há nada que eu possa fazer para melhorar isso"; "Minha vida está uma bagunça neste momento". Estamos basicamente dizendo a nossa mente, a nosso corpo e a nosso espírito para se prepararem para tempos difíceis. Ficamos presos em nosso medo, nossa raiva ou nossa tristeza e nos espremmos, em nível energético, na frequência egoica, fechando-nos em uma tentativa de permanecermos seguros. Temos muita dificuldade para nos manter abertos e generosos e para ficarmos no momento presente. Por isso, criamos uma realidade que reflete o que está acontecendo dentro de nós. Não nos permitimos estar no estado de frequência mais elevada que criará o resultado que queremos. Em tais circunstâncias, a entrega pode parecer impossível. A sensação é de que ela é algo muito difícil e assustador. Sei que é assim comigo. E está tudo bem. Às vezes, nossa situação parece grande demais para nos entregarmos voluntariamente a ela.

Quando o caminho começa a ficar árduo e nos sentimos oprimidos por tudo à nossa volta, aferrar-se ao controle pode parecer uma escolha mais segura e estável, mesmo que aquilo a que nos aferramos seja uma história negativa que estamos reprisando de forma consciente (ou inconsciente). Quanto mais lutamos contra a dor, tanto mais ela cresce e infecciona, e tanto mais nos sentimentos impotentes e sem esperança. É só quando começamos a nos *entregar* à dor e a nos permitir estar com ela que começamos a ver a luz no fim do túnel. Quanto mais você se entrega, mais aberto se torna.

Talvez você acredite que não consegue entregar-se a seja o que for que esteja acontecendo em seu mundo. Contudo, você acha que consegue entregar-se apenas ao que *é* neste exato instante? Você consegue entregar-se apenas ao *agora mesmo*? O Amor Quântico é encontrado quando você de fato se entrega ao momento *e tão somente ao momento* – isso não significa que você esteja criando uma impressão exagerada de seu parceiro, ou de seu relacionamento, ou de qualquer que seja a história que você possa ter. Se você puder entregar-se ao momento com seu parceiro em amor e cooperação, isso o manterá na frequência inerente. Você está entregando seu ego a seu eu essencial.

Não é fácil. E não é nosso estado ideal. Se você for como eu, não quer entregar-se às coisas ruins de sua vida porque isso parece desistir. No entanto, uma coisa que aprendi em minha vida e em meu trabalho é que você não pode estar em paz se estiver em um estado de resistência. Quando está fazendo esforço, ou está em um momento ruim em seu relacionamento, você não será capaz de mudar nada se não se entregar ao que é, neste momento. Einstein tem uma frase famosa: "Nenhum problema pode ser solucionado a partir do mesmo nível de consciência que o criou". Em outras palavras, você não pode resolver um problema a partir do mesmo estado de consciência que trouxe tal problema a seu campo.

Entregar-se ao que é, apenas permanecendo na realidade e sentindo curiosidade com relação ao que poderia vir em seguida e a quais lições podem estar ali para você, é a mudança de consciência que transforma tudo. Isso não significa que você não possa trabalhar para mudar aspectos de sua vida, seja no tocante a seu peso, sua profissão ou ao relacionamento com seu cônjuge. Mas você consegue de fato criar uma mudança duradoura e poderosa apenas se aceitar que sua situação atual é perfeita e tem um propósito.

Os budistas falam de um conceito de "desapego cheio de amor", um estado em que você consegue observar pensamentos, crenças, emoções, comportamos e ações, em si mesmo e nos outros, sem se apegar a tais coisas como parte de quem você *é*. O maravilhoso monge budista e escritor Thich Nhat Hanh faz referência à imagem de uma montanha e diz que aquilo que somos, em nossa essência, é o *interior* da montanha. Qualquer coisa pode acontecer ao redor da montanha e em sua superfície – tempestades, ventanias, deslizamentos de terra –, mas o interior da montanha não é afetado. Algumas pessoas podem ir ver a montanha e fazer exclamações sobre sua majestade, ao passo que outras ficarão menos impressionadas, dizendo que já viram montanhas maiores e melhores em outros lugares. Mas, independentemente dos julgamentos feitos acerca de seu exterior, o *interior* da montanha não muda. Seu eu essencial, o interior de sua montanha, é perfeito, forte e irradia uma luz resplendente em sua frequência ótima. Nenhuma OMEC, nenhuma crise de relacionamento nem qualquer outra força externa podem alcançá-lo.

    O desapego cheio de amor desempenha um papel fundamental na entrega e em nossa capacidade de abandonar nossas histórias, crenças e padrões de pensamento de longa data. A maioria de nós entremeou tais histórias inadvertidamente na trama de quem pensamos ser. O desapego cheio de amor nos permite parar de nos identificarmos com nossas histórias. Ele também é crucial quando falamos da arte da manifestação porque, quando realmente queremos algo, a tendência natural é nos apegarmos a isso. Ao fazê-lo, passamos a um estado de escassez a partir do qual não conseguimos acessar o Amor Quântico. Quando olhamos para nossas histórias batidas ou para as coisas que de fato *queremos* através das lentes do desapego cheio de amor, somos capazes da entrega e de voltarmos aos estados POR MIM e ATRAVÉS DE MIM, nos quais podemos criar efetivamente uma realidade positiva.

    Aqui estão dois exercícios que podem ajudá-lo a sair do estado CGC e passar à entrega.

Diga olá a seu eu essencial

    Seu eu essencial é uma força imutável e poderosa que não é afetada por nada do que esteja acontecendo em sua vida, não importa o tamanho da situação ou quanto ela seja ruim. Ele está pronto para oferecer-lhe percepção e clareza quando você o pede. Pode ser difícil ouvi-lo em meio ao barulho de seu ego. É aí que entra o exercício de dizer olá para seu eu essencial.

    No livro *The Untethered Soul*, Michael Singer nos ensina que, embora seja fácil pensar que nossas crenças, nossas emoções e nosso estado de existência constituam "quem somos" e abranjam todo o nosso ser, nosso eu essencial é antes um eterno observador em vez de participante. Quando você diz olá para si mesmo, há uma parte de você que diz olá, e uma parte de você que ouve o olá. Aquela parte de você que *ouve* o olá é seu eu essencial.

A ideia deste exercício é ancorar-se, abrir seu coração e literalmente dizer "olá!" dentro de sua cabeça. Tente fazê-lo agora. Ao dizer a palavra em sua mente, a parte da mente que ouve o olá é seu eu essencial.

Peça pelo desapego cheio de amor

Quando você estiver preso no estado CGC e sentir dificuldade em passar ao estado de entrega, tente acessar suas lentes do desapego cheio de amor. Comece ancorando-se e abrindo seu coração. Em seguida, peça a seu eu essencial, a versão de você mesmo que é desapegada e cheia de amor: "Qual seria a atitude desapegada e cheia de amor que devo tomar?".

Você perceberá, como eu e muitos de meus pacientes descobrimos, que a resposta chegará bem depressa.

Princípio-chave nº 5 da frequência inerente: atenção presente

A maioria de nós já ouviu o termo *atenção presente* ser usado por aí, relacionado a uma ou outra habilidade de autoajuda. Contudo, o que é realmente atenção presente e como ela se aplica à frequência inerente? Atenção presente é trazer sua atenção e sua consciência para seu corpo e sua mente por meio da experiência de total conexão sensorial ao momento presente, a este momento apenas e nenhum outro. Você não está

Figura 4. Símbolo chinês para atenção presente.

pensando no que aconteceu duas semanas ou dois anos atrás, no que vai cozinhar para o jantar nem na data em que deve pagar a hipoteca. Você está simplesmente aqui, agora, e nada mais.

Em caracteres chineses, o símbolo para atenção presente é a união de dois caracteres: o de cima significa "presença" e o de baixo significa "coração" (veja a Figura 4). Portanto, atenção presente significa tão somente presença de coração. Ela surge quando você para de viver em sua cabeça e em sua lista de coisas a fazer e começa a viver em seu coração. Compartilharei um pouco mais sobre atenção presente, inclusive algumas meditações para atenção presente, no capítulo 10 (Compromisso nº 4).

Quando você está totalmente atento e consciente, percebe todos os seus cinco sentidos. Você está inteiramente sintonizado com o aqui e agora, lançando mão de todos os seus sentidos para vivenciar o que *é* neste exato instante. Quer estejamos saboreando uma refeição, fazendo amor ou caminhando para o trabalho, muitos de nós estão apenas parcialmente em seu corpo. No mundo de hoje, somos mestres na arte das multitarefas, quase sempre fazendo mais de uma coisa ao mesmo tempo, esperando pelo ônibus enquanto digitamos em nosso *smartphone*, fazendo o jantar enquanto ajudamos o filho com a lição de casa, navegando na internet enquanto estamos com nossos amigos. Isso não é de todo ruim. Afinal, permite-nos fazer várias coisas ao mesmo tempo. No entanto, as multitarefas estão no mundo do ego, não no mundo do eu essencial. Ainda que esteja fluindo e talvez vibrando em uma frequência emocional mais elevada enquanto faz múltiplas tarefas ao mesmo tempo, você não está totalmente presente em seu corpo. Creio que esse seja um dos motivos pelos quais é tão comum, para nós, não termos consciência dos estados energéticos de nosso corpo, se estamos em frequência inerente ou em frequência egoica. Entrar em um estado de atenção presente permite que você sintonize aquilo que está de fato sentindo e faça os ajustes necessários em sua frequência energética.

Apresento a seguir dois exercícios de atenção presente que podem ajudá-lo a começar a praticar. Para aprender mais práticas de atenção presente, visite o site <www.drlauraberman.com/quantumlove>.

Atenção presente no agora

Da próxima vez em que estiver no parque impulsionando seu filho no balanço, caminhando pela rua de mãos dadas com seu parceiro ou simplesmente comendo uma maçã, coloque sua percepção em todos os seus sentidos: visão, audição, olfato, paladar e tato. Se estiver impulsionando seu filho em um balanço, ouça os sons do parque à sua volta e o riso de seu pequenino conforme o balanço sobe cada vez mais. Observe a expressão no rosto de seu filho e perceba as folhas das árvores e as belas cores que o cercam. Sinta a brisa em seu rosto conforme ela sopra pelo parquinho e perceba a sensação de ter seus cabelos agitados por ela, a sensação do movimento do ar em sua pele. Sinta o cheiro dos cabelos de seu filho quando segurar o balanço por um instante e dê um beijo na cabeça dele, e perceba a sensação de seus cabelos em seus lábios. Se estiver segurando a mão de seu parceiro, coloque toda a sua atenção na mão que está segurando e use todos os seus sentidos para vivenciar isso plenamente. Isso é atenção presente no agora. E, para ser bem franca, quando você coloca toda a sua atenção no agora, é quase impossível não encontrar alguma coisa pela qual possamos ser gratos.

Intenções amorosas conscientes

Todos os dias, ao acordar, estabeleça uma intenção amorosa consciente para o dia. Nos capítulos adiante você terá a chance de estabelecer claramente alguns Objetivos de Amor Quântico, e sua intenção amorosa pode ser determinada por tais objetivos. Por exemplo, se seu objetivo é ser mais romântico, talvez sua intenção amorosa consciente para o dia seja absorver a energia de uma conexão romântica. Ancore-se, abra o coração e, então, inspire profundamente algumas vezes, imaginando como seria, na mente e no corpo, a sensação de uma conexão romântica.

Se precisar, você pode imaginar um cenário específico, como se estivesse ali em primeira pessoa (algo semelhante ao exercício da abertura do coração). Ou talvez você consiga isso apenas fazendo a pergunta: "O que eu sentiria, com meus cinco sentidos, se tivesse todo o romantismo que sempre quis na vida?". Permita-se ficar nesse espaço por alguns minutos, fazendo com que todos os seus sentidos participem do processo. Pode ser que você esteja vendo belas flores e sentindo seu cheiro, ou saboreando champanhe, ou os beijos-surpresa de seu parceiro. Ou talvez esteja recebendo uma massagem, ou apenas experimentando uma sensação conhecida, cálida e amorosa de formigamento percorrendo seu corpo. Ao terminar de criar suas imagens mentais, abra os olhos e tente manter aquele estado energético pelo maior tempo que puder. Assim, você está criando a intenção consciente de construir o tipo de conexão amorosa que tanto deseja.

Assumir e cumprir sua responsabilidade por seu próprio estado energético é uma das coisas mais positivas e impactantes que você pode fazer por si mesmo, por seu parceiro, seu relacionamento e sua vida. Quer você esteja ciente disso ou não, sua energia e sua consciência estão moldando todas essas coisas todos os dias, a cada segundo. Você está realmente criando sua realidade por meio da frequência ressonante que está liberando em seu campo. Como você aprenderá no próximo capítulo, a capacidade de levar seu relacionamento ao Amor Quântico está à sua disposição... e ela começa em você. É por isso que é tão importante comprometer-se a assumir a responsabilidade pela energia que você traz *ao* relacionamento. Entenda o que você criará se estiver na frequência inerente coerente em contraste com o que será manifestado quando você está vibrando em frequência egoica. Utilize essas técnicas para treinar sua percepção, para notar qual é a sensação de estar na frequência inerente e qual é a sensação quando você está passando a uma contração e seguindo para a extremidade inferior de seu IFEI. Saiba qual é seu ponto de transição e use essas técnicas para conduzir sua energia de volta ao caminho do Amor Quântico.

Tudo isso está ao seu alcance. O Amor Quântico começa em você.

Capítulo 5

Apaixonar-se *Versus* Amor Quântico

"O amor não consiste em olhar um para o outro, mas em ambos olharem juntos na mesma direção."
– Antoine De Saint-Exupéry

A essa altura, você provavelmente já tem uma boa compreensão de como seus pensamentos, suas percepções e emoções afetam a energia de seu corpo. Você entende o papel fundamental que sua frequência, egoica ou inerente, desempenha na realidade que você está criando à sua volta, em todos os aspectos, mas em especial em seu relacionamento.

Este livro não tem por objetivo levá-lo de volta àquele período em que você havia acabado de se apaixonar. Sei que estamos falando de Física Quântica, mas esta não é a máquina do tempo DeLorean DMC-12.* Em vez disso, este livro propõe-se a ajudá-lo a aprender como entrar e avançar em um estado de Amor Quântico. Eu corro o país falando sobre amor e sexo, e as pessoas sempre querem saber como podem apimentar sua vida amorosa. Elas querem fazer com que seu relacionamento volte a ser "como era no início". Eu poderia oferecer um livro com 365 coisas diferentes para experimentar, uma para cada dia do ano, mas isso nunca seria suficiente. A verdadeira intensidade surge quando você assume total responsabilidade por seus pensamentos e sentimentos e aprende a usar a frequência inerente como um modo de criar exatamente a experiência a dois que você deseja.

---
*N.T.: Referência ao veículo transformado em máquina do tempo no filme *De Volta para o Futuro*.

Sejamos francos. Apaixonar-se é uma sensação incrível. Os poderes biológicos, psicológicos, emocionais e espirituais do amor fazem com que você sinta como se estivesse sendo tragado por uma onda de empolgação. Você não consegue pensar em nada além de estar com a pessoa amada, de se enroscar com ela em corpo e alma de novo e outra vez. "O que poderia ser melhor?", você pensa quando está nos braços da pessoa amada. Em tal momento, é provável que não perceba que essa euforia vai desvanecendo. A intensidade de seus sentimentos diminuirá, e isso será bom.

A verdade é que todo relacionamento chega invariavelmente a um ponto de previsibilidade. Você se sente amortecido pela vida cotidiana e pelos conflitos e ressentimentos naturais que podem aumentar ao longo do tempo. Você fica desesperado por um pouco de variedade. No entanto, o maior dos erros é resignar-se à ideia de que esse exaurimento é o término inevitável do amor quando, na realidade, à sua espera está um relacionamento que ultrapassa a excitação e a novidade da fase da lua de mel. Físicos calcularam que a energia do corpo humano, em seu mais puro potencial, é dez vezes maior que a energia de uma bomba de hidrogênio convencional. Esse cálculo foi feito com a famosa equação de Einstein, $E=mc^2$, usando-se a massa média de um corpo humano (70 quilos ou 155 libras). Se você está pronto para reclamar e usar sua energia e a aplicá-la a esse mundo que não passa de puro potencial, o Amor Quântico está à sua disposição.

Lembre-se: no Amor Quântico, tudo começa com *você*. O Amor Quântico é um estado ao qual você deve passar primeiro em seu íntimo e, uma vez que o faça, não precisará que seu parceiro faça coisa alguma nem mude nada, tampouco seja visto de uma maneira diferente. Ele ou ela não precisa sequer saber que você está lendo este livro nem acreditar nas noções que ele traz. E isso porque, quando *você* muda, *seu parceiro* muda. Quando você direciona o poder da energia de seu corpo e o usa de forma consciente para criar Amor Quântico, você alcança tudo aquilo que está procurando em seu relacionamento.

Ao compreender e aproveitar o poder de sua própria energia, você pode libertar e encontrar uma versão mais evoluída de si mesmo. É um eu que consegue lidar com qualquer obstáculo com força e graciosidade, que vive uma vida autêntica e livre, e que ama e é amado de modo incondicional e ardente. Mas, primeiro, tenho de levá-lo de volta ao início e mostrar sua história de amor a partir de uma perspectiva diferente. Quando entender a ciência da atração, da paixão e do vínculo afetivo, você terá uma compreensão mais clara de como tudo isso leva ao Amor Quântico.

Atração

No dia em que conheci meu marido, senti uma conexão enorme, intensa e vigorosa.

Sam e eu nos conhecemos quando éramos crianças. Nossas famílias eram amigas e nós até passávamos as férias na mesma rua. No entanto, não havia qualquer troca de energia entre nós, à época. Sam era quatro anos mais velho que eu e nunca havia prestado atenção em mim; aliás, nem eu nele.

Tudo isso mudou duas décadas mais tarde, em Chicago.

Eu havia saído de Los Angeles para visitar a cidade com minha irmã, o marido dela e uma pessoa amiga. Viajamos para a Cidade do Vento [um apelido da cidade de Chicago] para a primeira participação de minha vida no programa *Oprah*, a fim de promover um livro que minha irmã e eu havíamos escrito juntas.

Quando estávamos saindo para almoçar, minha irmã disse casualmente:

– A propósito, convidei Sam Chapman para almoçar conosco. Você se lembra dele?

Eu me lembrava, embora não nos víssemos desde que minha família se mudara, quando eu tinha 10 anos. Na verdade, ele era amigo de minha irmã, pois tinham a mesma idade. Já havia uns 25 anos que nenhuma de nós o via. Contudo, pouco tempo antes, ele havia entrado em contato conosco, depois de nos ver na televisão e se lembrar dos tempos em que nossas famílias se divertiam juntas. Ele disse para telefonarmos se algum dia fôssemos a Chicago, então minha irmã realmente telefonou avisando (e sempre serei grata por isso).

Quando Sam se juntou a nós, à mesa, eu não me decepcionei em absoluto com o que vi. Ele era bonito, confiante e extremamente inteligente. Mas também havia algo mais.

Enquanto o grupo conversava, eu me peguei com os olhos cravados nele. Sentia essa atração inequívoca por ele. Não conseguia tirar os olhos de Sam. Pelo menos não até ele olhar para mim. Quando ele de repente me olhou de relance e percebeu que eu o estava encarando, ele sustentou meu olhar por apenas um instante antes de eu entrar em pânico e desviar os olhos.

Meses depois, Sam me diria que aquele foi um momento crucial em sua vida. Ele não conseguia parar de pensar no que sentia quando eu estava olhando para ele, e não conseguia parar de tentar encontrar maneiras de fazer com que eu olhasse para ele outra vez.

Alguns meses depois de nosso almoço, um amigo dele sugeriu:

– Ei, você se lembra daquela mulher com quem sentiu aquela conexão intensa? Por que você não vai vê-la?

A atração que Sam sentia por mim foi forte o suficiente para que ele inventasse um motivo para ir a Los Angeles sem pensar duas vezes.

É claro que ele não me disse que estava indo até lá para me ver. Ele simplesmente mandou um *e-mail* para minha irmã dizendo que estaria na cidade. Sam queria apenas avaliar a situação, saber se eu estava disponível e verificar se aquele entusiasmo que ele havia sentido ainda estava presente.

O plano era sairmos todos juntos para jantar: minha irmã, o marido dela, Sam, meus pais e eu. Aconteceu, porém, que eu já tinha outro compromisso naquela mesma noite, um encontro com um homem que eu havia conhecido *on-line* alguns meses antes. Eu era novata em paquera pela internet, e não tinha certeza se queria passar do *e-mail* para um encontro de verdade. Depois de desmarcar nossos encontros repetidas vezes, eu havia prometido manter aquele e me sentia obrigada a cumprir a promessa. Então, depois de alguns *drinks*, quando meu paquera sugeriu que pedíssemos o jantar, propus de imediato que fôssemos encontrar meus pais e "um velho amigo da família", que estavam jantando ali perto. Eu me senti mal por levar um paquera comigo, mas não queria perder a chance de ver Sam. Meu plano era me reunir a eles para jantar, mas não ficar muito tempo: ficaríamos apenas o suficiente para satisfazer minha curiosidade. Então, concluí, eu poderia concentrar minha atenção em meu encontro sem distrações.

O plano foi por água abaixo assim que meu olhar cruzou com o de Sam novamente. Quando nossos olhos se encontraram por cima da mesa, senti a mesma atração que havia sentido meses antes, só que, dessa vez, eu não desviei o olhar. Parecia impossível desviar o olhar. Conforme a conversa do jantar continuou à nossa volta (ninguém mais notou que ele e eu estávamos em nosso próprio mundo), era como se a mesa inteira tivesse desaparecido. Eu estava entregue – de uma maneira muito, *muito* boa.

Três minutos

Para mim, "amor à primeira vista" não passava de fantasia romântica. Aquilo era completamente diferente. A intensa energia da conexão entre mim e Sam parecia mais forte e mais imediata do que eu podia explicar, quase como se eu o reconhecesse em um nível celular.

Embora você também possa estar tentado a desconsiderar o amor à primeira vista como algo fantasioso, não seja tão precipitado. Seu cérebro está naturalmente programado para dizer *sim* e *não* com grande velocidade, fazendo eliminações mais depressa que a cerimônia das rosas no *reality-show* norte-americano *The Bachelor*, um jogo de conquista romântica. Na verdade, seu cérebro faz uma avaliação de um potencial parceiro nos primeiros três minutos do encontro. É isso mesmo. *Três minutos*. É uma habilidade intuitiva desenvolvida milhões de anos atrás para distinguir amigo de inimigo, parceiro de equívoco. Portanto, vamos explicar, de forma simples, a química daqueles primeiros três minutos decisivos.

A cada instante seu cérebro absorve 400 bilhões de informações, o tempo todo. Porém, desses 400 bilhões, você processa conscientemente apenas 2 mil informações. Assim, não importa quantas meditações de atenção presente ou sessões de terapia você possa ter feito essa semana, você não estará consciente da maior parte das informações que seu cérebro está captando. E isso é bom, pois o volume total de informações o afogaria. Mas o simples fato de não estar consciente delas não significa que tais informações não surtam efeito algum. Elas estão sendo processadas e sintetizadas para criar suas preferências, e suas preferências românticas e sexuais não são exceção. Seu cérebro construiu um modelo de tudo o que ele mais deseja em seus relacionamentos.

Um famoso pesquisador chamado John Money apelidou esse modelo de "mapa do amor" (não confunda com o Mapa do Amor Quântico). Trata-se de um esboço detalhado totalmente subconsciente de tudo aquilo que nos desperta interesse em nível neurológico e emocional.[13] Mapas do amor são de natureza variada: o mapa do amor de uma pessoa pode indicar que apenas morenas de cabelos curtos, miúdas e magrinhas, despertam seu interesse, enquanto o de outra talvez mostre uma preferência por ruivas peitudas e cheinhas. Seu mapa do amor

---

13. John Money, *Lovemaps: Clinical Concepts of Sexual/Erotic Health and Pathology* (New York: Irvington Publishers, 1993).

determina e estabelece com precisão o tipo físico e até mesmo emocional que lhe agrada, bem como as necessidades, os comportamentos e os fetiches sexuais mais atípicos – e tudo isso aos 7 anos de idade. É isso mesmo: na primeira série, seu cérebro já consolidou a maior parte de suas preferências sexuais. Meu marido afirma que é por isso que me pareço com sua primeira paixão – a professora do jardim de infância!

Seu cérebro basicamente já preparou um edital de seleção para seu parceiro ideal, e disso resulta que a primeira entrevista dura menos de um segundo. A química sexual aparentemente intangível entre duas pessoas tem, na verdade, uma fonte biológica chamada feromônios. Em 2008, pesquisadores descobriram um nervo olfativo minúsculo, quase imperceptível, chamado "nervo 0", que acreditam ser a rota pela qual os feromônios são processados. As fibras desse nervo começam no nariz, mas desviam totalmente do córtex olfativo, a parte do cérebro que processa odores, e seguem direto para os centros sexuais do cérebro. Assim, mesmo que você não perceba odor nenhum, o cheiro de seu parceiro é um enorme fator de atração. Você não faz a menor ideia de que tem um farejador inconsciente que o ajuda a escolher seu par.[14]

Normalmente, também somos atraídos por um tipo específico de odor: o cheiro de uma pessoa que tenha um MHC diferente do nosso. MHC, ou complexo de histocompatibilidade principal, é um grupo de genes que desempenham um papel fundamental em seu sistema imunológico. Membros da mesma família compartilham genes semelhantes e, portanto, costumam ter, em comum, sistemas imunológicos semelhantes. Assim, a ideia de que estamos inconscientemente procurando um parceiro com MHC diferente do nosso sugere que, em parte, estímulos olfativos evoluíram de modo a impedir que membros próximos da família procriem entre si. (Eu sei, eu sei – estamos realmente colocando panos quentes aqui.) Pesquisas demonstraram ainda que mulheres grávidas são de fato atraídas pelo cheiro de pessoas que tenham uma constituição química semelhante à sua durante esse período tão importante, o que indica que seu cérebro está dando prioridade à segurança de uma família tribal em detrimento de necessidades sexuais.[15]

---

14. G. N. Fuller e P. C. Burger, "*Nervus terminalis* (Nervo Craniano Zero) no Humano Adulto", *Clinical Neuropathology 9*, nº 6 (novembro de 1990): p. 279-283.
15. C. Wedekind *et al.*, "Preferências por Parceiros com base no MHC em Humanos", *Proceedings of the Royal Society of London B 260*, nº 1359 (junho de 1995): p. 245-249; C. Ober *et al.*, " HLA e a Escolha de Parceiros em Humanos", *American Journal of Human Genetics 61* (1997): p. 497-504.

É claro que os poetas e os pintores não estão exaltando há milhares de anos tão somente uma mera resposta biológica e química. Em verdade, há uma beleza intangível e algo de sagrado na maneira como duas pessoas são atraídas uma à outra. Você já sentiu isso: uma agitação da energia, um reconhecimento imediato, uma atração magnética, e o entusiasmo empolgante da novidade e da descoberta desse outro ser. É uma experiência totalmente espiritual – e *quântica*.

Vamos dar uma olhada no que está acontecendo em nível quântico.

Um novo campo energético

Como discutimos no capítulo 1, somos todos feitos de pura energia e essa energia está em constante interação com a energia de tudo (e todos) no mundo que nos cerca. É um grande campo no qual as energias de todas as coisas oscilam e dançam, criam e interagem. Mas o fato de estarmos todos conectados não implica que nossa energia não seja algo individual e nosso. Como aprendemos no capítulo 3, "Descubra Seu Perfil Energético", cada um de nós está vibrando em sua própria frequência. Nossa frequência é o modo como nossa energia interage com todas as outras energias que estão fora, no campo.

As pessoas que povoam seu mundo são provavelmente seus "pares frequenciais", o que significa que elas têm uma vibração pessoal que está em sintonia com sua própria vibração. As vibrações que vocês compartilham reconhecem umas às outras e os atraem ao campo uns dos outros. É algo meio maluco de pensar, mas isso significa que cada pessoa que já cruzou seu caminho foi atraída a você por uma vibração compartilhada, e você foi atraído a todas elas! Como Penney Peirce coloca no livro *Frequency*: "Se elas ocorrem em seu mundo, você ocorre no mundo delas. Vocês criam mutuamente uns aos outros para um propósito em comum".

É claro que esse propósito em comum nem sempre será amor e sexo. Pode ser qualquer coisa. Às vezes estou na fila do caixa do supermercado e noto, por acaso, a roupa da mulher à minha frente e sinto um impulso de cumprimentá-la. Eu posso dizer: "Seu vestido é muito bonito"; ao que ela responde: "Obrigada". Então, voltamos a olhar para a frente. Depois que terminamos nossas compras, é provável que nossos caminhos se separem e nunca voltemos a nos ver. É evidente que nosso propósito em comum é algo muito menor, do qual provavelmente nenhuma de nós tem consciência. Talvez eu tenha uma necessidade de ser gentil. Talvez ela tenha uma necessidade de gentileza. Poderia ser qualquer coisa. Nossa interação, por mais breve que seja, atende a um propósito, mesmo que não saibamos qual é.

Agora, é aqui que entra a Física Quântica. O aspecto realmente incrível de nossas interações com pessoas com quem compartilhamos uma frequência vibracional é que, quando nossas energias entram em contato, elas de fato se combinam para criar seu próprio campo energético, ou campo relacional. Esse novo campo relacional já surge com seu propósito em comum (não importa se grande ou pequeno) e sua própria voz. E quando começamos a falar sobre o campo relacional e a combinação de energias que ocorre nos primeiros instantes da atração é que as coisas começam a ficar realmente interessantes.

Neale Donald Walsch descreve esse momento com perfeição em seu maravilhoso livro *Conversations with God*. Ele coloca a cena: duas pessoas, Tom e Mary, estão em lados opostos de uma sala. Cada um deles irradia sua energia pessoal. Suas energias encontram-se a meia distância entre eles e criam uma nova unidade energética, a que Walsch dá o nome de TomMary. À medida que ambos fornecem energia para TomMary, a energia é enviada de volta a cada um deles através do campo quântico. E, quanto mais se aproximam, mais curto e mais intenso se torna o cordão energético entre eles. A cada passo na direção um do outro, aquela intensidade vibra e irradia de forma mais ampla, vívida e profunda. A intensidade de seu campo energético compartilhado, de seu campo relacional, continuará a ser ampliada pelas vibrações individuais do casal, que formam um óbvio par frequencial.

Mas o que fez com que Tom e Mary vissem um ao outro, pela primeira vez, do outro lado da sala? Vamos examinar um pouco mais de perto a fonte energética dos relacionamentos.

Ressonância

Você já ouviu alguém dizer: "Isso realmente ressoa em mim?". O que a pessoa está tentando expressar é que uma história ou conceito realmente tem um impacto que a faz entender alguma coisa. Ela se sente conectada ao fato em um nível emocional e espiritual. Em Física Quântica, a ressonância funciona de modo muito semelhante. O famoso autor, cientista e palestrante Gregg Braden explica isso de forma muito simples quando diz que: "Ressonância é uma troca de energia entre duas coisas. É uma experiência de mão dupla que permite que 'alguma coisa' entre em equilíbrio com outra".[16] Outra forma de considerar esse "equilíbrio" é dizer que duas coisas se sincronizam ou sintonizam uma com a outra. Todo objeto tem uma frequência na qual vibra naturalmente e se outro objeto (ou pessoa) compartilha da mesma frequência energética, se eles são um *par* frequencial, podem se sincronizar e até mesmo influenciar um ao outro. Um pode inclusive colocar o outro em movimento!

A ressonância fala em termos de *SIM* e *NÃO* e atua com rapidez. Pense na velocidade com que o cérebro avalia um potencial parceiro em comparação com seu mapa do amor: *NÃO, NÃO, NÃO, SIM!* Quando saí com meu paquera *on-line*, soube do *NÃO* bem depressa. Minha energia se sintonizou com a dele e disse: "Próximo!". Nosso pareamento frequencial nos reuniu, mas nosso propósito comum definitivamente não era ter um relacionamento amoroso.

Para fazermos uma imagem da ressonância *SIM* em ação, não precisamos olhar para nada além de meu primeiro almoço com Sam. Lembre-se: o simples fato de Sam *acontecer* em minha vida se deu porque nós partilhamos de uma frequência vibracional. Enquanto ele conversava com minha irmã, não estava consciente de que eu tinha meus olhos fixos nele. Mas minha energia estava ressoando com a dele, e estava dizendo: *olhe para mim* – mesmo que essa fosse uma mensagem que eu nunca teria coragem de mandar conscientemente! O eu essencial e o eu físico de Sam responderam *SIM*, e seus olhos encontraram os meus.

Em outras palavras, minha frequência energética individual colocou a dele em movimento sem que eu tivesse de dizer uma única palavra, nem mesmo dar uma piscadela sedutora. Além disso, naquele almoço havia algo mais que pura atração física atuando. Quando os olhos de Sam se voltaram depressa para o outro lado da mesa e encontraram os meus, naquele instante os dois tiveram consciência da energia entre nós.

Sabendo o que sei hoje, não posso deixar de me perguntar se, naquele momento em que nossos olhos se encontraram ali, à mesa, e tivemos consciência da intensa energia entre nós, nossas energias se ajustaram sincronicamente ou mesmo se entrelaçaram uma na outra. Lembre-se do capítulo 2: entrelaçamento ocorre quando duas energias se comportam como se fossem exatamente a mesma. Ainda que estejam separadas no tempo e no espaço – por quilômetros ou anos –, se uma

---

16. Gregg Braden, *The Divine Matrix: Bridging Time, Space, Miracles, and Belief* (Carlsbad, CA: Hay House, 2007).

unidade energética se movimenta, a outra também o faz. A conexão é instantânea, como se elas fossem de fato *uma única* coisa.

Poucos dias depois que Sam partiu de L.A., eu não conseguia parar de pensar nele. Acabei finalmente reunindo coragem para enviar-lhe um rápido *e-mail*, algo casual e descontraído e que não pudesse indicar o fato de que eu estava encantada. Não sei dizer quanto tempo passei escrevendo esse *e-mail* "casual e descontraído", e quantos rascunhos apaguei, frustrada. *Guerra e Paz*, de Tolstói, parecia algo mais casual e descontraído quanto terminei! De qualquer forma, enfim o *e-mail* estava perfeito, e eu o enviei, toda empolgada. A mensagem era esta: *Foi muito bom te ver. Se, de repente, estiver em L.A. outra vez e quiser jantar sem a galera, me liga.* No instante em que cliquei em "Enviar", ouvi o alerta de minha própria caixa de *e-mail* indicando a chegada de uma nova mensagem. Era de Sam: *Não consigo parar de pensar em você. Quando a gente pode se ver de novo?* Apesar dos milhares de quilômetros e das duas zonas de fuso horário entre nós, tivéramos comportamentos idênticos e simultâneos. Hoje abro um sorriso ao pensar que nossa sincronia não foi acidental e me pergunto se nossas energias já estavam entrelaçadas. Foi mais um momento quântico entre nós, o primeiro de muitos, muitos que estavam por vir.

A ressonância é a primeira coisa que faz as pessoas entrarem em sua vida, e ela não diminui à medida que o relacionamento avança para além da fase da atração. É uma ferramenta incrível que, uma vez compreendida e direcionada, pode ser usada para influenciar o progresso de seu relacionamento. A ressonância é uma forma de coerência e, quanto mais coisas ressoarem *SIM* entre vocês, mais poderão estar em coerência um com o outro. À medida que sua coerência energética se intensifica, a atração se torna mais profunda. Seu campo relacional se expande e começa a trair outras coisas. A frequência individual de vocês vibra de modo a superalimentar sua frequência compartilhada, aproximando-os cada vez mais.

Voltemos à cena criada por Neale Donald Walsch, onde estão Tom e Mary. Ele descreve como a intensidade de TomMary se torna mais luminosa e vasta conforme Tom e Mary se aproximam. À medida que interagem, sua ressonância *SIM* está em polvorosa e cria reações palpáveis em sua esfera física: arrepios, rubores, uma sensação de expectativa e um formigamento de empolgação. Quando eles se tocam, "a sensação é quase insuportável [...] fantástica. Eles sentem toda a energia de TomMary [...] toda a substância compactada, intensamente unificada, de seu ser combinado".

Ao se abraçarem, Tom, Mary e TomMary ocupam o mesmo espaço. Eles estão desesperados para literalmente fundir-se e sentir essa união em forma física. E, ao se unirem e receberem um ao outro, eles se tornam um na própria carne. Eles arquejam, eles se movimentam, explodem e convulsionam. "E na explosão de sua unidade eles conheceram o deus e a deusa [...] o alfa e o ômega, o tudo e o nada, a essência da vida".

Essa é a primeira conexão entre almas capaz de elevar a energia da paixão física entre dois espíritos afins ao nível do Amor Quântico. E é essa conexão de almas, não a novidade dos primeiros encontros, que pode crescer e transformar-se em um relacionamento mais profundo, gratificante e formidável.

Mas, antes disso, vem o estágio cor-de-rosa da paixão avassaladora.

Paixão

Paixão. A fase da lua de mel. Você não consegue comer, não consegue dormir, não consegue *pensar* em nada além dessa pessoa que invadiu e conquistou sua cabeça, seu coração e seu corpo. Em regra, pode durar de três meses a três anos, dependendo de quanto tempo vocês passam juntos e da rapidez com que o relacionamento se torna um compromisso.

Sam e eu permanecemos ofensivamente apaixonados por aquele período inteiro de três anos, para grande desgosto de todos à nossa volta. Eu me lembro de me aconchegar a ele, radiante de felicidade, e implorar que ele prometesse que manteríamos para sempre aquela lua de mel apaixonada. Era tão delicioso; eu não queria que terminasse nunca. Além disso, eu sabia como poderia ser horrível quando aquela fase acabasse.

A paixão é o estágio em que a energia do sexo entra em ação para decuplicar a intensidade de sua energia e de seus sentimentos conscientes. Ela combina uma intensa interação física com a interação energética que teve início durante a fase da atração. Uma intensidade psicológica comum também entra em jogo, já que os dois querem ostentar o melhor de si.

Na verdade, vocês não estão só mostrando o melhor de si: estão também vendo o melhor um do outro. Coisas que normalmente poderiam aborrecê-lo parecem traços adoráveis e encantadores. Seu parceiro é inteligente e divertido, sedutor e interessante, e ele ou ela também pensa que você é tudo isso. Esse é um dos motivos pelos quais a fase da paixão é tão gostosa: você vê a versão mais fabulosa de si mesmo refletida nos olhos de seu parceiro.

Por baixo de tais processos psicológicos há muita coisa acontecendo, em termos quânticos. A frequência energética de vocês está entrelaçada uma na outra em um nível fundamental e intenso. Se fizermos uma analogia da situação com um rádio, você e seu parceiro estão na mesma estação, no volume máximo! Vocês estão vibrando juntos nessa grande intensidade, abrindo-se um ao outro emocional e fisicamente, e estão funcionando em um estado de um grande SIM.

A paixão é um SIM de corpo inteiro

No estado de paixão, você consegue vivenciar uma condição que me foi apresentada pela primeira vez pela *coach* de vida pessoal Diana Chapman: o SIM de corpo inteiro. Acredito que é dessa maneira que nosso eu essencial se comunica conosco ao responder à energia ressonante de nosso ambiente, de outras pessoas e até mesmo à energia de nossos próprios pensamentos e ideias.

Quer soubesse disso ou não, você já vivenciou um SIM de corpo inteiro na vida. É aquela sensação de leveza que vem com um pensamento ou uma sugestão, um sentimento vibrante, empolgante, que brilha por todo o seu corpo e sua mente. É quando você pensa: "Nossa, isso seria *fantástico*!"; ou quando você experimenta uma sensação de simplesmente *saber* algo. É um poderoso indicativo que você tem na ponta da língua e aprenderá mais sobre como usá-lo no decorrer deste livro.

Na paixão, quando seu parceiro revela uma informação nova sobre si ou faz alguma coisa incrivelmente fofa, é provável que sua mente esteja em um estado de SIM. À medida que suas interações físicas se tornam mais afetuosas, coisas simples como segurar as mãos podem levá-lo a tal estado. E conforme cada um de vocês começa a descobrir e entender o que o outro realmente gosta na cama, sua vida sexual com certeza vai colocá-los em um estado de SIM de corpo inteiro.

Então, o que está acontecendo em nível quântico no SIM de corpo inteiro? Coerência, meu bem! Sua energia está em coerência com a de seu parceiro, é claro, mas ela também está vibrando dentro de *você*. Surpreendentemente, embora todos eles sejam partes de você, seu corpo, sua mente e seu coração podem ter frequências energéticas diferentes que se comunicam entre si e (tomara!) trabalham juntas para criar seu estado positivo.

A coerência pessoal ocorre basicamente quando todas as pequenas partículas energéticas subatômicas que compõem cada um de nós conseguem cooperar umas com as outras. Já sabemos que elas estão interligadíssimas (afinal, é por isso que somos sólidos em vez de líquidos, gasosos ou informes), que permanecem unidas graças a seus campos eletromagnéticos e vibram juntas. Tais vibrações fundem-se para criar um padrão de onda e, à medida que se unem, começam a agir como uma única onda, que se comporta como uma entidade independente. Essa onda é, então, capaz de se comunicar com outras ondas dentro de você e entrar em sincronia com elas por meio da coerência. Quanto mais forte a coerência, mais refinados serão os padrões das ondas. Quando todas essas partículas subatômicas estão em um estado de perfeita coerência, temos aquilo a que nos referimos como "saúde".

Já consegui deixá-lo desnorteado? Vamos tornar essa ideia mais concreta. Pense em seu corpo. Seu corpo abriga *muitos* sistemas dentro de si: respiratório, circulatório e neurológico, para citar apenas alguns. Quando todos os seus sistemas estão funcionando bem, você ganha o selo de "boa saúde" de seu médico e se sente ótimo. Bem, em nível quântico, isso significa que todas as ondas dentro de cada sistema estão em coerência. Mas, às vezes, um ou outro daqueles sistemas pode desarranjar-se e, quando isso acontece, a tendência é que você perceba de imediato. Pode ser algo simples como uma gripe, em que a energia intrometida de um vírus invasor (sim, eles também têm sua própria energia) interfere na energia de seus sistemas corporais, ou pode ser algo bem mais sério. É possível que sistemas individualizados dentro do corpo estejam fora de coerência, sem com isso tirar outros desse estado também (você não perde o controle dos músculos só porque está gripado). Os diversos sistemas de seu corpo estão totalmente entremeados, mas ainda são distintos entre si. O mesmo se dá com a interação entre seu sistema corpóreo geral e os outros sistemas em você: os sistemas de sua mente e de seu coração.

Quando todos os seus sistemas estão em coerência consigo mesmos *e uns com os outros*, você está em sua melhor forma. Você se sente incrível, confiante e perfeitamente feliz nesse dado momento. Tal estado de alinhamento perfeito – quando você está inteiramente na frequência inerente – é o estado em que você quer estar. O SIM de corpo inteiro é essa coerência pessoal em ação.

A dádiva do estágio da paixão é que nele existe uma coerência sem esforço entre você e a pessoa amada. Não há nada que o tire dos eixos nesse relacionamento, então você consegue vivenciar esse constante sentimento de SIM com relação a seu parceiro. Não admira que você queira que dure para sempre.

Esse é seu cérebro sob os efeitos da droga do amor

Muitos de nós temem ou lamentam um declínio (ou apenas um nivelamento) na intensidade de nossos sentimentos da fase da paixão. Achamos que isso equivale a uma diminuição no interesse. Então, tentamos ativamente evitar tal situação ou barrar seu progresso pressionando o avanço do relacionamento ("Acho que deveríamos ir morar juntos!") em vez de deixar que as coisas caminhem de forma natural. No entanto, ao fazê-lo, criamos uma profecia fadada a cumprir-se por si mesma, porque estamos pedindo que nosso cérebro faça o impossível.

Veja, ao fazer pressão para que seu relacionamento permaneça para sempre no estágio da paixão, o que você está realmente pedindo é que seu cérebro sustente um estado permanente de intoxicação ou "viagem". E, não, isso não é uma metáfora. Durante a paixão, seu cérebro está literalmente, em termos biológicos, intoxicado de amor. Em um estudo, 37 pessoas que estavam perdidamente apaixonadas, algumas felizes em seu relacionamento, outras amargando um término recente, foram submetidas a exames de ressonância magnética funcional para se verificar o que o amor romântico faz ao cérebro. Os pesquisadores constataram altos níveis de atividade perto da ATV (área tegmental ventral) do cérebro, em células A10, aquelas que produzem dopamina e a enviam para outras regiões cerebrais.[17] Ela faz parte do sistema de recompensas do cérebro, que opera abaixo das emoções e da razão, naquele centro reptiliano associado ao desejo, ao anseio, ao foco, à motivação e ao vício – a mesma parte do cérebro que se acende quando se está sob os efeitos da cocaína.[18] E, quando você não consegue o que quer, quando alguém que você ama rompe com você, você está efetivamente vivenciando uma retirada. Todos aqueles monogâmicos em série que você conhece, que pulam de relacionamento em relacionamento, costumam ser

---

17. Helen Fisher, A. Aron, e L. L. Brown, "Amor Romântico: Um Estudo via Ressonância Magnética Funcional de um Mecanismo Neural para a Escolha de Parceiros", *The Journal of Comparative Neurology 493*, nº 1 (2005): p. 58-62.
18. Salynn Boyles, "O Amor Romântico Afeta Seu Cérebro Como uma Droga", *WebMD Health News*, 13 de outubro de 2010.

pessoas viciadas em paixão, ávidas por uma nova "viagem" ou "onda". Quando voltam ao estado normal, precisam encontrar outra dose da intoxicação de dopamina de um novo amor. Mas seu cérebro não foi feito para sustentar essa intoxicação para sempre.

Vínculo afetivo: uma doce volta à normalidade

Em nível psicológico, é impossível ostentar para sempre apenas a melhor versão de seu eu, de energia elevada. Existe outro impulso que deve começar a agir, suplantando a paixão: o vínculo afetivo. Ele permite que continuemos conectados, mas possamos ser membros ativos que contribuem com a sociedade. Reflita: se todos estivessem na fase da paixão o tempo inteiro, nunca se faria nada. Todos nós mandaríamos o trabalho e nossos outros compromissos para o espaço a fim de estar com a pessoa amada. Milhões de pessoas correriam riscos insanos e desesperados para assegurar afeição. Seríamos uma sociedade composta apenas de viciados em amor e a civilização entraria em colapso!

É por isso que a maioria dos relacionamentos duradouros acaba passando ao estágio do vínculo afetivo, que é, em regra, caracterizado por um tipo de amor mais suave, mais doce e mais sustentável. Contudo, para muitos, passar ao vínculo afetivo pode equivaler a uma sensação de perda de intensidade, de alegria e de conexão, ou até parecer uma estrada pedregosa para lugar nenhum. Nossa cultura de gratificação instantânea não incentiva essa fase subsequente do amor – mas é no vínculo afetivo que fica a parte realmente boa de um relacionamento duradouro. É nele que o Amor Quântico pode ser encontrado.

Quando estamos passando da paixão profunda ao estágio do vínculo afetivo, em geral começamos a cair na frequência egoica. Durante a fase da paixão, você via o melhor de si refletido de volta a você através de seu parceiro, e isso tornava fácil estar em frequência inerente. Mas, ao longo do tempo, você sente que é cada vez mais difícil sustentar aquele eu perfeito e começa a expor seu eu mais autêntico. É aí que o ego pode começar a assumir o controle com as emoções de baixa frequência do ciúme, do medo e da negatividade. Nós nos perguntamos: *o que há de errado comigo? Qual é o problema com ele/ela?* Ficamos tão enredados em nosso próprio estado negativo que sequer reconhecemos o fato de que tal transição é uma coisa boa. Nosso ego está morrendo de vontade de uma dose de paixão e começa a nos dizer que a conexão mútua que desfrutávamos em nível psicológico e energético está desaparecendo.

A ciência nos conta uma história diferente. Imagens de ressonância magnética de casais que afirmavam ainda estar loucamente apaixonados depois de mais de 20 anos juntos confirmaram que eles estavam dizendo a verdade. Os pesquisadores descobriram que aqueles centros de dopamina associados ao amor romântico e ao impulso sexual ainda se acendiam, mas havia duas grandes diferenças entre o cérebro dos casais de longa data e daqueles que haviam se apaixonado recentemente: o cérebro daqueles em um relacionamento duradouro apresentava uma queda de atividade na região da obsessão e um imenso aumento de atividade no sistema opiáceo. Esse é o sistema de recompensas do cérebro, que atua como um mediador entre querer algo e de fato desfrutar esse algo. E, além disso, havia mais um bônus fundamental: os pesquisadores constaram atividade perto da base do cérebro associada à tranquilidade e à supressão da dor, e quase nenhuma atividade na região associada à ansiedade.[19]

Em nível quântico, a fase do vínculo afetivo está totalmente relacionada com o ajustamento sincrônico. É nela que você vê os batimentos cardíacos de casais entrando em sincronia um com o outro e em que o estado de espírito e o estado energético de um podem ter um impacto direto no outro. O que é preciso lembrar aqui é que o simples fato de estarem ajustados sincronicamente não implica que estejam em coerência um com o outro. E, se um casal passa tempo demais sem estar em coerência, um ou ambos podem começar a sentir como se "alguma coisa" estivesse faltando. É isso o que costuma tornar um pouco penosa a transição da paixão para o vínculo afetivo.

Sim, deixar a fase da paixão significa que você perderá um pouco da obsessão e da intensidade. Pode parecer menos empolgante. Mas, com a prática do Amor Quântico, você leva o amor a um nível totalmente novo. Você ganha um prazer mais intenso, uma sensação verdadeira de paz e a capacidade de desfrutar a bela parceria que criou em um nível emocional profundo e conectado. Isso significa sexo mais intenso, um relacionamento mais íntimo e um senso mais forte de segurança. A biologia o incita a passar do anseio à verdadeira satisfação. Você foi feito para o Amor Quântico. Tudo o que tem a fazer é reivindicá-lo.

---

19. Hongwen Song *et al.*, " Mudanças Cerebrais Relacionadas ao Amor: Um Estudo de Imagens de Ressonância Magnética Funcional em Repouso", *Frontiers in Human Neuroscience* 9 (2015).

A diferença do Amor Quântico

O Amor Quântico não está relacionado apenas a seu relacionamento: ele é um caminho espiritual rumo a seu eu mais verdadeiro. Ele não começa com seu parceiro, com a história de seu relacionamento, nem mesmo com sua conexão mútua. O Amor Quântico começa em *você, e só em você.*

A principal diferença entre o amor (com seus estágios de atração, paixão e vínculo afetivo) e o Amor Quântico é que, no último, você usa conscientemente a energia de seu corpo, de seu coração e de sua mente para criar o tipo exato de amor que você busca. Seu parceiro não tem de fazer nada diferente; ele apenas se ajusta sincronicamente e de forma natural a sua energia, e vocês criam, juntos, um campo relacional cheio de alegria, paixão e satisfação. No Amor Quântico, você já está conectado a seu eu essencial e à escolha consciente de estar com seu parceiro. Você não aceita seu parceiro apesar de seus supostos defeitos, mas *por causa* deles. Na paixão, você vê somente a melhor versão do eu de seu parceiro. No Amor Quântico você vê o eu integral e autêntico de seu parceiro, e o ama *por isso*. Parece algo difícil demais? Prometo que você já não se sentirá assim quando chegar ao final deste livro.

A coisa mais importante a lembrar, por ora, é que seu parceiro existe em sua vida porque vocês já estão vibrando em uma frequência semelhante. Vocês já estão em harmonia, ainda que temporariamente fora de sintonia. Quando você volta ou permanece em seu estado POR MIM ou ATRAVÉS DE MIM, em sua frequência inerente, você faz seu IFEI subir no Mapa do Amor Quântico. Seu parceiro, que já está em harmonia com você, se ajustará sincronicamente. Você não precisa fazer nada além de se concentrar no que está acontecendo dentro de você na seara energética e seu relacionamento mudará por completo.

No Amor Quântico, *você* é completo

Quando você está vivenciando o Amor Quântico, não *precisa* de seu parceiro nem de seu relacionamento para sentir-se completo. Ora, é claro que isso não quer dizer que você não ficaria arrasado se, de repente, o relacionamento acabasse. Mas, depois de se levantar do tombo, você seguiria em frente. Eu sempre revirei os olhos diante daquela fala do filme *Jerry Maguire*, quando Jerry diz a Dorothy Boyd: "Você me completa". *Ninguém* completa você, e você não terá Amor Quântico até estar completo sozinho. No Amor Quântico, você não *precisa* estar em um relacionamento: você *escolhe* estar em um relacionamento. E, por ser uma escolha sua, você se coloca em seu relacionamento em sua frequência inerente e com o coração totalmente aberto.

Antes que você possa passar ao Amor Quântico com seu parceiro, você precisa vivenciar o Amor Quântico *consigo mesmo*. Esse é de fato um processo transformador e positivo que fará seu IFEI subir no Mapa do Amor Quântico. Ao mesmo tempo em que, nos próximos capítulos, apresentarei inúmeras ferramentas que você pode usar para construir o Amor Quântico com e em seu parceiro, também o ajudarei a desenvolver o Amor Quântico em você mesmo.

Aceitar plenamente a si mesmo e até ter um profundo carinho por si mesmo é de fato a solução para acabar com qualquer conflito ou anseio. Se você estiver constantemente buscando afirmação e aprovação *fora* de si, estará entrando em seu relacionamento a partir de um estado de carência. Por outro lado, quando você é capaz de encontrar afirmação e aprovação em seu próprio íntimo, vindas de você e direcionadas a você, então entrará em seu relacionamento em um estado de plenitude, um estado que você pode sentir em sua mente e em seu corpo. E, quando você entra em um relacionamento em um estado de plenitude, está menos propenso a tentar consertar, gerenciar e controlar. Está menos predisposto a cair na frequência egoica. Você já está completo e em sua frequência inerente.[20]

No Amor Quântico, seu parceiro é um de seus melhores professores

O especialista em saúde holística Deepak Chopra usa o termo *comunhão* em seus textos para se referir ao reconhecimento, em um relacionamento, de que cada um de vocês tem qualidades que faltam ao outro. Vocês aprendem a compartilhar os pontos fortes um do outro, a completar a *si mesmos* e a respeitar os aspectos de seu parceiro que tocam seus "espinhos". Isso significa reimaginar a ideia de dois que se tornam um. Não é que as qualidades e os defeitos de um simplesmente compensem os do outro. *Comunhão* significa que você molda conscientemente traços de seu parceiro e aprende a incorporá-los a si mesmo.[21] Digamos que seu parceiro seja muito bom em defender o próprio espaço e em expressar a raiva

---

20. Martin Sommer *et al.* "Mecanismos de Apoio ao Córtex Motor Humano Induzidos por Estimulação Magnética Transcraniana Repetitiva Subliminar 5-Hz", *Journal of Neurophysiology 109*, nº 12 (2013): p. 3060-3066.
21. Deepak Chopra, "As Sete Leis Espirituais do Amor", *Care 2*, agosto de 2012. <http://www.care2.com/greenliving/the-7-spiritual-laws-of-love.html>.

de uma maneira saudável, enquanto você tende a deixar as pessoas ultrapassarem os limites e a retaliar de uma forma passivo-agressiva. Quando vocês dois entram em comunhão um com o outro, você aprende a defender seu próprio espaço e talvez seu parceiro aprenda a ouvir com empatia. De maneira consciente, vocês tomam emprestadas as qualidades um do outro e se tornam ainda mais inteiros.

Contudo, isso também pode funcionar do modo contrário. Um dos aspectos mais fascinantes do trabalho que desenvolvo é ver com que perfeição meus pacientes encontram seus pares ideais por meio de seu maior ponto de conflito. Depois de quase 30 anos trabalhando com casais, acabei realmente vindo a acreditar que somos atraídos para alguém que nos obrigará a enfrentar nossas questões mais complicadas e nossos medos mais profundos. No *show* de grande sucesso da Broadway, *Rent*, Mimi acerta em cheio quando canta: "Estou procurando uma bagagem que combine com a minha". Seu inconsciente escolheu sua cara metade por essa razão. Se você estiver disposto a entregar-se ao processo do Amor Quântico, a aproveitar bem sua energia e a assumir a responsabilidade pelo que você coloca no relacionamento, seu parceiro pode ser seu melhor professor, ajudando-o a trazer à tona uma versão curada, amada e integral de você.

Essa ideia foi perfeitamente ilustrada por um casal, Sarah e Pete, de quem tratei não faz muito tempo em um retiro intensivo. Eles já estavam casados havia 25 anos e nunca haviam feito sexo sóbrios. Não importa o que tentassem, Sarah não conseguia e não se mostrava disposta a fazer sexo se não estivesse bêbada. À medida que fomos elucidando as coisas, ficou claro que isso estava vinculado a sua história de abandono e abuso.

Depois da morte do pai, quando ela tinha 12 anos, a mãe de Sarah a abandonou emocionalmente – e, mais tarde, literalmente. Faminta de cuidado e supervisão na adolescência, Sarah começou a se comportar mal e a beber. Aos 16 anos, ela conseguiu arranjar um emprego durante o verão e foi estuprada repetidas vezes por três de seus colegas de trabalho, todos adultos.

Pete, por sua vez, tinha um histórico de abandono por parte de um pai obcecado por trabalho e de uma mãe emocionalmente instável. Também por volta dos 12 anos, uma crise financeira o impulsionou a tornar-se o herói da família, indo trabalhar para ganhar um dinheiro extra e ajudar nas despesas, transformando-se no mediador entre os pais e no conforto emocional da mãe. Isso lançou as bases para uma vida de comportamentos codependentes. Já adulto, a autoestima de Pete ainda consistia em ser o herói. Ele tinha de ser exatamente aquilo de que os outros necessitavam a fim de cuidar deles em nível emocional. Sua vida social era muitíssimo bem-sucedida. No entanto, ele também vivia sob intenso estresse e sofria de uma dor crônica nas costas, bem como de imobilidade.

A palavra que estava sempre emergindo para Sarah e Pete era *responsabilidade*. Os dois vieram de famílias com exigências impossíveis de satisfazer, nas quais um A – ainda não era um A. Sarah se sentia culpada por decepcionar os pais, embora tenha sido abandonada pela mãe, e, como muitas vítimas, sentia-se responsável pelos estupros que sofreu, como se ela tivesse sido a causadora das violências. E sua vergonha e sua culpa a impediram de assumir a responsabilidade por sua própria sexualidade. Ela se sentia 100% responsável pela satisfação do marido e nem um pouco conectada com sua própria satisfação. Enquanto isso, Pete se sentia totalmente responsável pela satisfação *dela* e não assumia a responsabilidade por *sua própria* satisfação. Ele sequer se masturbava fora as três ou quatro vezes ao ano em que faziam sexo! Após uma vida inteira de codependência, seu foco total era fazer Sarah feliz. O problema é que essa tarefa seria impossível até que ela estivesse pronta e disposta a assumir a responsabilidade pela própria felicidade.

Pete *escolheu* uma mulher que suas fantásticas habilidades emocionais e sociais não conseguiam alcançar, uma mulher que não suportava ser o centro das atenções em nível emocional e até se ressentia disso. Inconscientemente, o aspecto mais elevado e mais amoroso dele escolheu alguém que desafiaria sua codependência. Era isto o que ele tinha de fazer: aprender a considerar os outros responsáveis por sua própria felicidade em vez de assumir, ele mesmo, tal responsabilidade.

E Sarah *escolheu* alguém que exigiria que ela estivesse presente ali, com ele, e abrisse o coração. Inconscientemente, ela sabia que Pete iria convocá-la a repassar suas questões, enfrentar seus demônios e assumir a responsabilidade por sua própria felicidade no relacionamento.

Assim que Sarah fez aquela conexão, começamos a trabalhar sua capacidade de tomar posse de sua resposta sexual. Ela enfim conseguiu ter excelentes relações sexuais enquanto estava sóbria, e com orgasmos. Em última análise, o que provocou uma mudança rumo ao Amor Quântico para Sarah e Pete não foi tão somente a aceitação de seus papéis e responsabilidades, mas o reconhecimento de que a raiz de seu conflito era o ponto de seu maior crescimento pessoal. Sarah e Pete escolheram um ao outro porque, ao trazer à tona os demônios um do outro, eles seriam verdadeiramente capazes de salvar um ao outro – e a si mesmos. Quando ambos reconheceram isso, seu relacionamento se transformou.

Quando você aceitar que seu parceiro é seu melhor professor, passará a amar o eu autêntico, completo, dessa pessoa. Você reconhecerá que a alma de cada um de vocês celebrou um contrato para, juntas, crescer, evoluir e expandir, cada uma, seu eu essencial. Você foi inconscientemente atraído a seu parceiro não apesar das falhas ou fraquezas dele ou dela, mas *por causa* delas. As características de seu parceiro foram todas escolhidas por seu eu essencial para ajudá-lo a crescer, a encarar seus medos e a tornar-se a versão mais completa de si mesmo. Sim, até mesmo as características que o deixam espumando de raiva. Isso significa que você nunca tem de amar seu parceiro "apesar" de certas características ou hábitos: você pode amar seu parceiro especificamente *por causa* delas, uma vez que seu eu essencial as procurou!

O Amor Quântico vem quando você busca descobrir que lições seu parceiro pode (e está aqui para) ensinar-lhe. Da próxima vez em que se pegar com vontade de revirar os olhos diante de algo que seu parceiro diz ou faz, pare por um instante e pergunte: "Por que isso está ressoando comigo dessa forma? O que minha reação me diz sobre *mim*?". Melhor ainda, olhe para aquela característica que o irrita e pergunte a si mesmo: "Como isso me ajuda?". É possível que, quando você entra na frequência inerente e reflete sobre a questão, a resposta venha com clareza. Se não vier, então você encontrou um caminho poderoso que vale a pena ser explorado.

O Amor Quântico não é um campo de batalha

O renomado pesquisador matrimonial dr. John Gottman estudou casais recém-casados por seis anos. Ele observou os casais em seu ambiente doméstico, também os levou para o laboratório e pediu que conversassem entre si sobre os conflitos que estavam vivenciando, bem como sobre lembranças positivas que compartilhavam. Enquanto os casais conversavam, o dr. Gottman os monitorou com eletrodos para mensurar seu fluxo sanguíneo, sua frequência cardíaca e até mesmo a quantidade de suor que produziam. E ele foi capaz de prever, com 94% de precisão, se um casal que ele havia estudado duraria ou romperia.[22]

Com os dados que coletou, o dr. Gottman pôde separar os casais em dois grupos: os Mestres e os Desastres. Anos depois, os Mestres continuavam casados e felizes, ao passo que os Desastres estavam divorciados ou infelizes em seu relacionamento.

Então, qual era a diferença entre os Mestres e os Desastres? O dr. Gottman avaliou casais em seu consultório e os observou em seu ambiente doméstico, e descobriu que os Desastres ostentavam uma fachada tranquila e relaxada durante as discussões com seu cônjuge, mas, por trás dela, sua pressão sanguínea e frequência cardíaca contavam uma história diferente. Sua pulsação estava acelerada e eles suavam. Mesmo durante conversas aparentemente descontraídas com o parceiro, o corpo dos Desastres respondia como se estivesse de prontidão para enfrentar um tigre-de-dente-de-sabre.

Por que isso acontece? Como aprenderemos com maior profundidade no capítulo 7 ("Seu Corpo É uma Usina de Energia"), discussões (em especial as acaloradas) podem desencadear a resposta de seu corpo a situações de estresse, colocando-o no modo lutar ou fugir, diretamente em frequência egoica. Seu cérebro tenderá a exacerbar seu estado estressado ao reverter, repetidas vezes, a crenças negativas e padrões emocionais desgastados, o que por sua vez cria um estado físico ainda pior. E para complicar ainda mais as coisas, seu corpo tem apenas *uma* resposta a situações de estresse. Assim, quer você esteja em conflito com seu parceiro ou tentando intimidar um urso faminto com seu olhar, a reação de seu corpo é a mesma.

Esse estado de estresse, de baixa frequência, pode desviá-lo de uma comunicação produtiva e levá-lo a exageros, afastamento, interpretações negativas ou grosserias.[23] Você não precisa ser especialista em relacionamentos nem físico quântico para saber que comportamentos como protelar e se recusar a discutir questões importantes ou atirar insultos quando seus sentimentos são feridos não são bons nem para resolver conflitos nem para o relacionamento como um todo. Tampouco são bons para seu estado energético.

---

22. John Gottman e Julie Schwartz Gottman, "A Base Empírica da Terapia Gottman para Casais", distribuído sob licença de The Gottman Institute, Inc. (2013). <https://www.gottman.com/wp-content/uploads/EmpiricalBasis-Update3.pdf>.
23. J. M. Gottman *et al.*, "Como Prever Felicidade e Estabilidade Conjugal a partir das Interações de Pessoas Recém-Casadas", *Journal of Marriage and the Family 60*, nº 1 (1998): p. 5-22.

Então, os Desastres foram malsucedidos apenas porque eram mais suscetíveis à reação lutar ou fugir? Por que alguns casais conseguem ter conflitos sem ficar na defensiva ou enraivecidos e outros, não? Acredito que os Desastres tenham, por acidente, "ensinado" sua mente e seu corpo a reagir energeticamente daquela maneira a situações de conflito. Eles não faziam ideia de como desaprender essa lição, ou mesmo que desaprendê-la era uma opção. Podem ter aprendido na infância esse seu comportamento diante de conflitos, observando a interação dos pais. Talvez possam ter desenvolvido comportamentos específicos como mecanismos de enfrentamento para lidar com situações assustadoras e até mesmo perigosas em seus próprios lares. Talvez, mais tarde na vida, eles tiveram o coração partido e estiveram em um estado de medo e reatividade desde então.

É por isso que os casais Desastre passavam imediatamente ao modo lutar ou fugir e eram incapazes de sair da frequência egoica, ficando naquela zona de luta-fuga mesmo quando, mais tarde, discutiam um acontecimento agradável. Era quase como se seu cérebro se agarrasse à sensação de estar ameaçado e pensasse, de forma inconsciente: "pode ser que eu ainda precise dessa adrenalina"; "talvez eu ainda seja atacado"; ou "é melhor ficar em guarda". Em suma, o que separava os Desastres dos Mestres é que os Desastres nunca se sentiam seguros.

É impossível abrir o coração e passar à frequência inerente se você está em alerta extremo e não se sente seguro, literal ou emocionalmente. Nesse estado, você não consegue vivenciar o amor e o perdão de um parceiro, nem oferecer amor e perdão em troca. Pat Benatar nos dizia em sua famosa música que *O Amor é um Campo de Batalha* e, para esses casais Desastre, isso era verdade em muitos níveis. Eles nunca estavam dispostos a baixar as armas e, assim, nunca foram capazes de criar uma relação de confiança, segurança, entrega e amor incondicional.

No Amor Quântico, você fala a linguagem do amor de seu parceiro

Gary Chapman popularizou o conceito de linguagens do amor em seu livro que foi um megassucesso de vendas, *The 5 Love Languages: How to Express Heartfelt Commitment to Your Mate*. No livro, ele definiu nossas cinco linguagens do amor como presentes, tempo de qualidade, palavras de afirmação, atos de serviço e toque físico. Essas são as maneiras pelas quais comunicamos ou demonstramos nosso amor a nosso parceiro e constituem as formas que melhor compreendemos ou recebemos amor – o modo como amamos e o modo como queremos ser amados. Quando parceiros não falam as mesmas linguagens do amor, sinais podem ser desconsiderados e mensagens podem perder-se.

Vamos dar uma olhada em meus amigos Adam e Ronnie. Adam vinha dedicando muito tempo ao escritório nos últimos tempos para concluir uma grande apresentação, deixando seu marido sozinho até tarde da noite e, então, desabando na cama assim que chegava a casa. Adam se sentia mal por andar tão ausente e queria fazer algo amável para Ronnie. Embora ele ainda não o soubesse, a linguagem do amor de Adam consistia em presentes, de modo que, certa noite, no caminho de volta para casa, ele deu uma passadinha na loja de eletrônicos Best Buy e comprou um aparelho que ele sabia que Ronnie vinha paquerando havia algum tempo. No entanto, quando Adam entregou o presente, Ronnie, cuja linguagem do amor era tempo de qualidade, ficou mais confuso que contente. *Por que ele comprou isso?* A forma de Adam expressar seu amor e apreço pelo marido não *ressoou* plenamente porque Ronnie teria ficado mais feliz se Adam tivesse apenas feito um horário de almoço mais longo um dia e ido vê-lo em seu escritório. Se você conhece a linguagem do amor de seu parceiro, pode certificar-se de que o está amando de uma maneira que funcione.

Diante da importância disso, acredito que nossa linguagem do amor é mais que apenas os cinco modos de expressão apresentados por Chapman. Para mim, aprender a linguagem do amor de seu parceiro também envolve identificar e compreender os espinhos dele ou dela (bem como os seus próprios), o que constitui uma grande parcela do Amor Quântico.

Shira e Andy já estavam casados havia três anos quando vieram me procurar. Eles formavam um casal amável, bem-sucedido e motivado. Andy era proprietário de uma empresa de TI e Shira, uma atriz talentosa. Embora se amassem profundamente, vinham brigando com frequência havia meses. Sua vida sexual era quase inexistente e havia ressentimentos fermentando logo abaixo da superfície. Consegui sentir a tensão e a irritação no instante em que eles entraram na sala.

Andy se remexia, inquieto, enquanto Shira alisava uma mecha de seus cabelos escuros sobre o ombro.

– Eu simplesmente não aguento mais – suspirou ela. – Nós brigamos o tempo todo. Éramos tão felizes antes!

Andy corou um pouco, mas concordou com um aceno de cabeça.

Shira revirou os olhos:

– E ele não diz nada, é claro! Ele é sempre assim em casa! Estou chateada, e ele se senta lá sem dizer uma palavra. Não consigo arrancar nenhuma reação dele.

– Você tem reações mais que suficientes por nós dois – disse Andy. Então, olhando para mim, acrescentou:

– Ela chora sem parar. Joga coisas quando está com raiva. Ameaça pedir o divórcio.

– E quanto mais furiosa ela fica, mais quieto você fica? – perguntei.

– Exatamente – respondeu Andy.

À medida que comecei a ver a dinâmica daquele casal ficar clara, perguntei sobre a infância de cada um deles. Andy me contou que fora criado apenas pela mãe, que tinha de manter dois empregos para sustentá-lo; e Shira revelou que crescera em um lar abusivo, com uma mãe violenta e imprevisível.

– Num segundo ela estava chorando, no outro estava gritando – disse Shira. – E no seguinte estava dizendo o quanto te amava.

Andy remexeu-se um pouco na cadeira.

– Que foi? – perguntou Shira, com irritação na voz.

– Eu estava só pensando... parece um pouco com você.

Os olhos de Shira faiscaram. Andy continuou depressa:

– Não que você seja violenta, não! Mas você ameaça pedir o divórcio, mesmo sabendo que isso me magoa. Daí, na manhã seguinte, você quer me abraçar, me beijar e pedir desculpas.

– E você me pune com seu silêncio – acusou Shira. Então, ela se dirigiu a mim: – Ele não aceita nenhum maldito pedido de desculpas.

– Eu não consigo ir do zero aos 60 desse jeito! – disse Andy. – Eu te perdoo, mas ainda continuo magoado e confuso. E acho que com um pouco de medo.

– Medo de quê? – perguntei a ele.

– De perder você – Andy disse a Shira, a voz falhando. – Se eu te perdesse, nunca superaria.

Lágrimas rolavam pelo rosto de Andy enquanto Shira observava, em choque.

– Ele nunca chora – disse Shira, entregando um lenço de papel ao marido.

– É verdade? – perguntei a Andy.

– É – respondeu ele, com uma inspiração profunda e trêmula.

– Eu choro o tempo todo – riu Shira. – Todo mundo em minha família está sempre chorando. A senhora devia ver a gente em casamentos.

– E sua família, Andy? – perguntei.

– Nós não choramos na minha família. Não importa o que aconteça. Minha mãe perdeu meu pai e minha irmã em um acidente de carro quando eu tinha apenas 2 anos de idade. Mas não me lembro de vê-la chorando nem uma única vez.

– E você?

– Como assim, e eu?

– Você chorou?

Andy pareceu confuso diante da ideia:

– Não. Para quê?

Comecei a ver claramente os espinhos em torno do coração de Andy e de Shira, e como tais espinhos eram antigos e estavam profundamente cravados ali. Shira, desvencilhando-se de um lar violento, não fazia ideia de como controlar suas emoções e expressar suas necessidades de uma maneira que não fosse hostil. "Fazer drama" não era apenas uma carreira para ela: era seu modo de conseguir atenção e amor. Expliquei isso aos dois o melhor que pude.

– Andy, quando você vir Shira começar a erguer a voz ou atirar o celular para o outro lado da sala – disse eu –, quero que você a imagine como uma garotinha, de talvez 4 ou 5 anos de idade. Ela quer alguma coisa: tomar um pouco de água antes de dormir, um ursinho de pelúcia, um abraço ou uma história. Mas, na casa dela, amor e atenção não eram fáceis de conseguir. Imagine como devia ser assustador e solitário, e as lições que ela aprendeu observando a raiva da mãe. Ela aprendeu que, quanto mais alto você grita, mais poderoso você é. Então, quando você vir Shira começando a erguer a voz, quero que veja de onde essa raiva realmente vem: de um medo profundo de não ser ouvida e não ser protegida.

– Mas, Shira – prossegui –, isso não significa que você está livre para agir como queira. Andy pode amar seus espinhos e compreendê-los, mas você ainda precisa aprender a gerenciar sua raiva e controlar suas palavras.

– E quanto a Andy? – perguntou Shira. – Ele tem espinhos profundos?

– Os dele? Acho que os espinhos dele são mesmo muito profundos.

Voltando-me a Andy, eu disse:

– Acho que você tem medo de que, se se permitir chorar, talvez nunca pare. Que, se você se entregar a seus sentimentos de dor e perda, eles poderiam consumi-lo. Então, em vez disso, quando as coisas ficam difíceis, você desliga. O que serve de gatilho para que Shira aumente as coisas, faça mais drama e grite mais para ganhar sua atenção.

– Então, o que eu deveria fazer? – perguntou Shira.

– Ame Andy *e* os espinhos dele. Compreenda que ele não está distante porque quer puni-la ou porque está guardando rancor. É porque ele tem muito medo de falar sobre coisas que machucam. Em última análise, vocês dois estão apenas tentando proteger a si mesmos e manter seus pontos sensíveis a salvo. Mas minha recomendação é que vocês precisam expor essas partes sensíveis um ao outro. Vocês precisam ter um lar onde não haja problema em ficar com raiva e em chorar, e onde também não haja problema em precisar de espaço e tempo para processar as coisas. Nenhum de vocês está "certo" ou "errado". Vocês estão apenas lidando com suas emoções da maneira como foram ensinados a fazer na infância. Agora, como adultos, vocês podem oferecer indulgência e compreensão para com os espinhos um do outro, e podem tomar atitudes positivas a fim de remover alguns dos mais inflamados e dolorosos.

Quase um ano depois, Shira me escreveu um *e-mail* longo e efusivo, como era seu estilo. Ela estava feliz e tinha uma notícia maravilhosa para compartilhar: eles teriam um bebê! Ela também tinha outra novidade para contar: havia feito um curso de gerenciamento de raiva e agora estava adotando uma abordagem budista para lidar com o estresse. E Andy? Essa foi a maior de todas as surpresas. Andy decidiu, por impulso, fazer um curso de teatro com Shira e algo incrível aconteceu. "Ele não é nenhum Robert DeNiro", escreveu Shira, "mas no curso ele aprendeu a entrar em contato com suas emoções de uma maneira muito vívida. Ainda sou a chorona da família, mas minhas lágrimas já não fazem com que ele se feche. É maravilhoso!"

O Amor Quântico permite que você demonstre intensa compaixão e abrace as mudanças de uma forma amorosa e cheia de inspiração. Se você puder usar o componente espiritual em conjunto com a poderosa energia física de seu corpo, de seu coração e de sua mente, vivenciará um tipo espiritual de amor mais profundo, rico, vasto, com mais energia, mais inspiração e mais inspirador.

Agora, vamos a alguns detalhes específicos sobre como você pode conceber e criar o tipo de relacionamento de Amor Quântico que deseja.

Capítulo 6

Compromisso Nº 2

Terei Clareza Quanto ao Que Quero do Amor

Quando amamos, sempre nos empenhamos para sermos melhores do que somos. Quando nos empenhamos para sermos melhores do que somos, tudo à nossa volta também fica melhor.
Paulo Coelho, *O Alquimista*

Cada um de nós tem o poder de moldar e remodelar nossa vida e nosso relacionamento, transformando-os em qualquer coisa que desejarmos. Os princípios da Física Quântica não apenas provam isso, mas também nos mostram como fazê-lo. Lembre-se do que a Física Quântica nos ensina: somos todos energia; estamos todos interligados; nós todos criamos nossa própria realidade (o que significa que tudo é possível).

Pode ser difícil compreender o conceito desafiador de que tudo é possível – que vivemos em um universo inteiro de puro potencial –, porque ele contradiz as histórias limitantes que há anos repetimos a nós mesmos, e também porque ele implica muita responsabilidade. Os princípios da Física Quântica nos dizem que não existe isso de transferir a responsabilidade para os outros e jogar a culpa neles. Nossa realidade, bem como nosso relacionamento, pode ser tudo quanto quisermos que seja, desde que reconheçamos nossa responsabilidade de transformá-la nisso.

Sabendo o que você já sabe sobre o impacto que sua energia pessoal tem em seu relacionamento, você se comprometeu a assumir a responsabilidade por essa energia. Agora, compreendendo a diferença entre o conceito comum de amor e as amplas possibilidades do Amor Quântico, você depara com uma clássica decisão entre a pílula vermelha, que lhe mostra a dura realidade, e a pílula azul, que o mantém na ignorância. Você escolhe não fazer nada e continuar seguindo pelo caminho confortável em que está? Ou escolhe agir de forma consciente e passar ao Amor Quântico?

Você pode ou não acreditar em mim a esse respeito, mas uma coisa eu lhe digo com certeza – tudo o que está e o que não está funcionando para você em sua vida amorosa está: 1) sendo criado por você, e 2) sendo de extrema utilidade para seu crescimento. A boa notícia é que você pode criar o amor que deseja usando o poder de sua própria energia e que pode deliberadamente elevar sua energia e seu relacionamento ao Amor Quântico. Para fazer isso, você precisa ter clareza quanto ao que quer exatamente. Neste capítulo, mostrarei como estabelecer o que você quer de fato *sentir* em seu relacionamento e como definir seus Objetivos de Amor Quântico.

Em seguida, eu o conduzirei por um processo que identifica quanto você está próximo ou distante daqueles objetivos, que ajuda a revelar áreas as quais você talvez não tivesse sequer percebido que estavam com problemas e mostra como começar a diminuir a distância entre o que você tem atualmente e o que você quer no amor. Você aprenderá como usar a arte da manifestação para criar uma nova realidade em seu relacionamento, uma realidade que esteja de acordo com as principais emoções que você deseja sentir. Falarei sobre o papel poderoso que sua intenção e sua percepção consciente desempenham na criação daquilo que você quer, e explicarei por que ter clareza funciona.

Por fim, eu o ajudarei a superar alguns dos desafios em relacionamentos que tanto atravancam o caminho ao Amor Quântico. Ensinarei maneiras de aprofundar sua conexão com seu parceiro, de derrubar quaisquer barreiras que existam entre vocês e de estabelecer vínculos que vocês nunca vivenciaram antes. Então, mostrarei por que é tão importante *entregar-se* – sair do modo consertar-gerenciar-controlar e do pensamento de escassez – e revelarei as dádivas que surgem quando se vive em um estado de plenitude e fé.

COMO TER CLAREZA QUANTO AO QUE VOCÊ QUER DO AMOR

O Amor Quântico que você quer começa com a identificação de como você quer *se sentir* em seu relacionamento e a compreensão do que isso significa em nível emocional. Pense nisso como estabelecer as *principais emoções que você deseja sentir*. Este é um conceito criado pela poetisa Danielle LaPorte, em seu livro *The Fire Starter Sessions*, uma série de sermões escritos com o intuito de promover a expansão da consciência pessoal. Em suas sessões, LaPorte ensina que nossos objetivos deveriam ser estabelecidos de acordo com o que queremos *sentir*, não com o que queremos *fazer*.

Ela chegou a essa conclusão no período de preparação para o *réveillon* de certo ano. LaPorte estava começando a fazer o que tantos de nós fazem ao se preparar para um novo ano e todas as promessas que ele traz: estabelecer metas e objetivos. Contudo, daquela vez foi diferente. Ela não estava nem um pouco animada para isso. Estava tão cansada de estabelecer objetivos que nunca conseguia cumprir que decidiu tentar algo diferente. Em vez de colocar metas de coisas que queria mudar ou conquistar, ela deu enfoque a como queria *se sentir*. "Isso contribui para a emoção ou sentimento que quero criar em minha vida, ou a faz diminuir?" tornou-se o teste definitivo para todos os seus atos. E foi aí que tudo começou.

O conceito das principais emoções que se deseja sentir é essencial para manifestar o que você quer por intermédio da Lei da Atração. Como aprendemos nos capítulos anteriores, tudo é energia, inclusive nossos pensamentos, nossas crenças, expectativas e sentimentos. E, como sabemos, semelhante atrai semelhante por ressonância. Então, qualquer que seja a frequência de seus pensamentos, de suas emoções e crenças, bem como de seu corpo, seu diapasão atrairá a seu campo experiências que reforçarão, perpetuarão e exacerbarão aquele estado energético. Em um nível bem simplista, vejo isso como a razão por que parece que eu sempre dou uma topada com o dedão do pé quando estou mal-humorada. Em um nível muito mais complexo e impactante, é por isso que acredito que Sam tenha entrado em minha vida no momento em que eu estava pronta para ele.

O puro poder que você tem de criar o que quer é o principal motivo pelo qual ter *clareza* quanto ao que você quer de seu relacionamento é um passo tão crucial para alcançar o Amor Quântico. Afinal de contas, como você pode manifestar o Amor Quântico se não sabe como quer que ele seja?

Portanto, tendo isso em mente, quero que você se pergunte: *quais são as cinco principais coisas que quero **sentir** em meu relacionamento?* Essas são as *principais emoções que você deseja sentir em um relacionamento*, as quais darão forma a seus Objetivos de Amor Quântico e, em última análise, o ajudarão a conquistá-los.

Quais são seus Objetivos de Amor Quântico?

Adoro a ideia de estender o conceito de principais emoções que se deseja sentir diante de nossos relacionamentos e transformá-lo em principais emoções que desejamos sentir em nosso relacionamento. O que você sente tem papel fundamental naquilo que você cria, e as principais emoções que você deseja sentir em seu relacionamento são o que você quer manifestar. Mas lembre-se de que essas são as emoções mais valiosas que você quer sentir em seu relacionamento. Não são as coisas que quer fazer, como sua lista de lugares a conhecer antes de morrer. Tampouco constituem uma lista de "coisas a melhorar", como pode acontecer com a maioria das resoluções de final de ano. São as emoções que você quer *sentir* em seu relacionamento. Tais emoções estabelecerão a frequência que atrai as reações e experiências que você quer trazer para sua realidade.

Desse modo, pedirei agora que você escolha as cinco principais emoções que irão compor seus Objetivos de Amor Quântico. Pode ser que seus objetivos mudem, e isso é ótimo, mas esse é um bom começo. Antes de dar início a esse exercício, recomendo que você tire alguns minutos para entrar em coerência, ancorando-se e abrindo o coração. Use os exercícios que descrevi no capítulo 3.

Como ponto de partida, dê uma olhada na lista de emoções na página 128. Você talvez perceba que algumas daquelas palavras despertam um movimento emocional ou até físico em seu íntimo. Em outras palavras, elas ressoam com você. Não as ignore! Lembre-se, a ressonância surge da frequência vibracional, e palavras podem ressoar conosco tanto quanto pessoas. Portanto, se uma palavra ressoa com você, é uma boa indicação de que a emoção por trás dela terá grande impacto em seu relacionamento. Se quaisquer das palavras que nomeiam emoções fizeram você sentir um SIM de corpo inteiro, coloque-as no topo de sua lista.

A lista a seguir oferece apenas alguns exemplos de estados emocionais. (Para uma lista mais longa, consulte o Apêndice.) Sinta-se à vontade para considerar e anotar quaisquer outras emoções que lhe venham à mente. Você pode usar seu Diário do Amor Quântico. Vale tudo! Porém, perceba que as principais emoções que você deseja sentir em seu relacionamento são todas positivas e de alta frequência. Você deve enfatizar aquilo que *quer* sentir, não aquilo que *não* quer sentir: em vez de escrever "menos ansioso", experimente "tranquilo". Além disso, se você achar difícil escolher apenas cinco principais emoções que deseja sentir, não tenha medo de se permitir o tempo que precisar. Deixe sua lista de lado por um tempo e, depois, volte a ela. Ou dê uma agitada em sua energia saindo para uma caminhada ou fazendo algo que implique movimentação. Então, volte, ancore-se, abra o coração e veja se seu eu essencial tem alguma resposta para você.

Em meu relacionamento amoroso, quero me sentir...

Conectado	*Excitado*	*Em sintonia*	*Amparado*
Alegre	*Descontraído*	*Reconfortado*	*Incentivado*
Valorizado	*Reconhecido*	*Livre*	*Tranquilo*
Digno de confiança	*Contente*	*Visto e ouvido*	*Apaixonado*
Aceito	*Honesto*	*Empolgado*	*Espontâneo*

Se você der uma rápida olhada no Mapa do Amor Quântico, verá que todas essas emoções estão em marcas elevadas. Esse é o aspecto bom! Quando estiver sentindo as principais emoções que deseja sentir em seu relacionamento, você provavelmente estará em frequência inerente e seguindo rumo ao Amor Quântico.

E então, você está perto ou longe de atingir seus Objetivos de Amor Quântico? É hora de comparar as marcas das principais emoções que você deseja sentir em seu relacionamento com o modo como você realmente se sente agora.

Seus Objetivos de Amor Quântico e seu IFEI

Uma vez que tenha estabelecido com clareza seus Objetivos de Amor Quântico, quero que você assinale, no Mapa do Amor Quântico, seu IFEI para cada uma das principais emoções que deseja sentir em seu relacionamento, mesmo que seja um estado emocional que você anseia sustentar com mais regularidade. Por exemplo, se você escolheu "Amparado" como um Objetivo de Amor Quântico, olhe novamente o Mapa do Amor Quântico da página 63 e escolha um estado emocional para descrever como você *se sente* quando pensa sobre o nível de apoio e amparo que está vivenciando atualmente em seu relacionamento quando está em seu estado mais otimista, bem como em seu estado mais pessimista. Pode ser que, na melhor das hipóteses, você sinta *bem-aventurança* diante de todo o amparo que recebe e, na pior das hipóteses, sinta *raiva* por não ter uma dose maior de amparo. Embora o Mapa do Amor Quântico represente estados emocionais, você tem emoções com relação a sua capacidade de alcançar aquelas principais emoções que deseja sentir em seu relacionamento. Há não muito tempo trabalhei com uma mulher que queria sentir mais confiança em seu parceiro e na conexão do casal. Ao consultar o Mapa do Amor Quântico e pensar a respeito do nível de confiança entre eles, ela descobriu que, em seu estado mais otimista, sentia compreensão e empatia e, em seu estado mais pessimista, vivenciava raiva e ódio. Ironicamente, *confiança* e *entrega* era seu ponto de transição! Você pode usar a folha de exercícios fornecida no Apêndice ou uma versão *on-line*, visitando o *site* <www.drlauraberman.com/quantumlove>.

1. *Em meu estado mais positivo e otimista, sinto* _____ *com relação a quanto me sinto [principal emoção desejada no relacionamento] em meu relacionamento.* Assinale esse ponto no Mapa do Amor Quântico. Esse será o ponto de sua extremidade mais elevada.
2. *Em meu estado mais negativo e pessimista, sinto* _____ *com relação a quanto me sinto [principal emoção desejada no relacionamento] em meu relacionamento.* Assinale esse ponto no Mapa do Amor Quântico. Esse será o ponto de sua extremidade mais baixa.
3. Desenhe um 8 ligando os dois pontos. O centro do 8 é seu ponto de transição entre a expansão e a contração, conforme discutimos no capítulo 3, e, assim, é um marco de sinalização que lhe diz quando você está se aproximando de uma mudança energética.

Aqui temos um exemplo:

Mary e Ellen estão juntas há seis anos. Elas têm três filhos. No entanto, Mary se ressente de que Ellen não lhe dá apoio e amparo suficientes no que diz respeito às crianças.

– Sou sempre a vilã da história – reclama ela. – Não admira que meus filhos me odeiem.

Quando Mary estabeleceu com clareza seus Objetivos de Amor Quântico, ela decidiu que, primeiro e acima de tudo, ela realmente queria sentir-se "Em sintonia" com sua companheira. Mary assinalou seu ponto extremo mais elevado em Esperança/Coragem e seu ponto extremo mais baixo em Decepção. Ela viu que estava muito perto de chegar a seu estado POR MIM e entrar na frequência inerente. Quando conseguiu elevar sua energia usando as técnicas relativas a estados emocionais que ensinarei mais adiante neste capítulo, ela estava pronta para manifestar a experiência que queria em seu relacionamento.

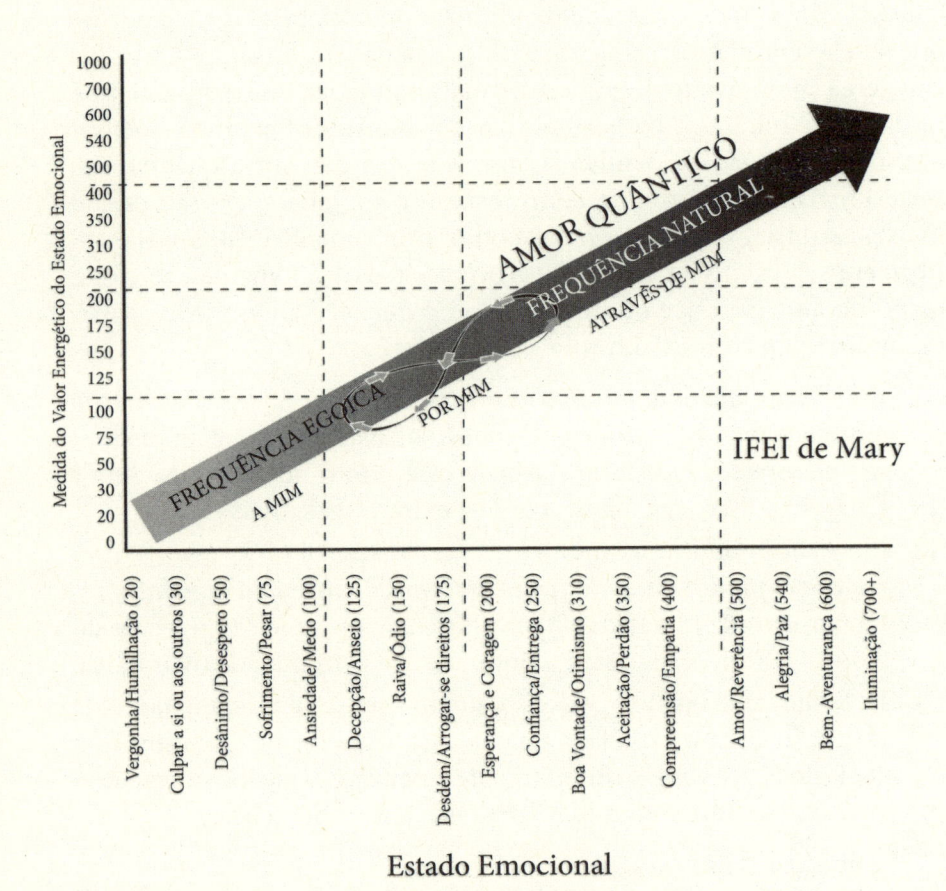

Medida do Valor Energético do Estado Emocional

Gráfico com seta diagonal ascendente atravessada pelas faixas **FREQUÊNCIA EGÓICA** (A MIM, POR MIM) e **AMOR QUÂNTICO / FREQUÊNCIA NATURAL** (ATRAVÉS DE MIM). Indicação: IFEI de Mary.

Eixo vertical (valores): 0, 20, 30, 50, 75, 100, 125, 150, 175, 200, 250, 310, 350, 400, 500, 540, 600, 700, 1000.

Eixo horizontal — Estado Emocional:
- Vergonha/Humilhação (20)
- Culpar a si ou aos outros (30)
- Desânimo/Desespero (50)
- Sofrimento/Pesar (75)
- Ansiedade/Medo (100)
- Decepção/Anseio (125)
- Raiva/Ódio (150)
- Desdém/Arrogar-se direitos (175)
- Esperança e Coragem (200)
- Confiança/Entrega (250)
- Boa Vontade/Otimismo (310)
- Aceitação/Perdão (350)
- Compreensão/Empatia (400)
- Amor/Reverência (500)
- Alegria/Paz (540)
- Bem-Aventurança (600)
- Iluminação (700+)

Figura 5. IFEI de Mary

Assinalando seus pontos no gráfico, você conseguirá perceber quaisquer áreas em que, como Mary, talvez não esteja alcançando seus Objetivos de Amor Quântico, e nas quais esteja mais mergulhada no estado A MIM do que gostaria. Não há problema! Esse é apenas o ponto de partida.

Se você quiser – embora com certeza não esteja obrigado a isso –, pode envolver seu parceiro nesse processo, de modo que vocês façam esse exercício juntos. Escolha um dos objetivos que você estabeleceu, assinale-o em seu próprio gráfico e peça a seu parceiro para fazer o mesmo. Pode ser que você e seu parceiro tenham objetivos diferentes, mas provavelmente haverá uma sobreposição também, e é revelador descobrir como cada um de vocês se sente com relação a uma gama de qualidades em seu relacionamento. Você também pode convidar seu parceiro para estabelecer seus próprios Objetivos de Amor Quântico e, então, fazer o exercício lançando mão deles. Discutir os resultados, em especial se vocês mantiverem uma postura positiva, será de grande ajuda para fazê-los chegar a um consenso quanto ao modo como querem, juntos, construir uma relação amorosa melhor e satisfazer efetivamente as necessidades um do outro.

Diminuindo a distância

Tendo estabelecido seus Objetivos de Amor Quântico e avaliado em que medida suas emoções atuais correspondem a eles, como começar a trabalhar para atingir tais objetivos? Há duas maneiras de fazê-lo. Você pode concentrar-se na área em que existe a maior distância entre o que você quer sentir e como você se sente hoje, ou pode continuar alimentando a emoção que lhe propiciou o maior SIM de corpo inteiro. Escolha entre concentrar-se em uma por dia, uma por semana, o que o faça sentir-se à vontade. Mantenha seus Objetivos de Amor Quântico em mente e dedique-se a trabalhar cada um deles das formas que mostrarei nas páginas a seguir.

Primeiro, pergunte a si mesmo: *você* pode assumir a responsabilidade por quais aspectos de seus Objetivos de Amor Quântico? Observe cada um de seus objetivos. Você está criando aquela emoção em si mesmo, em sua vida? É possível que a resposta seja não. Em vez disso, está esperando que seu parceiro crie tais emoções para você? Se você foi totalmente honesto, meu palpite é que a resposta seja sim. Lembre-se, porém, de que, como aprendemos no capítulo 4, seu relacionamento com seu parceiro é, na verdade, apenas um relacionamento consigo mesmo. Suas próprias emoções, crenças e histórias dão o colorido às lentes pelas quais você enxerga seu parceiro, e suas atitudes e comportamentos determinam a experiência que você está vivenciando em seu relacionamento, nesse momento. No caso de Mary, se ela não se sente em plena sintonia com Ellen por pensar que Ellen é briguenta e teimosa, é porque provavelmente *Mary* (também) está sendo briguenta, teimosa, e está presa na frequência egoica. Comece admitindo que você tem 100% de responsabilidade (um conceito sobre o qual falarei mais no capítulo 10) pelo modo como se sente em seu relacionamento. Então, volte seu foco para aquilo que você pode fazer para criar para si mesmo as principais emoções que deseja sentir em seu relacionamento.

Talvez você não saiba, logo no início, como diminuir a distância entre o que sente hoje e o modo como quer sentir-se. Não há problema. Nesse momento, quero apenas que você se comprometa a ver seu parceiro e seu relacionamento através de lentes novas e mais generosas. A generosidade é uma das pedras angulares do Amor Quântico. Passe a ser generoso no modo como vê seu parceiro e você começará a notar que essa generosidade volta para você. Agora, através de suas lentes generosas, prepare-se para começar a procurar os indícios de que a nova realidade que você quer criar já está em sua vida, e a construir sua nova realidade de Amor Quântico.

Troque as lentes e mude sua realidade

A maneira mais rápida de elevar sua frequência rumo a seus Objetivos de Amor Quântico é procurar ver os atributos afáveis de seu parceiro – mesmo que eles não correspondam a nenhum de seus objetivos em particular. Pode ser que seu parceiro não demonstre paixão, mas demonstre atração. Ou consideração. Ou qualquer coisa que você consiga ver através de suas novas lentes mais generosas. Coloque sua percepção nessas coisas. Reconheça-as. Sinta gratidão por elas. E não mantenha esse apreço para si.

Procure exemplos de atitudes agradáveis de seu parceiro, como cuidado, consideração, foco, atenção, romantismo, a função sexual, a energia sexual, e assim por diante. E dê-lhe seu *feedback* de reconhecimento e valorização. Mostre-lhe que você notou o que ele está fazendo, que ele está conseguindo fazer com que você se sinta objeto de cuidados, de compreensão ou desejo, e que você valoriza isso e valoriza seu parceiro. Então, sustente esse sentimento, e sua gratidão por ele, pelo tempo que conseguir.

Busque em toda parte os indícios de que você está chegando cada vez mais perto de seus Objetivos de Amor Quântico. Você pode até reunir uma coletânea de tais momentos. Se você é do tipo que gosta de manter diários, pode escrevê-los em seu Diário do Amor Quântico, ou fazer o *download* de uma versão *on-line* no *site* <www.drlauraberman.com/quantumlove>.

A parte mais importante desse exercício é manter suas lentes bem abertas ao Amor Quântico. Talvez você não confie muito em seu parceiro quando o assunto é o aspecto disciplinar na educação dos filhos, mas você pode reconhecer e valorizar como ele está sempre disposto a brincar com as crianças e lhes dedicar seu tempo e sua atenção. Diga-lhe quanto significa para você que ele seja uma presença tão ativa em sua vida e na vida das crianças. Ou talvez sua parceira tenha uma *persona* de "fêmea alfa" (como chamo esse tipo de mulher, sendo eu mesma uma fêmea alfa que se reabilitou) que simplesmente o irrita. Encare o comportamento dela com uma perspectiva positiva e expresse claramente seu apreço pelo modo como pode confiar nela para atender a todos os detalhes no gerenciamento de tudo em sua vida e de seus filhos. Qualquer que seja a realidade que você quer, perceba indícios dela em todas as áreas que puder e desvie seu foco de outras realidades menos generosas, nas quais você esteja colocando sua atenção.

É importante notar que resistir ao instinto de se concentrar no que *não* está funcionando *não* é algo que virá naturalmente. Se existe uma situação contínua de desconexão e conflito em seu relacionamento, você talvez tenha medo de estar, de algum modo, tapando o sol com a peneira, ou receie que, se não se concentrar no que não está indo bem e resolver a situação, as coisas não irão melhorar. Esse é um pensamento CGC, não um pensamento de Amor Quântico. Então, talvez você comece usando lentes mais generosas e concentrando-se nos aspectos positivos de seu parceiro apenas por uma hora, ou somente por um dia, ou uma semana. Prometo que, quando o fizer, ficará surpreso com as mudanças positivas em seu relacionamento. Quando você concentra sua atenção em encontrar indícios do que *traz* sensações boas, alcança cada vez mais sensações boas, e a energia positiva entre você e seu parceiro cresce. E, ao permanecer em frequência inerente por períodos mais longos, você se coloca na posição perfeita para manifestar plenamente seus Objetivos de Amor Quântico e a realidade de relacionamento que você deseja.

Lembre-se de que os três passos importantes aqui são:

1. Perceba uma qualidade que possa apreciar em seu parceiro.
2. Expresse reconhecimento e valorização do que está percebendo nas palavras e atos de seu parceiro no momento.
3. Sinta esse reconhecimento e essa valorização por tanto tempo quanto puder.

Quando você expressa reconhecimento e valorização, isso não só tem um impacto no campo quântico como também modifica, em nível energético, a realidade que você está criando. Ocorrem efeitos tangíveis também no que chamo de *campo logístico*. Se o campo quântico é o campo de energia de que você e seu parceiro são feitos e que interliga vocês dois, o campo logístico consiste no impacto concreto e tangível de suas palavras, atos e atitudes, o campo de causa e efeito. Imagine como seu parceiro, que provavelmente já está bem ciente das próprias deficiências que vê refletidas em seus olhos, vivencia seu reconhecimento e valorização. Nós, como todos os outros animais, não só respondemos a um reforço positivo: você também está moldando uma forma diferente de tratar e ser tratado. É provável que venha à tona cada vez mais daquilo que você está reconhecendo e valorizando, e que você também receba de seu parceiro, em troca, reconhecimento e valorização.

Vi isso acontecer em primeira mão com uma mulher chamada Geri, que me procurou por causa de um problema com seu enteado.

– Meu casamento é maravilhoso – disse ela. – Encontrei o homem de meus sonhos e sinto amor incondicional pela primeira vez em minha vida. Tem só um problema: não suporto o filho dele. – Ela ergueu as mãos antes que eu pudesse falar. – Sei que isso é horrível de dizer! Quem pode odiar uma criança? Mas vou lhe dizer uma coisa, aquele garoto é terrível! Ele tem 16 anos e acha que sabe tudo. Nunca ouve absolutamente nada do que eu digo. Tenho a impressão de que ele gostaria que eu desaparecesse. É horrível!

Fiquei sentada ali por uma hora, praticamente sem dizer uma palavra, enquanto Geri desfiava histórias e mais histórias sobre seu enteado. Fiquei sabendo de quando ele a chamou pela palavra que começa com "p". Ouvi sobre a ocasião em que ele ridicularizou sua comida e em que não lhe deu um presente de Natal. Eu me senti quase como uma juíza em uma audiência. "Fique do meu lado", parecia que ela dizia. "Veja como ele está errado. Veja como eu estou certa."

– Tem alguma coisa de que você goste em seu enteado? – perguntei a Geri quando ela finalmente fez uma pausa para tomar um gole de água.

A mulher suspirou.

– O pai dele é um cara legal – brincou ela. – E é só.

– Quero sugerir um desafio a você – disse eu. – Quero que passe a próxima semana reconhecendo coisas boas em seu enteado. Quero que pegue um caderno e anote coisas de que você gosta nele, todos os dias. Quando você voltar, quero ver algumas páginas preenchidas.

A boca dela se escancarou.

– De jeito nenhum – disse Geri. – Em primeiro lugar, eu detesto lição de casa. Tenho 43 anos. Não vou fazer lição de casa. Em segundo lugar, eu não conseguiria preencher uma única linha, que dirá uma página.

– O que você tem a perder?

Ela me encarou.

– O que você tem a ganhar?

Ela engoliu em seco.

– Vou comprar um caderno no caminho de volta para casa.

Quando ela foi embora, fiquei um pouco apreensiva. Eu não tinha grandes esperanças de que ela fizesse o que sugeri. Quando Geri voltou, na semana seguinte, e me entregou, constrangida, o caderno, pensei que ele estava em branco. Em vez disso, em uma caligrafia clara e delicada, à caneta, li:

Ele comeu minha lasanha sem reclamar.

Ele me fez rir quando imitou uma pessoa famosa.

Ele não pegou o último refrigerante.

Quando ele sorri, fica muito parecido com o pai.

Ele canta (mal) no chuveiro.

Quando ele adormeceu no sofá, parecia um garotinho. Eu o cobri com um cobertor.

Ele deixou que eu lhe desse um abraço.

Ele pediu que eu fizesse minha lasanha de novo!

Eu sorria enquanto lia a lista em voz alta.

– Como se sente com relação a seu enteado hoje? – perguntei.

– Ainda temos muito trabalho pela frente – disse ela, pegando de volta o caderno. – Mas não quero mais pensar nele como um inimigo. Eu entendo por que ele explode às vezes. Posso suportar isso. Mas não vou devolver na mesma moeda.

– Que maravilha – disse eu.

– Ele está sendo mais gentil comigo ultimamente – disse ela. – É esquisito. Acho que talvez um alienígena tenha entrado no corpo dele.

– Acho que poderia ser um milagre ainda maior que isso – disse eu.

Ela pareceu confusa por um instante, então brincou:

– Como se esse fosse algum tipo de caderno mágico?

– Pareceu bastante mágico para mim – respondi.

– Bem, então é melhor eu continuar escrevendo nele – concluiu Geri. – Além disso, eu estava começando mesmo a me divertir!

Deparei com Geri no supermercado de orgânicos e integrais Whole Foods alguns meses mais tarde e perguntei se ela ainda mantinha o caderno.

– Não – respondeu ela, balançando a cabeça e colocando tomates em um saquinho plástico.

Quando fiz uma expressão de desapontamento, ela se gabou:

– Tenho um fichário inteiro agora – ela abriu um sorriso triunfante. – E, adivinhe só! Ele tem um para mim também!

– Não brinca?

– Sim. As primeiras duas páginas são só sobre minha lasanha – ela riu, seguindo para seu carrinho. – O segredo está no molho.

Eu sorri:

– Parece mágica.

A Lei da Atração: Como manifestar seus Objetivos de Amor Quântico

É importante lembrar que, assim como tudo o mais neste mundo, sua energia é dinâmica e está em movimento, elevando-se e diminuindo, um constante ciclo de contração e expansão. Em um dia você pode notar todos os tipos de indícios de que a experiência de relacionamento que você quer manifestar está começando a ser parte de sua realidade, e, no dia seguinte, sentir como se tivesse dado dez passos na direção errada. Isso é natural. Mais adiante neste capítulo, ensinarei algumas técnicas para lidar com aqueles momentos em que você se sente desconectado de seu parceiro ou está tendo dificuldades para colorir sua perspectiva com lentes de amor e generosidade. A chave da Lei da Atração é ser paciente e *entregar* seus desejos ao Universo, que lhe fornece tudo. (Falaremos mais sobre isso posteriormente.) Nesse ponto, quero levá-lo através de um processo simples para direcionar e concentrar sua intenção e acessar o poder de eu essencial para manifestar seus Objetivos de Amor Quântico.

Passo Um: Ancore-se

É hora de preparar a energia de sua mente e de seu corpo para uma realidade diferente. A chave para a manifestação é colocar sua mente e seu corpo em um estado de ancoramento, tendo o coração aberto. Faça isso sempre, usando o exercício de ancoramento que ensinei no capítulo 3.

É muito, muito, *muito* importante que você se coloque em um estado ancorado e coerente. Lembre-se: o princípio fundamental da Lei da Atração é que sua energia ressoará com aquilo que estiver vibrando em uma frequência semelhante à sua e o atrairá a você. Se sua energia estiver lá embaixo, na frequência egoica A MIM, você não conseguirá manifestar aquela principal emoção que deseja sentir em seu relacionamento. Você com certeza não conseguirá passar ao Amor Quântico.

Passo Dois: Entre no estado mental

Escolha concentrar-se em uma emoção principal que você deseja sentir em seu relacionamento (paixão, confiança, aceitação incondicional, etc.). Em seguida, volte, em sua mente, a uma ocasião em que você sentiu aquela emoção. Tente lembrar-se de tantos detalhes quanto possível. "Veja" o ambiente que o cerca, as pessoas. Esteja lá, naquele momento, em primeira pessoa, como se estivesse acontecendo *nesse exato instante*.

Se você puder recordar uma ocasião em que sentiu a emoção com relação a seu parceiro, será maravilhoso, mas não é necessário – pode ser *qualquer* ocasião em que tenha sentido a emoção. O sistema de entrega (a pessoa específica) não é tão importante aqui. Estamos apenas buscando colocá-lo no estado mental de seu objetivo.

Passo Três: Coloque o motor da imaginação para funcionar

Agora é hora de realmente entrar em contato com sua imaginação. Aprofunde-se no estado mental de seu Objetivo de Amor Quântico. Como as coisas *se apresentariam* se seu objetivo fosse realidade? Deixe sua imaginação livre e solta. Se seu objetivo no relacionamento é ter mais romance, imagine uma cena em que seu parceiro está sendo, dizendo ou fazendo exatamente aquilo que você sonha que ele ou ela seja, diga ou faça em um cenário romântico específico. Repito, esteja lá em primeira pessoa.

Passo Quatro: Passe ao estado emocional

Enquanto você desenrola todo o seu roteiro fantasioso em sua mente, em primeira pessoa, como se estivesse acontecendo nesse instante, *como você se sente*? Permita-se imaginar que, nesse exato momento, existe uma absoluta abundância da emoção principal que você deseja sentir em seu relacionamento e da experiência que você quer.

Agora, você está passando do pensamento e da imaginação ao estado de efetivamente *sentir* seu objetivo. Quais são as sensações em seu corpo? O que você sente em seu coração ao inundar-se daquelas agradáveis vibrações de frequência elevada? Intensifique isso. Permaneça aí ao menos por alguns instantes.

Passo Cinco: Entregue

Essa é a parte mais difícil, e a mais contrária ao bom senso. É aqui que cada um de nós, em nossa tendência a CGC, tem de abandonar seu apego àquilo que está tentando manifestar. O motivo é este: quando você *precisa* de alguma coisa, está harmonizando sua energia com a escassez, não com a abundância.

Em todas as coisas, em especial no amor, quando você anseia por algo, sente falta disso, *precisa* disso, sente que não está completo sem isso e coloca sua atenção emocional e mental naquilo de que você *precisa*, você está em frequência egoica. O resultado será o oposto do que você quer, porque o Universo lhe dará exatamente o que sua frequência está atraindo: mais escassez.

Tudo isso deveria fazer sentido em um plano lógico, mas, como discutimos, quando de fato chega a hora da *entrega*, ela pode ser absurdamente difícil. Veja o que funciona bem comigo. Quando chega o momento de abandonar aquilo que quero manifestar, peço a meu eu essencial, em seu aspecto mais íntimo, que me ajude a liberá-lo e me faça lembrar que tudo o que quero já existe – apenas ainda não entrou em meu campo. Minha intenção é olhar para minha experiência com as lentes da principal emoção que desejo sentir em meu relacionamento, de modo que eu possa ver os indícios desse estado emocional nos atos de meu parceiro e permanecer de coração aberto para expressar, eu mesma, tal emoção, por mim e com relação a meu parceiro sem esperar nada em troca.

Acho que isso é um tipo de oração, se você quiser encarar dessa forma. Algumas pessoas consideram a oração algo que se faz em momentos de desespero, mas eu vejo a oração mais como conectar-se, comungar e comunicar-se com um poder superior, qualquer que seja ele. Em meu modo de pensar, meu eu essencial faz parte da energia infinita de um universo perfeito e amoroso, e é esse o "poder superior" com o qual me conecto. Se você é uma pessoa que ora, então por certo acredita em um poder superior, e sabe (assim espero) que tudo o que está acontecendo em sua vida é parte de um plano muito maior. Você compreende que está amparado e que, em última análise, está tudo bem. Essa compreensão torna a entrega muito mais fácil.

Ajuda para entregar

Entrega tem a que ver essencialmente com fé: confiar até mesmo naquilo que não se consegue ver. É definitivamente algo difícil de lembrar quando se está passando por uma OMEC ou até por meras dificuldades de relacionamento. Se ainda não é evidente a realidade de que você já *tem* o que quer, então a chave é reconhecer o desejo, sentir a realidade *disso* como se já estivesse acontecendo, e, então, deixar ir. No capítulo 10, discutiremos algumas "táticas de mudança" específicas que o ajudarão a fazer isso. Aqui estão algumas ideias para você começar:

1. Comprometa-se a apenas parar de pensar sobre o que deseja pelo período de uma noite, e faça de conta que aquilo que você quer já está acontecendo. Se não conseguir fazer isso por uma noite inteira, então tente fazê-lo só por uma hora. Pense: "Por uma hora, vou fazer de conta que sou uma pessoa que não tem esse problema. Se eu pensar nele, tudo bem. Mas, por essa hora, não ficarei obcecado por meu problema". Aumente o tempo aos poucos, até conseguir fazer isso por duas ou três horas e, enfim, pela noite inteira.

2. Encontre uma maneira de mudar o foco de sua mente para uma nova direção. Ficar sentado remoendo-se não vai funcionar. Saia para correr. Faça uma caminhada em um parque da vizinhança. Seja voluntário junto a um abrigo para animais. Ofereça-se para ficar de babá dos três filhos de sua irmã mais nova. Faça uma aula de yoga. Prepare um jantar elaborado. Faça sexo!

3. Distraia-se com outros pensamentos sobre coisas que você *pode* reconhecer e valorizar. Para cada pensamento negativo e estressante que tiver, tente ter um pensamento positivo em seguida. Pense nisso como respirar. Inspire coisas boas, expire coisas ruins. Não há problema em ter pensamentos de estresse e ansiedade. Isso faz parte da experiência humana. Mas é só *parte* dela. Não transforme a ansiedade na história inteira. Você tem muitas outras coisas que celebrar e apreciar.

A importância do estado emocional

O estado emocional é um componente essencial da arte da manifestação, portanto vale a pena passar mais algum tempo falando sobre ele. Quando se trata do *motivo por que* entrar no estado emocional daquilo que você quer é fundamental para transformá-lo em realidade, existem duas coisas envolvidas.

Primeiro, como já vimos, a fim de ter o relacionamento que deseja, você precisa tornar-se um equivalente vibracional das qualidades que busca. Isso se dá porque tudo o que chega a você sempre está em harmonia com você. Tudo começa em você! E o que é maluco é que a frequência da realidade que você quer manifestar já está aí, em você. Sim, é isso mesmo. O relacionamento exato que você quer, a pessoa com quem você quer estar, a pessoa que *você* quer ser no relacionamento, o modo como quer sentir-se, tudo isso está aí, vibrando, esperando que seu diapasão se sintonize com isso tudo.

Segundo, se você insistir em procurar por aquilo que é positivo nos outros, com o tempo apenas (ou principalmente) os aspectos positivos ficarão evidentes a você. Você terá aos poucos ajustado seu ponto de atração vibracional para harmonizar-se com seus Objetivos de Amor Quântico. Quando pratica os pensamentos das coisas que você deseja, elas obrigatoriamente surgirão em sua experiência. Isso é, em suma, a Lei da Atração.

Siga em frente e tenha paciência. Seu ponto de atração vibracional mudará até que apareça um ponto de virada evidente. Por algum tempo, o único indício de progresso será a melhora de seu estado emocional ao escolher ver seu parceiro através de lentes mais generosas. E isso trará uma sensação ótima. Então, a mudança no nível do campo logístico terá início à medida que você notar cada vez mais indícios de que a experiência de relacionamento que você deseja já existe em sua realidade. E, em seguida, as coisas realmente começarão a entrar nos eixos e vibrar no nível do campo quântico à medida que a Lei da Atração faz seu trabalho.

Minha amiga Petty teve recentemente o que eu considero uma experiência um tanto quântica. Deixe-me começar dizendo que Patty é um pouco cética. Quando contei a ela sobre minhas pesquisas para este livro, ela ficou com uma expressão horrorizada e disse:

– Ah, meu Deus, você não vai se transformar em uma dessas pessoas que falam com o espírito de cachorros mortos, vai?

Eu tive de rir. Ela nunca tem medo de dizer sua opinião. No entanto, depois de entregar-lhe um pouco do que eu estava escrevendo e emprestar-lhe alguns de meus livros favoritos (consulte o Apêndice para uma lista de leitura semelhante), ela começou a ficar mais aberta. Em janeiro último, ela me enviou um *e-mail* inacreditável. Ela me deu permissão para compartilhá-lo aqui.

"Oi, Laura.

Eu tinha de compartilhar uma coisa muito legal que aconteceu comigo na noite de *réveillon*. Foi realmente incrível. Foi o seguinte:

Era dia 31 de dezembro, à tarde. Eu estava feliz por estar em casa com meu noivo e nossas duas filhas, mas não estava me sentindo muito amada. Na verdade, eu estava muito estressada. Não estava a fim de ficar na cozinha preparando um grande banquete especial para nós todos – um banquete que levaria horas para preparar e apenas alguns minutos para devorar. Não queria ser a pessoa que tinha de comandar todas as brincadeiras e estourar a champanhe de uva sem álcool e impedir que as garotas ficassem brigando por causa daquele jogo do Nintendo, Wii. Estava muito ressentida.

Mas, então, pensei: espere um pouquinho. É assim que quero começar o Ano-Novo? Ficando amuada porque não quero preparar escalopes para minhas filhas? Respirei um pouco e olhei bem dentro de mim. Tudo bem, Patty, pensei: o que você realmente quer hoje?

Como você sabe, um de meus objetivos para o Ano-Novo é ser 100% responsável por criar aquilo que quero. Então, percebi que estava sendo convocada a trabalhar em uma das emoções principais que quero sentir em meu relacionamento: um romance leve e descontraído. Era isto o que eu queria: uma noite de *réveillon* descontraída, divertida, com todos unidos, à vontade e conectados, e isso não só entre mim e minhas filhas, mas meu noivo também. Hora de começar a manifestar. Tudo bem, Patty, você consegue, pensei. Passo 1: ancorar e abrir o coração. Confere. Passo 2: entrar no estado mental de uma ocasião do passado em que vivenciei essa emoção principal que desejo em meu relacionamento – uma experiência romântica descontraída.

Comecei a pensar em uma ocasião em que estávamos todos juntos, descontraídos, e em que ao mesmo tempo eu me sentia em profunda conexão com John. Eu me lembrei de uma recente viagem de férias em que saímos para esquiar: todos nós juntos subindo de elevador, todos nós espalhados por algumas dessas poltronas que se inclinam quando a gente se levanta, o modo como ficávamos vaiando uns aos outros ao subir a montanha, e perseguindo uns aos outros quando descíamos em alta velocidade. Eu conseguia imaginar que estava olhando para baixo e vendo o enorme sorriso no rosto de minha caçula, e erguendo os olhos para ver um sorrisão parecido no rosto de meu noivo quando nossos olhos se encontravam e trocávamos um beijo quente em uma noite fria. Eu me coloquei lá, em primeira pessoa, como se estivesse acontecendo agora. Senti aquela alegria borbulhante em meu peito, a leveza nos ombros, o sorriso no rosto. Passo 2: estando na zona de descontração, agora é hora de dar partida no motor da imaginação.

Como seria uma noite de *réveillon* romântica e descontraída com minha família em casa? Uma ocasião em que eu não fosse a única responsável por fazer a diversão acontecer, em que meu noivo se mostrasse envolvido e prestasse atenção em mim, e minhas filhas se divertissem e não brigassem – só curtissem. Eu me imaginei rindo, aconchegada a John e a minhas filhas, saboreando uma deliciosa refeição e fazendo uma guerra de Silly String, aquelas latas que soltam um cordão de plástico colorido, como *spray*. Eu estava lá, em minha mente, em primeira pessoa. Passo 3: entre no estado emocional como se tudo estivesse acontecendo nesse exato instante. Isso foi fácil porque eu já estava lá em minha imaginação; tive apenas de me sintonizar com meus cinco sentidos e notar aquela mesma leveza e alegria borbulhante em meu corpo.

Então, era hora do passo 4, entregar. Eu sabia que, não importava o que acontecesse, a noite de *réveillon* que eu teria dependia totalmente de mim. Então, decidi que, independentemente do que acontecesse e de quem estivesse acordado para compartilhá-la comigo, minha intenção era me divertir: ficar descontraída e ver em John o romantismo que eu queria ver naquela noite. Eu conseguiria fazer aquilo, não importava o que acontecesse e quem viesse participar daquilo comigo.

Não muito tempo depois, eu estava de pé junto à janela, vendo a neve cair, e John se aproximou de mim pelas costas e enlaçou meu corpo com um braço. Se eu ainda estivesse em minha frequência egoica e em meu estado de irritação, teria ficado ali em silêncio, provavelmente desejando que ele notasse minha tristeza e me perguntasse a respeito, de modo que eu pudesse fazer minhas reclamações para ele. Então, ele provavelmente ficaria na defensiva, sentindo que eu estava tornando a noite chata, e ofendido por eu esperar o pior dele. Em vez disso, decidi, em meu estado de frequência inerente, procurar indícios do que eu queria ver. Quando ele se aproximou de mim, deitei a cabeça no ombro dele e o elogiei: "Obrigada por ser um companheiro tão carinhoso. Adoro o jeito como você é sempre tão afetuoso e romântico comigo, o jeito como você me aninha em seus braços". Reconheci e valorizei de forma totalmente aberta o pequeno gesto que ele havia acabado de fazer. Fiz isso algumas vezes. Eu estava decidida a encontrar cada indício que pudesse – por menor que fosse – e, então, mostrar a ele quanto eu valorizava aquilo. Não admira que ele tenha continuado a ser romântico.

Só sei que, em seguida, ele tinha colocado as crianças no carro. Quando voltaram, estavam trazendo comida, que tinham ido buscar em meu restaurante favorito, e também haviam passado em uma loja de conveniência. Eles voltaram armados com latas de Silly String e apitos, chocalhos e outros objetos barulhentos... exatamente o Silly String em que eu tinha acabado de pensar, sem que eu tivesse dito nada! Acabamos tendo uma noite maluca em que vestimos fantasias e saímos disparando cordões de Silly String no beco... nunca vou me esquecer dessa noite.

Acredito piamente que criei tudo dentro de mim. E pensar que poderia ter perdido tudo isso e ficado amuada!

P.S. Mas ainda nenhum contato de meus cachorros mortos.☺

Beijos, Patty"

O segredo para passar ao Amor Quântico é levar *você mesmo* para lá antes de qualquer coisa. Seu parceiro se ajustará sincronicamente a sua poderosa energia de frequência elevada e mudará junto com você. Você tem o poder de criar ou remodelar a realidade de seu relacionamento de qualquer forma que queira, e isso começa seguindo-se o famoso conselho atribuído a Gandhi: "Seja a mudança que você quer ver no mundo".

Somos nós que estamos conduzindo a jornada rumo ao Amor Quântico e, portanto, devemos ser a mudança que queremos ver em nosso relacionamento. Eu o incentivo a passar à frequência inerente e, então, acessar a sabedoria e clareza de seu eu essencial, perguntando: *qual é a principal emoção que desejo sentir em meu relacionamento aqui? Como seria a experiência de vivenciar essa emoção? Como meu parceiro já demonstra o que quero, e como eu o deixo saber quanto gosto disso?* Por fim, pergunte: *tenho sido (principal emoção que você deseja sentir em seu relacionamento)? Por que não consigo criar essa experiência?*

Ao desenvolver o Amor Quântico primeiro em si mesmo e, então, ser a mudança que você quer ver, logo perceberá que seu parceiro acompanha imediatamente sua mudança, tanto em energia como em atitudes. Juntos, vocês passarão ao Amor Quântico.

Como superar desafios

Embora você tenha o poder de criar a realidade que quiser, qualquer que seja ela, isso não significa que seu parceiro é um recipiente energético vazio. Ele ou ela tem suas próprias frequências, estados de espírito, desejos e necessidades, emoções principais que deseja sentir no relacionamento, e espinhos. Então, o que você pode fazer quando surge um desafio em seu relacionamento? Como passar ao Amor Quântico se um de vocês não consegue sair da frequência egoica? E como construir uma conexão mais profunda e duradoura se existem barreiras (intelectuais, energéticas, ou de qualquer outro tipo) entre vocês?

Você e seu parceiro são seres humanos multifacetados, com diferentes histórias, perspectivas, crenças e lentes através das quais veem a realidade. Por esse motivo, eu jamais poderia recomendar uma única abordagem, como se ela servisse para todas as situações. Quando você depara com um desafio em seu relacionamento, as principais coisas em que se concentrar estão dentro de você. Faça o que puder para manter seu diapasão sintonizado com o Amor Quântico que você deseja em vez de sintonizar com aquilo que seu parceiro está fazendo – e até por causa disso.

Veja a verdade no reflexo: os sete espelhos

Lembre-se de que seu parceiro é seu melhor presente e um de seus melhores professores. Se você vem experimentando uma sensação de frustração, aproveite a oportunidade para perguntar a seu eu essencial: "O que isso tem a me ensinar?". Afinal, se alguma coisa que seu parceiro tem feito ou dito está ressoando a ponto de despertar sentimentos negativos em você, isso significa que você tem um espinho sendo tocado.

Em seu livro *Walking Between the Worlds: The Science of Compassion*, Gregg Braden descreve os "sete espelhos do relacionamento", um conceito que foi compilado a partir dos antigos textos dos essênios, uma seita mística que existiu entre o século II a.C. e o século I d.C. às margens do Mar Morto. Embora haja muito debate com relação a como viviam os essênios (e até mesmo se existiram), seus ensinamentos constituem um modo esclarecedor e inspirador de encarar os relacionamentos que entram em nossa vida.

Todos os nossos relacionamentos são etapas essenciais de nossa evolução espiritual e oportunidades de nos conhecermos melhor, se pudermos identificar quais verdades estão sendo refletidas de volta a nós pelas pessoas em nossa vida. "Nosso mundo é um espelho de processos interiores", diz Branden, à medida que levamos ao mundo exterior aquilo que está acontecendo em nossos mecanismos interiores. Ele basicamente descreve a atuação da Lei da Atração e de nossa frequência energética na criação de nosso mundo externo, de modo a refletir nossa posição no estado A MIM, POR MIM ou ATRAVÉS DE MIM. Seu foco, porém, não é nas experiências que surgem em nossa vida, mas nos *relacionamentos* que forjamos. Ele acredita que as pessoas que entram em nossa vida, em especial nossos parceiros, são nossos espelhos em sete aspectos distintos.

O primeiro espelho reflete quem somos no momento. Essa é a energia que estamos vibrando nesse instante.

O segundo espelho reflete o que julgamos. Tal reflexo é de um padrão emocional, em geral fundamentado em raiva ou medo. Esse espelho pode revelar crenças e sentimentos que talvez não pudéssemos ver de outra forma. Lembre-se: se alguma coisa dispara uma forte emoção em você, a questão está *em você*.

O terceiro espelho reflete o que perdemos ou foi tirado de nós, ou aquilo de que abrimos mão. Se sentimos uma conexão magnética com alguém, é possível que estejamos reconhecendo nele ou nela algo que nosso eu essencial ama ou de que sente falta.

O quarto espelho reflete nosso amor esquecido. Ele costuma enfatizar um comportamento obsessivo ou compulsivo que reorganizamos nossa vida para acomodar. A dura luz desse reflexo talvez lhe mostre áreas de escassez que você está tentando preencher com outra coisa.

O quinto espelho reflete nossa mãe e nosso pai. Este reflexo pode trazer sentimentos de amor e segurança, bem como velhos espinhos e crenças de que temos pouco valor ou merecimento. É o reflexo de nosso relacionamento com nossos pais e o espectro de verdades que ele contém.

O sexto espelho reflete nossa própria busca pela escuridão, o desejo de nossa alma de confrontar e encontrar soluções para nossos principais desafios, nossos maiores medos e nossos espinhos mais profundos. Como discutiremos com mais detalhes no compromisso nº 4, perguntar-se: "O que isso tem a me ensinar?" pode ajudá-lo a dar passos importantes rumo à cura.

O sétimo espelho reflete o modo como vemos a nós mesmos. A grande pergunta que vem com esse reflexo é: "O que eu vejo me deixa feliz ou infeliz?". Se você se sente infeliz, então é o momento de descobrir: 1) por quê, e 2) com quem você está se comparando e que o faz sentir que está deixando a desejar.

As pessoas que estão em sua vida não representam apenas um espelho cada uma. Os reflexos estão mudando constantemente, de acordo com o que está acontecendo dentro de você. A cada momento, uma pessoa de sua vida pode ser qualquer um dos sete espelhos. E, quanto mais tempo você passa com alguém, tanto maior é a probabilidade de que você veja todos os sete reflexos de si mesmo nele ou nela.

Acredito que isso seja, em parte, o que faz de seu parceiro seu melhor professor. Suas interações com seu par, em especial aquelas que lhe causam um forte sentimento positivo ou negativo, estão refletindo uma verdade de seu eu mais profundo, se você estiver disposto a vê-la. Se seu parceiro o está deixando maluco por deixar as portas dos armários da cozinha meio abertas e você está pronto para ativar abertamente seu lado reclamão e crítico, pare um instante e pergunte-se por que essa situação entrou em seu campo. O que seu parceiro está refletindo de volta a você com esse pequeno hábito irritante? Provavelmente não é algo que ele ou ela esteja fazendo de propósito para irritá-lo; é apenas desatenção. Assim, tente identificar de que maneiras a desatenção está aparecendo em *seus* pensamentos, crenças ou atitudes. Você tem sido desatento com seu parceiro ultimamente, distraído pelos aborrecimentos de sua vida corrida? Ou você está julgando o comportamento porque ele está relacionado com outras ocasiões mais dolorosas em que você se sentiu negligenciado? Talvez você ande irritado consigo mesmo nos últimos tempos por não estar tendo um bom desempenho no departamento organizacional. Seja qual for o motivo, essa pequena chateação que está chamando sua atenção tem uma mensagem para você – sobre você.

O constante reflexo exterior de nossas energias interiores (e ele é *constante*) nos dá a oportunidade de descobrir e enfrentar qualquer coisa que esteja acontecendo em nosso íntimo, de modo a criar uma realidade mais positiva. Essa é a base do Amor Quântico. Temos de ser a mudança que queremos ver em nossa realidade e em nosso relacionamento, e precisamos mudar nossa frequência para manifestar algo melhor.

Você está em um relacionamento emocionalmente abusivo?

Se você olhar para o medo que sente em sua vida, em especial se tiver acessado seu eu essencial ao ancorar-se e abrir o coração, pode ser que receba a mensagem, talvez (mas não provavelmente) pela primeira vez, de que seu parceiro seja de fato abusivo. Enquanto o abuso físico e a violência doméstica sejam muito mais fáceis de reconhecer e difíceis de ignorar, o abuso emocional é mais insidioso. É possível estar em um relacionamento emocionalmente abusivo sem compreendê-lo pelo que ele é de fato.

Você pode estar em um relacionamento emocionalmente abusivo se seu parceiro apresenta estes comportamentos:

- Desprezá-lo ou fazer críticas excessivas.
- Humilhá-lo ou fazer gracejos cruéis a seu respeito.
- Afirmar e exercer controle ou domínio sobre você.
- Ignorá-lo, excluí-lo ou recusar-se a se comunicar com você.
- Dizer que tudo é sua culpa ou fazê-lo sentir-se sempre culpado.
- Insinuar-se de forma provocante aos outros ou traí-lo.
- Não dar afeto.
- Ser imoderadamente ciumento ou ligar constantemente para saber o que você está fazendo.
- Isolá-lo de amigos e família.

Se você acha que pode estar em um relacionamento emocionalmente (ou fisicamente) abusivo, por favor, consulte a seção de Fontes de Pesquisa de Amor Quântico no final do livro para informações sobre como conseguir auxílio.

Como derrubar barreiras

Às vezes, pode parecer que existe um muro entre você e seu parceiro, e que você simplesmente não consegue atravessá-lo para chegar ao outro lado. Talvez você esteja preocupado, pensando que há algo errado, ou que seu parceiro está irritado com você. Ou talvez você apenas se sinta desconectado, pois a vida e toda a sua logística maluca se interpuseram no caminho por tempo demais. Dentre as coisas que pode fazer para derrubar barreiras entre vocês, uma de minhas favoritas é a Leitura Energética, na qual você tenta aproximar-se de seu parceiro para ver se consegue, através da poderosa conexão energética que vocês compartilham, ter uma ideia do que ele ou ela está sentindo.

Esse exercício é bem simples. Primeiro, ancore-se e abra o coração. Se você relaxar em sua frequência inerente e imaginar a barreira entre você e seu par se desintegrando, será realmente capaz de perceber as emoções dele ou dela. Eu agora faço isso de maneira muito mais efetiva, no trabalho e em casa. Posso identificar o que alguém precisa para estar em sintonia comigo, em geral sem que a pessoa tenha de dizer uma única palavra.

Assim, a partir daquele estado de frequência inerente, apenas direcione sua percepção para seu parceiro, deixando sua mente sem resistência e receptiva a ele ou ela e sua energia. Se surgirem pensamentos, você pode identificar-se com eles ou deixá-los ir, ou pode acrescer-lhes energia e moldá-los antes de deixá-los ir. Não há coisa "certa" a fazer ou pensamento "certo" a ter. Trata-se apenas de criatividade divertida. É sua alma se expressando. Portanto, permaneça no momento presente e não coloque resistência. Deixe realidades virem e irem. Sua energia e sua percepção irradiam através e para além de sua pele, seguindo ao campo quântico onde todos nós existimos. À medida que você brinca com esse processo, vivenciará a si mesmo de novas maneiras.

Quando você abandona ideias preconcebidas e concentra sua atenção e sensibilidade em algo, tentando realmente senti-lo, em especial com um desejo genuíno de conhecê-lo e apreciá-lo, um conhecimento incrível pode revelar-se. Você pode tentar sentir seu par e saber se ele ou ela precisa de algo. Talvez você descubra que ele ou ela precisa desabafar para conseguir abrir o coração novamente, e isso porque *você* sente um aperto no coração e *você* quer conversar.

Você pode usar essas leituras energéticas para abandonar o medo que atrapalha a intimidade. Acho que um dos maiores bloqueios em nossos relacionamentos são os medos e crenças negativos, histórias que temos e que nos tiram da frequência inerente e nos colocam em frequência egoica. Em minha própria vida, sei que tais crenças são uma parte de meus próprios espinhos. Por isso, quando percebo que estou apegada a essas histórias, passando à frequência egoica, tento colocar-me em frequência inerente e sentir o que se passa em mim e em Sam. Invariavelmente, não sinto controle, estoicismo ou manipulação quando tento sentir a energia de meu marido. Em regra, sinto medo e tristeza, e reconheço que qualquer coisa que ele faça ou diga e que pareça ser uma limitação ou crítica a mim está vindo, na verdade, de seus próprios medos e de sua tristeza, o que, por sua vez, deriva de suas próprias crenças e espinhos. Quando consigo permanecer em minha frequência inerente, sinto compaixão e um amor profundo por ele em tais momentos, e é fácil encontrar um meio-termo satisfatório em que eu me sinta poderosa e ele se sinta amado da forma que precisa.

O poder da conexão focada

Os dois exercícios a seguir, sentar-se em silêncio e o abraço de 30 segundos, são meios maravilhosos de você e seu parceiro se tornarem aliados no relacionamento e superarem os desafios que enfrentam. Eles concentram a atenção do mesmo modo que você concentraria em meditação. É o compartilhamento de um estado de frequência elevada e coração aberto que elevará vocês dois ao Amor Quântico.

Sentar-se em silêncio com seu parceiro

Quantas vezes você se senta e realmente *ouve* o que seu parceiro diz por 20 minutos? Esse é um exercício excelente para casais que não conversam muito entre si, e é ótimo para casais em que um dos parceiros é um pouco mais tagarela que o outro. Eu sou o tipo de pessoa que gosta de conversar... constantemente. Para mim, conversar é criar vínculo, compartilhar, conectar, mas meu marido não vê as coisas assim. Para ele, a oportunidade de ser ouvido sem interrupção é algo realmente importante. Sam *adora* esse exercício porque eu não posso dizer uma única palavra.

Esse exercício possibilita uma liberação de energia que talvez você esteja carregando no íntimo e cria, ao mesmo tempo, um vínculo forte porque você está prestando toda a sua atenção a seu parceiro. Vocês podem revezar-se ao fazê-lo, ou simplesmente oferecê-lo como um presente ao outro. A tarefa de quem fala é falar sobre algo específico ou apenas fazer livres associações de ideias e ver o que surge na conversa unilateral.

Vocês não precisam ficar olhando fixamente nos olhos um do outro durante esse exercício, mas não faça nada que possa distrair sua atenção de seu parceiro. Fique bem atento e sinta efetiva curiosidade pelo que ele ou ela está dizendo. Se sua mente escapulir para as roupas que você queria lavar, tudo bem. Apenas perceba isso com tranquilidade e traga sua atenção de volta a seu parceiro. Vinte minutos podem parecer muito tempo se você não está acostumado a isso, mas vale a pena. Seu parceiro sentirá a energia de sua atenção e se sentirá visto e ouvido. Além disso, não há qualquer pressão para responder de dada maneira ou dizer a coisa certa. Na verdade, você simplesmente não precisa responder. Esse exercício é sobre ouvir, estar atento e conectar-se.

O abraço de 30 segundos

Esse exercício rápido é uma maneira poderosa de começar ou terminar seu dia (ou ambas as coisas). Fiquem de frente um para o outro e, então, deem um abraço apertado, de 30 segundos. Use esse exercício como uma oportunidade de *fazer a escolha* consciente de amar seu parceiro hoje e estar no relacionamento. Respire nesse abraço e imagine um cordão de energia ligando o coração de vocês. Envie seu amor, sua confiança, seu conforto e otimismo, quaisquer emoções positivas que esteja sentindo, para o coração de seu parceiro, e imagine-se recebendo os dele ou dela em troca. É um abraço longo, com certeza, mas é uma excelente maneira de reiniciar e reconectar-se com seu parceiro em meio a toda a loucura que a vida joga sobre vocês todos os dias.

SEM RISCOS, SEM GANHOS: ÀS VEZES, AMAR SIGNIFICA PARTIR UM CORAÇÃO

Não sei dizer quantas vezes tive pacientes em meu consultório ou recebi ligações de pessoas em meu programa de rádio descrevendo de que maneiras o medo de se machucar as impede de vivenciar plenamente o amor que querem sentir: "Fui traído(a) no passado"; "Eu me decepcionei e fui magoado(a)"; "Meus pais se divorciaram"; "Morro de medo de amar outra vez".

Gastamos energia demais protegendo nosso coração. É como se cada um de nós estivesse andando por aí pensando no subconsciente: "Por favor, não me magoe; por favor, não me machuque", enquanto interagimos com cada pessoa em nossa vida. Descobri que esse é um dos motivos pelos quais tantos de nós permanecem presos em emoções de baixa frequência. Se você construiu muralhas imensas ao redor de seu coração porque quer protegê-lo, então seu coração não está aberto e você não está em frequência inerente. Você está vigilante, procurando sinais de que seu parceiro o está enganando ou que ele ou ela o decepcionará.

Quando entra em uma discussão, torna-se muito controlador, porque não vai permitir que ninguém o controle. Ou você ameaça ir embora, para não correr o risco de ser abandonado. Você é o equivalente energético de um punho cerrado.

A única forma de ter um relacionamento saudável, mútuo, de Amor Quântico é estar sinceramente disposto a ter seu coração partido. Em geral, às pessoas desse tipo que ligam para meu programa de rádio, eu digo:

– Tudo bem, digamos que você abra totalmente seu coração para essa pessoa. Você diz à pessoa que a ama, você se joga de cabeça no relacionamento e decide baixar a guarda e confiar no outro. E, então, digamos que ele ou ela o magoe e decepcione. Qual é a pior coisa que poderia acontecer?

– Ah, eu não conseguiria lidar. Seria horrível e doloroso – é quase sempre a resposta que recebo.

– Sim, seria doloroso – respondo. – Com certeza. Você provavelmente se encolheria por um tempo. Precisaria lamber suas feridas e talvez até mesmo odiar a vida por algum tempo. Depois disso, o que aconteceria?

– Bom, acho que eu ficaria bem.

– Isso mesmo! Você se levantaria, sacudiria a poeira e seguiria sua vida. E você teria passado por uma OMEC que o teria deixado não só mais forte, mas também lhe teria dado muito mais clareza quanto ao que você quer e precisa do amor. Você ficaria bem, não importa o que acontecesse.

Mas, se você não abre seu coração à possibilidade de se magoar e decepcionar, então jamais consegue amar plenamente porque está sempre se restringindo. É impossível passar ao Amor Quântico a partir desse estado. O Amor Quântico vem de uma condição de plenitude interior, não de escassez. Que ótimo se você e seu parceiro tiverem uma maravilhosa relação duradoura e comprometida, e caminharem juntos em direção ao poente, mas, se isso não acontecer, você ficará bem. *Com* ou *sem* um parceiro ou um relacionamento, você se basta. Quando você compreende isso, então está em um estado de Amor Quântico.

Capítulo 7

Seu Corpo é Uma Usina de Energia

O corpo nunca mente.
Martha Graham

A essa altura, você já deve ter descoberto os princípios básicos para utilizar bem sua energia pessoal e o poder que tem para mudar ou recriar sua realidade, elevando tudo em seu relacionamento de modo que você possa começar a vivenciar o Amor Quântico. Você já sabe tudo sobre seu perfil energético, seu IFEI e onde você está no Mapa do Amor Quântico. Chegou o momento de tratar dos detalhes e não há ponto melhor por onde começar que o corpo: o veículo de sua alma e a fonte da energia que você está irradiando para o mundo. Neste capítulo, você descobrirá como pode usar a energia de seu corpo para criar a realidade que mais deseja experimentar na vida e em seu relacionamento. Aprenderá a preparar seu corpo para ser um canal da frequência elevada do Amor Quântico.

Você também descobrirá como acessar a sabedoria de seu corpo, como ouvi-lo e compreender as poderosas verdades que ele quer revelar. Acredite em mim quando digo que é melhor sintonizar-se a agir antes que seja tarde, pois seu corpo quer dar seu recado e não terá medo de lançar mão de uma OMEC para atrair sua atenção.

O que o câncer me ensinou

A primeira coisa que quase todo mundo que me conheceu bem disse quando contei sobre meu diagnóstico de câncer foi: "Como é possível?".

Eu me orgulhava de cuidar bem de meu corpo: não fumava, tinha uma alimentação saudável e tomava suco verde todos os dias, fazia exercícios regularmente, fazia yoga e raramente bebia. E eu concordava com eles. Quando recebi meu diagnóstico de câncer, eu me senti traída por meu corpo. Contudo, no final, meu corpo revelou-se não um traidor, mas um de meus melhores mestres. Foi meu corpo que exigiu que eu parasse, mudasse, ficasse em silêncio. Se não fosse pelo meu diagnóstico de câncer – minha OMEC –, eu ainda estaria vivendo minha vida como fazia no passado: sempre na correria, sempre tentando ser perfeita, agradando todo mundo e cuidando para que meu marido e meus filhos agissem como eu queria que agissem e sentissem o que eu queria que sentissem.

Foi meu corpo que me agarrou e sacudiu para chamar minha atenção. E não é de admirar. É nosso eu físico que, em regra, acaba clamando por mudança. É por isso que nosso corpo é mais que apenas um veículo. Nossos processos mentais, espirituais e emocionais têm um impacto sobre ele, tanto quanto nossa dieta e nossa rotina de exercícios físicos. Pense em sua mente como o vento e em seu corpo como o oceano. Assim como o vento provoca ondas de diversas velocidades e tamanhos variados na água, do mesmo modo sua mente exerce um efeito tangível, físico, sobre seu corpo. Então, enquanto meu corpo estava sendo bombardeado com tratamentos contra o câncer, tive de olhar para meu íntimo e me perguntar: o que esse câncer tem para me ensinar?

O PODER DA CONEXÃO MENTE-CORPO

O livro *Heal Your Body*, de Louise Hay, é uma fantástica compilação de sintomas e condições, suas prováveis causas e, o que acho mais interessante, os pensamentos por trás deles. Louise explica o padrão de pensamento subjacente a cada condição e, em seguida, oferece um novo padrão para substituir o antigo. O livro esteve parado em minha estante por anos, servindo de referência confiável em meu trabalho com meus clientes e até com minha família. Quando meu próprio corpo estava lutando contra o câncer, fui levada ao livro uma vez mais.

Folheei o capítulo da letra C até encontrar meu C, câncer, e li: "Com relação ao câncer, a causa é quase sempre uma mágoa profunda, ressentimentos de longa data, e uma profunda tristeza que está corroendo o eu". *Profunda tristeza*. As palavras pareciam quase saltar da página. *Seria possível que minha tristeza pela perda de minha mãe tivesse provocado minha doença?*

O novo padrão de pensamento sugerido por Louise era este: "Com amor, perdoo o passado e me desapego dele, e escolho preencher meu mundo com alegria. Eu amo a mim mesmo e aprovo a mim mesmo". Ela escreveu quanto acreditava (assim como tantos outros acreditam) que tudo o que acontece em nosso corpo é o resultado de pensamentos que você repete na mente. Tendo vindo de uma família de médicos e sido treinada nas ciências naturais e físicas, sempre tive dificuldade de aceitar aquilo. Mas agora, vivenciando minha OMEC, fazia muito sentido. Pessoalmente, acredito que as doenças se originam de uma combinação de fatores internos *e* ambientais. Porém, a partir de uma perspectiva quântica, estamos criando tudo em nosso mundo, inclusive as doenças. Nosso corpo é um mensageiro do que está acontecendo em nosso eu mais profundo.

Fiquei realmente curiosa acerca dessa conexão. Como resultado de minha curiosidade científica e da abertura com que compartilhei minha jornada pessoal contra o câncer, tive a oportunidade de conversar com centenas de mulheres a respeito de suas experiências com essa mesma doença. Descobri que existe um denominador comum, em particular entre as mulheres que tiveram câncer de mama. Nós não vínhamos cuidando de nós mesmas o suficiente, e/ou vínhamos cuidando demais dos outros, em geral à custa de nós mesmas. Em regra, as mulheres com diagnóstico de câncer de mama que conheci são tão ávidas por agradar e estão tão desconectadas dos desejos de seu eu essencial que se perderam em algum lugar do caminho. O câncer delas, na maioria das vezes, acaba por constituir uma jornada de regresso a si mesmas.

Suas histórias me fazem lembrar muito bem de quando recebi meu próprio diagnóstico. Uma das primeiras pessoas para quem telefonei foi a *coach* pessoal Diana Chapman, de quem já falei aqui. Ela é muito direta e isso é uma das coisas que adoro nela. Esse telefonema não foi exceção.

– Estou com câncer de mama – eu disse a ela.

Ao que Diana respondeu quase de imediato:

– Bem, não admira. Você deixa o mundo inteiro mamar em seus peitos!

Tive de rir porque, de certa forma, ela tinha razão. Por muitos anos eu havia alimentado, tratado, curado e dedicado meu foco e minha intenção para todo mundo, exceto para mim mesma. Nada disso foi ruim, é óbvio. O problema é que eu não estava fazendo *nada* para me sintonizar com o que eu queria ou com o que era importante *para mim*. Eu não estava consciente daquela questão maior à época porque, como a maioria das pessoas, estava muito envolvida no cotidiano. Eu sabia, sim, que estava trabalhando demais, que estava estressada demais e sobrecarregada demais, mas não sentia que podia parar de fazer o que estava fazendo.

Pouco antes de minha fatídica mamografia, eu estive em um retiro para mulheres no qual meu amigo Robert Ohotto, o estrategista intuitivo sobre questões pessoais que já mencionei anteriormente, ficou ouvindo enquanto eu desfiava minha longa lista de dificuldades e coisas que me causavam estresse. Ele meneou a cabeça e disse:

– Querida, você realmente precisa pousar seu avião. Você está pilotando ininterruptamente esse avião no ar e *precisa pousar*, senão vai sofrer um acidente.

Eu não entendi muito bem o que ele quis dizer com aquilo. Pensei: *Tudo bem, vou fazer um pouco mais de meditação e yoga.* Eu estava voando havia tanto tempo que já não sabia o que significava pousar.

Meu pouso forçado no câncer veio apenas duas semanas mais tarde.

AC (antes do câncer), eu sabia que o estado emocional de nossa mente afeta nossa saúde física, mas não compreendia a extensão do impacto da energia de nossos pensamentos inconscientes no corpo. Como terapeuta, sempre pensei no cérebro como o principal diretor do corpo. E, de certa forma, o é. Mas corpo e mente estão profundamente interligados. Sabendo o que sei hoje, vejo doenças, dores, desconfortos e aflições como a maneira que o corpo tem de bater na porta de nossa consciência. E nosso sábio corpo continuará a bater, cada vez mais alto, até respondermos ao chamado de nosso eu essencial. Então, nossa mente pode mesmo ferir nosso corpo físico? Um estudo da Universidade de Duke, dirigido por James Blumenthal, sugere que sim. Ele identificou experiências duradouras de medo, frustração, ansiedade e decepção como exemplos das emoções negativas exacerbadas que são destrutivas ao coração e nos colocam em risco. Felizmente, nossas emoções também podem ajudar.[24] Quando criamos um estado energético positivo em nossa mente, criamos um estado positivo equivalente em nosso corpo.

Pude ajudar minha cliente Debbie a usar algumas dessas pesquisas para encarar sua colite ulcerativa. Como eu, Debbie sempre tivera um

---

24. Elizabeth C. D. Gullette *et al.*, "Efeitos do Estresse Mental sobre a Isquemia do Miocárdio", *Journal of the American Medical Association 277*, nº 19 (maio de 1997): p.1521-1526.

estilo de vida saudável. Ela fazia caminhadas diárias de mais de três quilômetros pela vizinhança em que morava e sempre consumiu alimentos nutritivos e integrais. Ela evitava qualquer coisa com substâncias químicas prejudiciais e optava por produtos naturais para cuidar da saúde e da beleza. Como alguém que se descrevia como uma "mulher da terra", ela se orgulhava de suas escolhas esclarecidas quanto ao que entrava em seu corpo. No entanto, após completar 68 anos, começou a ter dores de estômago e diarreias debilitantes. Debbie não podia sair de casa para seus compromissos sociais e sua dor de estômago a deixava acordada a noite toda. Além de se sentir exausta e mal-humorada, estava perdendo peso muito depressa. Em pouco tempo, ela estava quase sete quilos abaixo de seu peso normal e saudável.

Seus problemas físicos estavam levando também a problemas em seu relacionamento. Ela começou a lutar contra a depressão e a raiva. Foi essa raiva que a levou a me procurar, já que seu marido Tom finalmente se cansara dos gritos e das críticas constantes da esposa.

– Sinto como se estivesse vivendo no topo de um vulcão – confessou Tom. – Nunca sei o que vai fazê-la explodir.

Debbie admitiu que estava irritada ultimamente, mas afirmou que era apenas por causa da falta de sono. Quanto ao diagnóstico de sua condição, ela estava cheia de ideias e planos sobre como iria "consertar" sua colite ulcerativa. Como preferia não tomar medicamentos, ela estava seguindo a trilha natural e mudando drasticamente sua alimentação. Parou de ingerir trigo, laticínios e alimentos da família das solanáceas, como tomate, pimentão e pimenta, berinjela e batata. No entanto, as dores de estômago continuavam e, como resultado, ela continuava tirando cada vez mais alimentos de sua dieta. Por fim, um dia, com frustração e raiva na voz, ela me disse:

– Desisto, dra. Berman. Não consigo vencer essa coisa. Ela me venceu.

– Não, você é uma verdadeira guerreira. Você ainda não desistiu, mas o que aconteceria se realmente desistisse? – perguntei a ela. – E se você se rendesse a sua colite?

– Como assim? Passar minha vida no banheiro? – perguntou ela. – Eu já faço isso.

– Não. Quero dizer, e se você simplesmente se rendesse a quaisquer que sejam as lições que sua colite tem para lhe ensinar?

Ela me olhou como se eu tivesse enlouquecido. Então, disse:

– Dra. Berman, a senhora está falando sério quando diz que minha diarreia está tentando me ensinar alguma coisa?

Eu ri.

– Com certeza. O que faz mais sentido? Que seu corpo está tentando lhe dizer alguma coisa com tudo isso, ou que isso tudo está acontecendo sem motivo nenhum? Pense: por que você, uma mulher saudável, sensata, ativa, está sendo impedida de viver normalmente por essa condição física? De que maneira sua colite ulcerativa está atuando *em seu favor*?

Ela pareceu irritada:

– Não faço a menor ideia.

– Debbie – disse eu –, não sou nenhuma médium, mas aposto que você não vai sentir nenhuma melhora em seus sintomas até descobrir o que raios seu corpo está tentando lhe dizer.

Eu estava começando a conquistar sua atenção. Eu sabia que, como uma "mulher da terra", ela estava perfeitamente ciente da conexão mente-corpo.

– Tudo bem – disse ela –, não tenho nada a perder, suponho. O que devo fazer?

Do que eu havia descoberto sobre Debbie até ali, ela era uma rainha do CGC. Ela acreditava não existir problema que não pudesse consertar. E com isso vinha uma grande dose de ego e superioridade. Ela costumava dizer: "Se as pessoas ao menos me ouvissem, o mundo seria um lugar muito melhor". Em outras palavras, eu sabia que Debbie estava quase sempre funcionando em um estado de frequência egoica. Toda vez que alguém acredita ter sempre razão, ou que é mais inteligente ou mais capaz que as pessoas à sua volta, esse alguém está 100% em frequência egoica. Se você está em frequência inerente, não há lugar para superioridade. Quando você está em frequência inerente, você aceita que não tem todas as respostas. Você não só aceita tal fato, mas também descobre uma maneira de amar tal fato – amar o mistério e amar as imperfeições do ser humano. Algo me dizia que Debbie não amava uma imperfeição (em si mesma ou nas outras pessoas) havia muito tempo.

Assim, minha prescrição para Debbie foi simples: aprenda a passar à frequência inerente e, então, trabalhe para ficar nesse estado pelo máximo tempo possível.

Foi uma batalha árdua. Levou semanas para que Debbie reconhecesse ao menos que seu ego estava comandando (e arruinando) sua vida. Por fim, um dia, depois de uma briga particularmente cruel com Tom, ela confessou:

– Dra. Berman, a senhora tem razão. Ontem à noite, eu gritei com Tom até ele começar a chorar, e tudo porque ele não tinha colocado o carro na garagem do jeito "certo". Passei a noite toda sentada no sofá da sala pensando sobre isso. Eu percebi uma coisa: quero estar certa o tempo inteiro porque estou apavorada. Estou apavorada porque sei que não posso realmente controlar nada. Coisas ruins acontecem o tempo todo, e eu não posso proteger minha família, nem a mim mesma. Esse pensamento me assusta. Acho que cheguei à conclusão de que, se eu estivesse certa o tempo todo, então poderia manter o caos e a tragédia afastados. Mas, em vez disso, eu levei o caos direto para minha sala.

Esse foi um verdadeiro momento de descoberta para Debbie. Ela havia vivenciado uma grande perda na infância (seus pais morreram em um acidente de carro), e acredito que isso tenha desempenhado um papel fundamental na construção de sua *persona* sempre certa. Ficar dizendo às pessoas o que fazer e declarar suas opiniões como fatos certos eram atitudes que faziam com que ela se sentisse segura e a salvo em um mundo incerto e, por vezes, aterrorizante. Mas, agora, aquela *persona* já não lhe servia. E creio que sua colite ulcerativa surgiu para ajudá-la a perceber isso.

Depois de fazer sua descoberta, Debbie passou a dedicar-se a viver em frequência inerente. Ela tinha um método à prova de falhas para ajudá-la em seu propósito. Sempre que sentia o corpo enrijecer e a mente começar a operar no modo "estou sempre certa", ela relembrava o dia em que o neto havia nascido. A lembrança de segurá-lo nos braços e o amor incondicional que sentiu naquele momento aquietavam seu ego quase de imediato. Após um ou dois meses vivendo dessa maneira, não só seu relacionamento como também suas dores de estômago e seu sono haviam melhorado muito. Como diz Debbie: "Eu ainda tenho colite ulcerativa. Mas já não sofro dela. Eu me entrego a ela".

Parceiro feliz, vida LONGA:
A conexão mente-corpo e nosso relacionamento

A verdade é que a conexão mente-corpo é muito mais abrangente do que a maioria de nós se dá conta. Não se trata apenas de incentivar o corpo durante uma corrida difícil ou forçar-se a permanecer acordado durante uma reunião chata. Na realidade, quando nosso corpo e nossa mente estão conectados e em harmonia, podemos ter certeza de que estamos fluindo, atuando no mundo a partir de um estado de coerência. É aí que sua mente e seu corpo estão vibrando juntos em sua frequência inerente.

Muitas pesquisas instigantes vêm ajudando a demonstrar o poder do impacto da mente sobre o corpo. Quando estamos em um estado de sofrimento, isso não nos traz apenas mal-estar emocional: também pode surtir efeitos reais e duradouros sobre nosso corpo físico, em especial sobre nosso sistema imunológico. Vamos dar uma olhada em seu funcionamento.

Imunoglobulinas são proteínas secretadas por nossas células sanguíneas brancas (plasma) para combater antígenos, tais como bactérias, vírus e toxinas. Elas compõem uma porção enorme de nosso sistema imunológico e o corpo fabrica diferentes imunoglobulinas para combater diferentes antígenos (os bandidos). Quando nossa resposta a situações de estresse dispara como reação a algo com que estamos lidando em nosso mundo exterior ou interior, experimentamos uma queda nesses importantes anticorpos durante o processo de lutar ou fugir. Significa que o estresse agudo e imediato (não só o estresse prolongado) pode ter um efeito prejudicial sobre nosso sistema imunológico.

Há algum tempo, publicou-se um estudo no *Journal of Advancement in Medicine* que avaliava os efeitos fisiológicos e psicológicos da compaixão e da raiva. Os pesquisadores estudaram o sistema imunológico de voluntários por um período de seis horas, examinando os níveis da imunoglobulina A (s-IgA) presentes na saliva e nas membranas mucosas da boca e do sistema respiratório superior. Diante da raiva, a resposta imunológica ficou suprimida ou restringida por até *cinco horas* após o incidente.[25] Quando a raiva passou, a produção de s-IgA aumentou e permaneceu elevada por um período de cinco a seis horas após o evento que fez a raiva passar. Emoções positivas também aumentaram os níveis de s-IgA.

Isso revela que, quando estamos tristes, não são apenas nossas células cerebrais que estão experimentando a tristeza. Na verdade, existem receptores na pele, nos rins e na mucosa que reveste o estômago que também reagem a antidepressivos. Pesquisas já provaram que não só a raiva, mas também a tristeza compromete o funcionamento do

---

25. G. Rein, M. Atkinson e Rollin McCraty, "Os Efeitos Fisiológicos e Psicológicos da Compaixão e da Raiva", *Journal of Advancement in Mecidine 8*, nº 2 (1995).

sistema imunológico.[26] Já se provou igualmente que a solidão aumenta o risco de ataques cardíacos e câncer.[27]

A doença é a sabedoria do corpo. Quando você está doente, mesmo que seja um simples resfriado, significa que seu corpo tem um recado para você. Descobri que fico doente quando preciso parar, mas não me dou permissão para isso. Eu digo a mim mesma: "Não posso. Estou ocupada demais para parar". E, em vez disso, inevitavelmente, eu simplesmente "faço" meu corpo ficar doente. O resfriado vem. E, então, eu *tenho* de mudar meus planos e ficar na cama, onde ninguém possa incomodar meu descanso!

Toda doença (e o câncer em especial) está associada à imunidade, e imunidade está associada à inflamação (ou ausência dela), e inflamação está associada (ao menos em parte) a seu estado emocional. Em nível energético, penso que cada doença e sintoma físico, até mesmo dores crônicas, tem uma sabedoria elevada para compartilhar com você, seja o resfriado que está sinalizando que você precisa desacelerar ou a dor nas costas que está dizendo que você está armazenando alguma raiva que precisa ser liberada.

O impacto de suas emoções em sua experiência física é particularmente intenso quando as emoções dizem respeito a seu relacionamento com seu parceiro. Na realidade, um estudo recente da Universidade Estadual de Ohio constatou que discussões desagradáveis com seu cônjuge podem de fato ter um impacto duradouro sobre seu corpo, mesmo depois de resolvido o desentendimento. Os pesquisadores colheram amostras de sangue de casais antes e depois de terem uma discussão e descobriram que aqueles que tiveram os bate-bocas mais violentos (com insultos, recusas em responder e colaborar, portas batendo, etc.) eram os mais predispostos a sofrer uma queda de anticorpos no sangue após a briga. Seus níveis de IgG voltariam ao normal geralmente depois de terem resolvido o conflito. Em outras palavras, casais que brigaram com grande animosidade de fato acabaram produzindo menos

---

26. Shaoni Bhattacharya, "Estudo Cerebral Vincula Emoções Negativas a Baixa Imunidade", *New Scientist*, 2 de setembro de 2003. <http://www.newscientist.com/article/dn4116-brain-study-links-negative-emotions-and-lowered-immunity.html#.VTj6OmTBzGc>.
27. Katharine Gammon, "Por Que a Solidão Pode Ser Fatal", *LiveScience*, 2 de março de 2012. <http://www.livescience.com/18800-loneliness-health-problems.html>.

anticorpos naturais, o que significa que ficaram mais suscetíveis a germes e doenças.[28]

Não admira que pesquisas tenham mostrado que um casamento feliz pode efetivamente melhorar a saúde e aumentar a expectativa de vida de alguém. Uma pesquisa do Conselho Nacional de Relações Familiares descobriu que existe uma clara correlação entre a qualidade do casamento dos participantes do estudo e sua saúde geral. Independentemente da idade, se um casal informava que tinha um casamento feliz, era maior a probabilidade de que todos os envolvidos tivessem uma saúde melhor.[29]

O psicólogo e especialista em relacionamentos John Gottman, de quem falei no capítulo 5, atribui a um casamento feliz inúmeros benefícios com relação à saúde e à longevidade, inclusive maior resistência a infecções, redução de ansiedade e de transtornos de ordem mental, e aumento do tempo de vida. Ele também descobriu, no estudo do "Laboratório do Amor" a que deu início em 1986, que nossa resposta fisiológica a nosso parceiro podia ser um excelente indicador para prever a viabilidade do relacionamento. Nesse estudo, Gottman constatou que casais que demonstravam uma resposta intensa ao estresse de uma discussão tinham uma probabilidade muito menor de ainda estarem juntos após seis anos do que casais com uma resposta branda a tais situações de estresse. Eu adoro a forma como ele sintetiza a questão ao escrever que, para aqueles casais de resposta intensa, conversar com o parceiro parecia uma ameaça a sua segurança. Lembre-se: você tem apenas uma resposta a situações de estresse, e ela é a mesma quer você esteja discutindo com seu parceiro, quer esteja correndo de um tigre que escapou.[30]

Quando pensamos na questão dessa maneira, não admira que os relacionamentos Desastre de Gottman, que foram discutidos no capítulo 5, não duraram. O estresse e a tensão que são criados em seu corpo quando ele é lançado repetidamente em um estado de lutar ou fugir (e o impacto que eles podem ter em suas imunoglobulinas e em seu sistema imunológico como um todo) podem arrastar seu corpo ao ponto em

---

28. John M. Gottman e Robert W. Levenson, "A Psicofisiologia Social do Casamento", em P. Noller e M. A. Fitzpatrick, eds., *Perspectives on Marital Interaction* (Philadelphia: Multilingual Matters, 1988).
29. *Journal of Marriage and Family* 60, nº 1 (janeiro de 1998): p. 5-22.
30. S. A. McLeod, "O Que é a Resposta a Situações de Estresse?" (2010), acesso a partir do *site* <www.simplypsychology.org/stress-biology.html>.

que ou você ou seu parceiro acabará "fugindo" – para fora do relacionamento! Por outro lado, Gottman descobriu que seus Casais Mestre – aqueles que demonstraram uma resposta lenta ao estresse quando conversavam com seu parceiro durante uma discussão – ainda estavam juntos, em sua maioria, seis anos depois. E não só isso: eles ainda gozavam de boa saúde.[31]

Pesquisas também provaram que pessoas casadas têm menor predisposição ao desenvolvimento de câncer e doenças cardíacas, estão menos propensas a sofrer de depressão e estresse e estão predispostas a viver mais tempo. Na verdade, homens casados vivem em média 17 anos mais que seus correspondentes não casados! Algumas dessas variáveis, como a longevidade, são definitivamente influenciadas por fatores não biológicos, como um aumento da consciência quanto à saúde e do investimento na vida com outra pessoa. Estamos mais predispostos a cuidar de nós mesmos, ou ir ao médico, ou parar de praticar paraquedismo quando temos de levar em conta a saúde e a felicidade de nosso parceiro e nossa família (ou se nosso parceiro nos pede tais coisas). No entanto, acredito que isso também ocorra porque um casamento feliz e uma forte parceria ajudam a protegê-lo de problemas de ordem mental, tais como depressão, o que, por sua vez, ajuda a protegê-lo de enfermidades como doenças cardíacas e câncer.

Porém, se seu casamento é infeliz, isso pode ter um efeito devastador em seu bem-estar emocional e físico. Na realidade, existem pesquisas que sugerem que a infelicidade de nosso parceiro pode abreviar nossa vida, mesmo que nós mesmos não soframos de depressão! Um importante e abrangente estudo sobre expectativa de vida, conduzido pelo psicólogo Lewis Terman, constatou que mulheres casadas com homens que sofriam de depressão estavam mais propensas a ter problemas de saúde e uma vida mais curta.[32]

Certamente não é minha intenção insinuar que, se você tem um parceiro deprimido ou ansioso, você deve abandoná-lo porque ele está fazendo sua vibração baixar. Contudo, com atenção presente você tem o poder de manter sua frequência energética independentemente do que esteja acontecendo em seu ambiente e das pessoas à sua volta.

---

31. Gottman e Levenson, "The Social Psychophysiology of Marriage".
32. Lewis Madison Terman *et al.*, *Psychological Factors in Marital Happiness* (New York: McGraw-Hill, 1938).

Como compartilhar sua vibração

A boa notícia é que, se a energia de seu parceiro está afetando a sua de maneira positiva ou negativa, o inverso também é verdadeiro. Se você está levando uma vida positiva, significativa, e vibrando em sua frequência inerente, então irradiará essa energia para as pessoas à sua volta, em especial para seu parceiro. E ainda que ele ou ela talvez não o perceba, experimentará um impacto benéfico a partir da mudança de sua vibração e começará, em nível subconsciente, a tentar ajustar-se sincronicamente com você nesse nível elevado.

Já vi isso acontecer com numerosos casais com os quais trabalho, bem como com meu marido e meus filhos. Mencionei anteriormente como passei a um estado de coerência durante uma discussão com Sam e consegui não só dar um fim nela no mesmo instante como também fazer com que meu marido prolixo e inteligente perdesse sua linha de raciocínio!

O mesmo vale para meus filhos. Como a maioria das crianças, meu filho caçula, Jackson, passou recentemente por uma fase em que estava com bastante dificuldade para pegar no sono à noite. Isso parece acontecer sobretudo entre 6 e 9 anos de idade, período que constitui uma grande transição no desenvolvimento das crianças, as quais começam a ver a si mesmas como indivíduos separados, com identidades distintas. Jackson lutava contra o sono, com medo de pesadelos, agitado demais para relaxar, e sempre preocupado com qualquer coisa que não tivesse ido bem naquele dia ou que pudesse dar errado no dia seguinte. Fazer com que se acalmasse era quase impossível, e isso nos deixava, a mim e a ele, cansados, frustrados e rabugentos.

Quando meu filho mais velho passou por essa fase, eu cantava para ele, fazia cócegas em suas costas e me sentava com ele pelo que parecia uma eternidade, encolhendo-me a cada mínimo rangido do assoalho quando eu tentava sair de seu quarto, nas pontas dos pés, aos primeiros sinais do sono. Com meu segundo filho, comecei a utilizar visualizações positivas, orientando-o a pendurar todos os seus problemas em uma árvore da preocupação para que ele pudesse deixá-los de lado até o dia seguinte. Todas essas estratégias funcionavam bem, em especial quando combinadas com abraços carinhosos e silêncio. Mas levavam muito tempo e eram um tanto desgastantes depois de um longo dia.

Quando Jackson começou a ter problemas para dormir, porém, eu já estava bem versada no Amor Quântico. Ocorreu-me que, se eu conseguisse mudar meu campo vibracional, talvez pudesse ajudar Jackson a fazer o mesmo, ajustando-se sincronicamente a minha frequência. Em vez de tentar encontrá-lo onde ele estava (em um estado de angústia, medo e solidão) e conversar com ele até acalmá-lo, talvez eu conseguisse fazê-lo ajustar-se sincronicamente a mim enquanto eu mantinha um estado de paz e amor incondicional.

Então, em uma noite em que Jackson não conseguia dormir, eu me deitei e o aninhei junto de mim, como sempre faço. Mas, em vez de só permanecer deitada ali, confortando-o, fiz em silêncio os exercícios de ancoramento e de abertura do coração que você aprendeu na página 66. Enquanto abraçava meu filho, eu imaginava as barreiras de nosso corpo desaparecendo. Já não éramos dois corpos distintos, um ao lado do outro, mas uma única luz poderosa, sem qualquer distância entre nós, exatamente como éramos quando ele ainda estava em meu útero. Eu o abraçava em silêncio, sem dizer qualquer palavra, e imaginava todo o amor e a paz que estava sentindo em meu corpo fluir suavemente para dentro do corpo dele.

E mesmo sem ter dito a Jackson uma única palavra sobre o que eu estava fazendo, de repente senti seu corpo relaxar. A tensão pareceu ceder quando ele começou a relaxar comigo. Em pouco tempo, ele estava respirando profundamente, adormecido em meus braços, sem se agitar nem se remexer, ou virar de um lado para o outro, como costuma fazer. Fiquei pasma e quase não consegui acreditar que minha própria energia tivesse alguma coisa que ver com aquela mudança. Talvez fosse apenas uma coincidência. No entanto, quando testei a prática novamente nas noites que se seguiram, descobri que somente quando eu estava em um estado de coerência é que Jackson reagia com uma mudança tão imediata e evidente. Se eu simplesmente o abraçava em silêncio, ele acabava adormecendo, mas demorava muito mais tempo para acontecer. Porém, se eu passava a um estado de coerência e visualizava nossas barreiras físicas se dissolvendo, ele adormecia quase de imediato – e continuava a dormir.

O coração é um epicentro de coerência

Uma das coisas mais surpreendentes que descobri em minha jornada de ingresso na Física Quântica e no Amor Quântico é que nosso corpo tem DOIS epicentros. Eu já sabia de um deles: o cérebro, que sempre presumi ser a parte que comandava todo o *show*. Ocorre que o *coração* é, em si mesmo, uma usina geradora de energia e se comunica com o cérebro em um diálogo realmente interativo!

O *Institute of HeartMath* é um dos principais centros de pesquisa sobre o poder da conexão coração-cérebro e seus pesquisadores descobriram algumas coisas decididamente incríveis. Suas pesquisas constataram que a conversa entre nosso coração e nosso cérebro acontece por meio de quatro mecanismos:

- Nosso sistema nervoso (comunicação neurológica);
- Nossos hormônios (comunicação bioquímica);
- Ondas de pulso (comunicação biofísica);
- Campos eletromagnéticos (comunicação energética).

Campos eletromagnéticos? Você pode achar que isso parece maluquice, mas estudos do *HeartMath* demonstraram que nosso coração tem um poderoso campo eletromagnético à sua volta, o qual é 60 vezes maior em amplitude e *5 mil vezes mais forte* que a atividade elétrica produzida pelo cérebro! Na verdade, a energia do coração é tão intensa que pode ser detectada a mais ou menos um metro de distância.[33]

Agora imagine o que esse tipo de poder pode significar para seu corpo, sua mente e sua frequência. Abrir seu coração e passá-lo a um estado de coerência pode de fato mudar o que está acontecendo em seu cérebro, a fim de trazer-lhe mais clareza, diminuir seu estresse e até mesmo aumentar sua sensibilidade intuitiva.

Acredito verdadeiramente que a coerência tem início no coração. Uma das maneiras mais fáceis de alcançá-la é com o exercício de abertura do coração, que ensinei no capítulo 3. Coerência (ou frequência inerente) é um estado amoroso, de apreciação, no qual o coração é o foco, e nele não há lugar para o ego. Além disso, por intermédio do poderoso campo energético de nosso coração, o cérebro de fato se ajusta sincronicamente à energia de frequência elevada de nosso coração em estado de coerência! Um estudo do *HeartMath* constatou que ocorre um aumento das ondas alfa do cérebro sincronizado com um coração coerente.[34] Em outras palavras, a atividade do cérebro mudou como resultado de sua conexão com o coração. O mesmo estudo demonstrou ainda que se colocar em um estado de coerência através de seu centro

---

33. Rollin McCraty *et al.*, "O Coração Coerente: Interações Coração-Cérebro, Coerência Psicofisiológica e o Surgimento da Ordem Sistêmica Geral", *Integral Review 5*, nº 2 (2009): p. 10-115.
34. Rollin McCraty e Mike Atkinson, "Influência do Influxo Cardiovascular Aferente no Desempenho Cognitivo e na Atividade Alfa (abst.)", *Proceedings of the Annual Meeting of the Pavlonian Society*, 1999.

cardíaco aumenta o desempenho cognitivo. Um coração em frequência inerente faz seu cérebro funcionar melhor!

Para mim, a lição mais importante que podemos tirar de tais estudos é a ideia de que a comunicação entre nosso coração e nosso cérebro e a influência de um sobre o outro constituem vias de duas mãos. Nosso cérebro não está no comando de tudo, o que significa que, se você está tendo dificuldade em aquietar o colega de quarto maluco que é seu ego, talvez seja o momento de utilizar o poder de seu coração aberto. A conexão mente-corpo funciona nas duas direções.

Pesquisas do *HeartMath* também evidenciam que a poderosa energia de nosso coração pode afetar o cérebro de *outras pessoas* que entram em seu campo. Pesquisadores realizaram um estudo em que submeteram uma pessoa a um encefalograma (EEG) e outra a um eletrocardiograma (ECG) para ver se o coração de uma podia conversar com o cérebro da outra. E eles descobriram que a resposta era *sim*! Na realidade, as ondas cerebrais da pessoa submetida ao EEG se sincronizaram com os batimentos cardíacos da outra pessoa.[35]

Isso significa que, ao abrir seu coração, passando a um estado coerente, você pode de fato exercer uma influência física sobre outra pessoa. E, à medida que sua energia se eleva no Mapa do Amor Quântico, a energia dessa pessoa se ajustará sincronicamente à sua. Ao usar o poder de seu coração, você não só poderá manter-se em coerência, mas também poderá ajudar seu parceiro a alcançar um estado positivo conforme vocês passam ao Amor Quântico.

Como nosso corpo armazena emoções

Qualquer emoção que não vivenciamos e processamos completamente pode ficar presa no corpo. Ou, para colocar de forma mais simples, aquilo a que resistimos persiste.

Raiva, medo, tristeza, culpa, ansiedade – todas elas constituem emoções desconfortáveis que tentamos evitar sentir, se pudermos. Infelizmente, quando tais emoções permanecem armazenadas e ignoradas por muito tempo, podem acabar por manifestar-se como dores físicas (ou pior). O corpo armazena emoções negativas em inúmeros lugares

---

35. Rollin McCraty, Mike Atkinson e William A. Tiller, "Influência da entrada de aferentes cardiovasculares no Desempenho Cognitivo e Atividade Alfa", *Proceedings of the Tenth International Montreux Congress on Stress*, 1999.

diferentes: desde os quadris até as costas, aos maxilares ou aos olhos, uma emoção de baixa frequência permanecerá alojada até nos permitirmos senti-la. Às vezes, contudo, é possível nem sequer sabermos que ela está ali. Talvez nossa dor esteja tão entranhada, ou seja, tão crônica, que sequer percebemos que a estamos carregando por aí como um peso.

Eu estava em uma aula de yoga certo dia quando a mulher ao meu lado desatou a chorar. Estávamos sustentando já havia alguns minutos uma postura de profundo alongamento de quadris e região pélvica. A postura não era fácil – pelo menos não para mim, já que exige muita flexibilidade. Mas todos na sala estavam fazendo o que podiam para relaxar na postura e mantê-la. O colapso nervoso dessa mulher começou como uma liberação lenta, que eu não teria notado se não estivesse bem a seu lado em uma sala silenciosa. Algumas lágrimas caíram, depois ela respirou ruidosamente pelo nariz e, em seguida, a parte superior de seu corpo arqueou com um soluço enquanto ela inclinava o tronco sobre a perna estendida. Eu simplesmente não sabia o que fazer. *Será que eu deveria ajudar?* Ergui os olhos para a instrutora da aula, e ela me olhou de volta com uma expressão que dizia: "Isso acontece o tempo todo".

A maioria dos curadores energéticos (e certamente dos iogues) sabe que emoções ficam armazenadas no corpo. Lembre-se: nossas emoções são energia em ação. Mais que isso, elas trazem consigo um real peso energético e esse peso tem de ser armazenado em algum lugar. É por isso que sentimos certas emoções em determinados pontos do corpo – pressão nos ombros, uma dor no pescoço. Acredita-se que os quadris, em particular, sejam um lugar onde se armazena tristeza, especialmente a tristeza não expressada ou tácita.

Minha instrutora de yoga com certeza sabia disso ao lançar aquele olhar significativo para mim naquele dia. A mulher a meu lado sentia uma tristeza tácita, quer tivesse consciência disso ou não, que estava sendo liberada à medida que ela alongava a área que vinha armazenando tal emoção.

Sabendo o que sei hoje, eu teria compreendido o processo quântico que estava acontecendo naquela aula: a energia da emoção dolorosa armazenada pela mulher estava sendo desalojava, saindo e sendo liberada do lugar onde havia ficado presa em seu corpo. O alongamento estava liberando a energia da tristeza armazenada que a mulher deliberadamente não se permitia vivenciar e processar.

Se você se agarra à energia de suas emoções por muito tempo, ela pode acumular-se e amontoar-se cada vez mais, forçando seu corpo e seu espírito a carregar o peso. Essa energia costuma ser dolorosa e de baixa frequência, e acabará interferindo em sua capacidade de alcançar a frequência inerente ou permanecer nela. A energia, até mesmo a energia de suas emoções, deve fluir por seu corpo. E, como aprendi durante o período doloroso em que minha mãe estava morrendo, evitar tais emoções não funciona, porque a energia delas permanece, quer você queira, quer não. Se você não permitir que suas emoções circulem por você, elas serão simplesmente armazenadas em seu corpo e provocarão efeitos negativos em sua frequência e em sua saúde física.

O corpo como tradutor emocional

Uma coisa incrível a respeito da energia de nossas emoções é que sua expressão física pode trazer à nossa atenção emoções que não percebíamos estar sentindo. É possível usar seu corpo como um indicativo de seus estados emocionais – de seu *verdadeiro* estado emocional. Seu cérebro pode tentar racionalizar o que você está sentindo, dar desculpas para a emoção, mitigá-la ou até mesmo tentar convencê-lo de que você está sentindo outra coisa. Mas seu corpo não o enganará. A tensão ou a dor que você sente em seu corpo tem uma sabedoria toda própria, e essa sabedoria fala não só de sua condição física, como também de sua condição mental, emocional e espiritual. E ele comunicará tal sabedoria a você de maneiras um tanto reveladoras.

Um estudo finlandês publicado em 2013 conseguiu documentar efetivamente todos os pontos do corpo em que sentimos as mais diversas emoções. Os pesquisadores deram aos voluntários (homens e mulheres) duas silhuetas junto com palavras, histórias ou cenas de filmes carregadas de conteúdos muito comoventes, ou apenas um retrato de uma pessoa com uma expressão facial específica. Aos participantes, então, solicitou-se que marcassem nas silhuetas os pontos em seu corpo em que estavam sentindo qualquer resposta física à emoção (fosse crescente ou decrescente). Os resultados revelaram que praticamente todos os voluntários sentiram as emoções nos mesmos pontos do corpo. Não houve diferenças no tocante a gênero ou bagagem cultural: foram tão somente respostas biológicas.[36] Isso faz sentido, é óbvio, já que nossa

---

36. Lauri Nummenmaa *et al.*, "Mapas Corporais das Emoções", *Proceedings of the National Academy of Sciences of the United States of America 111*, nº 2 (2013): p. 645-651. DOI TK. Doi: 10.1073/pnas.1321664111.

sobrevivência mesma dependeu de nossa resposta biológica a estímulos emocionais por milhares de anos.

Quando sentimos medo, nosso coração começa a bater mais depressa e nossos músculos se retesam à medida que nos preparamos para lutar ou fugir. Isso está perfeitamente de acordo com a localização da raiva, indicada no estudo finlandês: os participantes relataram aumento de resposta e atividade em seus músculos do tronco, em especial no centro cardíaco.

A raiva é muito diferente do medo. Sentimos a raiva como uma sensação que se avoluma ao longo de toda a parte superior de nosso corpo: cabeça, rosto, braços e ombros. A inveja é sentida praticamente só na cabeça. Então, no que eu considero o ponto emocional mais revelador, o amor é sentido quase pelo corpo todo, em especial na cabeça, no coração e nos genitais. É uma onda de energia no corpo inteiro. A depressão, por outro lado, parece ser o exato oposto. Ela é experimentada como uma diminuição da sensibilidade no corpo todo, com quase total ausência de sensação nas extremidades.

Se você não sabe o que está sentindo – e a maioria das pessoas não sabe –, pode sintonizar seu corpo para encontrar a resposta. Procure por sensações de pressão, dor, constrição ou tensão em quaisquer dos pontos em que você sente suas emoções. Em geral, você acabará conseguindo identificar o que está sentindo.

Uma maior conexão com seu corpo também produzirá uma noção melhor de sua frequência energética e de onde você está vibrando no Mapa do Amor Quântico. Sua percepção passa a ser uma confluência de corpo e mente, que lhe mostra não só como você está se sentindo emocionalmente, mas também como se sente em nível físico. Isso é útil sobretudo com pessoas que têm dificuldade de mostrar suas emoções. Embora ambos os gêneros possam ter essa dificuldade, creio que, em regra, são os homens que acham difícil expressar suas emoções, principalmente por causa do modo como foram criados. Mas nem sempre.

Alanna e George haviam vivido três anos de um casamento feliz, mas começaram a se distanciar dois anos após o nascimento do primeiro filho. Agora, seus filhos estavam mais autossuficientes, de modo que George e Alanna podiam levantar a cabeça e respirar novamente. Eles me procuraram porque, ao voltar a olhar para suas vidas, descobriram o que parecia ser um abismo entre eles. De certa forma, eles haviam se tornado colegas de quarto e pais corresponsáveis, e a energia entre eles estabeleceu-se nesse sentido. Eles não estavam desfrutando a energia amorosa e apimentada de pessoas apaixonadas em um casamento feliz. Alanna conseguia sentir a desconexão entre eles e vinha tentando incentivar George a compartilhar seus sentimentos com ela. Ela sabia que ele estava frustrado com a ausência de sexo na vida do casal (ela também estava frustrada), mas não conseguia fazê-lo falar sobre isso.

Uma das primeiras coisas que faço quando começo o tratamento de um casal é conversar com cada um dos parceiros individualmente, pelo menos uma vez, para conseguir mais informações sobre sua história e desenvolvimento pessoal. Ao conhecer a história de George, descobri que ele havia crescido em uma família bastante tradicional. O pai era rígido, o próprio estereótipo da masculinidade: não chorava, não fazia tarefas domésticas, e era o único provedor da família. A mãe de George era muito gentil e amorosa, mas desde muito cedo ele foi criado com o axioma de que garotos não choram e de que sentimentos em geral não faziam parte da cultura familiar. Ninguém falava sobre o que estava sentindo: esperava-se apenas que superassem as coisas. A família de Alanna, por outro lado, colocava tudo para fora. Eles se enfureciam, choravam, falavam o que pensavam e tentavam resolver qualquer problema diretamente com a pessoa que acreditavam ser responsável por causá-lo. Alanna estava bastante sintonizada com o que sentia e tinha um potente vocabulário emocional para expressá-lo. Como muitas mulheres, ela considerava a troca emocional parte do vínculo afetivo. George, é desnecessário dizer, não via a situação da mesma forma.

George amava profundamente a mulher e os filhos, importava-se muito com eles e queria desesperadamente fazer Alanna feliz, só que não sabia como. Ele me lançou um olhar de súplica e disse:

– Não sei dizer como estou me sentindo. Eu nem sequer sei como estou me sentindo. Não faz sentido.

Não é que ele não quisesse falar com a mulher sobre sua vida emocional. Ele não tinha um mecanismo emocional para isso. George entendia os benefícios de expressar suas emoções: ele simplesmente não sabia como fazê-lo.

Pedi que ele fechasse os olhos, conduzi-o pelo processo de ancoramento e, em seguida, disse-lhe para fazer uma análise de seu corpo e perceber quaisquer sensações físicas que identificasse. Ele disse:

– Estou sentindo um forte aperto no peito. E sinto uma dor atrás dos olhos e na parte de trás do pescoço.

Tristeza e medo com um toque de raiva, pensei. Expliquei a George como nosso corpo armazena nossas emoções e de que modo ele poderia usar as sensações em seu corpo como *biofeedback* para descobrir quais eram suas emoções. Uma vez que ele identificasse a emoção, poderia identificar o pensamento por trás dela. À medida que ele se conectava mais a suas emoções, tornava-se cada vez mais fácil expressá-las. E, conforme aumentava sua facilidade em expressar suas emoções, isso criava mais conexão e intimidade com Alanna.

Outra coisa bastante útil foi ensinar Alanna a manter-se em frequência inerente de forma mais consciente. Embora estivesse em contato com suas emoções, ela estava definitivamente no estado A MIM. Havia nela uma grande dose de medo e raiva, julgamento, desesperança e culpa. Então, ela começou a trabalhar para movimentar sua energia emocional e mudar suas histórias (coisa que você aprenderá a fazer no capítulo 10). Ao avançar no Mapa do Amor Quântico, as coisas começaram a mudar em seu relacionamento.

Após alguns meses praticando os exercícios que lhes prescrevi, George já consegue acessar e identificar facilmente suas emoções. E, o melhor de tudo, ele e Alanna estão dando o exemplo desse comportamento para os filhos, de modo que as crianças possam vê-los tendo emoções reais (inclusive tristeza e raiva) e superando-as de maneira autêntica e segura. E, para coroar tudo isso, eles relataram que sua vida sexual está melhor do que quando se conheceram!

Nossos chacras

Tudo em nosso Universo está irradiando energia, desde a maior montanha, o maior oceano, até a mais ínfima folha de grama e cada uma das células de nosso corpo. Todas as nossas células emanam energia de alguma maneira, e células diferentes emanarão diferentes tipos de energia, dependendo de onde estão localizadas no corpo e de qual é sua função. Assim, não deveria ser surpresa que, dada a natureza especializada da energia de nosso corpo, existam diversos canais localizados em pontos-chave do corpo e através dos quais a energia pode fluir para dentro e para fora, em um fluxo constante. Tais pontos são chamados chacras.

A palavra *chacra* significa "roda" em sânscrito, embora nossos chacras não se pareçam com nenhuma roda que já tenhamos visto. A energia nos chacras gira em sentido horário ao irradiar a energia de nosso corpo para o campo à nossa volta, e em sentido anti-horário quando atrai energia do mundo exterior (e das pessoas nele) para dentro de nosso corpo. É o estado frequencial de nossos chacras que determina a direção em que nossa energia fluirá conforme eles puxam energia para dentro de nosso corpo ou liberam tal energia para o exterior.

Mas nossos chacras são entidades físicas? Eles são realmente pequenas rodas que giram nos sete principais centros de nosso corpo? Não. Eles não são feitos de matéria: são energéticos. Contudo, assim como as pás giratórias de um ventilador, o simples fato de não conseguir vê-las não significa que não estejam ali.

Você talvez esteja imaginando como podemos saber que os chacras existem se, na verdade, não podemos vê-los. É um questionamento válido, para o qual a ciência ainda não encontrou uma resposta conclusiva. Sendo uma pessoa de mentalidade científica, começar a aprender sobre os chacras foi um salto e tanto para mim. *Sou cientista, não filósofa* foi a resistência que meu ego lançou quando comecei a explorar o que, para mim, era uma fronteira inteiramente nova.

Contudo, embora o conceito de chacras fosse novo para mim (e ainda consiga furtar-se a provas científicas), ele já existe há milhares de anos e em diversas culturas. Foi estudado e comprovado inúmeras vezes nas tradições da ayurveda e do yoga, bem como por intermédio dos conceitos chineses de *chi* e meridianos, e é algo que acabei "provando" a mim mesma por experiência pessoal e em meu trabalho com meus pacientes. A influência de nossa energia corporal, a força vital que flui por nós e o poder do campo quântico em si são coisas que nossa capacidade científica ainda precisa alcançar. Eu realmente acredito que acabaremos chegando lá, mas até que isso aconteça podemos tão somente confiar em nossa experiência e nos ensinamentos de outras pessoas. Para mais informações sobre meridianos, confira o exercício dos Pontos da Graça, no Apêndice.

Nossos chacras situam-se em sete pontos ao longo de nosso corpo (veja a Figura 6), cada qual associado a um conjunto diferente de órgãos e sistemas. Não deveria causar grande surpresa o fato de que os pontos em que se localizam nossos chacras correspondem a pontos corpóreos em que sistemas essenciais usam muita energia. Por exemplo, o ponto entre os olhos fica próximo de nosso centro visual, é claro, mas também do lobo frontal do cérebro. Esse ponto é o epicentro de nossos processos de tomada de decisões, planejamentos e orientação. Essa região de nosso corpo demanda tanta energia que faz total sentido que ela disponha de um canal energético localizado em uma posição conveniente. O mesmo se aplica ao chacra cardíaco, que, como sabemos, contém tanta energia que chega a ter seu próprio campo de força, e emite tanta energia eletromagnética que ela pode ser mensurada a cerca de um metro de distância. Os chacras podem estar abertos ou fechados, hiperativos ou hipoativos, dependendo de quanto a energia pode fluir bem através deles. E esse fluxo é determinado pelo estado aberto ou constrito de, você já adivinhou, seu corpo.

Podemos compreender melhor a existência energética de nossos chacras (e das emoções a eles associadas) ao compreendermos suas cores. Sim, cada chacra tem uma cor que lhe é associada. A luz visível emite ondas eletromagnéticas que vibram pelo campo ao longo do tempo e do espaço. Dependendo da velocidade com que as ondas estão vibrando, nossos olhos as percebem como cores diversas. O vermelho, por exemplo, é uma onda de frequência mais baixa que parece uma ondulação lenta. O violeta, por outro lado, é uma onda de alta frequência com picos e vales abruptos. Na verdade, podemos mensurar uma onda em nanômetros e, então, determinar sua força energética! Os chacras, vibrando em suas diferentes frequências, ostentam, da mesma forma, cores diferentes.

Como um chacra funciona, afinal?

Um chacra pode ser uma roda ou vórtice, mas ele funciona como uma bola de energia que interpenetra o corpo físico. Em si mesmos, os chacras não são físicos: você não consegue vê-los em um raio X. Eles são aspectos da consciência e interagem com o corpo físico por intermédio de dois veículos principais: o sistema endócrino e o sistema nervoso. Cada um dos sete chacras está associado a uma das nove glândulas endócrinas e também a um grupo específico de nervos, chamado plexo. Assim, cada chacra corresponde a partes específicas do corpo e a funções corpóreas específicas, controladas pelo respectivo plexo ou pela respectiva glândula endócrina.

Os chacras representam não só partes específicas de seu corpo físico, mas também aspectos particulares de sua consciência. Sua consciência, o modo como você percebe sua realidade, representa tudo aquilo que você pode vivenciar. Todos os seus sentidos, suas percepções e possíveis estados de consciência podem ser divididos em sete categorias, e cada uma dessas categorias pode ser associada a um chacra

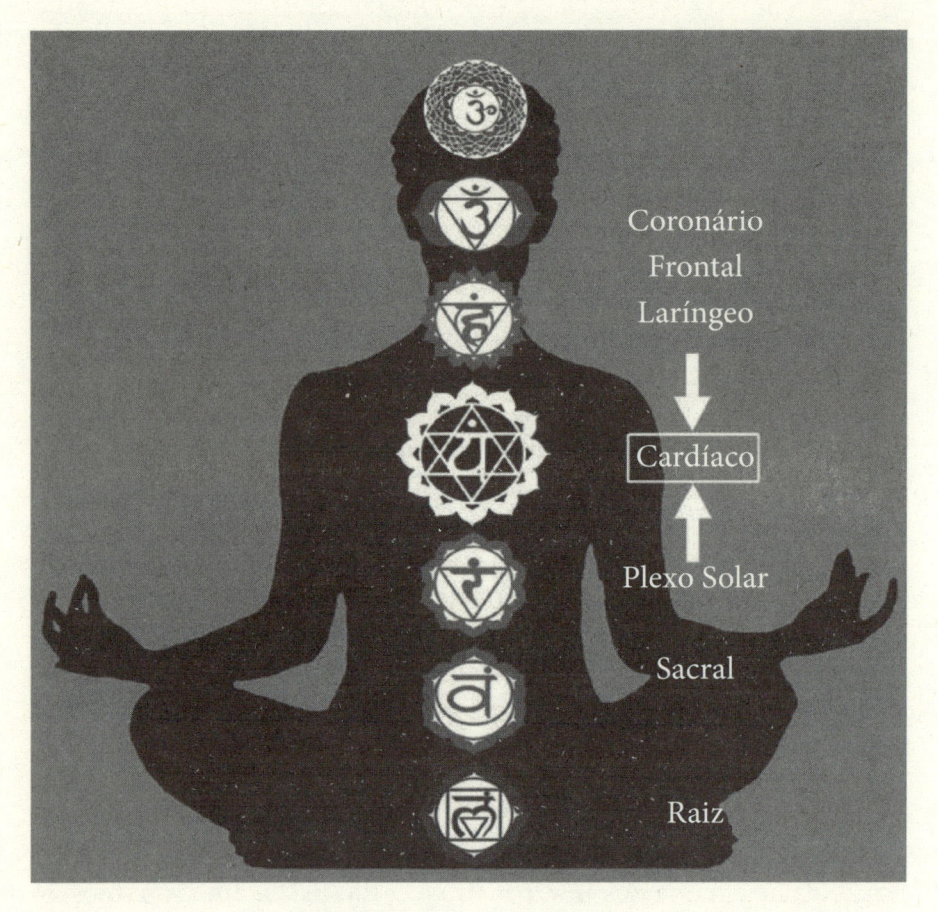

Figura 6. O Sistema dos Chacras

específico. Quando você sente alguma tensão em sua consciência, sente-a no chacra associado à parte da consciência que está vivenciando o estresse, e nas partes do corpo físico associadas àquele chacra (veja a Figura 7). Portanto, *onde* você sente o estresse depende de *por que* você sente o estresse.

  Quando você se magoa em um relacionamento, sente a mágoa no coração. Quando está nervoso, suas pernas tremem e sua bexiga perde a força. Quando há tensão em uma parte específica de sua consciência e, portanto, no chacra associado àquela parte dela, essa tensão é detectada pelos nervos do plexo associado àquele chacra e comunicada às partes do corpo controladas por tal plexo. Quando a tensão perdura por certo período ou alcança um determinado nível de intensidade, ela cria um sintoma no nível físico.

[Energia] → [Tensão] → [CHACRA] → [Sistema] → [Sintoma Físico]

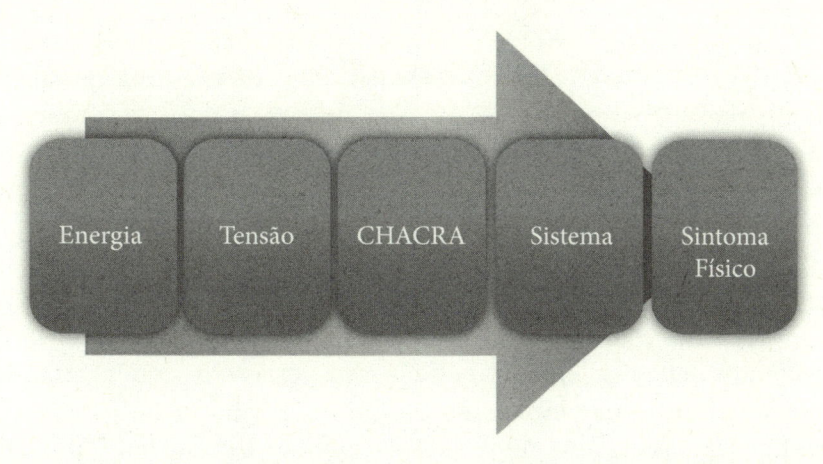

Figura 7. O caminho da energia até os sintomas físicos, passando pelos chacras

Novamente, o sintoma serve para informá-lo, por intermédio de seu corpo, do que você tem feito a si mesmo em sua consciência.

Assim como a sede (ao senti-la, você já está desidratado), o sintoma físico mascara um antigo distúrbio energético. A fim de revertê-lo, talvez seja necessária uma mudança física em primeiro lugar. É aí que entram as estratégias de mudança, como discutiremos longamente no capítulo 10. Ao mudarmos alguma coisa em nosso modo de *ser*, podemos liberar o estresse que vem criando o(s) sintoma(s) e, então, voltar a nosso estado natural de equilíbrio e saúde.

Como abrir e fechar os chacras

A abertura e o fechamento de nossos chacras atuam como um sistema energético de defesa. Uma experiência negativa (e a energia de baixa frequência que a acompanha) pode fazer com que o chacra correspondente se feche para impedir a entrada de tal energia. Do mesmo modo, se permanecemos apegados a um sentimento de baixa frequência como a culpa, prolongando a emoção porque nos recusamos a lidar com ela ou a trazê-la à tona, fechamos o chacra específico (o canal pelo qual, se deixássemos, a energia sairia). Quaisquer das emoções que se localizam na extremidade inferior do Mapa do Amor Quântico provavelmente provocarão a constrição de um chacra. Acredito que sentimos essa constrição como a pressão que acomete nossa mente e nosso corpo quando estamos sob estresse. No próximo capítulo, ensinarei muito mais sobre como manter seus chacras abertos e equilibrados.

Ao abrirmos nossos chacras, a energia é capaz de fluir livremente outra vez e as coisas voltam ao normal. Por vezes, é uma questão de movimentar a energia por nosso corpo, elevando nossa frequência no Mapa do Amor Quântico ou lidando com um espinho difícil que nos está tirando a paz até removê-lo. Ensinarei essas técnicas nos próximos capítulos. Por ora, quero apenas que você compreenda como é importante que seus chacras estejam abertos e permitam que a energia flua por você sem obstruções. A conexão de cada chacra com uma glândula endócrina importante e com o sistema nervoso de seu corpo implica que um déficit de energia pode levar a sérias consequências físicas se você ignorá-lo por muito tempo. Eu me pergunto com frequência se a imensa tristeza que senti quando minha mãe morreu inibiu meu sistema imunológico o suficiente – junto com todos os pensamentos negativos, a dor e o açúcar (células cancerosas têm muito mais receptores de glicose que células normais) – para permitir o crescimento das células cancerosas que já existiam em meu corpo.

Equilíbrio é fundamental

Nenhum chacra é melhor que os demais. Você não quer ter mais chacra cardíaco e menos chacra laríngeo; a coisa definitivamente não funciona assim. O ideal é que todos os sete chacras estejam equilibrados, abertos e vibrando, permitindo que a energia flua para dentro e para fora de seu corpo. O mais incrível é que seu corpo encontrará uma forma de movimentar a energia para dentro e para fora (a menos, é claro, que seu ego esteja dizendo a ele para segurar alguma coisa). Se um de seus chacras estiver fechado ou hipoativo, é bastante provável que outro chacra esteja hiperativo para compensar a diferença.

Como seu corpo quer alcançar um equilíbrio energético em seus chacras, avançar demais em uma direção (hipoatividade ou hiperatividade) em qualquer dos chacras pode de fato produzir efeitos negativos sobre o corpo. Um chacra hipoativo sobrecarrega outro chacra, que, por sua vez, retira energia extra daquela parte do corpo. Os quadros a seguir mostram como você pode agir ou se sentir quando seus chacras se desequilibram. O primeiro deles traz uma lista dos sistemas físicos associados a cada chacra e os potenciais *sintomas* físicos que podem alertá-lo de que alguma coisa não está funcionando direito.

Como você pode se sentir ou agir quando os chacras estão hiperativos ou hipoativos

Chacra	Hiperativo	Hipoativo
Raiz	Temeroso, apreensivo, inseguro ou não ancorado; materialista ou ganancioso; resistente a mudanças	Nunca está à vontade ou seguro em lugar nenhum, codependente, incapaz de estar no próprio corpo, medo de ser abandonado
Sacral	Emotivo demais, apega-se aos outros e investe neles com muita rapidez, atração pelo drama, mau humor, ausência de limites pessoais	Rígido, indiferente, fechado aos outros, falta de autoestima ou de reconhecimento do próprio valor, possivelmente está em uma relação abusiva
Umbigo (Plexo Solar)	Dominador, agressivo, irritado, perfeccionista ou excessivamente crítico com relação a si mesmo ou aos outros	Passivo, indeciso, tímido, ausência de autocontrole
Cardíaco	Amoroso, mas de uma forma apegada e sufocante; ausência de uma noção de eu nos relacionamentos; disposto a dizer sim a tudo; ausência de limites, deixando todos invadirem seu espaço	Frio, distante, solitário, incapaz de se abrir aos outros ou relutante em fazê-lo, rancoroso
Laríngeo	Extremamente falante, incapaz de ouvir, excessivamente crítico, abusivo nas palavras, condescendente	Introvertido, acanhado, tem dificuldades para dizer a verdade, incapaz de expressar necessidades
Frontal	Sem contato com a realidade, ausência de bom senso, incapaz de concentrar-se, propenso a alucinações	Rígido em sua forma de pensar, fechado a novas ideias, demasiado confiante na autoridade, desconectado ou desconfiado da voz interior, ansioso, apegado ao passado e temeroso do futuro
Coronário	Aficionado por espiritualidade, descuidado com as necessidades do corpo, tem dificuldades para controlar as emoções	Não muito aberto à espiritualidade, incapaz de estabelecer ou sustentar objetivos, ausência de direcionamento

Os chacras e as glândulas, órgãos e sintomas que lhes são associados

Chacra	Glândulas endócrinas e órgãos associados	Sintomas físicos do desequilíbrio do chacra
Raiz	Glândulas adrenais, coluna, sangue e órgãos reprodutivos	Incapacidade de sentar-se quieto, inquietação, peso doentio (tanto obesidade como distúrbios alimentares), constipação, cãibras, fadiga e lentidão
Sacral	Rins e órgãos reprodutivos: ovários, testículos e útero	Dor ou rigidez lombar, problemas no trato urinário, dor ou infecção renal, infertilidade, impotência
Umbigo (Plexo Solar)	Sistema nervoso central, sistema digestivo (estômago e intestinos), fígado, pâncreas, sistema metabólico	Úlceras, gases, náusea ou outros problemas digestivos, distúrbios alimentares, asma e outras disfunções respiratórias, dores nos nervos ou fibromialgia, infecção no fígado ou rins, outros problemas nos órgãos
Cardíaco	Glândula timo e sistema imunológico, coração, pulmões, seios, braços, mãos	Problemas cardíacos e circulatórios (pressão sanguínea alta, palpitações no coração, ataque cardíaco), circulação deficiente ou dormências, asma e outras disfunções respiratórias, câncer de mama, rigidez das articulações ou problemas nas articulações das mãos
Laríngeo	Tireoide, pescoço, garganta, ombros, ouvidos e boca	Rigidez ou dor no pescoço e nos ombros, dor de garganta, rouquidão ou laringite, dores ou infecções de ouvido, problemas dentários ou distúrbio de ATM, disfunções da tireoide
Frontal	Glândula pituitária, olhos, fronte, base do crânio, biorritmo	Problemas de visão, dores de cabeça ou enxaquecas, insônia ou distúrbios do sono, convulsões, pesadelos (embora este não seja um sintoma físico *per se*, é uma ocorrência comum)
Coronário	Glândulas pituitária e pineal, cérebro, hipotálamo, córtex cerebral, sistema nervoso central	Vertigem, confusão, nevoeiro cerebral, distúrbios neurológicos, dores nos nervos, esquizofrenia ou outros transtornos mentais

Como você pode ver, muitos desses sintomas físicos não devem ser tratados de forma leviana! O que é difícil lembrar é que o corpo continuará enviando sua mensagem – aumentando a intensidade, se necessário – até lhe darmos atenção. Não deixe um sintoma físico se transformar em uma OMEC!

Os chacras e sua frequência pessoal: o ovo ou a galinha?

A energia de nossos chacras influencia nossos processos físicos por um processo de inibição e estímulo. Lembre-se: os chacras são como rodas e sua função é não apenas manter a energia em movimento, mas também se estreitar ou fechar-se como defesa contra energias negativas. A fim de compensar a função de um chacra constrito e hipoativo, outro chacra se tornará hiperativo, liberando em um ritmo mais intenso as vibrações de baixa frequência que estão em seu corpo. Isso, por sua vez, cria e prolonga uma realidade de baixa frequência. Se seus chacras são esses centros de energia que emitem e absorvem energia, então eles seriam a fonte de sua frequência pessoal ou o resultado dela? Os chacras são o ovo ou a galinha?

Acredito que sejam as duas coisas. Penso que o papel dual dos chacras, em termos de consciência e de eu físico, é de fato um indicativo da relação entre a mente e o corpo. Quando você atua sobre o corpo, a mente acaba por envolver-se no processo, e vice-versa. O mesmo vale para sua frequência e seus chacras. Quando você está em frequência egoica, isso afeta o fluxo de energia em seus chacras e em seu corpo como um todo. No entanto, à medida que você limpa e purifica seus chacras por meio da movimentação da energia, também estará promovendo uma mudança positiva em sua frequência.

Mas, se você está operando em uma frequência baixa, então não esqueça que: 1) está criando sua realidade, porque seus cinco sentidos estão captando aquilo a que você está dirigindo sua consciência ("É *aqui* que estamos, encontrem todas as coisas que reforcem *isso*"); e 2) sua frequência ressonante é o que você está liberando no campo quântico e, portanto, atraindo para si através de seus chacras, o que afeta seu estado físico. É por isso que é mais fácil dar uma topada com o dedão do pé quando você está tendo um dia ruim.

No próximo capítulo, mostrarei como relacionar seus chacras a seu IFEI e ao lugar em que você se encontra no Mapa do Amor Quântico. Ensinarei ainda como movimentar a energia através de seus chacras e mantê-los equilibrados. Assim como você pode usar as sensações de seu corpo para ajudá-lo a identificar suas emoções, também pode usar os canais energéticos de seu corpo para ajudá-lo a identificar em que áreas seus chacras hipoativos e hiperativos estão afetando seu relacionamento. Essa é apenas outra maneira de acessar a sabedoria de seu corpo.

Pode parecer estranho pensar que seu corpo é um veículo para sua energia. No mínimo, talvez traga à mente imagens de algum filme de ficção científica ou de algum romance que se desenrola na era das máquinas! Eu prefiro encarar o corpo humano como veículo a partir de um ponto de vista mais espiritual e metafísico: ele é o canal para a energia de nosso complexo mente-alma-espírito, e ele o manifesta no mundo físico. Nosso corpo nos permite uma conexão física, tangível, com os outros, bem como uma oportunidade de vivenciar este mundo por meio de nossos cinco sentidos. O corpo permite que nosso eu essencial se conecte ao eu essencial das outras pessoas de forma tangível, manifestando nossa existência quântica, *e o Amor Quântico*, no mundo que vivenciamos.

Capítulo 8

Compromisso Nº 3

Assumirei a Responsabilidade pela Energia de Meu Corpo

Chegará o dia em que, após termos dominado os ventos, as ondas, as marés e a gravidade, haveremos de empregar para Deus as energias do amor. Então, pela segunda vez na história do mundo, o homem terá descoberto o fogo.
Teilhard de Chardin

Nosso corpo é uma verdadeira usina geradora de energia. Desde o campo eletromagnético de nosso centro cardíaco até os vórtices giratórios de nossos chacras, a energia está constantemente entrando, saindo e circulando à nossa volta e dentro de nós em uma dança dinâmica. A energia de nosso corpo tem o poder de moldar nossa experiência física e, por intermédio do poder de nossa conexão mente-corpo, também pode moldar nossas experiências mentais e emocionais. Por isso é tão importante manter a energia de nosso corpo circulando em vez de prendê-la e armazená-la onde possa se tornar um peso físico e nos arrastar energeticamente a um estado de baixa frequência.

O fato é que nosso corpo é um veículo de nossa energia e o meio de que dispomos para interagir com nosso mundo físico (e *criá-lo*!). Esse é também o único corpo que temos, ao menos nesta vida. Por essas razões é tão importante nos comprometermos a fazer todo o possível para sustentar a saúde e o bem-estar de nosso corpo e cuidar de sua energia de maneira consciente. Temos de elevar nosso relacionamento com nosso corpo ao Amor Quântico.

Neste capítulo, vou ensiná-lo a administrar a energia de seu corpo e a cuidar dela de modo que ela possa continuar fluindo. Mostrarei por que sua imagem corporal é tão importante na manifestação da realidade que você quer (ou não quer) e por que o amor, a compaixão e a gratidão são alguns dos maiores "incentivos" que você pode dar a si mesmo. Também mostrarei como prestar atenção àquilo que você introduz em seu corpo de uma maneira amorosa e encorajadora em vez de autocrítica e cheia de culpa.

Tudo o que você precisa fazer é comprometer-se a demonstrar bondade amorosa para com seu corpo. Em seguida, procure conhecer a sabedoria que ele está tentando compartilhar com você. Compreenda que, em regra, sua condição física traz uma importante mensagem oculta para você – e que seu corpo continuará tentando transmitir a mensagem até que você o ouça!

Como trabalhar com a energia de seu corpo

Como aprendemos no capítulo anterior, nossos chacras são os canais de energia de nosso corpo e podem ter um grande impacto em nós mesmos e em nossa realidade conforme se abrem ou se fecham, contraem-se ou se expandem, em uma tentativa de permanecer em equilíbrio. Essas flutuações de energia afetam nossa saúde física e nossos estados emocional e energético, moldando assim nossa realidade e nosso relacionamento. Entender nossas emoções na linguagem de nossa energia corporal pode ajudar-nos a usar a sabedoria de nosso corpo para identificar e enfrentar os obstáculos que talvez nos estejam mantendo fora do Amor Quântico.

Jane me procurou porque se sentia frustrada com seu já longo relacionamento com Rita. Sua história era repleta de espinhos. Ela havia tido inúmeros relacionamentos difíceis, e vivenciado inclusive uma traição de uma parceira infiel. Seu modelo de amor também não era um modelo sólido: o pai havia traído a mãe, e a mãe sabia disso em algum nível. Jane me contou que se descobriu, mais tarde, que a mãe havia mantido o casamento porque acreditava não ter outra opção. Em razão das histórias que carregava, Jane sempre fazia absoluta questão de ser autossuficiente e era muito cautelosa quando se tratava de deixar outras pessoas se aproximarem.

Conversamos sobre como seus espinhos poderiam estar se manifestando na energia de seu corpo. Estava claro para mim que seu chacra raiz estava hiperativo, ao passo que seu chacra cardíaco estava hipoativo. A própria Jane achava que era vista como uma pessoa direta, prática e dura. Ela sabia ser capaz de intimidade e carinho, mas poderia levar muito tempo para conseguir confiar em alguém. Por recomendação minha, Jane pediu que Rita participasse conosco de uma ou duas sessões, de modo que pudéssemos discutir a energia corporal de Jane, descobrir mais sobre a de Rita e ter uma ideia de como elas trabalhavam juntas para criar a realidade de seu relacionamento.

Rita tinha o chacra laríngeo fechado. Ela tinha um irmão que, durante sua infância e adolescência, foi muito difícil. Ele vivia metido em confusão e demandava muita atenção da família. Havia uma pressão significativa sobre Rita para que ela andasse na linha e não causasse ainda outros problemas aos pais. Ela era alguém que se esforçava ao máximo para agradar aos outros, dizendo e fazendo qualquer coisa que precisasse dizer ou fazer para deixar todos felizes. Ela não se sentia confortável ao expressar suas necessidades, em especial quanto a seu relacionamento com Jane (que, por seu chacra cardíaco hipoativo, poderia por vezes carecer de empatia). Rita percebeu que geralmente queria falar o que pensava, mas não o fazia. Como resultado, ela vinha acumulando ressentimentos por Jane, os quais estavam tendo um impacto negativo em seu relacionamento.

Rita vinha evitando lidar com o conflito, afastando-se emocionalmente no relacionamento. A intimidade entre elas começava a ruir, e Jane, que já era propensa a não confiar nas pessoas, começava a desconfiar que Rita a estivesse traindo. Por sua vez, Rita se sentia abandonada e estava começando a fechar-se também. Era um círculo vicioso em que nenhuma delas se sentia segura o bastante para ser franca e aberta. Sem perceber, cada uma estava irradiando energia de baixa frequência com a mensagem "fique longe", quando o que realmente queria dizer era "por favor, não me machuque". No momento em que Rita e Jane compreenderam sua energia corporal e o impacto que ela estava tendo sobre seu relacionamento, deram-se conta de seus diferentes padrões e dos motivos por trás deles. Elas perceberam ainda que compartilhavam de uma tendência ao medo e que tinham dificuldade de permanecer ancoradas. Cada uma delas reconheceu que era 100% responsável por mudar as coisas em seu relacionamento. E começaram a subir em espiral rumo ao Amor Quântico.

No que diz respeito à energia de seu corpo, é fundamental partir de um estado de compaixão e empatia. Lembre-se: energia não é boa nem ruim. Ela simplesmente *é*. Rita e Jane conseguiram compreender que estavam ambas partindo de um estado de baixa frequência e que, como resultado, seus chacras estavam restringindo seu fluxo energético em lugares diferentes. Ambas estavam funcionando em modo de autodefesa energética, o qual havia sido moldado em redor dos espinhos do que haviam vivido até ali. Na realidade, o conflito entre elas tinha pouco que ver com cada uma, e tudo que ver com o que se passava no interior de cada uma. Ao acessarem a sabedoria da energia de seu corpo, elas foram capazes de despersonalizar as ações uma da outra e passar a um estado de Amor Quântico, primeiro dentro de si mesmas e, então, em seu relacionamento.

Quanto mais você compreende o estado em que seu parceiro está, menor a probabilidade de levar seus conflitos com ele para o lado pessoal. As atitudes de outra pessoa (sim, inclusive as de seu parceiro) nunca estão realmente relacionadas a *você*. Da mesma forma, o modo como você se sente com relação a seu parceiro raramente tem a ver com *ele* ou *ela*. Se você está em conflito com seu parceiro, pergunte a si mesmo: que espinho está sendo tocado?

Caso você esteja tendo dificuldade para identificar o que está sentindo, recorra à sabedoria de seu corpo. Faça uma varredura de seu corpo em busca de qualquer sinal físico de que você esteja armazenando alguma emoção: pressão no peito ou tensão nos ombros, uma dor no pescoço, até mesmo uma dor de garganta. Tente encontrar o simbolismo de seu sintoma. Se sua garganta dói, pergunte-se se não está conseguindo expressar algo que precisa ou quer dizer. Se seus ombros estão doloridos, pergunte-se se não está carregando raiva. Então, comece a conhecer melhor seus chacras.

Você pode usar seus resultados no Questionário do Amor Quântico para avaliar se seus chacras estão equilibrados. Cada subcategoria do questionário está associada a um chacra diferente. Se sua pontuação em uma seção específica estiver entre 6 e 12, é provável que aquele chacra esteja mais fechado. Caso sua pontuação esteja entre 13 e 18, o chacra está em equilíbrio; e uma pontuação entre 19 e 24 indica que o chacra provavelmente está mais aberto. De acordo com minha experiência, se você tiver quatro ou mais dos chacras fechados ou hipoativos, provavelmente está operando em frequência egoica.

Como traduzir os resultados do Questionário do Amor Quântico para avaliar o equilíbrio de seus chacras

Categoria do Questionário do Amor Quântico	Chacra correspondente
Segurança	Raiz
Energia Sexual	Sacral
Autoestima/Amor	Plexo Solar
Abertura e franqueza	Cardíaco
Autoexpressão	Laríngeo
Intuição	Frontal
Plano Superior	Coronário

Se seu parceiro tiver feito um Mapa do Amor Quântico (ou se você tiver tentado fazer um mapa para ele ou ela), você também pode usá-lo para ter uma ideia da energia corporal de seu parceiro. Descobri que é extremamente útil explorá-lo com meus pacientes e em minha própria vida. Quando você entender quais chacras estão mais abertos e mais fechados, compreenderá melhor a questão com que está lidando em sua vida amorosa, bem como a energia de seu parceiro e a energia entre vocês dois. Uma vez que você saiba quais chacras estão hiperativos ou hipoativos, muitos dos conflitos ou das lutas que você está enfrentando em sua vida amorosa farão mais sentido. Volte ao quadro do capítulo anterior. É provável que você encontre os sintomas de seu chacra hiperativo ou hipoativo refletidos em seu relacionamento.

Façamos uma análise mais detida dos chacras e de como seu equilíbrio (ou desequilíbrio) atua em seu relacionamento.

Chacra raiz

O chacra raiz é o que nos conecta a nosso corpo e a nosso senso de lugar no mundo físico. Quando seu chacra raiz está equilibrado, você se sente sereno, protegido e seguro de si. Quando hiperativo, você pode perceber que está sendo demasiado rígido com relação a sua rotina e propenso a CGC. Pode resistir a mudanças e ser até mesmo agressivo com alguém que desafie sua "autoridade". Quando seu chacra raiz está hipoativo, pode sentir-se desconectado, inseguro ou mesmo desprotegido neste mundo. É possível que tenha dificuldade em estabelecer limites e perceba que sua própria energia e seu estado de espírito são facilmente alterados pelo estado de espírito de outras pessoas. Por exemplo, se seu parceiro estiver esgotado e ansioso por causa do trabalho, você perceberá que está sentindo e refletindo essa pressão de volta para ele ou ela. Você levará para o lado pessoal se ele não estiver de bom humor, e pensará que esse mau humor é por sua causa. Isso é perigoso porque você precisa estar no comando de sua própria energia e porque aquela situação impedirá que seu parceiro tenha "permissão" de estar de mau humor. Ele pode pensar: "Tenho de fazer uma cara feliz para que minha esposa não fique aborrecida comigo". Isso não só é injusto com o parceiro, como aquela energia estressante não desaparecerá apenas porque ele não consegue demonstrá-la. Ela ficará ali, cozinhando em fogo brando sob a superfície, até reaparecer de outras formas. Se isso soa familiar, é hora de trazer seu *chacra* raiz de volta ao equilíbrio, e ancorar-se (como descrito no capítulo 3) é a maneira perfeita de fazê-lo.

Chacra sacral

Nosso chacra sacral é o centro de nossa criatividade e de nossa energia sexual. Quando ele está em equilíbrio, você se sente confortável em seu corpo e com sua sexualidade. Seus sentimentos fluem, você se sente bem com relação a seu corpo e consegue expressar-se fisicamente. Quando seu chacra sacral está hiperativo, você pode passar a ter uma vida repleta de drama e viver em uma montanha-russa de emoções. Quando ele está hipoativo, você pode começar a privar-se das coisas que lhe dão prazer. Você talvez sinta que a criatividade não flui até você e pode ser difícil ter novas ideias ou pensar fora da caixa. Pode ser que você também perceba que está concentrado demais em sua aparência. Se você tiver ganhado 250 gramas ou descoberto uma nova ruga, toda a sua energia será desesperadamente ativada, na tentativa de aprimorar sua aparência, e comparar-se com outras pessoas à sua volta. Você não conseguirá desfrutar sua sexualidade ou intimidade com seu parceiro porque estará infeliz em sua própria pele.

Chacra do plexo solar

O chacra do plexo solar é o local onde reside nosso senso de nós mesmos. Ele rege nossa autoestima e nosso eu emocional, e é onde se situa nossa intuição física, na forma de nossas sensações instintivas. Quando seu chacra do umbigo está em equilíbrio, você se sente bem consigo mesmo e confiante de quem você é, além de demonstrar grande aceitação dos outros. Sua vida emocional é equilibrada e você confia em sua intuição. Quanto esse chacra está hiperativo, você pode perceber que é demasiado crítico consigo mesmo ou com os outros. Pode tornar-se perfeccionista e alguém que está constantemente colocando outras coisas, como o trabalho, antes de si mesmo. Quando seu chacra do umbigo está hipoativo, talvez você se importe demais com o que as outras pessoas pensam e esteja sempre buscando aprovação e afirmação fora de si mesmo. Você pode sentir que não é digno de amor ou das outras coisas boas da vida.

Chacra cardíaco

Como vimos, nosso coração é um centro energético extremamente poderoso. Nosso chacra cardíaco rege os grandes sentimentos da vida: amor e alegria, de um lado, e tristeza, raiva e medo, de outro. Quando seu chacra cardíaco está em equilíbrio, você sente alegria, amor e compaixão, todos os sentimentos gratificantes e agradáveis, e consegue dar e receber amor com grande abertura. Quando hiperativo, você pode perceber que é governado por suas emoções e tem dificuldade de estabelecer limites. Talvez perceba que quer agradar aos outros o máximo possível e tem dificuldade de estar contente se seu parceiro (ou qualquer outra pessoa, aliás) não estiver feliz. Um chacra cardíaco hipoativo dificultará que você se abra a confiar em outras pessoas, amá-las ou importar-se com elas. É possível que note que você se inclina naturalmente a padrões negativos de pensamento e a sentimentos de inadequação. Talvez você tenha erguido muros espessos e impenetráveis ao redor de seu coração. Muitas pessoas cujo *chacra* cardíaco é hipoativo têm uma história de abuso ou traumas na infância. Se você não foi ensinado a amar a si mesmo quando criança, pode ser bem difícil fazê-lo como adulto, a menos que encare esse trauma e busque a ajuda de que necessita e que merece.

Chacra laríngeo

O chacra laríngeo rege nossa autoexpressão e a comunicação, bem como nossa capacidade de ouvir. Quando seu chacra laríngeo está em equilíbrio, você se sente à vontade para pedir o que quer ou aquilo de que necessita e para expressar-se de maneira autêntica e honesta. Quando ele está hiperativo, você pode notar que está adotando uma abordagem "do meu jeito ou rua" com relação à vida. Talvez seja extremamente crítico ou mesmo abusivo no que diz aos outros e não aceite os conselhos que outra pessoa possa tentar oferecer. Quando hipoativo, pode ser que você tenha dificuldade de defender seus pontos de vista e interesses, transmitir suas ideias de um modo que os outros compreendam ou dizer a verdade. Tanto mulheres como homens sofrem de fechamento do chacra laríngeo, tipicamente por razões distintas – mulheres, porque foram educadas para agradar aos outros; e homens, porque foram educados para não discutir suas necessidades emocionais. Se você e seu parceiro têm o chacra laríngeo fechado, seu relacionamento pode ficar bastante prejudicado.

Chacra frontal

Esse é o epicentro de nossas ideias, nossos sonhos e objetivos, e de nossa intuição mental ou emocional. Quando seu chacra frontal está em equilíbrio, você é capaz de acessar sua sensibilidade intuitiva, conceber o que quer para o futuro e deixar suas ideias fluírem. Quando hiperativo, você pode tornar-se propenso a julgamentos ou ficar demasiado "em sua cabeça", perambulando por um mundo de fantasia em vez de conectar-se àquele em que está. Se ele estiver hipoativo, você pode ter dificuldade de acessar sua intuição ou confiar nela. Talvez não tenha empatia pelos outros ou por si mesmo e tenha dificuldade de conectar-se com seu lado mais espiritual.

Chacra coronário

Acredita-se que o chacra coronário seja nossa conexão com nossa fonte espiritual e nosso eu superior. Quando seu chacra coronário está em equilíbrio, você compreende a unidade de nosso Universo e tem consciência de que faz parte de algo muito maior e grandioso. Além disso, você sabe que cria sua própria realidade e que tudo que lhe acontece é útil. Quando hiperativo, você pode ter dificuldade de manter os dois pés neste mundo. Pode ser complicado ancorar-se e sentir uma conexão com seu próprio corpo e com o reino físico. Se estiver hipoativo, você pode achar difícil conectar-se com uma consciência superior ou com a espiritualidade. Provavelmente, entregar-se é algo muito trabalhoso, visto que você não conhece aquilo a que se está entregando nem confia nessa força. Você pode sentir que se esforça para descobrir qual é seu propósito nesta vida e para conectar-se com seu parceiro em um nível espiritual mais profundo.

Exercícios para os chacras

O segredo para colocar seus chacras em equilíbrio é manter sua energia circulando. Lembre-se: nossos pensamentos e nossas emoções têm energias que podem ficar presas em nosso corpo (em especial se nossos chacras estiverem hipoativos ou fechados) e baixar sua frequência. Aqui estão mais algumas formas de fazer fluir a energia de seu corpo.

O elevador dos chacras: subindo!

A ideia por trás desse exercício é ajudá-lo a sintonizar-se com sua energia e com seus chacras. Se essa é a primeira vez que você está lendo sobre chacras, aposto que está um pouco confuso, hesitante e cético. Não há problema. O único objetivo aqui é ajudá-lo a se familiarizar com seu corpo e com os pontos em que você possa ter energia estagnada. Com a prática, você se surpreenderá ao ver como sua energia fluirá naquelas áreas a que você direciona sua percepção. Lembre-se: para onde vai a intenção, a energia flui, e isso é particularmente verdadeiro nas meditações dos chacras.

1. Sente-se confortavelmente, com as costas apoiadas. Ancore-se conforme ensinado no capítulo 3. Inspire profundamente algumas vezes.
2. Imagine a energia de seu corpo dentro de um belo elevador de vidro, toda acumulada na base de sua coluna, seu chacra raiz. Coloque toda a sua atenção naquela área de seu corpo. Imagine que você consegue visualizar o lindo vórtice de energia luminosa vermelha pulsando e vibrando ali.
3. O elevador consegue subir sete andares, atravessando cada chacra. Lentamente, conte de um a dois. Nesse meio-tempo, imagine o belo elevador repleto de energia subindo um "andar", do chacra raiz ao chacra sacral, passando de um vórtice de luz vermelha vibrante para um de luz alaranjada.
4. Continue fazendo o elevador subir através de cada chacra e apenas atente para as sensações e imagens que surgirem ao longo do caminho. Você talvez se surpreenda com o que descobrir!

Ajuste dos chacras

Esse é um exercício compartilhado por Donna Eden em seu maravilhoso livro *Energy Medicine*. Eu adoro esse exercício como um ajuste geral. Ele também pode concentrar-se em um chacra específico que você sinta estar hiperativo ou hipoativo. Eu o descreverei a seguir, como se seu parceiro estivesse realizando o exercício em você, mas você pode fazê-lo em si mesmo sem um parceiro (ou realizá-lo em seu parceiro!). Ele consiste em fazer circular a energia através de seu corpo, como um curador energético faria. Se você permanecer em um estado de atenção relaxada, creio que normalmente sentirá a energia fluindo. A sensação pode ser de calor ou de um puxão suave. A ideia é que as mãos que estejam trabalhando no chacra atuem como um ímã, puxando energias estagnadas ou tóxicas para fora. À medida que as energias do chacra seguem a energia da mão, elas começam a girar de uma maneira que permite a remoção dos bloqueios. Você também pode usar esse exercício com seus amigos ou até com seus filhos.

Meu filho Sammy estava um tanto ansioso alguns meses atrás. Ele vinha passando por dificuldades na escola e se sentia socialmente isolado. Eu sabia que deixar aquela ansiedade se acumular dentro dele não lhe faria nada bem. Mesmo revirando os olhos para mim, ele concordou em ceder e deixar que eu tentasse esse exercício com ele. Concentrei minha atenção nos chacras do plexo solar e raiz. Ele imediatamente se acalmou e passou alguns instantes respirando profundamente, serenando a mente e ancorando-se. Sim, mesmo crianças podem ancorar-se. Acho que o excesso de estímulos do mundo atual, com *video games*, celulares, barulho e ação constantes, pode de fato sobrecarregar as crianças, e reservar apenas alguns minutos de privacidade e tranquilidade pode ser muito benéfico, em especial se isso incluir trabalhos com os chacras.

Isso também vale para crianças mais velhas. Meu amigo Oscar tentou esse exercício com sua filha adolescente quando ela estava apreensiva por iniciar o ensino médio em outra escola, e eles me disseram que gostaram muito. Na verdade, a filha de Oscar (que participa do clube de teatro) realizou esse exercício recentemente com um grupo de colegas para ajudá-los a lidar com o nervosismo de noites de estreia!

1. Deite a pessoa de costas. Sacuda vigorosamente as mãos. Terapeutas de medicina energética acreditam que isso purifica qualquer excesso de energia do corpo, de modo que atuem como um instrumento energético limpo.

2. Comece com o chacra raiz. Coloque uma ou ambas as mãos, palmas voltadas para baixo, cerca de dez centímetros acima do chacra, e comece a fazer movimentos circulares suaves em sentido anti-horário. O ideal é fazer isso por três minutos. Os círculos devem ser lentos e amplos, mais ou menos da largura do corpo. Então, passe

a fazer círculos em sentido horário, por cerca de metade do tempo que você passou fazendo os círculos no sentido anti-horário.
3. Sacuda as mãos outra vez e passe ao chacra seguinte, repetindo o passo 2. Faça isso com cada chacra.

De acordo com Eden, se você começar a sentir que os três minutos de círculos na direção anti-horária são muita coisa, simplesmente passe aos círculos em sentido horário e isso deverá restabelecer o equilíbrio. Ela continua, informando que, se você sentir dor de cabeça enquanto seus chacras estão sendo limpos, em geral é porque energias estagnadas ou tóxicas estão senso liberadas. Se você tem predisposição para dores de cabeça, não haverá problema em começar pelo chacra da coroa e seguir pelo caminho inverso. Eden alerta ainda que, quando estiver trabalhando em um homem, você deve inverter a sequência dos círculos quando chega ao chacra da coroa, começando com os movimentos em sentido horário, porque o chacra da coroa dos homens gira na direção contrária com relação a todos os demais chacras. No entanto, o chacra coronário de uma mulher gira na direção usual.

A conexão sacro-cardíaca

Aprendi esse exercício também na obra de Donna Eden e o considero extremamente útil durante períodos de ansiedade ou insegurança, em especial no amor, bem como quando você quer melhorar a conexão entre as expressões físicas e emocionais de intimidade em seu relacionamento.

Primeiro, ancore-se e faça cinco ou seis respirações profundas, inspirando pelo nariz e expirando pela boca. Coloque o dedo médio de uma das mãos sobre o chacra frontal e o dedo médio da outra no chacra sacral, bem em seu umbigo. Então, pressione levemente cada um dos dedos em sua pele, fazendo uma pressão para cima. Segure por 20 segundos. Costuma ser um sinal de conexão quando você sente necessidade de suspirar profundamente. Você pode, na verdade, conectar quaisquer pares de chacras colocando a mão direita sobre um deles e a esquerda sobre o outro.

COMO TRABALHAR COM SUA RESPIRAÇÃO

A maioria de nós nunca pensa muito na respiração. E por que deveríamos? Assim como nossos batimentos cardíacos, nossa respiração é algo a respeito do qual nunca temos de pensar, já que acontece quer estejamos despertos ou adormecidos, sem exigir qualquer esforço.

No entanto, a respiração também está na base de todos os nossos processos corporais. Quando buscamos deliberadamente acalmar nossa respiração durante um acontecimento estressante, podemos sentir um efeito quase imediato no corpo. Nossa frequência cardíaca diminui. Nossa mente fica mais clara. Nós nos sentimos menos trêmulos e mais no controle da situação.[37]

A respiração no yoga (*prānayāma*) é ainda mais benéfica. Em tradução livre, *prānayāma* significa "maestria da força vital" ou "remoção de obstáculos para liberar o fluxo da força vital". Em outras palavras, ela basicamente coloca o corpo em sua mais pura essência, alinhando-o com a mente e desfazendo quaisquer obstruções que possam impedi-lo de alcançar tal estado.

Embora possa parecer intimidadora, a respiração do yoga é bastante simples. Para praticá-la, basta sentar-se em uma posição confortável com as costas retas e apoiadas. Não se encolha para a frente ou de qualquer outra forma obstrua sua respiração. Agora, faça uma longa inspiração pelo nariz. Sinta o ar passando por sobre seu lábio e imagine-o entrando por suas narinas. Agora, solte o ar pelo nariz. Faça a expiração ser pelo menos um segundo mais longa que a inspiração. (Contar os segundos à medida que você respira pode ser útil.) Agora, repita o processo, inspirando longamente pelas narinas, visualizando o ar entrando por elas em uma velocidade regular. Então, expire devagar pelo nariz. O som deve ser parecido com o barulho do oceano.

A respiração do yoga pode ter benefícios incríveis. É tão raro respirarmos profundamente e trazermos a consciência para nossa respiração que, quando o fazemos, é de fato como uma "lufada de ar puro" para todos os nossos órgãos. E não só isso: a respiração profunda ajuda a criar uma sensação de tranquilidade e nos estimula a uma conexão mais íntima com nosso eu essencial.

Respirar também é um jeito maravilhoso de melhorar a comunicação com seu parceiro. Existe um motivo para as pessoas dizerem que você deve respirar fundo algumas vezes quando está zangado. Quando

---

37. Harvard Medical School, "Técnicas de Relaxamento: o Controle da Respiração Ajuda a Aliviar a Resposta Inadequada ao Estresse", *Harvard Health Publications*, 26 de janeiro de 2015; web 23 de abril de 2015. <http://www.health.harvard.edu/mind-and-mood/relaxation-techniques-breath-control-helps-quell-errant-stress-response>.

você fecha os olhos e respira profundamente, é muito mais fácil abandonar o ego e a necessidade de estar com a razão, mesmo que seja apenas por um instante. Você consegue afastar-se e ver a situação estressante com clareza, e é capaz de saber qual é sua intenção e o que você quer criar em seu relacionamento.

Sim, pode ser necessário autocontrole para fechar os olhos (e a boca!) e fazer a respiração do yoga quando o que você realmente quer é gritar e berrar, mas eu garanto que se você a fizer apenas umas duas vezes, vai querer continuar a fazê-la quando vir seus fantásticos resultados. Em pouco tempo, ela se tornará algo natural e você nem sequer terá de se forçar a parar e respirar: essa será sua reação imediata sempre que começar a perceber que está ficando sobrecarregado de emoções negativas.

A respiração quadrada

A respiração quadrada é um exercício muito simples e uma maneira excelente de permitir que seu corpo aperte o botão de reiniciar. Eu a considero especialmente útil quando as emoções estão passando à frequência egoica e a resposta a situações de estresse está começando a disparar. Ela o trará de volta à tranquilidade e à frequência inerente.

A respiração quadrada é um processo de quatro etapas em que se conta até quatro em cada uma delas. Você pode fazê-la em qualquer lugar e a qualquer hora. Comece inspirando devagar pelo nariz (contando mentalmente: "um, dois, três, quatro"). Então, segure a respiração por mais quatro tempos. Em seguida, expire devagar pela boca ("um, dois, três, quatro"), esvaziando os pulmões. Mantenha os pulmões vazios por mais quatro segundos antes de inspirar outra vez, devagar. Esta é a sequência: inspirar em quatro segundos, segurar o ar por quatro segundos, expirar em quatro segundos, manter os pulmões vazios por quatro segundos.

Se você quiser acrescentar um foco meditativo a esse exercício para ajudá-lo a liberar ainda mais a tensão, use qualquer objeto de quatro lados – de preferência um quadrado – como guia visual. Você pode até mesmo desenhar um quadrado em uma folha de papel. Comece concentrando-se no canto superior esquerdo do quadrado enquanto você inspira. Conforme segura a respiração, transfira suavemente sua atenção ao canto superior direito. Enquanto expira, mova devagar o foco para o canto inferior direito e, ao suspender a respiração outra vez, passe ao canto inferior esquerdo. Se quiser dar ainda um passo adiante, pode conjugar esse exercício com um minirreiniciar de gratidão, pensando em uma coisa pela qual você se sente grato no momento de cada etapa de sua respiração quadrada.

A respiração 4-7-8

Outro excelente exercício de respiração é aquele que aprendi com o dr. Andrew Weil, escritor e especialista em saúde holística. Chama-se Respiração 4-7-8 e acalma o sistema nervoso. Eu o considero particularmente útil em casos de dificuldade para dormir ou para pegar outra vez no sono no meio da noite.

É muito parecido com o exercício da respiração quadrada. Expire pela boca, expelindo todo o ar dos pulmões, produzindo o som de um longo suspiro. Em seguida, inspire devagar e profundamente pelo nariz enquanto conta, em silêncio, até quatro. Então, segure a respiração, contando até sete. Agora, expire devagar pela boca em oito tempos, mais uma vez expelindo todo o ar dos pulmões com um longo suspiro. Repita o procedimento no mínimo cinco vezes.

Weil recomenda ainda o uso da respiração como forma de meditação, o que pode ser uma ótima maneira de trabalhar quando você está começando a aprender a meditar. Basta sentar-se em uma posição confortável, com a cabeça para a frente e os olhos fechados, e começar a prestar atenção em sua respiração. Observe sua respiração, mas não tente influenciar ou controlar sua profundidade ou velocidade. Apenas esteja consciente dela. Depois de um ou dois minutos, comece a contar as expirações até chegar a cinco, e recomece. Se você perceber que continuou contando para além de cinco, saberá que sua mente começou a vaguear. Não se sinta frustrado: apenas traga sua atenção de volta à sua respiração e recomece.

A respiração de fole

Os exercícios anteriores são excelentes maneiras de fazê-lo acalmar-se e aliviar qualquer estresse que você possa estar vivenciando, mas e se o que você precisa é recarregar as baterias? Weil também tem um exercício para isso e ele o chama a respiração de fole.

Mantendo a boca fechada, mas relaxada, comece a inspirar e expirar rapidamente pelo nariz. Essa respiração não é silenciosa: você deve mesmo fazer barulho enquanto tenta encaixar três ciclos de inspiração e expiração em um segundo! Imagine seu diafragma trabalhando como um fole faria para atiçar uma fogueira – essa fogueira é sua energia!

No capítulo 11, Sexo Quântico, explicarei vários outros exercícios de respiração que farão sua energia (e seu prazer sexual) circular por seu corpo inteiro, por isso continue sintonizado em nosso canal!

Movimente seu corpo

Nunca é demais enfatizar como movimentar seu corpo pode ser eficaz para evitar que emoções de baixa frequência fiquem armazenadas por muito tempo. Como já aprendemos, o corpo é um veículo para a energia. Quando você cuida de seu corpo, a energia pode circular melhor por ele. Um corpo saudável também tem mais saúde energética, o que pode implicar um sistema imunológico fortalecido, menos doenças, e até mesmo uma desaceleração (ou reversão) do processo degenerativo do envelhecimento!

O yoga, como mencionei anteriormente, em regra o ajudará a manter a energia circulando de maneira efetiva e eficiente por seu corpo. Além de uma miríade de outros benefícios, é uma forma excelente de reduzir inflamações, que são um ponto de atenção cada vez mais fundamental em pesquisas sobre o câncer e outras doenças relacionadas à imunidade. Eu comecei a fazer yoga há alguns anos. Fui atraída pelos benefícios a respeito dos quais eu sempre lia: flexibilidade, concentração e serenidade da mente. Assim que comecei a praticar yoga, eu me apaixonei de imediato, reconhecendo uma variedade de benefícios físicos, mentais e até sexuais.

Não demorou muito para eu começar a recomendá-lo a meus pacientes, e por duas razões. Primeiro, é excelente para fortalecer seu assoalho pélvico e sua resposta sexual! É uma maneira fantástica de manter-se em conexão com seu corpo e preservar seu fluxo de energia, o que será algo particularmente importante para o Sexo Quântico.

Segundo, na maior parte dos exercícios físicos, desde corrida até tênis, você está sempre pensando em outras coisas enquanto os pratica. Quer você esteja conversando com um colega de corrida ou jogando uma partida em sua cabeça, pensando em sua técnica ou distraído no movimento de seu braço ao recuar para dar o golpe da raquete, sua mente (e em geral sua boca) não está serena. No yoga, é difícil pensar em qualquer coisa além de sua respiração e de onde suas mãos e seus pés estão. Sua mente se aquieta, uma vez que você está plenamente presente em seu corpo.

O yoga também faz maravilhas quando se trata de nos ajudar a gerenciar nossos níveis de estresse, o que é um elemento fundamental no controle da resposta de nosso corpo a situações estressantes, mantendo encurraladas as substâncias químicas que o provocam. Quando relaxamos em uma postura cômoda como a Postura da Criança, estamos basicamente dizendo a nosso cérebro que também não há problema em relaxar. Isso melhora o impulso antecipado do sistema de resposta imunológica, e as inflamações podem diminuir.

Além disso, o yoga é bom para nossos órgãos. Conforme fazemos torções e nos dobramos em posições diferentes, estamos na verdade massageando e estimulando nossos órgãos e aumentando a circulação neles, o que pode desfazer bloqueios e aumentar o fluxo de oxigênio.[38] Acredito que aprendi do jeito difícil o que acontece se mantivermos energia de baixa frequência em nosso corpo por muito tempo. O yoga também é um método incrivelmente eficaz para aumentar nossa consciência corporal, levando-nos a acessar nossas emoções e a sabedoria de nosso corpo.

A respiração e o yoga são maneiras excelentes de mantermos nossa energia circulando, mas é igualmente muito importante que façamos o possível para manter nosso corpo um veículo limpo e aberto para nossa energia. Isso dificulta que a energia de nossos pensamentos e emoções fique presa. E a saúde do corpo está intimamente relacionada com o alimento que lhe damos.

ALIMENTE SEU CORPO

Quando digo a palavra *nutrição*, para onde vai sua mente? Ela vai logo para dietas e contagem de calorias? Você começa a pensar de imediato: "Ah, isso é uma coisa que preciso melhorar?". Ou você pensa em nutrição como um modo de sustentar e amar seu corpo? Você a considera uma maneira de mostrar a si mesmo o cuidado que você merece? Sua atitude com relação à nutrição está moldando a realidade da saúde e do bem-estar de seu corpo, e pensamentos negativos e crenças de baixa frequência quanto ao que você come podem de fato prejudicá-lo.

Tudo isso infelizmente é bastante comum em nossa sociedade. Vivemos em um mundo que põe ênfase na perfeição física e exigimos malabarismos de nosso corpo todos os dias tentando consertá-lo/gerenciá-lo/

---

38. Swami Shivapremananda, *Yoga for Stress Relief* (New York: Random House, 1997).

controlá-lo para nos encaixarmos naquele molde inviável. Eu costumava ficar nessa mesma rotina maçante e acreditava que minhas escolhas me renderiam não só um corpo em forma, mas também uma vida longa e saudável.

Descobri, é claro, que meu corpo tinha opiniões diferentes. E, à medida que aprendi mais sobre nutrição e dieta alimentar, também descobri que algumas de minhas antigas escolhas de "alimentação saudável" não eram, na realidade, tão saudáveis assim afinal – ao menos no que dizia respeito a minha energia quântica. Embora antigamente eu fizesse o máximo para manter uma dieta com menos carboidratos e muita proteína, logo descobri que muitos dos alimentos básicos de minha dieta (carne, ovos, queijo, etc.) na verdade causavam um prejuízo energético ao corpo. Digerir tais alimentos significava absorver os hormônios, antibióticos e outros ingredientes artificiais e prejudiciais de que estão saturadas as carnes não orgânicas ou de animais alimentados com milho e cereais, bem como os laticínios. Também descobri que alimentos diferentes exigem energias diferentes para ser digeridos. Por exemplo, uma dieta rica em carne demanda muito trabalho e energia do fígado, visto que a carne tem grandes quantidades de ácido úrico que deve ser quebrado na digestão. Isso significa que o fígado tem menos energia disponível para processar outras toxinas que estão entrando no corpo por meio do ar poluído, de substâncias químicas em nossos produtos de beleza e higiene pessoal, em nossos utensílios alimentares, e assim por diante.

E isso não é tudo. Uma dieta rica em carne e laticínios está associada a um aumento na propensão ao desenvolvimento de câncer. O *China Study*, um projeto conduzido por pesquisadores da Universidade de Oxford e da Universidade de Cornell e custeado pelos Institutos Nacionais de Saúde e a Sociedade Norte-Americana de Combate ao Câncer, descobriu uma relação forte entre a alimentação de uma pessoa e sua predisposição ao desenvolvimento de câncer.[39] A pesquisa, que levou 30 anos e é considerada um dos principais estudos sobre as causas do câncer em nossa época, descobriu que dietas com base em alimentos de origem animal (incluindo carne e laticínios) estavam associadas a uma maior incidência de câncer de mama, enquanto dietas com base

---

39. Thomas Campbell II, *The China Study: The Most Comprehensive Study of Nutrition Ever Conducted and the Startling Implications for Diet, Weight Loss and Long-Term Health* (Dallas: BenBella Books, 2004).

em alimentos de origem vegetal estavam associadas a uma menor incidência de câncer de mama, bem como de câncer no trato digestivo.

Para uma mulher que estava então lutando contra o câncer de mama, descobrir tal informação foi chocante e revelador. Eu sempre soube que frutas, legumes e verduras faziam bem e que uma dieta de baixa gordura e baixa caloria era o segredo para ficar em forma, mas minha alimentação ainda assim incluía coisas como iogurte, omeletes de clara de ovo, peito de frango e bebidas lácteas. Fiquei surpresa ao me dar conta de que muitos de meus alimentos "saudáveis" favoritos podiam na realidade ser de difícil digestão para meu corpo e talvez levassem até ao câncer no futuro.

Não podemos controlar nossa predisposição genética ao câncer, mas existem cada vez mais evidências de que podemos de fato ter algum papel na ativação ou não de tais genes e na volta da doença, se já a tivemos. Independentemente de sua predisposição genética, células cancerosas nascem todos os dias no corpo de todas as pessoas. Existem cada vez mais evidências que corroboram a ideia de que a redução da inflamação nas células e a melhora do sistema imunológico ajudam não só a combater o câncer, como a preveni-lo. Quando mais limpo for o funcionamento de seu corpo, mais intenso poderá ser o fluxo de energia por ele.

Examinemos alguns dos segredos para manter o veículo energético que é seu corpo forte, limpo e o mais preparado possível para o Amor Quântico. Por favor, fale com seu médico antes de fazer quaisquer mudanças ou suplementações em sua alimentação.

Colabore com o fígado

Quando o fígado está exaurido pela carga de toxinas que lhe enviamos, ou apenas sobrecarregado em seu trabalho de processar alimentos e bebidas que exigem muita energia, ele se cansa e ocorre a inflamação do tecido. Como já mencionei, acredita-se hoje que inflamações nos colocam em risco de desenvolver câncer, bem como inúmeras doenças degenerativas. O segredo é concentrar-se em alimentos que colaborem com a função do fígado, tais como os que relaciono a seguir. As informações que compartilho aqui com você foram extraídas principalmente de dois livros incríveis que recomendo muito: *Crazy Sex Cancer Tips*, da ativista e sobrevivente do câncer Kris Carr, e *The Beauty Detox Solution*, da nutricionista Kimberly Snyder.

Consuma vitamina B suficiente.

As vitaminas do complexo B são amigas do fígado, em especial a B-12, que reduz significativamente a icterícia, a bilirrubina no soro sanguíneo, e auxilia na recuperação de doenças.

Coma muitas verduras e legumes.

As fibras e os nutrientes abundantes das verduras e dos legumes são ótimos para o fígado. Verduras e legumes são basicamente livres de gorduras e ricos no ácido fólico do complexo B.

Coma menos gordura.

Seu fígado normalmente produz de 250 a 1.000 ml (um litro!) de bile *por dia*. A bile é um componente crucial do processo digestivo e fundamental para a absorção de gorduras e vitaminas lipossolúveis no intestino delgado, mas o excesso de bile (em geral resultado da ingestão de gorduras em excesso) pode causar inflamação das células. A maior parte (cerca de 80%) de seus sais biliares é reabsorvida pelo trato intestinal e devolvida ao fígado, que os recicla. É assim que seu corpo, com um total de cerca de 3,6 gramas de sais biliares, pode secretar de quatro a oito gramas desses sais em uma única refeição gordurosa. Gorduras trans e saturadas são especialmente difíceis de ser processadas pelo fígado e podem causar danos ao órgão ao longo do tempo, resultando até mesmo em doença hepática gordurosa não alcoólica, que é muito mais comum do que você imagina, afetando 25% da população.

Evite laticínios.

Laticínios também são de difícil processamento para o fígado e contêm algumas gorduras prejudiciais à saúde. É melhor ingerir cálcio do leite de coco (que também é evidentemente muito bom para o pH; veja abaixo), do leite de amêndoas ou do leite de sementes de cânhamo, bem como de todos os vegetais folhosos que você está comendo pelas razões dadas anteriormente.

Fique longe do açúcar.

Ocorre que as células cancerosas têm nove vezes mais receptores de glicose que as demais células! É melhor usar xarope de estévia ou agave como adoçante. Mark Hyman, diretor do *UltraWellness Center* e autor de *The Daniel Plan* e *The Blood Sugar Solution 10-Day Detox Diet*, tem um ponto de vista excelente sobre o açúcar. Ele diz que o açúcar não é ruim: apenas temos de tratá-lo como uma droga recreativa. Em outras palavras, não é o fim do mundo se você o consumir de vez em quando, mas é preciso tomar cuidado com ele. Você pode fazer uma escolha consciente de ingerir açúcar, mas faça-o sabendo que ela não é a melhor para seu corpo.

Insira sua nutrição em sua rotina diária

Descobri que, para mim, é mais fácil incorporar um bom suporte nutricional em minha vida se eu o inserir em minha rotina diária. Por exemplo, gosto de começar meu dia com o que meus filhos chamam "Gororoba Verde da Mamãe". É uma vitamina verde que inclui legumes e verduras, frutas e até ervas frescas para dar partida em meu sistema no início do dia.

A seguir compartilho a receita de minha vitamina verde favorita (do livro de Kimberly Snyder). Use água filtrada e produtos orgânicos, se possível! Os orgânicos são as melhores opções em tudo o que você for comer ou beber, se você puder comprá-los. Se o orçamento é uma preocupação, confira as feiras de produtores rurais locais e fique de olho em cupons de descontos.

A Vitamina Verde Radiante de Kimberly Snyder

Ingredientes:
1½ xícara de água
1 pé de alface romana picada
½ maço grande de espinafre
1 maçã picada, sem as sementes
3 a 4 talos de aipo
1 pera picada, sem as sementes
1 banana
Suco de ½ limão

Opcional: Quaisquer ervas frescas de que você goste – coentro, salsinha, hortelã, manjericão, etc. – bem como espirulina, clorela e suco de aloé, se quiser!

Coloque a água, a alface e o espinafre no liquidificador e bata até ficar uniforme. Acrescente a maçã, o aipo e a pera. Junte as ervas frescas, se você for usá-las. Acrescente por último a banana e o suco de limão.

Tenha como meta tomar uma vitamina verde todos os dias. Ela não só é deliciosa (sim, acredite, o sabor é muito bom!) como fará com que você se sinta ótimo, satisfeito e cheio de energia. A receita também ajuda a melhorar a pele e a aparência (Snyder não a chama Vitamina Verde Radiante à toa). Embora as enzimas digestivas da bebida tenham sua ação máxima por ocasião do preparo, os nutricionistas em geral concordam que a maioria dos benefícios pode ser conservada por dois dias se você quiser guardá-la em um recipiente de vidro (de preferência) na geladeira. Ou, se você tem realmente pouco tempo, como eu, pode fazer uma grande quantidade no início da semana e guardá-la em recipientes de vidro menores no congelador, e então deixar apenas um descongelando na geladeira na noite anterior. Em pouco tempo você vai perceber que começa a implorar por sua vitamina – não, é sério! Quando estiver com fome e cansado, sua mente começará a pensar *vitamina* em vez de *barra de chocolate ou doce* e, quando isso acontecer, você saberá que está no caminho certo!

Para mais ideias sobre nutrição e suplementos para sustentar o Amor Quântico, visite o *site* <www.drlauraberman.com/quantumlove>.

Diga não a carboidratos simples

Em minha jornada para aprender mais sobre nutrição, também confirmei o que há muito eu acreditava a respeito dos carboidratos. Como mãe, eu via de primeira mão como uma dieta rica em carboidratos afetava meus filhos, em especial quando envolvia grandes quantidades de carboidratos simples como açúcares, suco de fruta e pão branco (se comparados aos carboidratos complexos, como cereais integrais e vegetais ricos em amido, que costumam ter mais fibras e são processados de modo muito diferente pelo corpo). Costumamos pensar que o açúcar é o principal item a ser proibido quando o assunto é crianças (ele provoca um grande pico e, então, uma súbita queda na energia delas), mas o que muitas pessoas não percebem é que carboidratos simples estão, na verdade, saturados de açúcar. De fato, um prato de purê de batatas ou uma grande tigela de fettuccine Alfredo podem ter tanto açúcar quanto uma lata de refrigerante ou uma fatia de bolo!

Os carboidratos nos fornecem não só uma boa dose de açúcar como também bagunçam nossos níveis de insulina e serotonina. Depois de comermos um doce do tipo pastelaria, como tortas, por exemplo, nosso corpo libera insulina para limpar todo o açúcar que acabamos de ingerir, retirando-o da corrente sanguínea e levando-o para o interior das células. Quando a insulina termina seu trabalho, experimentamos uma queda no nível de açúcar em nosso sangue (e todas as sensações desagradáveis e irritantes que a acompanham). No entanto, a insulina não cuida só do açúcar. Em doses muito altas, ela também elimina todos os aminoácidos, à exceção de um: o triptofano (a substância química que o deixa sonolento depois de comer peru demais no Natal). E, se há uma grande quantidade de triptofano, seu corpo produzirá uma grande quantidade de serotonina. Ora, a serotonina é uma substância química que promove "bem-estar", mas em grandes doses pode não ser nada divertida. Serotonina em excesso pode deixá-lo nervoso, tenso ou muito agitado e alerta, podendo dificultar o controle de seu apetite.[40] No entanto, a maioria de nós tende a ansiar por alimentos reconfortantes, carregados de carboidratos, depois de um dia ruim. Assim, recorremos a pizza, massas e outros alimentos quando nos sentimos para baixo, mas, logo depois de comê-los, nós nos sentimos pior que antes.

A verdade é que, embora alimentos "prazerosos" nos deixem felizes no momento em que os consumimos, eles cobram um alto preço: ganho de peso, mau humor e fadiga generalizada. Com o tempo, podem até mesmo afetar sua libido e seu desempenho sexual!

Comece o dia direito

Como você começa o dia? Se você é como a maioria das pessoas, começa o dia apertando o botão de soneca algumas vezes e, então, segue, grogue, para a cozinha para pegar uma caneca de café. Parece ótimo, não é? Não há nada errado em tomar café com moderação (e alguns estudos constataram associações positivas entre a redução de casos de câncer de fígado e o consumo de café). Contudo, você não deveria contar com um pote de café para mantê-lo de pé e ativo pelo dia inteiro. Quando isso acontece, seu café deixa de ser um prazer para se transformar em uma muleta, e isso nunca é bom. Se você é um verdadeiro viciado em cafeína, é provável que também tenha dificuldades para dormir à noite (e isso sem falar que todas aquelas corridas ao Starbucks provavelmente pesam em seu bolso!).

Em vez de passar sua rotina matinal como um autômato ranzinza que precisa de doses intravenosas de café preto como se fosse soro, por

---

40. Susan Yanovski, "Açúcar e Gordura: Anseios e Aversões", *Journal of Nutrition 133*, nº 3 (2003): p. 835S-837S.

que não levar intenção e consciência ao modo como você começa seu dia? Isso ditará o tom de seu humor e de sua energia para o restante do dia.

Pessoalmente, mesmo antes de tomar minha vitamina, gosto de começar minha manhã com um copo de água morna com limão. O limão traz muitos benefícios à saúde e é bastante apreciado já há milhares de anos por tais propriedades. O suco de limão pode ter sabor ácido, mas a maioria dos nutricionistas concorda que ele tem um efeito alcalino sobre o corpo. Ironicamente, isso significa que sua água com limão matinal ajuda a eliminar a acidez do corpo e a expelir o ácido úrico. Ingeri-la ajuda na digestão, equilibra o pH do organismo, melhora o sistema imunológico, hidrata o sistema linfático e atua como diurético natural (o que, por sua vez, ajuda a limpar o corpo de toxinas e resíduos).[41] Também ajuda a manter a pele limpa e seu hálito, fresco! Pode ainda auxiliar na perda de peso, se esse é um de seus objetivos. É melhor usar limões orgânicos e água filtrada (pense em meio limão por copo d'água). Opte por água morna, não quente nem escaldante, e não use água fria ou gelada, já que ela demanda muita energia do corpo para ser digerida.

Pense no momento de tomar sua água com limão como uma oportunidade de trazer consciência e intenção para seu corpo. Arranje apenas dez minutos (ou mesmo cinco) para sentar-se tranquilamente, tomar a água e respirar. Pratique um dos exercícios respiratórios das páginas 191 a 194 e estabeleça sua intenção para o dia. Pode ser: "hoje quero ser produtivo e manter o foco", ou "hoje quero ser gentil comigo mesmo", ou "hoje quero arrumar tempo para ir à academia depois do trabalho". Estabelecer sua intenção dessa maneira é quase como se você estivesse fazendo uma promessa a si mesmo, promessa de que você provavelmente se lembrará e cumprirá ao longo do dia, mesmo que esteja muito ocupado. Se você dispuser de um pouco mais de tempo, talvez queira usar aquele momento para escrever seu diário ou ler um livro que seja importante para seu processo de cura.

A propósito, se quiser saborear seu café mesmo assim, você pode. Na verdade, você nunca deve privar-se de desfrutar os pequenos prazeres da vida, desde que possa fazê-lo de uma maneira que não seja prejudicial a sua mente ou a seu corpo. No entanto, se quiser mesmo aproveitar ao máximo tais prazeres, certifique-se de que o faz *com atenção presente*. De manhã, não tome seu café de um só gole (ou sua taça

---

41. Audrey Ensminger, *Food for Health: A Nutrition Encyclopedia* (Clovis, CA: Pegus Press, 1986).

de vinho à noite) sem lhe dar atenção. Desacelere e de fato desfrute o que estiver fazendo. Sinta o aroma. Perceba como a caneca é morna e sólida em suas mãos. Note como é cremoso seu leite de amêndoas no líquido escuro. Perceba que está tomando seu café em sua xícara favorita, aquela que seus filhos fizeram para você pelo Dia das Mães. Traga real consciência e gratidão ao momento. Sim, pode ser uma agitada manhã de segunda-feira ou talvez você tenha um milhão de coisas a fazer, mas você tem a oportunidade, nesse instante, de tratar o momento (e seu corpo) com cuidado, gratidão e consciência. Isso fará com que seu café tenha não só um sabor muito melhor do que jamais teve, como também poderá ajudá-lo a passar da frequência egoica à frequência inerente.

Dar prioridade à nutrição é uma maneira de demonstrar cuidado e dar suporte ao corpo que cuida de nós e nos dá suporte. É um ato de amor por nós mesmos. Ele envia a mensagem de que somos merecedores de tal atenção e cuidado. E, se pensarmos nisso como uma função do Amor Quântico, as implicações disso só farão crescer.

Lembre-se: amar e cuidar de nós mesmos a partir de um estado de plenitude é a base mesma do Amor Quântico, *que começa com você*. É com muita frequência que caímos na armadilha de julgar nosso corpo a partir da frequência egoica. Em vez de olharmos para nosso corpo como a usina geradora de energia que é, concentramos nossa atenção no que julgamos ser imperfeições: o estômago um pouco avolumado, um acúmulo de gordura na coxa ou uma flacidez extra nos braços. Consideramos defeitos nossas marcas de nascença e de acne ou nossas rugas. Fazemos despencar nossa própria energia quando sentimos tudo, *exceto* amor por nosso corpo.

Acho muito importante, acima de tudo, compreender que nosso corpo, *e nossa perspectiva com relação a ele*, oscila no mesmo padrão natural de contração de expansão que governa nossa energia. Há momentos de contração e momentos e expansão, mas nunca é algo estático. A frequência inerente é conservada mantendo-se uma perspectiva com relação ao movimento de contração e expansão de nosso corpo que seja compreensiva, compassiva e até mesmo de gratidão por tais flutuações a fim de criarmos uma realidade mais positiva e estarmos em Amor Quânticio.

AME SEU CORPO

A poetisa e mulherista Audre Lorde certa vez descreveu o ato de cuidar de si mesma como uma ousadia e uma transgressão por parte da mulher na sociedade atual, e acredito que haja uma grande verdade nisso. A maioria de nós raramente dedica algum tempo para cuidar de si mesma e, quando o fazemos, sentimo-nos culpadas ou pensamos que temos de justificar nossas escolhas perante as outras pessoas. Contudo, acredito que uma grande mudança espiritual pode acontecer em nossa vida quando celebramos nossas necessidades pessoais e cuidamos delas. Você está se encolhendo nesse exato instante? Talvez esteja pensando: "Isso parece tão egoísta". Mas, tenho de perguntar: o que há de errado em cuidar de si mesma? Qual é o problema em ser bondosa com seu corpo, às vezes até generosa e indulgente? O que há de errado em agradecer seu corpo por sua força e utilidade, e mostrar gratidão a si mesma por meio de uma aula de yoga, um cochilo revigorante, ou até mesmo pela autoestimulação? Sim, eu disse isso! A masturbação pode ser um ato de cuidado para consigo mesma. Qualquer coisa em meu livro que a ajude a respirar profundamente, desacelerar e desfrutar prazeres simples é um cuidado para consigo mesma.

Então, deixe-me perguntar: que mensagens você envia para si mesma e para seu corpo pela maneira como cuida dele? A maioria de nós critica ou deprecia nosso corpo dez, 20, até 50 vezes por dia sem sequer se dar conta disso. Tais pensamentos podem estar tão arraigados que já nem notamos quando os temos. Por isso, pode ser extremamente poderoso perceber e vigiar seus pensamentos negativos. Ainda que seja apenas por uma tarde, estabeleça a intenção de realmente notar o que você está dizendo a si mesma (em especial os pensamentos que está tendo a respeito de seu corpo). Escreva-os em seu diário ou até mesmo como uma nota em seu celular. Os pensamentos que você vir no final do dia podem surpreendê-la, tanto por seu grande número como por sua evidente *crueldade*. As coisas que você diz a si mesma são provavelmente coisas que você jamais diria a qualquer outra pessoa.

Esse era o caso de Alexa, uma grande amiga minha. Alexa é o espécime ideal da beleza norte-americana: magra, seios grandes, cabelos louro-mel, longos e macios, e olhos de um azul profundo. No entanto, desde que conheci Alexa, anos antes, tudo o que eu ouvia dela era sobre suas imperfeições. Ela entrava na sala se desculpando por sua aparência, dizendo: "Ai, Laura, desculpe, estou toda desarrumada! Acabei de sair da academia". Ou: "Desculpe por você ter de me ver assim, com essas sobras escapando da calça. Comi biscoitos demais no Natal!". Às vezes, eu tinha vontade de sacudi-la e dizer: "Alexa, você é linda! Cale a boca e passe o sal!". Mas é claro que eu sabia que nada do que eu dissesse faria com que ela se sentisse melhor. Seu desconforto vinha lá do fundo de seu ser, de uma infância difícil com uma mãe que só se preocupava com beleza e prestava atenção antes na aparência de Alexa que em sua sagacidade brilhante e em seu grande coração.

Então, Alexa passou por uma mudança fantástica. Tudo começou quando ela ficou grávida. Minha amiga descobriu que teria uma menina, a quem deu o nome de Constance Anne antes mesmo de sair da consulta em que fez o ultrassom. Depois de algumas leituras, ela decidiu que queria fazer o parto em casa, com uma parteira (uma *doula*) e seu adorável marido Robert. Contudo, ela não conseguia decidir se queria ou não que a mãe estivesse presente no parto. Falando comigo, agitada, enquanto comíamos uma salada, ela disse:

– Não sei o que fazer. Minha mãe vai me matar se eu não a convidar, mas, ao mesmo tempo, não sei se vou conseguir ter meu bebê na frente dela. Sei que ela vai fazer piadinhas sobre minha aparência e pequenos comentários acerca de quanto peso ganhei e sobre minha celulite. O que devo fazer?

– Acho que você já respondeu à pergunta – disse eu.

Alexa concordou e disse à mãe que ela não estava convidada para o parto em casa. Eu nunca soube de fato como foi a conversa porque, nas poucas vezes em que vi Alexa depois daquilo, sua energia havia mudado completamente. Em vez de agitar-se por causa da decepção da mãe ou do peso que estava ganhando, ela estava cheia de energia positiva e planos promissores para o futuro.

– Minha parteira me deu este livro sobre afirmações de parto para ler – disse ela. – Elas são todas sobre como meu corpo é forte e poderoso. É tão estranho. Nunca pensei em meu corpo em termos do que ele pode fazer. Apenas pensava nele em termos de aparência.

Eu assenti em concordância:

– Acho que é assim com muitas mulheres. Então, esse livro a está ajudando a mudar sua história sobre si mesma?

Ela assentiu e sorriu:

– Sabe, deixei Robert me ver sem maquiagem pela primeira vez em anos. Eu disse a ele: "Você vai me ver em meu pior estado durante o parto, então é bom que você se acostume". E você sabe o que ele disse?

Fiz que não com a cabeça.

– Ele disse: "Lex, você está maluca? Vou ver você colocar nossa filha no mundo. Vou ver você em seu *melhor* estado" – disse Alexa, em um tom de total surpresa.

Essa foi a última vez que vi Alexa antes do parto. Ela passou por uma maratona de 40 horas de contrações antes de Constance vir ao mundo. Algumas semanas depois, recebi por *e-mail* uma linda fotografia de mãe e filha com esta mensagem comovente: *Laura, esta é minha bebê. Ela é linda, não é? Mas isso é só o que parece à primeira vista. Ela também é vigorosa e forte, igual à mamãe dela. Mal posso esperar para ensiná-la a andar, correr, nadar e brincar. Quero que ela fique maravilhada e encantada com todas as coisas que seu corpo pode fazer, exatamente como estou aprendendo a ficar. Quero que ela conte estrelas, não calorias. Beijos, Lex.*

Fiquei muito impressionada e orgulhosa ao ver como minha amiga havia mudado, como havia retomado o controle da imagem do próprio corpo e modificado sua história, não apenas por si mesma, mas também por Constance. A realidade é que a maioria das mulheres não tem tanta sorte. A maioria de nós é como Alexa antes da gravidez, sempre agitadas por causa de cada caloria e com vergonha de nossa aparência exterior. Quando você se alimenta constantemente desse tipo de mensagens e pensamentos, está fazendo com que sua frequência abaixe. As histórias sobre a imagem de nosso corpo não diferem das histórias de nossos espinhos no tocante a sua capacidade de afetar nosso estado energético e a realidade que criamos para nós. Lembre-se: quando você está vibrando em baixa frequência por causa dessas histórias que repete a si mesmo, você atrai ainda mais coisas que reforçarão tais crenças em sua vida, em sua percepção e em seu relacionamento.

Quando você está cheia de crenças negativas sobre seu corpo, isso atrapalha tudo: o modo como você se comporta, quanto você se sente envergonhada de si mesma, se se sente ou não confiante ao ficar nua na frente de seu parceiro. A maneira como você se sente com relação a seu corpo diante de seu par é uma etapa clássica da criação da própria realidade no campo logístico por meio de seus pensamentos e sentimentos. Você tem vergonha, então evita ficar nua, talvez evite até o sexo. Você se esquiva das investidas de seu parceiro porque não se sente bem consigo mesma, mas o primeiro pensamento dele não será: "Ah, ela deve estar incomodada com o próprio corpo". Ele estará pensando: "Por que acabei de ser rejeitado? Acho que não vou tentar isso outra vez". Então, quando ele para de procurá-la, você imagina: "Aquilo que eu acredito a meu respeito deve ser verdade. Ele não sente atração por mim". A fim de mudar a realidade de seu relacionamento, em especial no tocante a seu aspecto físico e sexual, você precisa mudar a perspectiva que tem com relação a seu corpo.

A verdade, minhas queridas, é que, se você está nua diante de um homem, ele *não* irá notar sua celulite ou qualquer de suas imperfeições, a menos que você não pare de apontá-las para ele. Se quiser ver o que ele vê, fique nua na frente do espelho e apenas suavize sua visão, de modo que fique um pouco desfocada. Seu parceiro está vendo a silhueta inteira. Ele está vendo seios e traseiro e curvas; ele não está constatando se seus braços estão flácidos. O que realmente excita seu parceiro não é que seu traseiro seja absolutamente firme, mas quanto você se sente plenamente confortável em seu corpo.

Contemplação da própria essência

Há não muito tempo estive em um retiro de mulheres no qual minha irmã de alma e *coach* pessoal Susan Hyman era a facilitadora. Ela nos arranjou em pares e orientou que simplesmente olhássemos nos olhos de nossa companheira... por três minutos. A única pessoa com quem eu já havia feito isso é meu marido, então, a experiência pareceu extremamente íntima e desconfortável nos primeiros dez segundos. Mas eu e minha companheira persistimos, com alguns sorrisos forçados e umas bufadas. Então, depois de mais ou menos um minuto, as coisas começaram a mudar. Eu já não conseguia ver direito o rosto de minha companheira, mas suas íris pareciam infinitas. Embora tudo o mais tivesse ficado nebuloso, o senso de unidade e conexão estava muito claro. Todas podiam senti-lo.

Terminados os três minutos, Susan pediu voluntárias para compartilhar quaisquer imagens, palavras ou ideias que tivessem vindo à mente enquanto olhávamos nos olhos umas das outras. O incrível é que cada uma de nós "captou" alguma espécie de imagem ou ideia durante o exercício, e cada uma dessas imagens ou ideias acabava revelando ter um significado tremendo para a pessoa que ela descrevia. Não éramos um grupo de mulheres que fazia esse tipo de coisa na vida cotidiana. Contudo, as imagens que vieram à nossa mente eram metaforicamente perfeitas e absolutamente belas, quer fosse o brilho de uma linda energia rósea de amor de mãe descrevendo uma participante do grupo que estava lutando em segredo com sua culpa materna por ter uma agenda de trabalho lotada, ou uma bela parede cinzenta coberta de líquen e musgo na qual o oceano quebrava, imagem que descrevia uma mulher que estava em dúvida quanto a deixar um novo amor entrar em seu coração.

Com que frequência você olha nos olhos de outra pessoa, mesmo nos de seu parceiro? Quando você olha para os olhos de seu amado, a intensidade aumenta em cem vezes, porque você tem um laço que não possui com seus amigos. É muito poderoso. A contemplação da essência é uma das coisas que mais gosto de ensinar as pessoas a fazer, em especial casais que estejam em busca do Amor Quântico. Explicarei melhor como isso funciona no capítulo 11, Sexo Quântico. É uma intensa troca de energia e algo extremamente íntimo. Mas, por ora, quero chamar a atenção para o que acontece quando você contempla sua própria essência! Já fez isso? Não tenho dúvidas de que você já se olhou no espelho muitas vezes, e raramente com amor nos olhos. Quando foi a última vez em que ficou diante do espelho e olhou no fundo dos olhos da pessoa que você ama: *você*?

Quando fiz minha primeira mamografia após o tratamento contra o câncer, eu não tinha plena noção de quanto estava apavorada. Fui sozinha, pensando que não seria nada de mais. O radiologista olhou o resultado e disse: "Está tudo ótimo". Foi tudo muito casual. Voltei para a saleta de vestir para colocar minhas roupas. Enquanto abotoava minha camisa, ergui os olhos e vi meu reflexo no espelho. Parei e apenas fitei meus próprios olhos. Sem pensar ou planejar, eu disse, em voz alta: "Você está *bem*". Senti como se meu eu essencial estivesse falando comigo. De repente, as comportas se abriram. Eu me senti inundada de amor, compaixão e apreço por meu corpo, e cheia de gratidão por estar bem novamente. Fiquei tão orgulhosa de mim mesma. E, naquele momento de plenitude, enquanto eu olhava para o espelho, vi os olhos de minha mãe refletidos ali. Foi um poderoso momento de conexão e um lindo lembrete de que ela sou eu e eu sou ela. Experimente.

Quando pensamos em nosso corpo e em tudo o que ele é capaz de fazer, é muitíssimo importante que nos olhemos através de lentes de amor, compaixão e gratidão. Nosso corpo é o veículo no qual estamos viajando por este Universo, o meio pelo qual demonstramos e recebemos amor, pelo qual trazemos a energia de nossos pensamentos e crenças para a realidade física. Seu corpo é um recipiente que pode fazer quase tudo que você pedir que ele faça. Você é inteiro e bom o bastante exatamente como é neste momento.

Imaginamos (e sou culpada disso também) que críticas são um motivador. Não são. Elas mostrarão que você está carente de algo e irão mantê-lo naquele estado de baixa frequência que é a carência. Escolha ver seu corpo a partir de um ponto de vista de frequência elevada. Ter compaixão por seu corpo o ajudará a vê-lo como o veículo perfeito que ele é. A gratidão revelará que máquina fantástica ele é (é sério, seu sistema circulatório é um milagre de projeto em si e por si). Admire seu corpo com uma lente ampla, como seu parceiro o faz, e não tenha medo de usá-lo de maneira descontraída. Cuide de seu corpo dispensando-lhe o suporte nutricional e físico de que ele precisa para funcionar regularmente. Confie na sabedoria de seu corpo, para que ele possa direcioná-lo àquilo de que você precisa. Todas essas coisas são estados de frequência elevada que levarão seu relacionamento consigo mesmo ao nível do Amor Quântico.

Capítulo 9

Reeduque Seu Cérebro para Que Sua Mente Possa Trabalhar

Se você quer descobrir os segredos do Universo, pense em termos de energia, frequência e vibração.
Nikola Tesla

Nosso corpo tem uma energia poderosa capaz de afetar nosso estado físico e até mesmo nossos estados emocionais por meio da conexão mente-corpo. Essa conexão é uma via de duas mãos, obviamente, e, apesar do poder de nosso corpo, nosso cérebro ainda comanda grande parte do *show*. Nosso cérebro é composto de redes neurais complexas que estão constantemente disparando os pulsos elétricos de nossos diversos estados de consciência. Assim como o corpo, o cérebro nunca para, mantendo a energia de nossos pensamentos, de nossas crenças e histórias fluindo e circulando. É o reino de nossa consciência superior e o lar de nosso ego e de nosso mais frenético estado de CGC.

O cérebro faz tanto por nós e é tamanha nossa confiança nele em tudo o que fazemos que pode ser difícil nos lembrarmos de que nosso cérebro não nos controla. Nossos hábitos e padrões emocionais não estão gravados na rocha. Na realidade, como discutiremos neste capítulo, o cérebro é extremamente maleável graças ao que se conhece por neuroplasticidade. O cérebro está em constante alteração, e temos a capacidade de moldá-lo em nosso benefício (e de nosso relacionamento) pelo poder de nossa própria consciência. Ao reeducar seu cérebro e alterar seus padrões, você também muda sua percepção e, ao mudá-la, você modifica sua frequência energética e sua realidade, manifestando a realidade de Amor Quântico que você deseja.

O QUE É O CÉREBRO? O QUE É A MENTE?

Muitas pessoas usam os termos *mente* e *cérebro* de maneira intercambiável. No entanto, cientistas e médicos há muito compreenderam que os dois estão, na verdade, separados. Então, o que os torna distintos?

Pense no cérebro como uma parte física de seu corpo, como seu braço, seu estômago ou suas unhas do pé. O cérebro é o centro gerador de todos os processos que ocorrem em seu corpo, inclusive a digestão, o pensamento e até mesmo o prazer sexual. Sua mente não é um ente físico e com certeza não pode ser dissecada em um laboratório. Sua mente é uma ilimitada, transcendente e incognoscível usina geradora de energia. Sua mente é sua consciência.

Em outras palavras, seu cérebro é *como você pensa*. Sua mente é *quem está pensando*.

Vamos fazer um exercício rápido: pegue uma folha de papel (ou use seu Diário do Amor Quântico) e escreva dez palavras para descrever a si mesmo. Quais são algumas das palavras que você escolheu? Talvez você tenha escrito sobre sua personalidade usando palavras como *tímido* ou *expansivo*, *corajoso* ou *sensível*. Ou talvez você tenha escrito sobre suas conquistas profissionais e seus relacionamentos, como *médico* ou *marido* ou *mãe*. Essas descrições de quem você é e do que você é ou não capaz de fazer são a voz de sua mente, não seu cérebro. Sua mente é onde vive seu eu essencial.

Seu cérebro tem uma atividade diária intensa para manter todos os seus sistemas corporais funcionando nos eixos e está sempre procurando atalhos e maneiras de simplificar as coisas, conservar energia e economizar tempo. Esses atalhos são nossos hábitos. Contudo, embora os atalhos de nosso cérebro possam poupar-nos tempo, eles também podem fazer com que fiquemos presos em padrões de pensamento repetitivos e prejudiciais. Seu cérebro é onde aquele colega de quarto maluco, seu ego, gosta de passar o tempo. Além de todos os propósitos gloriosos a que seu cérebro serve, é também nele que nascem os pensamentos limitantes, autocríticos e de baixa frequência de seu ego.

Seu cérebro e sua mente estão conversando com você incessantemente e, às vezes, pode ser difícil identificar quem é quem. Se você puder ter uma percepção mais clara do caráter de cada um, poderá saber se está ouvindo seu ego ou seu eu essencial.

O que o cérebro pode pensar	O que a mente pensaria
Pareço tão gordo nessa calça *jeans*. Preciso perder peso!	Estou perfeito assim como estou e venho me esforçando ao máximo. Amar a mim mesmo é o único modo de ter uma aparência melhor e de me sentir melhor.
Não estou tendo a iniciativa do sexo com meu parceiro porque isso me deixa desconfortável. Eu simplesmente não sou uma pessoa *sexy*.	Estou criando minha realidade com minhas histórias, meus pensamentos e minhas emoções, e posso criar a realidade que eu quiser.
Se meu filho não começar a tirar notas melhores, vou mandá-lo para a escola militar. Ninguém é um perdedor nessa família.	Não sou responsável pelo modo como os outros se comportam e cada um de nós está em sua própria jornada. Posso ser apenas um guia e uma inspiração.
Os homens são uns idiotas. Todos os homens bons já estão comprometidos.	Se quero encontrar um amor, devo lembrar que meus pensamentos são poderosos e desempenham um papel fundamental na criação de minha realidade.
Não acredito que ela me dispensou! Será que nunca vou encontrar o amor?	O que está acontecendo é sempre o melhor. Quero estar apenas com mulheres que enxerguem e valorizem meus talentos. A mulher certa chegará.
Não consigo estabelecer limites. Não tenho peito para isso.	Não tenho de acreditar nas histórias que me contaram sobre quem sou. Pensarei em todas as formas em que fui corajoso a cada dia e concentrarei minha atenção nisso.
Minha mãe é tão egoísta. Eu queria ter pais melhores.	Sou amado pelo simples fato de existir. Minha autoestima não depende da opinião dos outros, nem mesmo de minha família.
Não vou falar com meu marido pelo resto da noite. Ele vai se arrepender por ter estragado tudo outra vez.	Cada um de nós tem 100% de responsabilidade pelas facilidades E dificuldades na dinâmica de nosso relacionamento. Eu me pergunto como ajudei a criar esse problema.
Estou com um humor péssimo e agindo como uma megera, mas parece que não consigo me conter.	Estou sentindo certa ansiedade e apenas preciso me sentar em silêncio por um instante para descobrir por quê.

Você está começando a entender a ideia? Nosso cérebro/ego está sempre tentando dizer quem somos. Ele nos conta histórias a cada instante, todos os dias. E ele está tentando ser útil, pois quer manter-nos a salvo, quer impedir que nos machuquemos. Ele está sempre nos fazendo lembrar coisas que deram errado no passado, tais como: *lembra, no colégio, quando aquelas garotas implicavam com você? Você não tem talento para fazer amigos e não se pode confiar nas pessoas.* Ou: *lembra como você fica apavorado quando pensa em alturas? É melhor ficar no chão firme para não ter de enfrentar aquela dor.* Ou: *é bem doloroso quando você sente que seu marido não a acha sexualmente atraente. Você pode mostrar a ele. Da próxima vez que ele a procurar para fazer sexo, rejeite-o – vamos ver se ele vai gostar.*

A mente é capaz de encarar a vida com um olhar mais abrangente e claro. Ela pode ver o cérebro em ação e pode interessar-se pelas mensagens do cérebro, mas, ao mesmo tempo, fica afastada. A mente diz: *Arrá! Vejo que meu cérebro está enviando um monte de mensagens de medo e de falta de autoconfiança nesse momento. De onde está vindo esse medo? Existe alguma sabedoria nele? Ou posso conviver com esse medo e ainda assim correr riscos?*

A fim de avançar na jornada rumo ao Amor Quântico, é fundamental lembrar que você não é seu cérebro nem os pensamentos que ele cria. Seu cérebro é uma grande parte de seu ser, mas não é seu ser total, não mais que seu braço ou suas unhas do pé. Quando você se dá conta disso, percebe que não precisa acreditar em tudo o que seu cérebro possa estar dizendo, em especial com relação a você mesmo e a seu parceiro.

Nossas crenças e nossa realidade

De uma coisa tenho certeza: as crenças que quase todos nós temos acerca de quem somos no amor são simplesmente *falsas*. A maioria de nós está presa a histórias limitantes do tipo A MIM, as quais atrapalham a percepção da verdade de que absolutamente tudo é possível em nosso relacionamento quando estamos em Amor Quântico. Nossas crenças limitantes a respeito de quem somos e do que somos capazes de fazer no campo do amor vêm todas de histórias que escolhemos contar a nós mesmos (em geral de maneira inconsciente), histórias sobre o quanto merecemos vivenciar um amor gratificante, profundo e apaixonado.

As crenças limitantes do Amor Quântico com as quais me deparo com mais frequência incluem estas:

• Nunca vou encontrar o amor verdadeiro.

- Esse comportamento (abusivo, indisponível, suspeito, etc.) é simplesmente como os homens (ou as mulheres) são.
- Assim que eu baixar a guarda, vou me machucar.
- O amor não pode ser assim tão bom. Logo os problemas vão começar a aparecer.
- Todo homem (ou mulher) vai embora.
- Todo homem (ou mulher) trai.
- As mulheres (ou os homens) no fundo não querem um cara (ou uma garota) legal.
- Todos os bons partidos já estão comprometidos.
- Vou perder meu poder se eu ceder (ao amor, a esse momento, nessa discussão, etc.).
- Eu simplesmente não consigo ser vulnerável.
- O amor nunca dura muito tempo.

Meu palpite é que você se identifica com várias das crenças dessa lista, e provavelmente também poderia acrescentar mais algumas. Mas tais crenças não surgiram do nada. De onde vêm suas crenças? Não me refiro a suas crenças religiosas ou a seus gostos pessoais (como "detesto cor-de-rosa" ou "o inverno é deprimente"), mas suas crenças com relação a quem você é. De onde *essas* crenças vieram?

Voltemos ao exercício da página 212, em que pedi que você fizesse uma lista de dez palavras que o descrevessem. Garanto que havia ali ao menos alguns adjetivos não muito lisonjeiros. Escolha um ou dois deles e faça uma retrospectiva para descobrir quando tal mensagem se enraizou em sua experiência. Quando foi a primeira vez em sua vida que você se identificou como tímido ou preguiçoso? Quando começou a acreditar que garotas legais não são muito assertivas, ou que os homens sempre vão embora? Na maioria das vezes, a resposta está em sua infância. Na verdade, se se tratar mesmo de uma crença profundamente arraigada, é provável que você não consiga sequer se lembrar da primeira vez em que viu a si mesmo dessa maneira. Ela provavelmente tem sido parte de sua autopercepção, bem como um aspecto de seu papel em seu sistema familiar, desde antes que você fosse capaz de formar lembranças permanentes. Porém, todas essas crenças se desenvolveram a partir de mensagens que você recebeu e de experiências que teve no passado. Elas criam um arsenal de pensamentos e emoções de baixa frequência que impedem a manifestação do Amor Quântico.

Em regra, consigo identificar as histórias que arrasam a autoestima de alguém ao observar os pontos de conflito em seu relacionamento. Todo casal tem áreas sensíveis em seu relacionamento, coisas que os tiram do sério, irritam ou provocam brigas. Como discutimos no capítulo 5, seu parceiro é seu melhor professor e seu mais potente espelho espiritual. Há tanto que aprender, não só da experiência e do conhecimento de seu parceiro (e da experiência e conhecimento que vocês adquirem juntos), mas também nas lições que ele ou ela pode ensinar-lhe sobre você mesmo, em especial durante os conflitos. Quando você entra em conflito com seu parceiro, isso equivale a erguer uma seta luminosa que diz *Espinho aqui!* Após aconselhar tantos casais como já fiz, acredito que escolhemos inconscientemente nosso parceiro em grande parte porque nosso eu essencial sabe que ele ou ela acabará expondo e tocando nossos espinhos. E nosso eu essencial quer muito se livrar desses espinhos.

Assim, como chegamos à raiz de uma crença que limita o Amor Quântico? Quando uma pessoa (ou casal) com que estou trabalhando me conta sobre um conflito recente ou sobre algum problema de comunicação, primeiro ajudo essa pessoa (ou casal) a ter clareza com relação às emoções específicas que despertaram durante o incidente. Em seguida, refletimos acerca da história por trás das emoções, que é sempre uma história de baixa frequência do tipo A MIM, em geral uma versão de alguma daquelas que listei anteriormente.

Abe e Joaquim me procuraram porque sentiam que havia um abismo imenso entre eles. Os filhos e a vida vinham interferindo e eles acabaram por perceber que estavam desconectados e ressentidos um com o outro. Eles vieram a meu consultório e relataram uma briga que haviam tido durante o fim de semana. Joaquim ficara furioso e triste porque, quando eles finalmente teriam uma horinha juntos, Abe pegou logo o controle remoto e ligou a televisão. Abe não conseguia de fato compreender a profundidade e a abrangência da fúria de Joaquim: ele simplesmente achava que o parceiro estava procurando algo para criticar, como de costume.

A isso eu chamo história incidental. O casal *pensa* que é por causa dela que está brigando (por exemplo, "estou irritado porque ele escolheu assistir televisão em vez de ficar comigo"). Mas, por trás dela, há uma história mais ampla de destruição de autoestima. Durante uma de nossas sessões anteriores, eu havia descoberto que os pais de Joaquim nunca haviam de fato dado suporte e amparo ao filho nem se fizeram presentes da maneira que ele merecia quando criança. Joaquim era geralmente deixado com uma babá e, mais tarde, por conta própria enquanto eles viajavam e trabalhavam fora. Ele assumiu o papel de bom garoto: tirava notas excelentes, não se metia em encrenca, assumia muitas responsabilidades, tudo na esperança de ter a atenção dos pais e conquistar seu amor. A crença destruidora de autoestima que estava subjacente fora sempre (e ainda era) que, se ele tivesse sido bom o suficiente, inteligente o bastante, *merecedor o bastante*, seus pais teriam sido mais presentes. Então, já adulto, ele criou uma realidade em que tinha um parceiro que o ignorava, não se fazia presente nem compartilhava de seu desejo de criar momentos e espaço para conexão. Quando Abe decidiu ligar a tevê em vez de estar em contato com ele, isso tocou o espinho do abandono emocional que Joaquim vivenciou na infância.

Ajudei Joaquim a aprender a ancorar-se e a abrir o coração usando o exercício que ensinei nas páginas 65 e 66. Enquanto ele estava em um estado de coerência, fiz algumas perguntas fundamentais acerca do que ele queria de Abe e quais lições ele estava ali para aprender. Ficou claro que o eu essencial de Joaquim foi atraído para Abe porque queria sentir-se merecedor de amor apenas sendo ele mesmo. Ele queria aprender a ser completo em si e por si mesmo, sem precisar ter seu valor refletido de volta por Abe ou qualquer outra pessoa. Seu eu essencial buscava vivenciar o amor sem qualquer motivo.

Ao descobrir a história destruidora da autoestima de Joaquim e a associar ao espinho que Abe havia tocado involuntariamente, previ que aconteceria uma de três coisas:

1. Uma Mudança Rápida: Quando Abe souber do espinho que foi tocado e da história destruidora de autoestima por trás dele, sentirá uma profunda compaixão por Joaquim e, em vez de ficar frustrado e na defensiva, buscará sintonizar-se mais ao parceiro.
2. Um Sintoma de um Problema Maior: Ao discutirmos as emoções e os pensamentos que levaram ao incidente, ficará claro que a distância emocional de Abe com relação a Joaquim se deve a algum problema na conexão sexual entre eles.
3. Espinhos Mútuos: Pode acabar ficando evidente que essa é uma área em que os espinhos de Joaquim e de Abe se complementam e, assim, eles descobriram um maravilhoso campo de crescimento mútuo.

Como costuma acontecer, Abe e Joaquim acabaram na opção 3. Não que eles não precisassem se reconectar sexualmente – eles precisavam. E Abe certamente pôde sentir compaixão por Joaquim, ao reconhecer agora que não se tratava tanto dele, mas do modo como os pais de Joaquim se comportaram com ele na infância. Mas o grande momento "arrá!" foi quando Abe e Joaquim reconheceram que estavam tocando os espinhos um do outro de maneira absolutamente complementar.

Abe cresceu em uma família em que nunca aprendeu a lidar com o estresse de maneira efetiva. Seus familiares nunca conversavam sobre emoções e não havia lugar para dor, tristeza, medo ou raiva. Os pais eram colegas de quarto pacíficos, vivendo vidas separadas. Eles não deram nenhum bom exemplo de como é um relacionamento amoroso e íntimo entre duas pessoas que desfrutam momentos roubados em que conseguem ficar juntas, só as duas. Como resultado, Abe aprendeu a reprimir suas emoções e a encarar estoicamente sozinho os desafios da vida. A crença destruidora de autoestima que ele havia desenvolvido era que ele era digno de amor apenas se estivesse absolutamente bem, tivesse tudo sob controle e "permanecesse forte". Para Abe, o amor era algo condicional, e não era seguro baixar a guarda e realmente *sentir*. Na verdade, fazê-lo parecia um desafio insuperável.

No entanto, grande parte da atração que Abe sentiu por Joaquim no início do relacionamento era o envolvimento e interesse do companheiro por seus pensamentos e suas emoções. Abe apreciava o fato de Joaquim investir tanto em uma conexão profunda. Seu eu essencial reconhecia quanto ele queria aquele tipo de relacionamento, ainda que não soubesse como chegar lá por si mesmo. Quando Abe se ancorou e abriu o coração, passando ao estado de coerência, onde a sabedoria do eu essencial pode ser ouvida, ele fez a si mesmo perguntas fundamentais, sob minha orientação e a de Joaquim.

Ficou claro que seu eu essencial queria aprender a estar totalmente presente na vida ao mesmo tempo em que lidava com as inevitáveis causas de estresse que surgem. Ele vinha sofrendo tremenda pressão no trabalho. Mas, como nunca havia aprendido a lidar com o estresse, seus únicos recursos eram perder-se em sexo (do que Joaquim se esquivava pelo acúmulo de ressentimentos e raiva) ou distrair-se com televisão ou *video games*. Joaquim o convocava a lidar melhor com as emoções, de modo que Abe pudesse estar mais presente em sua companhia, e Joaquim era um excelente professor com quem Abe poderia aprender como vivenciar e expressar uma profunda conexão emocional. Se os pais de Abe não conseguiram moldar isso, Joaquim certamente o faria.

Tão logo se deram conta dessa conexão entre seus espinhos e das crenças destruidoras da autoestima que estavam subjacentes a eles, Abe e Joaquim colocaram-se no rumo do Amor Quântico. No próximo capítulo, apresentarei um procedimento que você pode usar para descobrir suas próprias crenças destruidoras de autoestima, identificar os espinhos que se desenvolveram a partir delas e passar da zona A MIM a uma zona POR MIM ou ATRAVÉS DE MIM, sempre mais perto do Amor Quântico.

O que a Física Quântica nos diz sobre crenças

Muitas crenças são conscientes, tais como "acredito que o amor alcança tudo" ou "acredito que as pessoas sejam intrinsecamente boas". Outras crenças são subconscientes. Elas se originam de mensagens que recebemos à medida que crescemos, mensagens sobre o amor, tanto aquelas que nos foram dadas diretamente como aquelas que acabamos lendo nas entrelinhas. Tais crenças têm um poder tremendo na manifestação da realidade que estamos criando para nós mesmos.

É assim que funciona: suas crenças a respeito de quem você é, do que você é capaz de fazer, do tipo de amor que merece ou não merece, do que é e não é possível para você moldam suas expectativas. Suas expectativas são a realidade que você espera viver e seus pensamentos com relação a ela. Tais expectativas e pensamentos criam emoções em você, as quais podem variar desde desânimo e desespero até alegria e entusiasmo (consulte o Mapa do Amor Quântico para uma lista completa). Essas emoções são a energia que cria sua realidade.

Como discutimos no capítulo 2, a Física Quântica nos ensina que cada um de nós cria sua própria realidade de acordo com suas expectativas. Nossas emoções são o veículo energético por meio do qual isso ocorre. Obviamente, suas expectativas e emoções afetarão sua experiência em um nível prático, no campo logístico. Nas páginas a seguir mostrarei que elas também afetam os processos neurológicos de seu cérebro, o que, por sua vez, interfere na maneira como você vê as coisas. Em nível energético, porém, suas expectativas e emoções, que emergem diretamente de suas crenças, são fundamentais para a criação do Amor Quântico.

Então, pergunte a si mesmo: suas crenças o estão mantendo em frequência inerente ou em frequência egoica? Se elas o mantêm em frequência inerente, a realidade que você cria é alegre e positiva; se em frequência egoica, a realidade que você cria é provavelmente mais desagradável e cheia de apegos. Essa é a Lei da Atração em sua essência, e essa profunda percepção é algo com que todos, desde poetas a filósofos, profissionais da saúde mental e cientistas, e até Albert Einstein, concordam.

Aqueles que ensinam a Lei da Atração bem como as pessoas que a colocam em prática dirão a você que suas crenças, em especial suas crenças inconscientes, são o ingrediente mais importante na manifestação daquilo que você quer. Portanto, você pode dizer a si mesmo que quer qualquer coisa, mas, se suas crenças disserem o oposto, você não criará aquilo que quer. Você pode estabelecer intenções para seu relacionamento, mas, se suas crenças não estão de acordo com tais intenções, você não elevará sua frequência para criar o Amor Quântico.

Suas lentes moldam sua vida

Um dos exercícios que mais gosto de fazer quando estou dando palestras a grandes grupos é dizer a todos que eles têm 30 segundos para olhar em redor da sala e identificar cada objeto da cor marrom que puderem ver, sem fazer qualquer anotação. Eles fazem uma varredura desesperada da sala, observando cada possível objeto que se encaixe na descrição. Passados os 30 segundos, peço que parem. Quando eles se sentam, esperando ansiosos que eu pergunte quantos objetos contaram, eu digo: "Tudo bem, agora me digam cada objeto *azul* que vocês viram nesta sala".

Esse é um ótimo exemplo das limitações de nossos cinco sentidos e do modo como nosso cérebro vê através das lentes que lhe aplicamos. Somos capazes de perceber apenas aquilo em que colocamos nossa atenção. Naquele exercício, eu criei as lentes, o filtro, mas a maioria de nós tem uma coleção inteira de lentes inconscientes que atuam da mesma forma.

Suas lentes têm um impacto direto sobre sua realidade. É por isso que, quando você está em um estado emocional negativo, é como se estivesse usando óculos com lentes cinzentas e toda a sua visão de mundo ficasse toldada. Por exemplo, se você perdeu o emprego e está entrando em pânico por causa de dinheiro e com relação ao que vai fazer em seguida, talvez note a placa de embargo na vitrine da frente de uma loja, mas não verá a placa de "Precisa-se de funcionários" ao passar por sua cafeteria favorita. Quando estamos atolados em crenças que geram tristeza, raiva ou medo, procuramos (e invariavelmente encontramos) indícios para validar nossas piores emoções em vez de evidências que validem nossas melhores esperanças. Quando nossas crenças nos levam a esperar certo tipo de realidade, nosso cérebro busca indícios para corroborá-la. Nós não só deixamos de ver todas as evidências em contrário como continuamos a atuar no mundo e em nosso relacionamento de uma maneira que reforça aquelas crenças de frequência egoica.

Se você acredita que seu parceiro é egoísta ou não o ama, que ele ou ela não é bom o bastante de alguma forma, ou que você não o é, você encontrará provas disso em cada ação e reação. Se você acreditar que o amor acabou em seu relacionamento, encontrará provas disso em seus atos e atitudes (e nos de seu parceiro). E, se acreditar no oposto, então as lentes de sua consciência encontrarão todas as felizes provas para corroborar isso. Que realidade você prefere sustentar?

Vamos examinar o exemplo de Michelle, uma mulher linda e encantadora cujas experiências do passado fizeram surgir nela a crença de que todos os homens traem. Já adulta, ela levou tal crença a seu relacionamento com o namorado, Ian. Criando sua realidade por meio das lentes de sua crença, ela não tinha dificuldades de encontrar indícios que reforçassem suas suspeitas com relação a ele: Ian comprou um terno novo, ele não a abraçou no instante em que entrou em casa, ou não atendeu a sua ligação no meio da tarde. Na realidade, Ian comprou um terno novo para uma entrevista de emprego, não a abraçou porque viu a expressão em seu rosto e pensou que ela estivesse furiosa com ele e o rejeitaria, e não atendeu à ligação porque estava em uma reunião.

Como eu disse anteriormente, não se trata apenas de Física Quântica e da energia das emoções que se baseiam em suas crenças, pensamentos e expectativas. Existe ainda um nível logístico e prático em que suas crenças criam sua realidade. Todos nós nos comportamos com base em nossas crenças, todo santo dia, mesmo quando não nos damos conta de quais são essas crenças. Por exemplo, se você acredita que o mundo é um lugar perigoso, tomará decisões que são influenciadas por tal medo. Sentirá muita ansiedade quanto a interagir com estranhos, verificará duas vezes as trancas de sua porta e se manterá em guarda quando conhecer novas pessoas. Isso afeta negativamente sua realidade inteira. Sua vida é limitadora; sua vida restrita pode ser tediosa às pessoas, que o evitarão; você pode trazer consigo uma linguagem corporal que expresse ansiedade e medo e, assim, tenha problemas em ser visto como alguém aberto e interessante.

Suas crenças também afetam o modo como você interage com seu parceiro. Como no caso de Michelle, se você pensa que todos os homens trairão se tiverem a oportunidade, isso influenciará seu comportamento e ajudará de fato a criar a realidade que você teme. Você ficará desconfiada e insegura, escarafunchando o celular dele e fazendo escândalo se ele chegar com cinco minutos de atraso ao voltar para casa. Você pode imaginar o efeito disso em sua conexão e intimidade.

Ou talvez você tenha a crença de que todas as mulheres deveriam ser acalentadoras e atenciosas. Então, quando você está doente e sua namorada parece estar ocupada demais para cuidar de você, pode sentir-se duplamente magoado. Você não só ficará aborrecido por estar doente e ser ignorado, como suas crenças lhe dirão que sua namorada *deveria* saber o que você precisa e *deveria* fazer uma sopa para você e oferecer cuidados solícitos e amorosos. Daí, você se sentirá duas vezes decepcionado quando suas lamúrias não forem atendidas.

Se você realmente acredita que o amor morreu (mesmo que você queira o contrário), inconscientemente você não está totalmente aberto para sentir o amor, e seu comportamento transmite isso. O mundo, então, devolve uma resposta semelhante. Você se fecha à energia da mudança, rejeita oportunidades de dar e receber amor e sequer se dá conta disso.

Felizmente, você pode criar um novo sistema de crenças para si mesmo.

Como criar um novo sistema de crenças

Sua energia afeta a energia daqueles que o cercam e influencia sua realidade. Assim, quando você anda por aí sentindo e (mesmo de forma inconsciente) irradiando a energia de uma crença negativa, é isso o que você cria para si mesmo e até começa a inspirar involuntariamente outras pessoas. Portanto, não basta tentar "forçar" novas crenças a si mesmo. Você não pode acordar e dizer: "hoje, tenho de me sentir bonita"; ou "hoje, tenho de acreditar em mim mesmo". (Lembre-se: sempre que você *tem de* ser qualquer coisa, está no modo CGC!) Mudar suas crenças conscientes é um bom começo, mas, a menos que você esteja em frequência inerente e use o processo de "pensar para ser" a fim de gradualmente abordar e modificar suas crenças subconscientes, a realidade de Amor Quântico que você quer criar não se manifestará.

É claro que crenças não mudam do dia para a noite. Pode demandar algum tempo e esforço para conscientemente persuadir seu subconsciente a aderir a suas intenções conscientes. Greg Kuhn, líder de pensamento na área de levar uma vida quântica e autor de *Why Quantum Physicists Do Not Fail* e *How Quantum Physicists Build New Beliefs*, dá um excelente exemplo do processo por trás da mudança de crenças. Quando estava passando férias no campo, Greg observou um coelho silvestre brincando do outro lado do jardim. Ele queria aproximar-se do coelho, mas sabia que não podia simplesmente sair correndo pelo jardim e agarrá-lo. Ele sabia que tinha de ganhar a confiança do coelho. Então, estabeleceu a intenção de que, até o final de suas férias, ele teria o coelho silvestre comendo alface em sua mão.

Toda manhã, Greg se levantava cedo e se sentava no terraço, esperando pelo coelho. Ele colocou comidas gostosas para o bichinho, como cenouras e alface, da primeira vez na beira do jardim. A cada dia, ele colocava as guloseimas mais perto do terraço. O coelho se aproximava cada vez mais do terraço, dia a dia, para comer os vegetais que Greg deixava para ele. Foi provavelmente um pouco intimidador no início, mas a promessa de uma deliciosa alface fresquinha valia o risco. Em pouco tempo, o coelho havia chegado quase à área de piso. E, então, quase ao terraço. E, logo mais, estava quase ao lado da cadeira de Greg, até que finalmente o coelho estava comendo em sua mão, como Greg pretendia.

Pense em suas crenças inconscientes como o coelho desse cenário. O segredo é não tentar fazer com que o coelho venha saltitando até o terraço logo de início. Isso nunca funciona. Na maioria das vezes, as pessoas tentam mudar suas crenças repetindo afirmações positivas como "sou incrível" ou "sou perfeito" ou "sou lindo" e, então, ficam furiosas consigo mesmas quando sua vida não melhora em consequência daquilo. Elas pensam: "O que está acontecendo afinal? A Lei da Atração deve ser um monte de baboseira porque estou repetindo afirmações há semanas e nada mudou".

Aqui está o motivo: seu subconsciente não acredita de fato naquilo que você está dizendo. Você diz a si mesmo que é incrível e perfeito, mas seu subconsciente está pensando: "é, claro, com certeza que é"; ou "você não se lembra do que aconteceu?"; ou "você está se iludindo se pensa que todas essas coisas maravilhosas sobre você e seu relacionamento são verdadeiras". Não faz diferença que você olhe para o espelho e diga "sou lindo" se, por dentro, estiver pensando o contrário. Sua mente consciente pode dizer-lhe "você é maravilhoso" manhã, tarde e noite, mas se seu subconsciente estiver dizendo "você é desprezível", adivinhe? Você vai sentir-se desprezível. E você não só não saberá por que, como ficará duas vezes mais irritado e aborrecido consigo mesmo porque todo o seu esforço e suas afirmações não funcionaram – e isso faz você se sentir ainda mais desprezível.

Você está tentando fazer seu subconsciente saltar para o terraço sem levar em consideração o fato de que ele está, na verdade, apavorado, encolhendo-se no gramado. Se seu subconsciente, onde são mantidas aquelas crenças fundamentais sobre si mesmo, não concordar com suas intenções conscientes, a Lei da Atração não surtirá efeito. Lembre-se: você está criando sua realidade de Amor Quântico com seus pensamentos e sentimentos, conscientes e inconscientes. Então, ter uma visão clara deles e começar a elevá-los no Mapa do Amor Quântico é a única forma de alcançar o Amor Quântico. No próximo capítulo, compartilharei com você estratégias para passar à frequência inerente de modo que você consiga conscientemente, com intenção e clareza, fazer seu sistema de crenças avançar no Mapa do Amor Quântico, dando a seu subconsciente o tempo de que precisa para acompanhar suas intenções.

O próximo passo é desacostumar seu cérebro e sua mente das substâncias químicas às quais eles se viciaram. Sim, suas emoções (em especial algumas daquelas de baixa frequência) provocam respostas químicas que seu cérebro e seu corpo se condicionaram a esperar, e até mesmo exigir. Quando querem os sucos de suas reações ao estresse, eles encontrarão uma maneira de consegui-lo, mesmo que isso signifique arrancá-lo do comando de seus próprios pensamentos e de seu humor. Mas falaremos mais sobre isso daqui a pouco.

Como é o funcionamento de nosso cérebro

Vamos lançar um olhar mais atento ao funcionamento de nosso cérebro para compreendermos melhor como podemos reeducá-lo de modo que ele trabalhe a nosso favor. O cérebro como um todo é composto das seguintes partes: cérebro em si, cerebelo, sistema límbico e tronco encefálico.

O cérebro em si aloja nosso cérebro pensante. Ele consiste em quatro lobos – o frontal, o occipital, o parietal e o temporal – que abrigam todas as funções cerebrais superiores, como o pensamento e a ação. Cada lobo desempenha uma função diferente. O lobo frontal é a sede de nossas habilidades de raciocínio, planejamento e solução de problemas. O lobo occipital é onde fazemos todo o nosso processamento visual, enquanto o lobo temporal lida com os estímulos auditivos, comanda a fala e a memória. Por fim, o lobo parietal rege nossos movimentos e nossa orientação, bem como nossa percepção e capacidade de reconhecimento.

Nosso lobo frontal abriga ainda o córtex pré-frontal, que é o centro de toda a nossa função executiva e cognição complexa, incluindo o comportamento social, a tomada de decisões e até mesmo a expressão de nossa personalidade. O córtex pré-frontal, ou PFC, também é a região do cérebro que nos permite regular nossas emoções, expectativas e anseios em resposta a estímulos. Nosso cérebro percebe os estímulos, avalia o significado emocional e desencadeia a resposta fisiológica e comportamental.[42] Quando nos sentimos ansiosos ou pressionados, nosso PFC não funciona com toda a eficiência de que precisamos. Felizmente, o PFC pode aprender novos métodos de resposta. Esse é o segredo para reeducarmos nosso cérebro de modo que nossa mente possa atuar e, no próximo capítulo, ensinarei algumas estratégias de mudança para fazermos isso mesmo em um momento de grande estresse ou no meio de uma OMEC.

Nosso cerebelo é muito menor que o cérebro em si e acredita-se que seja muito mais antigo, em termos evolutivos. O cerebelo, que pode ser considerado nosso cérebro "base", contém o "*hardware*" que controla funções como movimento, postura, equilíbrio e pensamento subconsciente. É a parte que fica ativa quando você consegue repetir uma experiência sem muito esforço consciente, pois já memorizou a ação, o comportamento ou a reação emocional. O cerebelo armazena atitudes inatas, reações e hábitos emocionais com habilidades que você dominou e memorizou.

Em termos evolutivos, nosso sistema límbico também é mais antigo. Esse é o cérebro da sensação e ele abriga o tálamo, o hipotálamo, a amígdala cerebral e o hipocampo. O tálamo capta todas as informações sensoriais e motoras que chegam até nós e as transmite ao cérebro pensante. O hipotálamo, por sua vez, comanda tudo o que está acontecendo dentro de nós. Ele é como o termostato de nossa condição corporal, determinando quando ficamos com fome, com sede ou com sono. Ele

---

42. K. R. Scherer, A. Schorr e T. Johnstone, *Appraisal Processes in Emotion: Theory, Methods, Research* (New York: Oxford University Press, 2001); L. F. Barrett *et al.*, "A Experiência da Emoção", *Annual Review of Psychology* 58 (2007): p. 373-403.

também governa nossa resposta nervosa automática (essa é a parte que afasta depressa nossa mão de um fogão quente, sem a necessidade de qualquer pensamento). O hipocampo controla a conversão de memórias de curto prazo em memórias de longo prazo. É importante observar que essa função ocorre em nosso cérebro sensorial e é isso o que, em grande parte, torna tão importante ingressar no estado da emoção do Amor Quântico (ou de quaisquer outras das principais emoções que se deseja sentir em um relacionamento). É realmente sentindo o que queremos sentir que envolvemos nosso hipocampo, levando-o a comprometer-se com uma nova crença.

Por fim, existe a amígdala cerebral, que é onde nosso cérebro processa o medo, as emoções e todas as lembranças e histórias que contribuem com eles ou os reforçam. A amígdala cerebral também é responsável por dar o alerta a nosso hipotálamo para que ele ative a resposta de nosso corpo a situações de estresse. Quando a amígdala soa o alarme, o hipotálamo aciona nosso sistema nervoso simpático por meio das glândulas adrenais, que respondem lançando adrenalina em nossa corrente sanguínea. Então, passamos por uma sucessão de alterações físicas (aumento da frequência cardíaca e do fluxo sanguíneo, por exemplo) à medida que aumenta o fluxo de oxigênio e energia para nosso corpo todo, tudo isso antes de nosso cérebro pensante ter processado totalmente o que está acontecendo. Em seguida, vem a resposta secundária, na qual nosso hipotálamo aciona as adrenais para que liberem cortisol, o que nos manterá nesse estado intensificado até que a ameaça percebida tenha desaparecido. Essa é nossa única resposta a situações de estresse e ela começa sempre da mesma forma, quer estejamos diante de uma ameaça física real ou apenas em uma discussão feia com nosso parceiro. Para nossa amígdala cerebral, é tudo a mesma coisa.[43]

O córtex pré-frontal é fundamental aqui – ele nos permite usar o cérebro pensante para ajudar o cérebro sensorial a controlar adequadamente nossa resposta a situações de estresse. O PFC nos dá o poder de observar nossos próprios pensamentos e, então, estabelecer se queremos sentir algo diferente (tal como perceber que estamos em frequência egoica e escolher passar à frequência inerente). Podemos usar a função executiva de nosso

---

43. J. A. Dusek et al., "Controle de Estresse *versus* Mudança de Estilo de Vida na Hipertensão Sistólica e na Eliminação de Medicação: Um Experimento Randomizado", *Journal of Alternative and Complementary Medicine* 14, nº 2 (2008): p. 129-138.

PFC para gerar mudanças e produzir resultados melhores.[44] Essa é a parte do cérebro que atua quando você está observando o modo como conversa consigo mesmo em sua mente e monitorando seus pensamentos ao longo do dia, como aconselhei no capítulo 8.

Uma imensa parte da reeducação de seu cérebro para que sua mente possa atuar é passar do *pensar* ao *ser*. Por meio de treinamento mental consciente, na forma de meditação, atenção presente e percepção consciente, o cérebro pensante (chamado neocórtex, que é a fina estrutura em camadas que envolve todo o cérebro) pode ativar novos circuitos em nossas redes neurais. Assim, nosso pensamento cria uma experiência e, por meio do cérebro emocional (límbico), ela produz uma nova emoção. Nosso cérebro pensante e nosso cérebro sensorial trabalham juntos tanto para criar uma nova experiência como para alterar o roteiro. Ao conseguirmos fazer com que nosso cérebro pensante e nosso cérebro sensorial trabalhem juntos, nosso cérebro base (cerebelo) dá origem a um novo estado de existência física e começa a reescrever nossos pensamentos e crenças subconscientes.

Quando você aprende uma nova maneira de ser e, então, *planeja e treina* essa nova maneira em sua mente, você está literalmente começando a criar uma nova mentalidade. Na realidade, experimentos investigaram a efetividade do treino mental (em vez da prática física) para exercitar os bíceps. E adivinhe? Os resultados foram os mesmos! Exercícios mentais provocaram mudanças fisiológicas sem que nunca se tivesse tido a experiência física! Em outro estudo, que levou ao experimento com os bíceps, formaram-se três grupos. Pediu-se que o primeiro grupo contraísse e relaxasse um dedo da mão esquerda em cinco treinos semanais de uma hora, durante o curso de quatro semanas. O segundo grupo fez o mesmo treino mentalmente. O terceiro foi o grupo de controle e não fez nem uma coisa nem outra. O primeiro grupo, cujos participantes fizeram de fato os exercícios, apresentou 30% mais força no dedo que o grupo de controle. Mas aqueles que treinaram mentalmente também tiveram um aumento na força! Tais participantes tiveram um aumento de 22% em comparação com o grupo de controle.[45]

---

44. B. Alan Wallace, *The Attention Revolution: Unlocking the Power of the Focused Mind* (Boston: Wisdom Publications, 2006).
45. Phillip Cohen, "Ginástica Mental Aumenta a Força do Bíceps", *New Scientist*, 21 de novembro de 2001; G. Yue e K. J. Cole, "Aumentos de Força no Programa Motor: Comparação do Treinamento com Máximas Contrações Musculares Voluntárias e Imaginadas", *Journal of Neurophysiology* 67, nº 5 (1992): p. 1114-1123.

Ao desaprender qualquer emoção que se tenha tornado parte de sua identidade, você estreita o abismo entre o que você aparenta ser e quem você realmente é. O efeito colateral desse fenômeno é a liberação de energia que tomava a forma de uma emoção armazenada no corpo. Uma vez que o corpo libere o poder daquela emoção, a energia fica disponível no campo quântico para que você a utilize como cocriador.

Em vez de esperar por alguma ocasião para sentir uma emoção de alta frequência, crie a emoção antes da experiência, mesmo que isso signifique pensar em algo totalmente aleatório que lhe dê alegria. Convença seu corpo de que aconteceu uma experiência de frequência elevada. Desse modo, você pode dar início ao processo de pensar para ser e começar a passar à realidade do Amor Quântico.

Diga a seu corpo para parar de sugar seu cérebro

Neurotransmissores, neuropeptídios e hormônios são as substâncias químicas que regulam a atividade cerebral e as funções corporais. Esses três tipos de substâncias químicas conectam-se às células e interagem com elas em milissegundos. Os neurotransmissores são mensageiros químicos que enviam sinais de uma célula nervosa a outra, permitindo a comunicação entre o cérebro e o sistema nervoso. Existem diversos tipos de neurotransmissores: alguns estimulam o cérebro, outros o fazem desacelerar. Os neuropeptídios são os mensageiros do cérebro e a maioria deles é produzida no hipotálamo. Essas substâncias químicas passam pela glândula pituitária e, então, em um milissegundo, liberam uma mensagem química ao corpo com instruções específicas sobre como responder a algo.

Neurotransmissores, neuropeptídios e hormônios trabalham todos juntos. Quando você tem uma fantasia sexual, por exemplo, todos esses três fatores entram em ação. Primeiro, quando você começa a ter alguns pensamentos, seu cérebro prepara rapidamente alguns neurotransmissores que acionam uma rede de neurônios capaz de criar imagens em sua mente. Em seguida, essas substâncias químicas estimulam a liberação de neuropeptídios específicos em sua corrente sanguínea. Quando chegam a suas glândulas sexuais, aqueles peptídios se acoplam às células de tais tecidos, acionando seu sistema hormonal, e de imediato as coisas começam a acontecer. Você tornou sua fantasia (pensamentos) tão real em sua mente que seu corpo começa a se preparar para uma experiência sexual real (antes que aconteça o evento).

Essa é a intensidade da conexão entre mente e corpo por meio de nossa neuroquímica.

Não são apenas pensamentos sexuais que geram uma cascata neuroquímica e hormonal. Quando você tem pensamentos de frequência elevada, seu corpo produz uma série de substâncias químicas de bem-estar, e o mesmo processo ocorre quando você tem pensamentos de baixa frequência. Tudo acontece em questão de segundos. Mas essa é uma via de duas mãos. Não é só seu corpo que reage a seu cérebro. Seu cérebro está sempre atento ao que o corpo está sentindo por meio do *feedback* químico de seus neurotransmissores. Por causa das mensagens que seu cérebro recebe, ele de fato criará *mais* pensamentos que, então, produzirão *mais* das substâncias químicas que correspondem àquilo que o corpo está sentindo, de modo que você primeiro começa a sentir da maneira como pensa e, em seguida, passa a pensar da maneira como sente.

Em seu livro *Molecules of Emotion*, a neurocientista Candace Pert compartilha a descoberta de que, com o passar do tempo, nosso cérebro não apenas se acostuma a certas emoções, como as células de nosso corpo acabam criando receptores para a combinação única de neuropeptídios que aquelas emoções levam o cérebro a criar. O que a dra. Pert descobriu foi que, quando sentimos determinada emoção, o cérebro libera um jorro de neuropeptídios que alcança cada célula de nosso corpo. Cada emoção ou conjunto de emoções que vivenciamos cria uma cascata imediata, um jorro ímpar de neuropeptídios. Quando você experimenta um estado emocional regularmente ao longo de algum tempo, as células de seu corpo começam a construir receptores para aquele jorro específico de neuropeptídios. E, quando aquelas células se dividem, elas já o fazem com aqueles receptores em sua estrutura! Portanto, se você vem passando por um período em que sente pressão e raiva, saiba que suas células provavelmente construíram receptores para o jorro de neuropeptídios de raiva-pressão pelo qual aprenderam a esperar.

Quando você estiver tentando abandonar os pensamentos negativos, saiba que seu corpo buscará obter aqueles neuropeptídios a que se acostumou a esperar em nível celular. Apesar de suas melhores intenções, as células do corpo enviarão sinais ao cérebro para que ele comece a dissuadi-lo de seus objetivos intencionais (conscientes), conforme você inconscientemente cria cenários piores em sua mente. Eu costumo associar isso àquela cena do filme *Olha Quem Está Falando*, na qual o bebê, ainda no útero, está puxando o cordão umbilical, pedindo suco de maçã. A mãe (interpretada por Kirstie Alley) coloca-se a beber uma garrafa de quase quatro litros, sem saber exatamente por que está com tanta vontade do suco. É assim que nosso corpo pressiona nosso cérebro, exigindo os neuropeptídios que nossas células querem com tanto desespero. Estabelecemos uma intenção de sermos positivos e pacíficos com nosso parceiro, mas, por razões que parecem não conseguirmos explicar ou controlar, revertemos à raiva ou ao desespero. Quando você muda seu cérebro de modo a deixar que sua mente e seu eu essencial assumam o comando, quando você passa a emoções de frequência elevada com as quais seu corpo e sua psique não estão acostumados, seu cérebro e seu corpo resistem.

Essa é uma forma de dependência química e, quando você tentar eliminá-la, no início seu corpo lutará contra você. Seu cérebro treinou seu corpo para esperar determinado jorro de neuropeptídios. Agora você está introduzindo neuropeptídios totalmente diferentes, que não se adaptam aos receptores, e isso dispara um alarme. O hipotálamo, o termostato do cérebro, envia um sinal à parte pensante do cérebro para que ela volte a seus antigos hábitos. (*Atenha-se ao programa!*) O corpo quer que você volte a seu costumeiro eu pensante e por isso o influencia a pensar naquelas linhas familiares de baixa frequência, persuadindo seu cérebro a voltar a seu antigo hábito inconsciente. Então, sentir-se mal é como uma sensação boa (ou ao menos familiar).

O que fazer? Permaneça presente e consciente. Quando você perceber que está voltando aos velhos modos de pensar de baixa frequência, lembre-se de que isso é provavelmente seu corpo pressionando seu cérebro a produzir os neuropeptídios que ele está acostumado a receber. Tenha paciência consigo mesmo. Não se esqueça: todo pensamento que temos é passível de questionamento. Não existe nada absoluto na vida, por mais que o desejássemos. Você nunca está olhando para algo que seja 100% verdadeiro ou inegável. Como já discutimos, você está filtrando o que capta de seu entorno, de forma consciente e inconsciente, através das lentes de sua experiência anterior e por meio de sua memória, que é uma lente altamente defeituosa e na qual não se pode confiar.

Lisa costumava ficar presa a pensamentos de medo, que são de baixa frequência, e isso estava tornando a vida com seu marido, Bill, muito difícil. Pequenas coisas a deixavam apreensiva, quer fosse uma ida à mercearia ou receber a família para o jantar. A casa nunca estava limpa o suficiente. As crianças nunca se comportavam bem o bastante. Acima de tudo, o marido nunca conseguia atender a suas expectativas. Ele sempre a decepcionava ou ofendia de alguma forma. Basicamente, ela vivia em um estado de escassez emocional. Lisa me procurou em uma tentativa de lidar com as mudanças repentinas de humor que vinha experimentando com frequência. Com minha ajuda, ela identificou as principais emoções que desejava sentir no relacionamento – seus Objetivos de Amor Quântico – e estabeleceu a intenção de alcançá-las. Renovados o otimismo e o entusiasmo, ela e Bill planejaram um maravilhoso fim de semana juntos. Tudo estava indo muito bem, mas, em algum lugar no meio do caminho, eles tiveram uma briga feia quando ela começou a criticá-lo.

O casal veio ver-me pouco depois e nós nos empenhamos em destrinchar o fim de semana, refazendo os passos emocionais e logísticos de ambos para descobrir o que havia causado a súbita recaída. Pedi que Lisa se ancorasse e relembrasse o que aconteceu antes do início da discussão.

– Eu estava me sentindo bastante ansiosa – disse-me ela.

Quando perguntei o motivo, ela respondeu:

– Não sei... por nenhum motivo, na verdade. Eu só me senti fisicamente ansiosa.

– Quais eram alguns dos pensamentos que você estava tendo antes de se sentir ansiosa? – perguntei.

– Eu estava pensando que não tínhamos limpado a cozinha antes de sair, apesar de ele ter dito que a limparia. Isso me deixou irritada, porque ele nunca faz o que diz que vai fazer.

Lisa pôde ver que não havia motivo para ficar irritada ou ansiosa naquele momento de seu passeio. Mas ela estava naqueles caminhos neurológicos batidos de neuropeptídios conhecidos que haviam sido trilhados por anos, e seu corpo estava pressionando seu cérebro, exigindo o jorro de neuropeptídios com que suas células estava acostumadas. Isso provocou sensações de ansiedade e, então, o cérebro começou a ter pensamentos que combinassem com eles. Não era só uma questão de a mente estar afetando o corpo: em vez disso, o corpo estava afetando sua mente. "Diga a seu corpo para parar de pressionar seu cérebro!" tornou-se um mantra que Lisa repetia para si mesma e que Bill repetia para ela.

Então, como você pode fazer com que seu cérebro abandone essas reações memorizadas? E como pode começar a ensinar a si mesmo a adotar novas crenças? Pode parecer uma tarefa colossal, mas é muito mais fácil do que você pensa. Como nosso cérebro se acostuma facilmente com padrões e repetição (até mesmo criando atalhos para ajudar a simplificar e acelerar comportamentos frequentes e rotinas), ele também é muito adaptável. O ditado "cachorro velho não aprende truque novo" mostra-se falso nesse caso. Com certeza é mais difícil para um adulto criar novos caminhos no cérebro (ao contrário de crianças pequenas, que aprendem coisas novas a cada instante), mas isso não significa que seja impossível. Tudo com base na neuroplasticidade, um termo elegante que na verdade significa apenas a capacidade que nosso cérebro tem de lidar com novas ideias e aprender novas habilidades. Quanto mais "plástico" for seu cérebro, tanto mais capacitado você estará para adaptar-se a coisas novas e para aceitar novas ideias.

Falaremos mais sobre isso no próximo capítulo. Por ora, apenas saiba que o cérebro é muito benevolente. Quando você coloca consciência em sua rotina diária e tenta implementar novas ideias, seu cérebro aos poucos entra no mesmo ritmo. E, quando você muda seu cérebro, sua mente pode começar a atuar em Amor Quântico.

Nosso cérebro é treinado para limites máximos

Então, que nome damos a isso, quando nos pegamos procurando por motivos para estar de mau humor? Quando nos sentimos inquietos mas não sabemos por quê, então começamos a olhar em volta em busca de coisas com que implicar? Talvez seja algo que seu parceiro fez ou deixou de fazer, talvez seja sua casa bagunçada ou pode até ser algo que tenha acontecido no trabalho, mas, seja o que for, quando queremos algo com que nos aborrecer, é fácil encontrar um motivo.

A isso eu chamo nosso limite máximo, um termo inicialmente popularizado pelo psicólogo, *coach* de empoderamento pessoal e escritor Gay Hendricks. É o ponto em que nosso cérebro começa a reverter as emoções negativas porque foi isso o que ele aprendeu a esperar. Por exemplo, se você é propenso a estressar-se, pode pegar-se ficando muito aborrecido e estressado em uma tarde de sábado, mesmo durante um fim de semana agradável em todos os outros aspectos. Você inconscientemente procura por coisas com que se preocupar porque é nesse estado que seu corpo aprendeu a ficar confortável. No meio de um excelente fim de semana de descanso e prazer, você alcança seu limite máximo de alegria, e tanto seu cérebro como seu corpo tentam enredá-lo em um humor negativo porque não estão acostumados a se sentirem felizes e livres de estresse por tanto tempo.

Existem muitos estudos instigantes a respeito de como você pode de fato ensinar seu cérebro a abraçar a alegria e outras emoções de frequência elevada. Por exemplo, em vez de ensinar seu cérebro a ansiar por estresse, você pode ensiná-lo a ansiar por gratidão. Estudos revelaram que pessoas que mantêm um diário de gratidão, no qual escrevem todos os dias, são mais felizes e menos estressadas que seus correspondentes menos dados à gratidão, embora essa seja a única mudança que tenham feito em sua vida.[46]

Seu cérebro sob estresse

Nosso sistema de resposta a situações de estresse assegurou nossa sobrevivência ao longo de eras, mas ainda não evoluiu para adequar-se a nossa vida moderna, e isso trabalha contra nós em nível neuroquímico. Está em nosso DNA que essa resposta de lutar ou fugir seja rapidamente desencadeada. Isso provoca em nosso corpo uma reação ao estresse, com todas as substâncias neuroquímicas que a acompanham. Quando vivíamos nas cavernas, esse processo funcionava, mas ele já não nos serve hoje. No estado de lutar ou fugir, o sistema nervoso simpático, parte do sistema nervoso autônomo, que mantém funções corporais automáticas, como digestão, temperatura e nível de açúcar no sangue, é ativado. O sistema nervoso simpático, por sua vez, ativa automaticamente as glândulas adrenais a fim de mobilizar imensas quantidades de energia. Essa é a resposta a situações de estresse. Temos a capacidade de ativar essa resposta pelo simples ato de pensar, até mesmo com pensamentos sobre um evento futuro.

A partir de meu trabalho com tantas pessoas estressadas e de quanto aprendi sobre o cérebro e a energia de nossos pensamentos, acredito que nós inconscientemente nos viciamos no barato de adrenalina da raiva e do estresse. Creio que a maioria de nós seja viciada em problemas e condições de vida que criam o estresse que vivenciamos. Nossa identidade fica envolvida nessa parte de quem somos (o trabalho estressante, os

---

46. R. A. Emmons e M. E. McCullough, "Contando Bênçãos *vs*. Fardos: Uma Investigação Experimental da Gratidão e do Bem-Estar Subjetivo na Vida Cotidiana", *Personality & Social Psychology* 88 (2003): p. 377-389.

filhos problemáticos, o relacionamento difícil). Nós ficamos fisicamente viciados nas substâncias neuroquímicas que vêm junto com aquelas histórias negativas e nosso corpo pressiona o cérebro quando precisa de uma dose.

Talvez esse também seja o motivo de tantos de nós termos "amigos da onça" ou passarmos tempo com pessoas que sabemos que nos colocam para baixo. E pode ser o motivo por que permanecemos em padrões negativos de relacionamento, sempre provocando a mesma briga, de novo e uma vez mais, ou caçando todas as maneiras como nosso parceiro nos decepciona.

O estresse também é péssimo para nós em nível energético. Quando estamos cronicamente estressados, ficamos ainda mais presos na frequência egoica e é mais difícil sair dela. Uma produção excessiva de hormônios do estresse gera raiva, medo, inveja, ódio e agressividade e costuma levar a uma sensação de frustração, ansiedade, insegurança, tristeza, depressão e desânimo. Em outras palavras, o estresse o envia diretamente ao estado A MIM!

Quanto melhor lidarmos com o estresse em nossa vida, tanto mais conseguiremos permanecer em frequência inerente. Uma das perguntas que mais gosto de fazer a meus clientes e que sempre surge em algum ponto durante nosso trabalho juntos é: "Qual a pior coisa que pode acontecer se esse problema for *solucionado*?". Você está lendo este livro porque quer mais de seu relacionamento amoroso. Você quer uma conexão mais profunda. Talvez esteja em um relacionamento insatisfatório e desconectado. Mas meu palpite é que, por mais que você queira mudá-lo, a dor que está sentindo agora está sendo útil de alguma forma. Sempre existe medo diante das mudanças, mesmo das mudanças boas, e isso, por vezes, pode detê-lo.

Seu cérebro com medo

O medo é a antítese do Amor Quântico. Voltemos por um instante ao Mapa do Amor Quântico. Lembre-se: enquanto sua marca energética não estiver em 200 ou acima (esperança e coragem), você não está na zona do Amor Quântico. Enquanto a vergonha e a humilhação constituem a marca mais baixa (20), o medo marca 100. Em minha mente, quando estou envolvida na terapia de indivíduos e casais, encaro a vergonha e a humilhação como personificações do medo. Quando você sente vergonha e humilhação, está culpando a si mesmo e, como resultado, fica apavorado diante das histórias que está contando a si mesmo: você é uma pessoa má, insensível, egoísta, etc. Você imagina que perderá a pessoa com relação a quem se sente culpado ou o amor e a admiração de outras pessoas em geral.

O medo nos é útil de muitas formas: os cabelos arrepiados em nossa nuca nos dizem quando algo não está bem, o estômago cede em um sinal de medo que não podemos ignorar, e a tensão em nossos músculos prepara nosso corpo para lutar a fim de defender-se ou fugir do perigo. No entanto, quando o medo é nossa companhia constante, em especial em nossos relacionamentos, o Amor Quântico é impossível. Não se trata de nunca ter medo, mas de mudar o hábito do medo em seu relacionamento e aprender a reconhecer se o medo é um reflexo do eu egoico ou do eu essencial.

Em *A Return to Love*, Marianne Williamson escreve: "Nós já nascemos com o amor. O medo nós aprendemos. A jornada espiritual é o processo de desaprender o medo e os preconceitos e aceitar o amor de volta em nosso coração". Mas, para começar essa jornada, e principalmente para empreendê-la com sucesso, você tem de parar e compreender seu medo e o que ele está tentando dizer-lhe. É assim que você saberá como passar a uma emoção de frequência mais elevada e aos estados POR MIM e ATRAVÉS DE MIM. É óbvio que isso não se aplica caso você esteja diante de uma ameaça física imediata. Nesse caso, você deve colocar-se a salvo o mais rápido possível. Estou falando aqui de um medo mais insidioso, que o mantém em um estado de culpa, vergonha e ansiedade.

Observe a Figura 8. O medo pode estar relacionado a seu bem-estar físico ou a seu bem-estar emocional (e às vezes a ambos). Talvez seu medo com relação a seu bem-estar emocional se manifeste como preocupações e ansiedade, ou na forma de evitar certas situações, pensamentos, ou seu parceiro em geral. Ou pode ser que você experimente o medo relacionado a seu bem-estar físico e isso o impeça de correr riscos, tentar coisas novas ou viver sua vida ao máximo. O medo emocional emerge em regra porque uma história destruidora de autoestima é acionada, irritando um espinho que leva ao medo do abandono, de abusos ou de impotência. O medo físico normalmente tem suas raízes em preocupações com ferimentos, doenças ou morte. Paranoias e fobias, bem como comportamentos menos severos de evasão que derivam do receio pela própria integridade física, podem ser tratados com muita eficácia com terapia cognitivo-comportamental, que já se provou ser um tratamento viável nessa área. Esse tipo de terapia desafia sistematicamente suas histórias e suposições e tem por objetivo dessensibilizá-lo com relação a seu medo.

Embora o medo físico seja importante, quero falar um pouco sobre o medo emocional, porque ele tem um grande impacto em seu relacionamento.

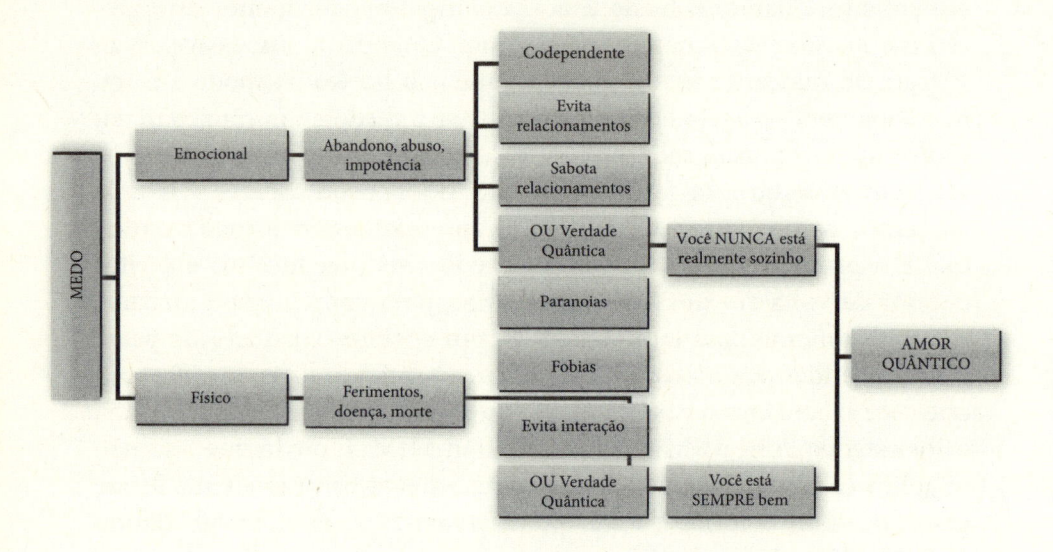

Figura 8. Do Medo ao Amor Quântico

Quando você sente o medo emocional, está correndo o risco de cair presa do que eu chamo os Destruidores do Amor Quântico: a sabotagem de relacionamentos, a fuga de relacionamentos e a codependência. Todos eles estão fortemente estabelecidos na frequência A MIM, mas assumem formas diversas.

Na codependência, você não consegue ter suas necessidades atendidas porque está direcionado demais ao que lhe é exterior. Você se concentra nas necessidades de todas as outras pessoas e cuida de comportar-se de um modo a evitar ser abandonado. Você se agarra desesperadamente a seu relacionamento a partir de um estado de medo e de CGC.

Na sabotagem do relacionamento, você faz de tudo para afastar seu parceiro e terminar o relacionamento. Em regra, logo após a fase inicial, quando a intimidade está aumentando e você está chegando ao estágio do vínculo afetivo, ou assim que percebe que seu parceiro talvez seja alguém que vale a pena manter em sua vida, você começa a encontrar um monte de defeitos nele ou nela. Você inventa problemas ou defeitos, trai ou provoca brigas.

Na fuga de relacionamentos, você tende a não firmar um relacionamento sério com ninguém. Você arranja todo tipo de desculpa: "tenho de trabalhar", ou "tenho de esperar até meus filhos ficarem adultos", ou "não estou pronto". Você não se aproxima o bastante a ponto de vivenciar a codependência e não permanece no relacionamento por tempo suficiente para sentir a necessidade de sabotá-lo.

É óbvio que há momentos em que o medo é bom, como quando você está colocando sua vida em um perigo mortal. Contudo, o resultado é que se deixar dominar por seus medos o manterá no estado A MIM no Mapa do Amor Quântico. Você não reconhece seu poder e não está vibrando em uma frequência que favorece o Amor Quântico.

Lembra que, no capítulo 5, conversamos sobre como a única maneira de alcançar o Amor Quântico com outra pessoa é alcançá-lo em você mesmo em primeiro lugar? Falamos sobre o amor sem motivos e sobre acessar o poço infindável de amor que banha a todos nós, conectando-nos e interligando-nos todos por meio de nosso eu essencial. Muitas vezes, porém, não conseguimos chegar lá porque temos muito medo da dor, física e emocional. Isso é o que leva à fuga e à sabotagem de relacionamentos, aos medos e paranoias que atrapalham nossa felicidade.

Mas a verdade é esta: independentemente de quanto você tenha medo de ser abandonado, de ter seu coração partido ou de ser traído e enganado, não importa o que aconteça, você ficará bem. A Verdade Quântica é que não importa o que aconteça, quantas vezes você seja abandonado, ou fique com o coração partido ou se decepcione no amor, você sobreviverá. Se seu parceiro atual o deixar ou trair, ou o deixar na mão, é claro que vai doer. Você ficará arrasado. Provavelmente terá vontade de encolher-se por um tempo (literalmente ou em sentido figurado) e lamber as feridas. Será uma baita OMEC. Você sentirá uma dor emocional. Mas a dor vai passar. Os *tsunamis* de sofrimento ficarão menores e mais suaves, e as ondas virão com menos frequência. E você estará mais forte, mais sábio e terá mais clareza com relação a sua força, seu poder e, o que é mais importante, quanto ao que você quer de um par romântico e do amor em geral.

    Não tenha medo da dor ou você jamais vivenciará plenamente a alegria do coração. Lembre-se: a energia não pode ser reduzida ou destruída. Você sempre está bem. Você nunca está sozinho. Quando você realmente acreditar nesses pensamentos e permitir que eles se tornem parte de seu estado energético, o medo perderá o domínio sobre você. Você ainda terá pensamentos de medo, mas eles passarão por você em vez de se tornarem parte de seu sistema de crenças e do modo como você vê o mundo. Todas as emoções vêm através do mesmo canal: alegria, tristeza, raiva e medo. Você tem de estar aberto a tudo, confiar e lembrar-se de que tudo é em seu benefício, até mesmo as OMECs.

Capítulo 10

Compromisso Nº 4

Reconhecerei Quando Estiver Emperrado e Mudarei do Cérebro para a Mente

A vida é um processo de tornar-se, uma combinação de estados pelos quais temos de passar. O erro das pessoas é que elas desejam escolher um estado e permanecer nele. Isso é uma espécie de morte.
Anaïs Nin

Certos dias você simplesmente acorda deprimido. Você não sabe ao certo por que se sente assim, apenas se sente para baixo. Você estabelece a intenção de olhar para seu parceiro através de lentes positivas, mas parece não conseguir fazê-lo. Ou até consegue por alguns instantes, mas fica caindo de volta no antigo padrão.

Ou talvez uma briga com seu parceiro o tenha feito fincar o pé, convencido de que você tem razão, e isso o lançou em frequência egoica. Você sabe intelectualmente que quer voltar à frequência inerente, mas parece que não consegue passar a ela.

Essas são as duas principais formas como tendemos a ficar emperrados em um relacionamento. Quer seja uma questão aguda, como uma discussão feia com seu parceiro, ou crônica, como um clima desagradável ou uma desconexão contínua, você fica simplesmente *emperrado*. Sua energia não flui nem vibra, você é tirado da frequência inerente e a voz de seu ego fala alta e clara. Sua energia de baixa frequência puxa sua realidade, seu parceiro e seu relacionamento para baixo.

Saindo dessa condição, você pode remodelar sua realidade, transformando-a na realidade que quer para si e para seu relacionamento. Em vez de sentir medo, frustração ou raiva, você pode se aproximar da sensação daquelas principais emoções que quer sentir em seu relacionamento e voltar ao Amor Quântico.

Nessas situações, existe uma única pessoa com o poder de fazê-lo passar à frequência inerente e elevá-lo novamente no Mapa do Amor Quântico: você.

Tire o colete de peso emocional

No capítulo 7, discutimos sobre os chacras, que são os canais através dos quais a energia flui para dentro e para fora de nosso corpo. Você também aprendeu que nossa energia pode ficar armazenada no corpo – inclusive a energia de nossas emoções – e acumular-se ao longo do tempo. Por fim, esse acúmulo pode obstruir os canais, de modo que a energia começa a fluir mais devagar. Conforme o fluxo energético se torna mais lento, a frequência cai. Esse é basicamente o processo quântico quando se fica emperrado.

Por vezes, fechar nossos canais energéticos é uma escolha consciente, que fazemos por medo. De meus muitos anos trabalhando com pacientes, sei que não se pode reprimir uma emoção (recusar-se a sentir raiva, por exemplo) sem reprimir outras. Se você nunca se permitir expressar raiva porque suas histórias lhe dizem que isso não é bom, você estará se cerceando: tensionará os músculos, travará o maxilar, dilatará as narinas, e seu cérebro ficará ruminando aquelas coisas em seus momentos de tranquilidade. Você se sentirá culpado (ou culpará outra pessoa) ou criará outros pensamentos e emoções de baixa frequência que o impedirão de realmente sentir a raiva que quer sair de você. Você obriga sua mente, seu corpo e seu espírito a se esforçarem tanto para não sentir suas emoções, que acaba ficando difícil vivenciar as emoções que você *quer* sentir. Muitos mestres espirituais acreditam que todas as nossas emoções circulam através dos mesmos canais energéticos, de modo que você não pode bloquear o canal para a raiva, a tristeza ou o medo e esperar que emoções deliciosas como alegria, gratidão e sensações sexuais circulem plenamente.

O problema é que as emoções não vão embora, não importa quanto você as negue. Elas continuam lá, e são pesadas. Todas as nossas emoções têm um peso energético e, se deixarmos nossas emoções mais pesadas se acumularem dentro de nós, então teremos de consumir muita energia para carregar o peso. Quando nos permitimos sentir nossas emoções, liberamos o peso energético que vínhamos carregando. É por isso que, quando você chora até não aguentar mais ou solta sua raiva, normalmente se sente exaurido, mas muito mais leve.

A verdade é que leva apenas de 30 a 90 segundos para uma emoção genuína passar por você. Em geral, você consegue passar à frequência inerente apenas deixando que a emoção faça seu caminho. Sinta as ondas de energia atravessarem seu corpo e o campo de energia e consciência de que você faz parte. Existem ondas que trazem novas frequências de energia e de informação. As mesmas ondas levam a energia e a informação embora quando passam por você. Tudo o que você tem a fazer é perceber a emoção, vivenciá-la e deixá-la passar. Então, passada a emoção, você em regra percebe que suas ondas tinham informações para você acerca da melhor maneira de mudar e seguir adiante.

Se você confia que uma inteligência superior está conduzindo o fluxo e que o Universo é um lugar amistoso e tudo é *em seu favor* (e é aqui que obrigatoriamente entra a fé), a frequência de seu corpo, de suas emoções e de sua mente se elevará para chegar até você. Nas páginas a seguir, apresentarei algumas técnicas para ajudá-lo a fazer a mudança.

Saia do triângulo do drama

O Triângulo do Drama (Figura 9) que compartilharei com você aqui é uma adaptação do Triângulo do Drama do dr. Steven Karpman, desenvolvido em 1968. Trata-se de um modelo social e psicológico que nos ajuda a entender de que maneiras ficamos emperrados em nossas interações com as outras pessoas, e eu o considero muitíssimo útil em minha própria vida e em meu trabalho com casais.

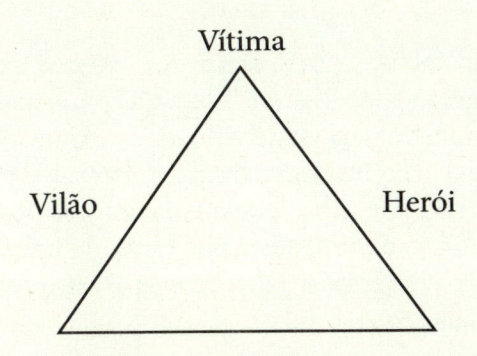

Figura 9. O Triângulo do Drama

Basicamente, quando você está "no triângulo", está em frequência egoica. O problema é que a maioria de nós passa mais da metade do tempo no triângulo e sequer se dá conta disso. É assim que ele funciona: existem três pontas no triângulo – "vítima", "vilão" e "herói". Todos nós resvalamos para esses papéis de tempos em tempos, não raro combinando dois deles de uma única vez (vítima e vilão ao mesmo tempo, por exemplo). Contudo, costumamos ter papéis preferidos aos quais resvalamos quando um espinho é tocado. Isso se dá em geral durante uma discussão, mas pode acontecer a qualquer tempo.

A vítima vê a si própria como se estivesse "à mercê" de alguém, de algo ou de alguma situação e está emperrada no estado A MIM. O papel da vítima traz muitas falas do tipo "Se ao menos...". A vítima tende a ser:

Passivo-agressiva: a vítima tem dificuldade de expressar sua raiva abertamente. Por exemplo, quando lhe perguntam onde quer jantar, a vítima dirá que tanto faz o lugar. Mas, então, ficará com raiva e se sentirá não amada quando o parceiro não escolher seu restaurante favorito: passará o jantar amuada com a escolha do parceiro ou fará comentários sarcásticos sobre a comida ou o serviço.

Do tipo que se magoa facilmente: a vítima percebe insultos velados, precisa ser sempre consolada e exige muitos pedidos de desculpas. O parceiro da vítima talvez pergunte se ela gostaria de sair para correr, e a vítima já interpretará que isso significa que o parceiro a considera gorda.

Incapaz: essas vítimas têm muitos "não consigo" e "eu preciso" em seu vocabulário. É claro que não há problema nenhum em pedir ajuda quando você precisa, mas as vítimas em geral evitam assumir a responsabilidade por sua própria vida.

O vilão

O vilão é tipicamente crítico, sarcástico, e tende a colocar a culpa nos outros. Em regra, o vilão assume esse papel para ocultar inseguranças. Em vez de demonstrar sua vulnerabilidade e expressar sua mágoa ou medo, o vilão ataca o parceiro com palavras e gritos. Ele ou ela tende a:

Atacar o parceiro por coisas que o parceiro não pode controlar: se se atrasarem a caminho de uma festa por causa de um acidente mais à frente na rua, o vilão começará a gritar que o parceiro deveria ter ficado pronto para sair mais cedo.

Criticar o caráter do parceiro: em vez de expressar raiva e frustração com relação aos atos do parceiro quando está aborrecido com ele ou ela, o vilão generalizará e atacará a personalidade do parceiro. Se o parceiro não comprou o queijo certo no supermercado, o vilão dirá que ele ou ela é irresponsável ou alguém em quem não se pode confiar em vez de considerar que tenha sido uma falha na comunicação ou um mero equívoco.

Tentar fazer o parceiro sentir-se inferior: em vez de assumir a responsabilidade por suas ações quando decepciona o parceiro, o vilão inverterá a situação. Se não entende por que o parceiro está aborrecido, o vilão ficará irritado em vez de tentar compreender, jogando as mãos para cima com raiva e dizendo que nunca sabe o que o parceiro espera.

Recusar-se a admitir um erro ou a parar de discutir: o vilão tem dificuldade de abrir mão das coisas. A discussão pode ter terminado, mas o vilão terá de dizer: "Só espero que você tenha entendido meu ponto. Você me aborreceu muito e eu ainda estou chocado com isso".

O herói

O herói se sente responsável pela felicidade de todo mundo e está disposto a fazer o que for preciso para deixar os outros confortáveis, a qualquer custo. Como você pode imaginar, esse é um papel comum para mulheres que se concentram demais em satisfazer as necessidades de todos os membros da família antes das próprias. Mas também é comum que homens assumam o papel do herói. Em geral, o herói:

Assume muito mais obrigações do que pode cumprir: em um esforço para manter aqueles à sua volta felizes e tranquilos, o herói dirá sim para coisas demais e não pedirá ajuda. Por exemplo, o herói chegará à casa depois de um longo dia de trabalho, limpará a cozinha, preparará almoços e, quando o parceiro perguntar se quer ajuda, o herói recusará.

Permite que o parceiro não assuma sua responsabilidade no relacionamento: o herói assumirá toda a responsabilidade por tudo o que está errado no relacionamento. Se o parceiro explode em uma discussão, ele dirá: "Bem, eu não devia tê-lo(a) pressionado tanto. Eu devia ter dado o braço a torcer antes".

Trata o parceiro como um incompetente: o herói acredita que é a única pessoa responsável. Quando está fora da cidade, por exemplo, em vez de confiar no parceiro, o herói deixará listas intermináveis, ligará a cada hora para verificar se está tudo bem e controlar as atividades da família a distância.

Dá para ver como muitos de nós podemos nos encaixar em mais de um papel ao mesmo tempo. Quando a mãe-heroína recoloca a louça na lava-louças depois que o marido já o havia feito, conciliando isso com a tarefa dos filhos e a hora do banho, tudo de uma vez só, e murmurando baixinho consigo mesma: "Se quero que as coisas sejam feitas direito, tenho de fazê-las eu mesma", ela também está agindo como vilã no modo como transmite ao marido a mensagem de que ele é incompetente.

Não podemos estar em Amor Quântico enquanto estivermos no Triângulo do Drama porque, sempre que estamos nele, estamos em frequência egoica. Estamos com medo ou com raiva, marcando menos de 200 no Mapa do Amor Quântico, o que, como você sabe, *não* é frequência inerente. A única maneira de vivenciar o Amor Quântico em seu relacionamento e permanecer nele é reconhecer quando você está no Triângulo do Drama e dar o fora daí! Não se preocupe, já vou mostrar como.

Mas, primeiro, como você sabe quando está no Triângulo do Drama? Posso resumir isso em cinco palavras: *Você acha que tem razão.* Sim, você leu corretamente. Sempre que estiver convencido de que sua posição é plenamente justificada, que seu parceiro é o único errado da história, ou que sua posição é a única posição sensata, você está no Triângulo.

Assuma seus 100%

Falamos um pouco sobre esse conceito em capítulos anteriores: a maneira mais efetiva de acabar com o jogo da culpa é admitir totalmente sua parcela no conflito. Você tem de assumir 100% da responsabilidade que lhe cabe, não só por suas reações perante seu parceiro, mas também pela energia que você traz à situação. Quando você reconhece seu papel no conflito, é muito difícil permanecer no papel da vítima, do vilão ou do herói.

É muito comum apontarmos automaticamente o dedo para nosso parceiro, culpando-o por nos magoar, decepcionar ou por não se fazer presente da maneira como desejamos. Raramente paramos para pensar em *nossa* parte na questão. Mas sempre desempenhamos um papel em tudo o que acontece em nosso campo. Por exemplo, se você quer mais romance em seu relacionamento, de que formas você mesmo não tem sido romântico ou deixou de comportar-se de modo a inspirar romantismo em seu parceiro? Se você acredita que seu parceiro está sendo egoísta, de que maneiras *você* vem sendo egoísta ou autocentrado? Quanta valorização ou motivação você tem oferecido diante de comportamentos mais altruístas e generosos por parte de seu parceiro? Quando você desvia de seu parceiro as lentes da crítica e olha para si mesmo com lentes de curiosidade, ficará surpreso com a sabedoria que poderá encontrar ali.

Fale sem dar margem a discussão

Quando você fala sem dar margem a discussão, fala verdades que se aplicam apenas a si mesmo. Você não está projetando nada em seu parceiro, nem está fazendo suposições (ou acusações) sobre como ele ou ela está pensando ou se sentindo. Você fala sem dar margem a discussão porque aquilo que está dizendo é a sua verdade. Quando você fala sem dar margem a discussão, está fora do triângulo.

Existem quatro passos para falarmos sem dar margem a discussão:
1. Compartilhe uma sensação física: "sinto o estômago embrulhado", ou "sinto um peso nos ombros".
2. Compartilhe a emoção que está por trás da sensação física – alegria, raiva, medo, tristeza ou atração sexual: "Sinto o estômago embrulhado e um peso nos ombros porque estou triste e com medo".
3. Compartilhe sua "história", os pensamentos que inspiram aquelas sensações: "Sinto o estômago embrulhado e um peso nos ombros porque estou triste e com medo. Tenho essa história na cabeça de que você preferiria sair com seus amigos a ficar em casa comigo hoje à noite".
4. Declare o que você quer: "Sinto o estômago embrulhado e um peso nos ombros porque estou triste e com medo. Tenho essa história na cabeça de que você preferiria sair com seus amigos a ficar em casa comigo hoje à noite. Eu gostaria que pudéssemos passar o fim de semana juntos, só nós dois".

Perceba que todas essas frases têm "eu" por sujeito. Mantenha o foco de seu discurso em você mesmo, em suas sensações, suas histórias e seus desejos. Não as transforme em frases cujo sujeito seja "você" ("você me deixa triste e com medo") ou afundará ainda mais no Triângulo do Drama e em frequência egoica.

Brincando com suas *personas*

Quando você está preso ao triângulo, em especial em uma área de conflito em seu relacionamento, ou mesmo quando você simplesmente se encontra em um estado de baixa frequência, pode pegar-se escorregando para uma de suas *personas*. E, quando isso acontece, você *definitivamente* está no Triângulo do Drama.

As *personas* em si não são ruins. Gosto de pensar nelas como casacos. Não há problema em usá-las quando forem úteis. Tenho uma *persona* que assumo quando estou prestes a falar para uma plateia de mil pessoas: "Médica Profissional". Ela é alguém em quem você vai prestar atenção, alguém que sabe do que está falando. De modo algum se trata de meu eu essencial, tampouco é uma *persona* que uso quando estou fazendo palhaçadas com meus amigos ou na companhia de meu marido e meus filhos. É uma *persona* que me ajuda a desempenhar melhor meu trabalho. O segredo é que *você* esteja no comando. Você *veste* a *persona*; a *persona* não fica aderida a *você*.

O segundo elemento fundamental é aprender mais acerca de cada uma de suas *personas*. Quem é ele ou ela, ou mesmo isso? Quando a *persona* normalmente vem à tona? O que a *persona* quer? Quando você consegue conhecer suas *personas*, elas podem de fato levá-lo a um maior autoconhecimento, a uma percepção do que está acontecendo em seu estado mental e emocional.

Amai vossas *personas*

Uma ótima maneira de libertar-se do domínio de uma *persona* sobre você é *amá-la*. Reconheça todas as formas como ela é útil a você. Duas de minhas *personas*, a Mãe Aflita e a Nazista da Lição de Casa, amam marchar pela casa e gerenciar meus filhos. E, embora elas possam tornar a vida doméstica um pouco desagradável quando surgem (em especial no horário da lição de casa), sei que não são de todo más. A Nazista da Lição de Casa garante que meus filhos estão aprendendo e entregando suas tarefas pontualmente. A Mãe Aflita cuida para que eles não derretam o cérebro com televisão. Cada uma delas vem de uma esfera de amor e proteção e estão totalmente comprometidas com meus filhos, seu bem-estar e crescimento. Elas apenas tendem a ser bastante controladoras e movidas pelo medo. A Nazista da Lição de Casa pode ser, bem, mandona e exigente, enquanto a Mãe Aflita é dramática e até mesmo catastrófica. Mas sei que, se eu quiser que essas *personas* não me dominem, tenho de ater-me a seus aspectos bons.

Quando você dá nome a suas *personas* – como fiz com as três que acabei de compartilhar com você –, você passa imediatamente ao papel de observador. Você está assumindo seus 100%. Uma vez que tenha feito isso, costuma ser útil exagerá-las, fazendo uma *performance* digna de um Oscar da *persona* em que está emperrado.

Se percebo que estou nas garras da Nazista da Lição de Casa, começo a marchar pelo cômodo com o peito estufado, dizendo: "Essa lição de casa ainda está pela metade! Chega! Vou ligar para o colégio e dizer que você não vai à aula!". Ao representar o papel em que estou emperrada, consigo perceber e sentir que ele é um pouco ridículo. Melhor ainda, isso altera a energia do cômodo e, na maioria dos casos, dissipa a tensão. Meus filhos começam a rir comigo e a representar também. Estou mostrando a eles que minha reação tem mais ver comigo que com qualquer coisa que tenham feito. Também estou mostrando meu compromisso de libertar-me do domínio da Nazista da Lição de Casa. Ao representar sua *persona*, você se liberta do domínio dela e tem o benefício extra de fazer de seu parceiro e de seus filhos aliados em sua elevação no Mapa do Amor Quântico.

Solte-se

Aqui estão algumas ótimas maneiras de livrar-se de um estado de baixa frequência que o esteja mantendo emperrado. Primeiro, assim que notar que está no Triângulo, preste atenção a sua linguagem corporal. Você está tenso? Você está com os braços cruzados diante do corpo, evitando seu parceiro? Ou está em uma postura agressiva, com as mãos nos quadris e, assim, aumentando sua raiva? Se estiver, é hora de movimentar-se, mesmo que seja apenas mudando sua postura – descruzando os braços ou deixando-os cair ao lado do corpo.

Se quiser ir um pouco mais longe, pense em alguma forma criativa de movimentar as articulações. Essa é uma das estratégias de mudança a que recorro porque o tira da postura em que você está (o que considero até mesmo útil por si só para começar a mudar sua energia) e faz seu corpo movimentar-se. É muito fácil de fazer: levante-se e comece a movimentar cada articulação de seu corpo em todas as direções. Você estará agitando o corpo todo e pode sentir-se meio maluco de início, mas essa é uma forma excelente de sacudir o estado emocional negativo que apenas um minuto antes estava deixando seu corpo desconfortável. Também é quase impossível permanecer emperrado em uma emoção de baixa frequência quando você está se movimentando assim. Na realidade, é difícil não cair na gargalhada.

Outra maneira divertida de fazer a alteração por representação, se você está no meio de uma discussão, é conduzi-la como se sua mão é que estivesse falando. Erga sua mão como se fosse um fantoche e faça-a "falar". Acho isso particularmente útil para neutralizar o pensamento "eu sei que tenho razão", porque qualquer argumento que você esteja defendendo parecerá bobo se estiver saindo de sua mão. Isso também cria certa distância entre você e o que você está dizendo e pode dar espaço para que a objetividade volte a atuar.

Ou tente mudar o ambiente em que você está. Se está de pé no quarto, discutindo com seu parceiro, ou se está sentado no sofá, com dificuldades para espantar a tristeza, levante-se e dê o fora daí. Saia e entre em contato com a natureza ou simplesmente vá para outro cômodo. Mude o que você está vendo e poderá mudar seu ponto de vista: às vezes, uma perspectiva visual diferente pode de fato ajudá-lo a passar a uma perspectiva emocional diferente.

Adie

"Sei que estou emperrado e preciso adiar essa conversa para daqui a 20 minutos."

Por vezes, essa é a coisa mais produtiva que você pode dizer no meio de uma discussão com seu parceiro. Se perceber que está tão emperrado no Triângulo e não consegue avançar, ou se a discussão estiver carregada a ponto de disparar a resposta do corpo a situações de estresse, então o melhor talvez seja dar um tempo.

Se estou discutindo com meu marido e percebo que estou completamente no Triângulo, eu digo isso a ele. Peço 30 minutos, e ele é compreensivo. Vou me movimentar, entrar em coerência, ou apenas assistir a algum programa idiota na televisão, e então volto até ele com o coração aberto. E aí consigo falar de forma aberta e tranquila (e sem dar margem a discussão) sobre o que estou pensando e o que quero.

Às vezes, volto a falar com ele e digo: "Você tinha razão". Quando retorno à frequência inerente, consigo ver os dois lados. Eu compreendo que aquele que tem mais poder é aquele que cede.

Também uso esse tempo para perguntar a mim mesma: o que realmente quero? Qual é a principal emoção que quero sentir no relacionamento? *O que eu quero é uma conexão alegre e amorosa.* Vale a pena me afastar do que realmente quero por causa dessa discussão? *Não.* A essa altura, em geral decido que vou abrir mão de meu posicionamento.

Prefiro construir confiança e acumular pontos no banco da conexão. Quando abro mão de minha necessidade de ter razão, isso cria maior conexão e uma plataforma mais firme para a resolução de nossas questões. Isso transforma o conflito em uma oportunidade de ficarmos ainda mais próximos.

Para usar essa estratégia, diga a seu parceiro o que está acontecendo: "Estou tão convencido de que tenho razão, que sei que estou emperrado. Quero muito adiar essa conversa e retomá-la mais tarde". Então, estabeleça um intervalo específico – 20 minutos, uma hora, duas horas mais tarde – para vocês retomarem a questão. É incrível a diferença que até mesmo um curto período de calmaria pode fazer em benefício de sua clareza e de sua capacidade de comunicação.

Um detalhe sobre essas estratégias de mudança: não é todo parceiro que vai comprar a ideia de você começar uma dancinha engraçada ou a falar com uma voz boba no meio de uma discussão. Recomendo convencê-los a concordar com a ideia com antecedência, explicando do que se trata e que isso não significa que você não está levando a discussão (ou o ponto de vista dele ou dela na discussão) a sério. Então, estabeleçam uma frase que um ou ambos possam dizer antes de começar uma estratégia divertida de mudança. Algo simples como "estou no Triângulo e quero mudar" informará seu parceiro do que você está prestes a fazer.

Reescreva as histórias de seus espinhos

Se, ao passar de carro pela rua, você acenar para sua vizinha e ela não acenar de volta, você poderia criar diversas histórias: "Jane não deve ter me visto acenando"; ou "Jane deve estar tendo um dia muito cheio"; ou "como Jane é idiota"; ou "eu sempre soube que Jane não gostava de mim!". A partir daí, você continuará a construir histórias: "Mary está certa sobre Jane – ela tem mesmo o nariz empinado, e aposto que não foi por acidente que fui a última pessoa a ser convidada a entrar para o clube do livro da vizinhança, e eu odeio essa rua inteira! Sinto falta de nossa antiga vizinhança; lá as pessoas eram realmente amigas".

Entende o que quero dizer? Basta um pequeno incidente (um aceno não correspondido) e seu cérebro começa a criar montes de histórias e pensamentos. Na maior parte, tais histórias terão por base seus sistemas de crença. Como já discutimos, se você acredita que o mundo é um lugar assustador, muitos de seus pensamentos provavelmente serão baseados no medo. Ou, se você acredita que o mundo é um lugar pouco receptivo ou que você é "menos que" outras pessoas, pode ser mais inseguro e estar mais propenso a ver um insulto em uma situação ("Jane não acenou para mim de propósito"), enquanto uma pessoa mais confiante talvez a visse de outra maneira ("Jane parece atarefada; vou fazer uma visitinha a ela mais tarde"). Quando você toma consciência das histórias de seus espinhos, é muito menor a probabilidade de ficar emperrado em frequência egoica.

É fundamental compreender que você não tem controle sobre os pensamentos de outras pessoas a seu respeito e que, em última análise, tais pensamentos têm muito pouco a ver com você. Eles estão antes relacionados com a própria percepção da pessoa e sua história e sistema de crenças. Você poderia ficar maluco tentando contentar a todos e, no final do dia, esse esforço não teria valido a pena. Tampouco você saberia se havia sido bem-sucedido.

A escritora e líder de pensamento Byron Katie oferece um sistema simples para nos desvincularmos de nossas histórias negativas: uma lista de quatro perguntas, elaborada para nos ajudar a desafiar e reconstruir nossos padrões e criar novos caminhos. Criei minha própria variação com base nas quatro perguntas de Katie. Recomendo vivamente seu livro, *Loving What Is*, caso você queira explorar a ideia com mais profundidade.

Comece ancorando-se e abrindo o coração. Em seguida, tente ver sua história com muita clareza.

Então, quando tiver clareza com relação à história, faça as quatro perguntas:

1. *Qual é a história que estou contando a mim mesmo e que está por trás desses sentimentos?* Chegue à mensagem na raiz mesma de seus pensamentos. Esmiúce-a tanto quanto puder.

2. *Posso ter absoluta certeza de que minha história é verdadeira?* Dica: a resposta final, se você for honesto, é não. Como você pode ter certeza absoluta e definitiva de que qualquer pensamento é verdadeiro? Todo pensamento, sem exceção, é discutível. Você escolheu apegar-se a esse pensamento que está criando essas emoções em você, mas a probabilidade é a mesma de que o pensamento contrário seja verdadeiro.

3. *Qual seria a história contrária, ou uma história mais agradável?* Para chegar a essa ideia, talvez você precise passar outra vez pelo exercício de abertura do coração. Ao fazê-lo, pode chegar à noção de que, em vez de ser simplesmente uma idiota ou não gostar de você, talvez a pessoa que o magoou esteja apenas passando por um momento difícil. Ou pode ser que ela esteja com raiva ou mal-humorada com algo que não tenha nada a ver com você.

4. *Quem eu seria e como me sentiria nesse momento se a história contrária fosse verdade?* Sinta realmente aquela história diferente e permita que sua frequência se eleve. Não pense nela apenas superficialmente. Mergulhe nela e sinta como tal história o modifica, tanto física como emocionalmente.

Quando você aplica essas perguntas a seus pensamentos, quer seja algo pequeno ("O caixa foi grosseiro comigo") ou grande ("Meu marido não me ama"), pode surpreender-se ao descobrir que coisas que você pensa serem verdadeiras são, na realidade e em geral, falsas ou, no mínimo, totalmente subjetivas e muito exageradas.

A linha do tempo das histórias dos espinhos

Como já discutimos diversas vezes neste livro, o conceito de espinhos foi criado por Michael Singer em sua obra *The Untethered Soul*. Ele compara as questões, feridas e experiências dolorosas com que você nunca lidou a espinhos cravados em seu corpo, próximos a um nervo. Quando o espinho é tocado, ele envia uma onda de choque dolorosa pelo corpo todo. Singer diz que você acabará tendo de escolher entre fazer todo o possível para assegurar-se de que seu espinho jamais seja tocado (em suma, deixar que seus maiores medos determinem sua vida) ou fazer todo o possível para remover o espinho de modo que você consiga seguir adiante sem restrições.

Todos nós temos espinhos emocionais que podem nos precipitar na frequência egoica. Acredito que tais espinhos sejam quase sempre resultado de histórias destruidoras de autoestima às quais nos apegamos inconscientemente. O exercício da Linha do Tempo das Histórias dos Espinhos é uma forma maravilhosa de encarar e talvez reconsiderar as experiências de sua vida que moldaram suas histórias destruidoras de autoestima relativas ao amor, a como o amor funciona e a quanto é seguro abrir o coração.

Pense nos pontos de conflito em seu relacionamento ou nos padrões negativos em sua vida amorosa que você julga não conseguir parar de repetir. Talvez você se envolva com homens que não estejam totalmente disponíveis para você, ou se veja repetidamente dispensada depois do primeiro ou do segundo encontro. Em seu relacionamento, talvez você perceba que a maioria de suas brigas acontece quando você sente que seu parceiro está sendo controlador, ou pode ser que você tenha a tendência de ver seu parceiro como alguém que não é afetuoso o suficiente, romântico o suficiente ou presente o bastante em seu relacionamento. Para alcançarmos o Amor Quântico, temos de identificar nossas histórias destruidoras de autoestima e libertarmos nossos padrões de pensamento de seu domínio.

Angel e Stella me procuraram porque Stella havia dito a Angel que queria acabar com o casamento. Eles estavam juntos havia já 20 anos, desde que tinham 16, e Angel estava completamente aturdido. Por anos, Stella disse a Angel que ele precisava ser mais romântico, passar mais tempo com ela e estar mais presente no relacionamento. Angel ouvia as reclamações e fazia o que estava a seu alcance, mas o trabalho e as exigências do cuidado com as crianças em geral atrapalhavam. Ele não havia percebido que as coisas tinham se agravado tanto.

Primeiro, passei algum tempo com cada um deles individualmente, a fim de ter uma noção de suas histórias e perspectivas quanto ao relacionamento. A vida de Angel fora um tanto comum. Os pais haviam sido amorosos e gentis um com o outro, com os filhos, e ele tinha muitos parentes. Angel tivera dois relacionamentos menos sérios antes de Stella, os quais ele havia terminado. Seu principal problema era que precisava saber ao certo o que romantismo significa para uma mulher (para Stella, em particular), como priorizar o tempo e conectar-se à esposa, de coração para coração.

Stella tinha uma história diferente. Os pais haviam se divorciado quando ela era bastante jovem, e ela nunca teve um modelo do que era um relacionamento amoroso, na aparência e nas sensações. Depois que o pai saiu de casa, ela regularmente passava tempo de qualidade com ele. Mas, quando ele se casou outra vez, tornou-se muito menos disponível para ela. Quando teve dois filhos com a nova esposa, Stella passou a ver o pai ainda menos. Mais tarde, Stella teve um relacionamento sério com um rapaz que a traiu com sua melhor amiga. Alguns grandes espinhos estavam surgindo diante de meus olhos, então pedi que Stella fizesse o exercício da Linha do Tempo das Histórias dos Espinhos.

Pedi que ela esboçasse alguns eventos marcantes em sua infância e início da idade adulta que lhe haviam ensinado coisas sobre o amor e o que esperar de um romance e dos homens. Em seguida, pedi que escrevesse títulos para as histórias de espinhos que ela desenvolveu a partir de cada experiência subjacente. Veja a Linha do Tempo das Histórias dos Espinhos de Stella na Figura 10 e, em seguida, tente você mesmo fazer esse exercício. Você pode escrevê-la seguindo os passos abaixo ou visitar o *site* <www.drlauraberman.com/quantumlove> para acessar uma versão eletrônica. Se você não estiver com a mesma pessoa desde os 16 anos, como Stella, sua linha do tempo de eventos marcantes será mais longa. Mas você pode usar o mesmo processo para chegar às histórias destruidoras de autoestima por trás das crenças de frequência egoica que o estão mantendo emperrado.

Passos para fazer sua Linha do Tempo das Histórias dos Espinhos

1. Respire profundamente algumas vezes, ancore-se e abra o coração. Agora, você está em coerência.
2. Comece sua linha do tempo. Qual é sua lembrança mais antiga de alguém que não cumpriu o que lhe prometeu, que o decepcionou, magoou ou abandonou (literal ou emocionalmente)? Feche os olhos e volte àquele momento. Veja os acontecimentos se desenrolando. O que você estava pensando? O que estava sentindo? Escreva.
3. Por favor, esteja ciente de que toda criança vê o mundo como se girasse ao redor dela. É uma verdade do desenvolvimento. A partir de seu ponto de vista como criança, as coisas que os adultos que você amava fizeram um ao outro ou a você pareciam ser o resultado de seus próprios atos, feitos ou falta de valor. Portanto, é possível que, ao voltar para a infância a partir de seu atual estado de coerência, você descubra algumas histórias que desenvolveu ao longo do caminho e que refletem sentimentos de culpa, insegurança em relação a si mesmo e à noção de não ser bom o suficiente ou bastante digno de amor. Anote em sua linha do tempo todos os marcos de que se lembra, juntamente com a idade aproximada que você tinha quando ocorreram.
4. Agora, coloque a experiência e as emoções do acontecimento abaixo de cada evento marcante em sua Linha do Tempo das Histórias dos Espinhos. Essas histórias dolorosas podem soar um pouco extremas a seus ouvidos adultos. Não julgue; apenas faça. Você pode ficar surpreso com o que vier à tona.

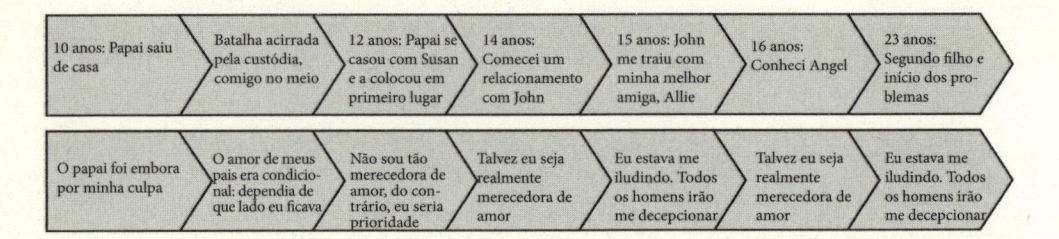

10 anos: Papai saiu de casa	Batalha acirrada pela custódia, comigo no meio	12 anos: Papai se casou com Susan e a colocou em primeiro lugar	14 anos: Comecei um relacionamento com John	15 anos: John me traiu com minha melhor amiga, Allie	16 anos: Conheci Angel	23 anos: Segundo filho e início dos problemas
O papai foi embora por minha culpa	O amor de meus pais era condicional: dependia de que lado eu ficava	Não sou tão merecedora de amor, do contrário, eu seria prioridade	Talvez eu seja realmente merecedora de amor	Eu estava me iludindo. Todos os homens irão me decepcionar	Talvez eu seja realmente merecedora de amor	Eu estava me iludindo. Todos os homens irão me decepcionar

Figura 10: Linha do Tempo das Histórias dos Espinhos de Stella

Leve em conta seu legado de espinhos

Outra peça importante na solução desse quebra-cabeça é ponderar sobre a Linha do Tempo das Histórias dos Espinhos de seus pais, e dos pais deles, e dos pais dos pais deles. Sim, somos feitos do material genético de nossos ancestrais, mas acho que essa ligação é ainda mais profunda. Em nível quântico, estamos carregando a energia deles – e, se aquela energia é dolorosa, carregaremos a dor deles, que não existe no tempo ou no espaço: ela apenas *existe*. Se curarmos aquela dor e liberarmos aquela energia, então ela é curada e liberada em nosso benefício e em benefício daqueles que vieram antes de nós.

Imagine sobrepor à sua a Linha do Tempo das Histórias dos Espinhos de sua mãe e de seu pai. É muito provável que não tenham acontecido eventos exatamente iguais e na mesma época da vida de cada um deles, mas posso apostar que as histórias dos espinhos de seus pais são muito semelhantes às suas. E o mesmo será verdadeiro com relação aos pais deles e aos pais dos pais deles, recuando para além da memória de qualquer um.

No caso de Stella, sua mãe, Rosanna, tivera uma infância parecia com a da filha. Os pais de Rosanna saíram com ela do México e foram para os Estados Unidos quando ela era bem pequena, mas o pai os deixou com familiares em Chicago e foi trabalhar em outro estado. Ele esteve praticamente ausente durante sua infância e, quando voltava para casa, ele e a mãe dela brigavam a maior parte do tempo. A mãe de Rosanna trabalhava em período integral, tentando criar quatro filhos sem a ajuda do marido. Embora Rosanna tivesse tias, tios e primas à sua volta para ampará-la, ela nunca sentiu que recebia atenção da mãe. A maioria das lembranças que Rosanna tinha da mãe era de uma mulher amarga que se sentia mal-amada e abandonada por seu homem.

Stella não tinha muito conhecimento da história do pai, mas você pode ver que existem paralelos entre as histórias de espinhos que ela e a mãe contaram a si mesmas. Se olharmos para isso de uma perspectiva de Amor Quântico, Stella veio de uma linhagem de mulheres que se decepcionaram no amor e foram abandonadas pelos homens de sua vida. Elas viviam em frequência egoica A MIM quando o assunto era amor, e tinham medo, sentiam-se abandonadas e inferiores. Stella herdou essas histórias de espinhos por meio de uma série de mensagens diretas que seus pais lhe transmitiram, bem como a partir da dinâmica do relacionamento que eles moldaram para ela e com ela durante seu desenvolvimento.

Quando você vê como suas histórias e marcos dolorosos se ajustam àqueles de seus pais e até mesmo de gerações antes deles, pode passar a ver tais histórias sob uma nova luz. Talvez descubra, como Stella, que você tem sentimentos de empatia e perdão em vez de raiva e medo. Aquelas coisas que as pessoas fizeram a você não foram porque você era inferior, mas, em geral, porque *elas se sentiam* inferiores.

Esse tipo de percepção empática permite que você seja um observador amoroso de sua história. Permite que você sinta empatia pela criança que foi e reconheça, com sua mente adulta, que só porque sua mãe era emocionalmente fechada ou seu pai abandonou a família, isso não significa que você tenha de ater-se à crença destruidora de autoestima que diz "se eu fosse bom o suficiente, inteligente o suficiente, ou bem-comportado o bastante, essas coisas não teriam acontecido". Você pode recordar essas coisas e compreender que: "não, não foram minha culpa".

Agora que você as identificou, é hora de começar a desapegar-se amorosamente de suas histórias de espinhos, para que você deixe de ficar emperrado na frequência egoica quando tais espinhos são tocados. Apresento a seguir três estratégias que o ajudarão a libertar-se do domínio que essas histórias negativas têm sobre você e, assim, passar ao Amor Quântico.

Estratégia 1: O poder do autoconhecimento

Quando você está consciente de suas histórias de espinhos, isso muda drasticamente as lentes através das quais você enxerga seu parceiro e seus pontos de conflito. Da próxima vez que perceber que está reagindo de forma negativa a seu parceiro, faça algumas respirações profundas, ancore-se, abra o coração e pergunte-se: "Que história espinhosa está vindo à tona?". Quase sempre, uma vez que você tenha feito com sucesso uma Linha do Tempo das Histórias dos Espinhos, será capaz de identificar não só o espinho específico que acabou de ser tocado como também a história destruidora de autoestima por trás de seu acionamento. Então perceberá que não se trata tanto do comportamento de seu parceiro, mas das histórias que você está vinculando a tal comportamento. Você pode olhar para a situação com mais objetividade, a partir de um estado de coerência e com o coração aberto, e nesse estado qualquer coisa é possível.

Estratégia 2: O poder do perdão

Libertar-se do domínio que histórias destruidoras de autoestima exercem sobre você e suas reações diante de seu parceiro envolve perdoar aqueles que deliberada ou involuntariamente o magoaram. Isso pode ser uma tarefa imensa e talvez leve algum tempo. O que sei com certeza é que estamos todos neste planeta apenas agindo da melhor forma que podemos. Alguns de nós estão equivocados ou são mais prejudicados que outros. Alguns de nós fazem coisas horríveis uns aos outros. Mas não importa o que tenha acontecido a você, apegar-se à raiva e ao ressentimento o machuca mais do que àqueles com quem você ainda está furioso.

Por certo, se houve um abuso ou trauma significativo, a terapia pode ser necessária para realmente se alcançar o ponto da cura. Contudo, como ouvi Oprah Winfrey dizer certa vez, perdoar é tão somente aceitar que você não pode mudar o passado. Você não tem de esquecer o que aconteceu ou como foi magoado, mas, olhando para isso com objetividade, através dos olhos do adulto que é hoje, você pode escolher libertar-se do domínio de tal fato.

Você consegue olhar para sua vida com sua mente adulta, em frequência inerente? Consegue ver que seus pais, e os pais deles, e os pais dos pais deles estavam todos lutando, eles mesmos, contra histórias destruidoras de autoestima? Tais histórias os levaram a atitudes que ajudaram a criar as histórias que você carrega. Ao compreender e sentir sua própria dor, você consegue sentir empatia pela dor deles?

Estratégia 3: Libere as histórias destruidoras de autoestima relativas à família

Quando você consegue perdoar com amor, afastar-se e observar os acontecimentos em sua Linha do Tempo das Histórias dos Espinhos a partir da perspectiva coerente da frequência inerente, consegue liberá-las e deixar aquela energia ir. Apresento aqui um exercício que pode ajudá-lo a fazer exatamente isso. Sugiro que você o faça todos os dias, pelo tempo que for necessário para libertar-se do domínio que aquelas crenças destruidoras de autoestima exercem sobre você. Você perceberá que, depois de algumas semanas, já não se sentirá provocado da mesma forma por seu parceiro – ou por qualquer outra pessoa, aliás – e, quando você *for* provocado, perceberá de imediato e será capaz de voltar facilmente à frequência inerente.

1. Respire profundamente algumas vezes, ancore-se, abra o coração e feche os olhos.
2. Ao fazer inspirações profundas pelo nariz, imagine uma bela luz verde cintilante e curativa fluindo, entrando pelo topo de sua cabeça e penetrando cada canto de seu corpo, preenchendo cada célula, cada órgão, cada veia e vaso sanguíneo. Imagine que a luz está repleta de amor e é capaz de curar, e inunda quaisquer áreas doloridas com paz, e sentimentos de perda com plenitude. À medida que você expira pela boca, imagine toda a pressão e a dor em seu coração e sua mente fluindo para fora de você. Faça isso durante cinco respirações profundas e sinta a paz, a plenitude e a coerência criadas em seu corpo.
3. Diga consigo mesmo: "Tenho uma história destruidora de autoestima que me diz que [preencha a lacuna]. Como o adulto integral, poderoso e centrado que sou hoje, escolho já não acreditar nessa história. Ela já não me serve. Eu a abençoo e a deixo partir".
4. Inspire profundamente e expire devagar, mas com vigor. Ao fazê-lo, imagine a história destruidora de autoestima e o domínio que ela tem sobre você fluindo para fora de seu corpo com sua respiração.
5. Abra os olhos devagar.

Repita no dia seguinte, se necessário! Você pode fazer esse exercício para cada crença destruidora de autoestima que tiver identificado. Em pouco tempo você estará no comando, criando Amor Quântico.

A arte de mudar crenças

Como discutimos no capítulo anterior, suas crenças subconscientes estão em regra muito atrasadas com relação a suas intenções conscientes de Amor Quântico. Isso, em grande parte, se deve ao fato de suas crenças subconscientes serem o resultado das histórias de espinhos que você inconscientemente (ou conscientemente) vem carregando consigo há tanto tempo. Você aprendeu novas formas de livrar-se do domínio delas, mas consideremos também uma maneira prática de permitir que suas crenças autênticas acerca dos principais objetivos de amor que você deseja correspondam a suas intenções. Greg Kuhn sintetiza muito bem esse processo em *How Quantum Physicists Build New Beliefs*. Lembre-se: como vimos no capítulo 9, a ideia é persuadir seu ego a acompanhá-lo, como o coelho assustado do outro lado do jardim. Se você elevar uma marca por vez, terá seu ego comendo cenouras na mão de seu eu essencial.

É assim que funciona:

1. Escolha um de seus Objetivos de Amor Quântico, um que você sente ser particularmente difícil de alcançar. Consulte o Mapa do Amor Quântico e comece na extrema esquerda, no estado emocional de marca mais baixa: vergonha e humilhação. Esse é o estado emocional em que você irá mergulhar seu principal objetivo ou emoção que deseja sentir no relacionamento. Mesmo que suas emoções quanto ao que deseja de seu relacionamento não estejam nem de longe em uma frequência tão baixa como a da vergonha, não importa. Nesse processo, você começa a subir do zero. Abrace a sensação. Esteja lá. Por exemplo, talvez seu objetivo seja encontrar um parceiro. Sua crença de marca mais baixa pode ser "Sinto-me humilhado por não ter um amor ainda, e acredito que todos os bons partidos já estão comprometidos e estarei sempre só". Quero que você interaja com essa crença: anote-a em seu diário e até mesmo chafurde nesse estado negativo. Escreva, diga a si mesmo e alimente esta ideia: "Sei que estou agora em uma crença de vergonha e humilhação com relação a [preencha a lacuna], mas acredito que isso pode mudar e estou aberto a uma crença mais elevada".

2. No dia seguinte (ou na semana seguinte, se preferir), avance um passo no Mapa do Amor Quântico. Viva naquela emoção por um ou alguns dias, anotando em seu diário e aceitando-se naquele estado. E honestamente identifique a emoção a que você vincula seu objetivo ou desejo no Mapa do Amor Quântico. Tenha clareza quanto ao ponto em que você está nesse momento e o aceite. Admita que seu cérebro ainda não está completamente envolvido

no processo. Convença-se de que não há problema nisso. Repita a afirmação proposta anteriormente, mas com a crença seguinte de marca mais alta.

Você pode estar imaginando por que eu quero que você comece com a crença de marca mais baixa em vez do ponto em que você está, e esteja com receio de acabar criando uma realidade ainda pior para si mesmo com a baixa frequência dessas histórias. Prometo que não é nada disso. Em primeiro lugar, minha experiência me ensinou que você provavelmente já está em uma marca muito inferior à que imagina. Em geral você perceberá que, quando experimenta aquela crença de frequência baixíssima, por pior que seja a sensação, ela não é estranha. É claro que você não precisa permanecer nela por muito tempo caso ela realmente não sirva; apenas avance para a próxima emoção ou crença de marca mais alta.

Ao mesmo tempo, você pode perceber que precisa ficar em um estado emocional por mais de um dia, e também não há problema nisso. Apenas comprometa-se a avançar devagar no Mapa do Amor Quântico. À medida que o fizer, sua frequência inerente começará a assumir o comando, e a realidade de seu relacionamento refletirá exatamente o que você anseia vivenciar no amor.

Quando a dor é grande demais: às vezes, a única forma de deixá-la para trás é passando por ela

O que acontece quando você está passando por uma fase realmente difícil e a dor parece grande e profunda demais para que se possa sair dela? Por vezes, em especial durante uma das OMECs da vida, quando você está bem no meio da batalha, passando pela "noite escura da alma" (originalmente título de um poema escrito por volta do século XVI pelo poeta espanhol e místico católico São João da Cruz). Você se sente à deriva em um mar de dor, sendo atingido por ondas de raiva, tristeza e medo, uma após a outra. Pode parecer impossível passar à frequência inerente durante essas situações, menos ainda sustentá-la por qualquer período, por curto que seja. Há duas estratégias fundamentais para sair dessa condição emperrada e passar à frequência inerente durante uma noite escura da alma: reservar tempo para a dor e deixar que ela seja sua professora.

Reservar tempo é tudo

Quando você está passando por um período particularmente difícil em sua vida e suas emoções parecem estar fora de controle, é fundamental que sua mente e seu corpo *não* as reprimam. Mas há um momento e um local para senti-las. Se as emoções estiverem tomando conta de você na hora errada, experimente a estratégia que aprendi com uma maravilhosa curadora energética, Linda Hall, que faz um trabalho incrível.

Primeiro, respire profundamente algumas vezes, feche os olhos e ancore-se. Visualize qualquer tipo de vasilha que tenha tampa. Pode ser uma caixa, um pote com tampa ou até mesmo um *Tupperware*! Diga a si mesmo: "Estou colocando essas emoções nessa vasilha". Imagine-se colocando as emoções lá dentro e fechando a vasilha com a tampa. Então, marque um horário, literalmente: "Hoje à noite, às [estabeleça um horário específico], vou sentir essas emoções e deixá-las passar por mim".

Você deve honrar esse compromisso. Se algum imprevisto ocorrer e atrapalhar o momento que você marcou para sentir suas emoções, remarque-o. Mas não seja ardiloso, remarcando repetidamente seu compromisso consigo mesmo. No horário marcado, vá a um lugar em que você se sinta seguro e onde possa deixar tudo fluir livremente. Ancore-se novamente e, dessa vez, *abra seu coração*, lembrando que você está seguro. Deixe as emoções passarem por você. Se não estiver sentindo nenhuma emoção de baixa frequência na hora marcada, avalie seu corpo. Concentre sua percepção em cada parte do corpo, dos pés à cabeça. Ao notar a primeira área de tensão ou dor, respire aí. Concentre sua atenção nessa parte do corpo. As emoções simplesmente virão à tona. Isso leva apenas alguns minutos e você mantém seu fluxo energético aberto e retorna com facilidade à frequência inerente.

Atravesse a dor e chegue à tranquilidade do outro lado

Por vezes, quando a dor (em especial o luto) é grande e profunda demais, a única maneira de vencê-la pode ser passando por ela. Isso com certeza pode ser plenamente alcançado por meio de terapia com um clínico apto. Mas aqui apresento uma estratégia muito útil para ajudá-lo a alcançar um nível quântico ou energético de cura dentro de você.

O aspecto mais inesperado da descoberta de que minha mãe tinha um câncer terminal foram os subsequentes abalos que acometiam meu corpo inteiro sempre que eu me lembrava da realidade de seu diagnóstico. Desde então, descobri que essa é uma experiência bastante comum em casos de trauma, em especial no tocante à perda de alguém. Eu estava ocupada, trabalhando ou na companhia de meu marido e meus filhos, e de repente eu sentia uma onda de choque e dor que fazia meu estômago desabar e percorria todo o meu corpo ao me lembrar novamente do que eu havia esquecido por um instante. Procurei os conselhos de minha amiga, a *coach* pessoal Diana Chapman. Ela perguntou: "O que aconteceria se, em vez de resistir às ondas de choque, você apenas se deixasse levar, se entregasse a elas e *mergulhasse* de cabeça no sentimento?". Eu tinha muito medo de talvez afundar tanto nele que já não conseguisse sair, mas, na onda de choque seguinte, fechei os olhos e mergulhei na dor. Não lutei contra ela; ao contrário, permaneci com ela. Senti como se eu estivesse caindo em um poço de dor, mas estava decidida a manter a confiança.

Mergulhar complemente em meu sofrimento levou-me a minha primeira epifania espiritual profunda da idade adulta. Parecia que eu estava descendo em espiral por um ralo. Mas, de repente, depois de uns 30 segundos, eu me senti repleta de luz, em um lugar de pura paz e vácuo. Era uma espécie de vazio, porém esse vazio não estava de modo algum vazio. Eu me senti repleta de um amor puro e intenso e cercada por ele.

Naquele instante, de repente eu sabia que, independentemente de ela estar aqui em forma física ou não, o que minha mãe era para mim e o que ela havia me proporcionado já estavam *em mim*.

Em termos quânticos, somos todos um, feitos da mesma energia, e a energia nunca morre. Tampouco a energia do eu essencial de minha mãe desapareceria, mesmo quando seu corpo já não estivesse aqui. Eu também soube, porém, que tudo aquilo que ela era para mim e havia me proporcionado, eu já poderia ser *por mim mesma. Ela era eu, e eu era ela.* Foi uma experiência absurdamente profunda e poderosa conectar-me com a energia de minha mãe e me dar conta de que ela estaria sempre aqui. Eu poderia conservá-la para sempre.

Então, o que sua dor pode lhe ensinar? Ela pode ser um lembrete de que você é um sobrevivente – de que você é resistente e pode lidar com as crises da vida. Talvez a lição seja que agir a partir do ego, de um estado de raiva e controle é perigoso e prejudicial. Pode ser que ela o ajude a aprofundar sua empatia e compaixão quando você fala com seu parceiro. Talvez você possa guardar a lembrança de sua dor como lembrete para ser gentil e perdoar outras pessoas no mundo porque elas também provavelmente têm suas próprias histórias de mágoas e abusos. Ou talvez você possa usar essa lembrança como um lembrete de que você merece ser tratado com carinho, respeito e amor incondicional, não só pelos outros, mas por si mesmo.

Lembre-se de como é estar em coerência

Depois de ter experimentado sua frequência inerente e ter vislumbres dos estados mais elevados POR MIM e ATRAVÉS DE MIM, você sabe que é aí que quer estar. É importante lembrar que seu eu essencial e sua frequência inerente são imutáveis e indestrutíveis, como o interior de uma montanha. Não importa o que aconteça ao seu redor, essa parte essencial de você está lá dentro. E está esperando que você a encontre novamente.

Sensação de estar em casa

Uma ótima maneira de permanecer conectado com a frequência inerente é lembrar-se de ocasiões, não importa se grandes ou pequenas, em que você esteve em estado de coerência, e anotá-los em uma lista da "Sensação de Estar em Casa". Qualquer coisa positiva, amorosa, reconfortante ou que lhe dê um centro deve ser incluída. Por exemplo, você pode listar ocasiões como quando:

- Segurou seu filho nos braços pela primeira vez;
- Vivenciou uma conexão de alma com seu parceiro;
- Alcançou um objetivo que havia estabelecido para si mesmo;
- Teve uma relação sexual fantástica;
- Ultrapassou o que você acreditava fossem os limites de sua capacidade;
- Aninhou-se com seu cachorro;
- Esteve tão bem-humorado o dia inteiro que nada conseguiu deixá-lo para baixo;
- Sentiu que o Universo estava de fato conspirando a seu favor;
- Um ato de gentileza ou consideração de seu parceiro o emocionou;
- Fez algo realmente altruísta, sem esperar nada em troca, nem reconhecimento;
- Sentiu-se fluir com a vida e totalmente em uma "maré de sorte".

Ao finalizar sua lista, selecione alguns itens favoritos e anote as emoções que sentiu naquelas ocasiões. Você pode usar sua lista das principais emoções que deseja sentir e o Mapa do Amor Quântico para ajudá-lo a escolher aquelas que melhor se ajustam a suas experiências.

Agora, feche os olhos e imagine-se de volta a tais experiências. Veja-as de uma perspectiva em primeira pessoa, como se estivessem acontecendo nesse exato instante. Sinta aquelas mesmas emoções em sua mente e em seu corpo. Esse é seu estado coerente. Ele ainda existe dentro de você, um lugar ao qual você sempre pode regressar.

A Santa Mudança Integral

A Santa Mudança Integral, um exercício criado pela *coach* pessoal Jackie Lesser, é um poderoso processo transformador de navegação que você pode usar para tomar decisões que o coloquem no caminho certo. Quando não souber o que fazer ou a que recorrer em uma situação

Figura 11: A Santa Mudança Integral

específica de sua vida – um trabalho, um relacionamento, uma decisão importante, até mesmo uma decepção – e se sentir emperrado, pode usar esse exercício para ver as coisas com mais clareza. A Santa Mudança Integral é uma forma incrível de reeducar seu cérebro para que abandone estados emocionais de frequência egoica e para você voltar à frequência inerente.

Com a Santa Mudança Integral, você torna a reunir-se com sua natureza, como ser criativo, talentoso e integral que está trilhando seu caminho no mundo. A Santa Mudança Integral o ajuda a acessar estratégias e a recuperar a objetividade durante esses momentos de perturbação interior. Ela lhe traz mais clareza e compreensão de modo que você passe do caos à tranquilidade e navegue com desenvoltura e dignidade por qualquer mudança pela qual esteja passando em sua vida.

Para ouvir a uma versão em áudio da meditação guiada da Santa Mudança Integral de Jackie Lesser, visite o *site* <www.drlauraberman.com/quantumlove>.

A Santa Mudança Integral é um processo de sete etapas:

1. Respire. Respirar é essencial para que você entre no processo. Você respira para trazer sua atenção ao momento presente.
2. Decida como você quer se sentir. Você embarca no início da Santa Mudança Integral tendo o fim em mente. Nesse exato momento, você sente que precisa de um novo direcionamento; você está em pânico e vivenciando um caos. No entanto, pergunte a si mesmo: "Quando isso terminar, como quero me sentir?".
3. Reconheça e respeite seu observador. Perceba: "Nossa, tem uma parte de mim que se sente impotente no meio do caos e está em pânico. Mas é só uma parte de mim. Não sou eu *inteiro*". O simples fato de você ter consciência de como se sente – de ser capaz de observar isso – significa que essa sensação ruim existe apenas em uma parte de você.
4. Aceite o modo como você se sente diante daquilo que *é*. Em seguida, ofereça a si mesmo a compaixão que você ofereceria a uma criancinha, a um ente querido, a alguém com quem você realmente se importa, como um bom amigo.
5. Passe ao "navio do relacionamento adequado". Quando você percebe que é apenas uma parte sua que não está em paz e aceita os fatos da situação, você traz essa parte de si mesmo de volta ao eu

integral. Agora você está naquilo que Jackie chama o "navio do relacionamento adequado", um relacionamento amoroso consigo mesmo. Você não tenta expulsar ou rejeitar aquela parte de si mesmo que está vivenciando o caos.

6. Faça uma "escolha integrada". Agora que você está no relacionamento adequado, em frequência inerente, você se torna plenamente preparado para escolher outra vez: "Como quero ver a situação? Que outra perspectiva posso ter dela?".
7. Tome uma atitude inspirada. Quais são os passos ponderados que você se sente inspirado a dar diante de sua nova perspectiva? Às vezes eles se revelam a você com a mesma rapidez da nova perspectiva: você escolhe uma nova perspectiva e, então, BUM, sabe o que fazer e o que não fazer. E perceberá que a emoção que escolheu sentir no início é o que você está sentindo agora.

A Santa Mudança Integral não é um processo linear, mas é muito poderoso. Você realmente vai querer praticá-lo com quase tudo o que encontrar. Quando você entra no carro, não pensaria em ir a nenhum lugar desconhecido sem conectar seu GPS. Bem, você não iria querer tomar qualquer atitude sem saber a verdade sobre quem você é. A Santa Mudança Integral pode ser uma espécie de GPS para que seu ego permaneça conectado com seu eu essencial.

Saia e faça contato com a natureza

E se eu lhe dissesse que um dos novos tratamentos para relaxamento de maior sucesso em *spas* de luxo por todo o país é algo que você pode fazer por conta própria e de graça? Não se trata de uma máscara ou técnica especial de massagem. É uma simples caminhada na natureza.

O banho de floresta, como é chamado, é uma caminhada com atenção presente por uma floresta (ou mesmo um parque) que promove relaxamento à medida que se respira o ar com perfume de madeira, ouve-se o farfalhar das folhas ou agulhas de pinheiro e se sentem os raios da luz do sol, filtrada pelas copas das árvores, incidir sobre a pele. A prática do banho de floresta surgiu no Japão, onde é conhecida como *shinrin-yoku*. Seus benefícios restaurativos costumam ser atribuídos à consciência sensorial e ao tempo ao ar livre, longe do ruído incessante da tecnologia. Contudo, como teóricos quânticos iniciantes que somos, sabemos que os efeitos positivos do banho de floresta começam com o ajustamento sincrônico de nossa energia pessoal com a energia pura e poderosa da natureza.

A natureza vibra em uma frequência inerente limpa e de vibração elevada. Ela não dispõe de um ego. Embora seja extremamente complexa, tudo na natureza está perfeitamente alinhado, equilibrado e em harmonia. É por isso que ela tem um efeito tão tranquilizador e restaurativo sobre nosso corpo, nossa mente e nosso espírito, elevando nossa frequência energética ao nos ajustarmos sincronicamente a ela.

Ao contrário das pessoas, a natureza mantém sua própria frequência imutável e não se ajusta sincronicamente à nossa. Porém, quando estamos em contato com a natureza, não podemos deixar de sentir seus efeitos. Em um relacionamento, você se ajusta sincronicamente a seu parceiro, seu parceiro se ajusta a você, e vocês dois influenciam a energia um do outro em um ciclo contínuo. Com as pressões da vida, do trabalho, da família, das contas e de todos os desafios logísticos – isso sem falar em todos os nossos espinhos pessoais que são despertados no caminho –, é fácil ficar emperrado. Pense em sair e entrar em contato com a natureza como o equivalente energético a apertar o botão de reiniciar.

Agora que conheço o poderoso impacto quântico que a natureza pode ter em nossa energia pessoal, eu a utilizo em meus aconselhamentos sempre que posso, e isso faz maravilhas por casais que estão com muitas dificuldades, emperrados em frequência egoica, individualmente ou juntos. Comecei a promover retiros de casais em lugares bonitos e tranquilos na natureza. Durante tais retiros, fazemos meditações guiadas, sessões com casais e em grupo, bem como trabalho individual. Eu mostro como discussões se desenrolam de maneiras diferentes em frequência egoica e em frequência inerente, e também como, às vezes, apenas sair e permitir a atuação da energia restaurativa da natureza pode fazer toda a diferença.

Veja como você pode fazer um pouco de terapia natural por si mesmo:

Saia: você pode ir a um parque, à praia ou mesmo apenas sair para seu quintal.

Interaja: tire os sapatos, se puder. Sente-se apoiado em uma árvore ou deite-se na areia. Use os cinco sentidos para absorver o ambiente à sua volta. Sinta o calor do sol em seu rosto ou o frescor do chão sob a sombra. Ouça o som do movimento das folhas ou da grama conforme o vento sopra através delas. Inspire o ar puro; sinta seu cheiro e o saboreie.

Perceba o efeito em seu corpo: você pode sentir (como eu) uma mudança física imediata em seu corpo. Observe como seus ombros relaxam ou seu rosto se suaviza. Estique os braços e separe bem os dedos. É muito boa a sensação de estar em contato com a natureza, e voltar sua consciência para essa sensação agradável e para a experiência sensorial de onde você está permitirá que você se ajuste sincronicamente ainda mais com a energia poderosa e limpa da natureza.

Observação: essa é uma maneira excelente de reenergizar-se no meio do dia. Se já estiver sentado há algum tempo, levante-se, vá lá para fora e fique ali por uns dez minutos. Você perceberá que se sente muito melhor quando voltar ao escritório.

Lubrifique-se: estratégias para ficar menos emperrado

Você acabou de aprender algumas estratégias concretas de mudança que são excelentes ferramentas para mudar sua energia e desemperrar-se no momento presente. Agora quero concentrar-me em estratégias que são mais como lubrificantes para impedir que sua mente torne a emperrar.

Mude seu cérebro, mude sua vida: o efeito da neuroplasticidade

O termo neuroplasticidade descreve a capacidade que seu cérebro tem de mudar como resultado de suas experiências. Seu cérebro está constantemente reorganizando as informações que ele abriga. À medida que novas informações são absorvidas por força de seu ambiente, seus relacionamentos, comportamentos, histórias de espinhos, OMECs e outras experiências, o cérebro movimenta tudo para acomodá-las, criando novas rotas neurais e alterando as existentes. É assim que você aprende coisas novas, cria ou destrói hábitos, forma lembranças e escreve suas histórias.

À medida que envelhecemos, o cérebro se torna um gerenciador de informações. Naquilo que os neurocientistas chamam "poda sináptica" ou "brotamento neural", ele fortalece certas ligações neurais enquanto ignora outras. Neurônios não utilizados acabam morrendo. Esse processo é o que nos ajuda a nos adaptarmos a nosso ambiente em constante alteração à medida que nos desenvolvemos e enfrentamos diferentes tipos de experiências. O que é incrível é que podemos usar *conscientemente* a neuroplasticidade para alterar nosso cérebro, e a meditação é uma das melhores formas de fazer isso.

Meditação

A meditação permite que sua mente fique mais permeável e tenha uma atividade mais rápida. Ela permite ainda que suas funções cognitivas sejam mais flexíveis e o ensina a alcançar a frequência inerente e permanecer nela. Mesmo uma curta meditação diária produzirá essas inacreditáveis mudanças em seu cérebro e em seu corpo. Ela também "lubrificará" seu cérebro, de modo que você estará menos propenso a ficar emperrado em estados emocionais que não lhe sirvam. Se você tem um pensamento ou uma crença de baixa frequência na mente, ele ou ela irá aderir muito mais a um cérebro que não medita que a um cérebro que medita. Se você puder meditar, passará a um estado fisiológica e neurologicamente melhor, e descobrirá que, em regra, seu eu essencial tem algum conhecimento para compartilhar com você quando está em estado meditativo.

Ao meditar, você dá início a mudanças positivas em nível físico, fisiológico e energético. Quando você tranquilamente concentra sua atenção e seu foco de uma maneira relaxada, está ativando o lobo frontal, o que reduz a atividade no neocórtex. Quando o neocórtex tem menos coisas a analisar, ele se aquieta e o cérebro naturalmente se ajusta a um padrão mais organizado e coerente. Esses momentos de serenidade em que você permite que seu cérebro e seu corpo "reiniciem" lhe darão condições de estar mais conectado com sua intuição e seu eu essencial, mesmo quando não estiver meditando.

Existem muitos tipos de meditação, mas quero concentrar-me naquelas que considero mais úteis na manutenção do fluxo de energia. Falarei rapidamente sobre elas aqui e, então, se você quiser, pode consultar o Apêndice para aprender mais sobre diferentes tipos de meditação, bem como encontrar meditações guiadas que você pode experimentar. Também há muitas meditações guiadas cujas instruções você pode ler ou ouvir no *site* <www.drlauraberman.com/quantumlove>.

Meditação transcendental

A meditação transcendental está em processo de ressurgimento nos Estados Unidos e no mundo todo. Esse exercício é como proporcionar um descanso muito bem-vindo ao cérebro.[47] Há um procedimento para realizá-la, mas é extremamente fácil.

O processo de "transcender" envolve ultrapassar a barreira de sua mente analítica e entrar no reino amoroso e consciente de seu eu essencial. Isso costuma vir acompanhado de uma sensação de expansão, quando caem as barreiras que percebemos. É um estado de relaxamento muitíssimo benéfico tanto para seu cérebro como para seu corpo. Já foi comprovado que a meditação transcendental reduz a pressão sanguínea e os sinais físicos do estresse, aumenta a capacidade de autorrestauração do corpo e melhora até mesmo a função cerebral.[48] O premiado diretor David Lynch, que pratica a meditação transcendental há décadas, disse-me certa vez em uma entrevista que essa é sua maneira de "garimpar o ouro". É pela meditação que ele alcança suas ideias mais criativas e inspiradoras.

Para aprender a fazer a meditação transcendental, você pode fazer um curso, individualmente ou em grupo. Veja as Fontes de Pesquisa de Amor Quântico para mais informações.

Meditação da bondade amorosa

A bondade amorosa é, em essência, a prática do amor altruísta. Normalmente praticada por meditadores budistas, é o compromisso de contrabalançar experiências negativas com uma perspectiva amorosa. Eu acredito que ela se coaduna muito com a generosidade do Amor Quântico, já que você opta por acreditar no melhor de seu parceiro e ver até as experiências difíceis como dádivas.

A meditação da bondade amorosa tem por fundamento a existência de quatro tipos de amor: compaixão, cordialidade, alegria agradecida e equanimidade. Seu foco é a prática desses quatro tipos de amor com relação a quatro tipos de pessoas: uma pessoa querida e respeitada (um professor espiritual ou um *coach*), uma pessoa muito amada (seu parceiro, um membro da família, um amigo próximo), uma pessoa neutra (alguém que você encontra no cotidiano, mas não conhece bem), e uma pessoa hostil (alguém com quem você está tendo dificuldades). Você começa a prática voltando o foco para si mesmo e, em seguida,

---

47. Ferris Jabr, " Por Que Seu Cérebro Precisa de Mais Descanso", *Scientific American*, 15 de outubro de 2013. <http://www.scientificamerican.com/articlemental-downtime/>.
48. Bridget Murray, "Como Encontrar a Paz Dentro de Nós", *Monitor on Psychology* 33, nº 7 (julho/agosto de 2002): p. 56.

dissolvendo mentalmente as barreiras entre você e a outra pessoa – em outras palavras, reconhecendo a verdade quântica de que somos todos um.

A meditação da bondade amorosa é uma forma maravilhosa de treinar seu cérebro a ver seu parceiro através das lentes do Amor Quântico. À medida que sua percepção amorosa inspirar a realidade de seu relacionamento, do mesmo modo seu estado energético criará mais oportunidades de fortalecer e consolidar essa realidade. Consulte o Apêndice para ler as instruções de uma meditação guiada de bondade amorosa.

Meditação guiada e visualização

A meditação guiada e a visualização provaram-se mediadores extremamente poderosos na mudança de seu estado mental e físico. Você talvez já tenha ouvido falar do poder da visualização no treinamento de seu corpo para fazer alguma coisa. Ela é largamente usada no mundo dos esportes quando jogadores de basquete imaginam seus arremessos livres entrando na cesta, nadadores visualizam o próprio corpo realizando um perfeito nado borboleta e esquiadores olímpicos praticam mentalmente os movimentos que farão ao descer pela pista. Essa técnica meditativa é tão eficiente porque seu cérebro não sabe distinguir entre algo que você esteja realmente vivenciando e algo que você esteja imaginando. (Observação: esse é também o motivo pelo qual escolher acreditar no melhor de seu parceiro é um aspecto tão importante do Amor Quântico. Para seu cérebro, percepção e realidade são a mesma coisa!) Por seu cérebro pensar que você está de fato vivenciando o objetivo de sua meditação guiada, ele desencadeia respostas fisiológicas para aquilo que ele acredita estar acontecendo a você. A meditação guiada pode ativar seus músculos, aumentar ou diminuir a temperatura corporal e até mesmo modificar suas células ao longo do tempo.

E existem ainda as mudanças positivas que ela pode promover no cérebro. Como aprendemos no capítulo 9, quando você vive uma experiência, boa ou ruim, os caminhos neurais em seu cérebro mudam a fim de armazenar as novas informações para uso futuro. A meditação guiada dá um passo além, pois não só proporciona ao cérebro aquilo que ele pensa ser uma experiência da vida real (modificando, assim, os caminhos neurais de acordo com ela), mas também muda a percepção da experiência.

Ela é especialmente útil como forma de lidar com as histórias de espinhos que contamos a nós mesmos. Se vivenciamos algum trauma, uma traição ou mesmo uma verdadeira OMEC em nosso relacionamento, os caminhos neurais em nosso cérebro foram modificados não apenas para dizer "não posso confiar", mas também para vincular dor às informações armazenadas: "não posso confiar porque vou me machucar".

Com o uso da meditação guiada e da visualização, você pode reformular ou até mudar tais crenças. E, fazendo isso, pode modificar seu cérebro. A Santa Mudança Integral que você aprendeu anteriormente neste capítulo é um ótimo exemplo de meditação guiada. Para outras, recomendo que você ou crie suas próprias imagens mentais ou visite um *website* que ofereça meditações guiadas gratuitas. O *website* do UCLA Mindful Awareness Research Center tem algumas meditações excelentes, bem como o *website* do Chopra Center.

Atenção presente

Ao contrário das meditações guiadas, a meditação de atenção presente não tem um objetivo estabelecido ou meta final. É um momento de reflexão silenciosa, auto-observação e percepção que constitui uma maneira excelente de acessar a sabedoria e a clareza de seu eu essencial.

O segredo da meditação de atenção presente é deixar todo e qualquer julgamento de lado. Você é um observador com um desapego amoroso por seus pensamentos à medida que eles entram e fluem por sua mente. Quando começar a praticar essa meditação, você pode ter dificuldade para refrear qualquer julgamento com relação aos pensamentos que surgem. Isso fica mais fácil com o tempo, além de proporcionar alguns benefícios incríveis nesse intervalo.

A meditação da atenção presente pode ser uma ferramenta poderosa para fortalecer a capacidade que nosso cérebro tem de lidar com emoções negativas – e isso, é claro, faz dela uma ferramenta de mudança muito potente. Dr. Richard J. Davidson, eminente neurocientista e professor na Universidade de Wisconsin-Madison, conduziu os trabalhos de uma pesquisa sobre como podemos treinar nossa mente para funcionar melhor. Ele descobriu que a meditação da atenção presente "fortalece os circuitos neurológicos que acalmam uma parte do cérebro que age como gatilho para o medo e a raiva". Na realidade, ele descobriu que a meditação da atenção presente não apenas facilita nosso gerenciamento de emoções difíceis, como também ativa as partes de nosso cérebro que produzem emoções positivas.[49]

---

49. Tenzin Gyatso, "O Monge no Laboratório", *The New York Times*, 26 de abril de 2003.

Além de nos ajudar a lidar com nossas emoções, demonstrou-se que a meditação da atenção presente reduz o estresse, ajuda-nos a analisarmos a nós mesmos, torna-nos mais conscientes de nosso corpo e nos faz estarmos mais presentes nele, além de nos tornar mais compassivos – e tudo isso nos ajuda a ficarmos menos "emperrados" em emoções negativas e facilita nossa saída de estados emocionais negativos. Mais ainda, acredito que a atenção presente seja um estado que se deve buscar na vida cotidiana. Já mostramos que nossas lembranças de experiências passadas são imperfeitas e que não podemos prever o futuro. *A única coisa que é absolutamente real é o momento presente. O momento presente é onde todas as possibilidades existem, em termos quânticos.*

Se você quiser experimentar a meditação da atenção presente, consulte o Apêndice e encontrará uma meditação guiada, ou visite o *site* <www.drlauraberman.com/quantumlove>.

Meditação taoista

A meditação é uma parte essencial do caminho do Taoismo. Ela o conecta à energia maior do Universo, coloca-o no fluxo e ajuda a aliviar o estresse e a curar o corpo. Também descobri que ela é uma maneira fantástica de acalmar e relaxar seu corpo e sua mente, fazendo com que você se abra às dádivas de paz e clareza de seu eu essencial.

Também descobri que a meditação taoista, em especial a meditação do sorriso interior, é uma ferramenta excelente para passar à frequência inerente e manter-se nela. Ela parece um pouco estranha a princípio, mas prometo que a sensação é maravilhosa – e é muito difícil ficar emperrado depois de fazê-la.

Se quiser experimentar a Meditação do Sorriso Interior, consulte o Apêndice.

Yoga

O yoga é uma ótima forma de voltar ao corpo. Quando sentimos uma emoção de baixa frequência, principalmente medo, uma das primeiras coisas que acontece é nos desconectarmos de nosso corpo. É por isso que se costuma ouvir pessoas dizendo que tiveram uma "experiência fora do corpo" quando acontece uma crise. Mas não precisa ser uma crise para lançá-lo em desequilíbrio energético. A maioria de nós não está sintonizada com o corpo nem com a energia que flui por ele. Quando estamos, porém, podemos usar nosso corpo para passar à frequência inerente.

Qualquer tipo de exercício físico não só o trará, emocional e espiritualmente, de volta ao corpo, como liberará grandes quantidades de substâncias químicas de bem-estar (as endorfinas), que fazem com que você se sinta melhor quase de imediato. Essas endorfinas calmantes fazem maravilhas por seu humor, ajudam-no a dormir melhor e renovam sua mente (literal e metaforicamente), de modo que ela funcione da forma adequada.

O yoga produz efeitos incríveis em seu corpo, como já discutimos, e também surte tremendos efeitos sobre a mente. Na verdade, após participar de uma aula de yoga com o pai, o neurocientista Alex Korb conta que percebeu que o ato de aprender a manter o cérebro calmo durante as contorções do corpo em posturas estressantes é o que produz "o maior benefício neurobiológico do yoga".[50]

Como já vimos, o córtex pré-frontal e o sistema límbico adoram "atirar antes e perguntar depois" quando se trata de desencadear a resposta a situações de estresse no cérebro e no corpo. Nos dias atuais, não temos de nos preocupar tanto com predadores, mas nossos instintos de sobrevivência ainda não entenderam isso. Nosso córtex pré-frontal e nosso sistema límbico acionarão a descarga de hormônios de estresse, a tensão muscular e as alterações em nossa respiração e em nossa frequência cardíaca quer estejamos discutindo com nosso parceiro na cozinha, quer tentando manter uma postura de yoga dolorosa ou difícil, quer estejamos sendo perseguidos por um tigre que escapou.

A boa notícia é que, quando você aprende a controlar sua resposta ao estresse em um ambiente seguro, em que um instrutor de yoga de fala mansa faz com que você se lembre de retornar a sua respiração e a relaxar seu corpo, você pode aplicar tais técnicas em situações mais tensas. E, com o passar do tempo, pode treinar seu cérebro a tirar o dedo do botão de alerta e parar de ativar a resposta a situações de estresse ao primeiro sinal de desconforto.

Lembre-se: para onde o corpo vai, a mente o segue. Acredito que o que torna a prática do yoga uma estratégia tão eficaz para nos tornarmos menos emperrados é que ela ensina a administrar o cérebro através do corpo (e vice-versa) e aumenta a consciência de como é poderosa a conexão entre ambos. Em um curto espaço de tempo, apenas a duração

---

50. Alex Korb, " Yoga: Mudando os Hábitos Estressantes do Cérebro", *Psychology Today*, 7 de setembro de 2011. <http://www.psychologytoday.com/blog/prefrontal-nudity/201109/yoga-changing-the-brains-stressful-habits>.

de uma aula, você terá ao menos uma oportunidade de sentir sua resposta ao estresse ser ativada e, então, praticar a atitude de recuar e sair dela. Esse tipo de prática, além de sua miríade de outros benefícios, torna o yoga uma estratégia incrivelmente eficiente para regular seu fluxo de energia e desemperrar.

Somos responsáveis pela energia que trazemos para nosso relacionamento. Somos responsáveis por cuidar da energia de nosso corpo. E somos responsáveis por perceber quando estamos emperrados em um estado de baixa frequência e sair dele. Nossa energia criará, moldará e afetará nossa realidade, nossos relacionamentos, nossa saúde e nossa felicidade, quer tenhamos consciência disso, quer não. O verdadeiro segredo está em nosso compromisso de *escolher a frequência inerente*.

Agora você já sabe como perceber quando está ficando emperrado, como conhecer seus gatilhos e seus espinhos. Esse conhecimento se mostrará muito poderoso e útil à medida que você avança e aumenta cada vez mais sua compreensão do que ficar emperrado causará a seu relacionamento. Agora você dispõe das ferramentas para cuidar de sua energia com consciência. E não vou me cansar de repetir: use-as!

Capítulo 11

SEXO QUÂNTICO

*O propósito da intimidade é massagear o coração, relaxar
os músculos em volta de nossos pontos enrijecidos e manter flexíveis
aqueles em que somos profundos e fortes.*
Marianne Williamson

Se você já leu algum de meus livros anteriores ou me viu em algum programa de televisão, sabe que eu normalmente ajudo casais a enfrentar seus desafios sexuais. Quer seja desejo insuficiente, libidos desencontradas, ejaculação precoce ou dificuldade de chegar ao orgasmo, dediquei grande parte de minha carreira a ajudar as pessoas a solucionar essas questões comuns. Como a Florence Nightingale* do sexo ruim, estou sempre ali nas trincheiras, ajudando casais a encontrar uma solução para seus problemas e melhorar sua vida sexual.

Este livro é diferente. Não discutirei problemas sexuais aqui (embora, caso tenha interesse, você possa procurar outros livros meus, como *Real Sex for Real Women* ou *The Passion Prescription*). Em vez disso, este capítulo sobre Sexo Quântico o ajudará a aprender a utilizar sua energia de modo a ter o melhor sexo de sua vida. Quero que você entre em contato com seu *chi* sexual e descubra como ter relações sexuais espiritualizadas, capazes de mudar seu humor e seu relacionamento. E, sim, isso inclui muitos orgasmos! Mas não se trata só disso: quero que você abrace a jornada, não só o destino, e também que compreenda que a jornada vai muito além do prazer. Ela tem a ver com o Amor Quântico.

Você deve estar pensando: "O que é *chi* sexual, afinal? Parece até o título de uma música ruim de *rhythm and blues*. E de que jornada ela

---
* N.T.: Enfermeira reconhecida por seu trabalho durante a Guerra da Crimeia.

está falando? Terei sorte se puder fazer sexo com meu parceiro uma vez por semana. A única jornada que fazemos é para a terra dos sonhos depois de nossa rotina normal". Não saia daí! Tudo será revelado.

Comecemos do início: de acordo com a medicina chinesa, o *chi* (ou energia de força vital) se origina em nossa própria medula óssea. Na medicina chinesa, acredita-se que os órgãos sexuais, os órgãos reprodutivos e os órgãos sexuais secundários façam parte de nosso *chi*. A filosofia taoista acredita que o *chi* tenha uma força adesiva: como uma supercola que "gruda" você a seu parceiro sexual (e a energia sexual de seu parceiro se gruda a você). Quando o *chi* está alinhado, você desfruta seus benefícios em todos os âmbitos. E, quando você comanda essa energia, pode chegar ao Sexo Quântico.

É aqui que entra a respiração. A respiração é fundamental para movimentar a energia pelo corpo. Há um texto de *hatha yoga* que diz: "Quando a respiração é irregular, a mente também fica instável. Mas, quando se acalma a respiração, a mente também se aquieta". Algo incrível acontece quando você simplesmente se senta e inspira e expira com tranquilidade. Sua mente desacelera. A tensão evapora. Você se sente mais leve. Seu coração parece mais forte e mais sereno. Você se reconecta com seu eu essencial.

Quando você usa a respiração para fazer a energia se movimentar por seu corpo, está aumentando a circulação nele, relaxando seus músculos e promovendo o fluxo sanguíneo, e tudo isso potencializará sua excitação física. É por isso que muitos dos exercícios que apresentarei aqui incluem a respiração e o ajudam a aprender como usá-la de forma deliberada para movimentar sua energia sexual.

Para a maioria de nós, o sexo e todas as sensações que vêm com ele são sentidos na região pélvica. Podemos sentir algum formigamento nas mãos e nos pés, e talvez uma descarga pelo corpo inteiro como resultado do orgasmo, mas a sensação da excitação e do sexo (e até mesmo a liberação que acompanha o orgasmo) está sobretudo centralizada nos genitais. O que esses exercícios de respiração e de circulação energética o ensinam a fazer é movimentar sua energia sexual *e as sensações que acompanham o sexo* pelo corpo todo. Se você dominar esses exercícios, seus orgasmos passarão a ser mais intensos, de corpo inteiro, e muito mais poderosos.

A EXPERIÊNCIA DO SEXO QUÂNTICO

A máxima paixão é a expressão de duas energias que se fundem em uma só. Como na descrição de TomMary por Neale Donald Walsch, da qual falamos no capítulo 5, sua energia e a de seu parceiro se encontram no campo quântico e se fundem para criar seu campo sexual compartilhado. Vocês estão constantemente alimentando esse campo compartilhado com sua energia, e a energia criada nele volta para vocês. Embora não sejamos capazes de vê-la, com certeza podemos senti-la... desde que nos permitamos.

É muitíssimo comum nos refrearmos, prestando atenção aos alertas de nossas histórias de espinhos ou a nossas crenças destruidoras de autoestima. Damos ouvidos a nosso ego em vez de ouvir nosso eu essencial. Enquanto andamos por aí pensando "estou tão sozinho!", estamos construindo um muro em volta de nosso coração e resistimos ao desejo de nosso eu essencial de se jogar de cabeça na comunhão com o eu essencial de nosso parceiro. Quando você se refreia e se apega a sua condição de um ser separado, é realmente difícil sentir aquela unidade. Em outras palavras, se Mary se apega a "Mary" em vez de conscientemente vivenciar TomMary, ela não está fazendo Sexo Quântico. No entanto, quando você está em comunhão com seu amante e consigo mesmo, o Amor Quântico pode começar a expressar-se de forma sexual. Essa é a base da paixão, por seu parceiro e pela vida em si.

Como você já aprendeu, somos, em essência, pura energia, e cada um de nós vibra em uma frequência diferente. Indivíduos em nosso campo, em especial aqueles mais próximos a nós, estão vibrando em uma frequência que se harmoniza com a nossa. Quando nossa frequência está baixa em razão da saúde de nosso corpo ou de nossos pensamentos, nossas crenças ou emoções, ela afeta não apenas nossa realidade, como também a das pessoas à nossa volta. E quanto mais próximos somos uns dos outros, maior é nosso ajustamento sincrônico. Quando duas pessoas fazem sexo, compartilhando seu corpo fisicamente, o ajustamento sincrônico é levado a um nível totalmente novo. O corpo e a energia dos parceiros se entrelaçam e se misturam. Qualquer tipo de troca sexual é uma troca de energia, mas principalmente a relação sexual em si promove essa troca. Afinal, é a única ocasião em que parte de nosso corpo envolve ou é envolvida por parte de outro corpo.

A maioria de nós não tem consciência desse crescente ajustamento sincrônico a nosso parceiro durante o sexo, e isso por causa das limitações de nossos cinco sentidos e do fato de nossa atenção estar concentrada em outra coisa. Estamos preocupados com nossa celulite, se as crianças irão acordar, se estamos agradando nosso parceiro ou demorando o suficiente, ou até se a máquina de lavar já está prestes a desligar. Mas imagine qual seria a sensação de estar *consciente* de sua energia corporal enquanto ela se funde à energia de outra pessoa de uma maneira tão íntima.

Seja sozinho ou com outra pessoa, o sexo é a forma mais tangível de sentir sua energia (o exercício físico vem em seguida, mas fica muito atrás). A intensidade da energia que a excitação sexual desperta não tem igual. Desde o desejo até a excitação e daí ao orgasmo, a energia de seu corpo é intensa e o volume está ajustado no *alto*. Quer você use ou não o sexo como forma de movimentar e direcionar a energia de seu corpo, sexo é ótimo. Mas sexo fenomenal só acontece quando você está consciente, na frequência correta, trocando energia e fazendo-a circular intencionalmente por seu corpo, sentindo sua própria energia e a de seu parceiro conforme ela se movimenta em cada um de vocês e através de vocês.

O Sexo Quântico é uma fonte de energia vital criativa, e não estou dizendo apenas que sexo gera vida. Quero dizer que, quando você faz esse tipo de sexo, é algo que alimenta sua criatividade e se alimenta dela, e não apenas outro item em sua lista de coisas a fazer ou uma maneira de simplesmente liberar o estresse. Não esqueça que seu chacra sacral, o centro de sua sexualidade, é também o centro de sua criatividade. E isso não é por acaso. Quando você aproveita essa energia, meu amigo, tudo é possível. Sua capacidade de manifestar o que mais deseja em sua conexão romântica é consolidada em forma física quando você e seu parceiro se tornam um energeticamente.

Isso é o Sexo Quântico, e ele é todo seu, se você estiver pronto para ele.

Por que você quer fazer sexo?

Como tenho certeza de que você já compreendeu a essa altura, todas as formas de acesso ao Amor Quântico começam com *você*. E com o Sexo Quântico não é diferente. Antes de abordarmos os exercícios e as técnicas que o ajudarão a ter uma relação sexual fenomenal, temos de entrar um pouco em sua mente.

O Sexo Quântico, assim como o Amor Quântico, existe nos estados POR MIM e ATRAVÉS DE MIM da frequência inerente. É algo que simplesmente não podemos alcançar se estivermos na baixa frequência da zona A MIM. Mas é possível abordar o sexo a partir de diferentes pontos no Mapa do Amor Quântico. Sua intenção no sexo estabelece a frequência com que você mergulha nele.

O que é interessante a respeito da energia sexual é que, quando você está no fluxo, pode ter uma ótima relação sexual, mesmo em um estado de baixa frequência. Você pode fazer sexo egoico, sexo vingativo, sexo cheio de ódio, e normalmente o sexo ainda será muito bom. Mas sexo com confiança e entrega deriva de uma frequência muito mais elevada e, portanto, é uma experiência bem diferente.

Os pesquisadores Cindy Meston, Ph.D., e David Buss, Ph.D., pediram a 203 homens e 241 mulheres que fizessem uma lista dos principais motivos pelos quais faziam sexo. Em seguida, compilaram uma lista de 237 motivos e a apresentaram a outro grupo, pedindo que seus integrantes apontassem com que frequência aqueles motivos haviam animado sua própria vida sexual. O resultado foi uma classificação dos principais motivos por que as pessoas faziam sexo.[51] Elenquei alguns dos mais comuns na tabela a seguir. Nela, você pode ver quando esses motivos pertencem aos estados A MIM, POR MIM e ATRAVÉS DE MIM. Alguns deles podem estar em mais de uma categoria, dependendo das nuanças da motivação envolvida.

Motivações Sexuais

Motivação	A MIM	POR MIM	ATRAVÉS DE MIM
Eu me senti atraído pela pessoa.		✓	
Eu queria experimentar o prazer físico.		✓	
Eu queria mostrar minha afeição à pessoa.		✓	✓
Eu queria agradar meu parceiro.	✓	✓	
Eu queria magoar outra pessoa (meu parceiro, um rival ou um estranho).	✓		
Eu queria melhorar meu *status* social.	✓		
Eu queria expressar meu amor pela pessoa.		✓	✓
Eu queria retribuir um favor.	✓	✓	

---

51. Cindy M. Meston e David M. Buss, "Por Que Seres Humanos Fazem Sexo", *Archives of Sexual Behavior* 36, nº 4 (2007): p. 477-507.

Eu queria sentir uma conexão com meu corpo.		✓	✓
Alguém me desafiou.	✓		
Foi por obrigação ou sob pressão.	✓		

O sexo encarado a partir de pontos distintos no Mapa do Amor Quântico fará com que você se sinta totalmente diferente, criará espécies únicas de experiências sexuais e cultivará em maior ou menor medida a realidade que você quer. Se olharmos para a lista que apresento aqui, podemos ver todo um rol de intenções que se originam em diferentes frequências. Algumas, como "Eu queria expressar meu amor pela pessoa", emergem de frequências amorosas de alta frequência (Amor e Abertura). Outras definitivamente marcam menos de 200, como "Eu queria magoar outra pessoa" (Raiva) ou "Foi por obrigação" (Culpa). Existem inúmeras crenças que podem acompanhar essas intenções de marcas diferentes, desde "sexo é uma maneira incrível de me conectar com meu parceiro" até "não sou merecedor do amor que desejo".

Um vislumbre de entendimento

Independentemente de qual é sua frequência quando dá início a uma relação sexual, considero o orgasmo um atalho para o estado emocional de *bem-aventurança*, que marca 600 no Mapa do Amor Quântico e é composto sobretudo de energia ATRAVÉS DE MIM. Em minha opinião, você alcança um pico altíssimo e sente a descarga daquela energia quando chega ao orgasmo, o que lhe dá um vislumbre do pleno estado ATRAVÉS DE MIM. Mas permanecer ali ou voltar a um estado de frequência mais baixa depende, em grande parte, de você. Pode ser um rápido bipe, como um pico em um monitor de frequência cardíaca, ou pode restaurar seus padrões e ajudá-lo a manter ou estabelecer novos padrões para seu estado coerente de ser. E a bem-aventurança que acompanha o orgasmo é ainda maior quando ela vem de um estado de Amor Quântico.

Observe mais uma vez seu Questionário do Mapa do Amor Quântico, prestando especial atenção às seções relativas aos *chacras* raiz e sacro. Você está em uma marca de frequência mais baixa em qualquer daquelas (ou ambas as) áreas de seu relacionamento em geral? Em caso afirmativo, você pode promover um gigantesco avanço em sua vida sexual fazendo apenas alguns dos trabalhos com os *chacras*, discutidos no capítulo 8 (e encarar algumas histórias de espinhos, se necessário, conforme discutimos no capítulo 10, para elevar sua frequência). Você também considerará vários dos exercícios que descrevo neste capítulo úteis para limpar e equilibrar todos os seus chacras, mas em especial os chacras raiz e sacral. Lembre-se: nosso chacra raiz rege nossa sensação de estarmos em nosso corpo e isso é muito, *muito* importante para termos ótimas relações sexuais. E, dada a natureza criativa e descontraída do sexo de qualidade, nosso chacra sacral tem de estar equilibrado também. Isso não significa que você precise esperar que seus chacras entrem em equilíbrio para ter sexo de qualidade, é claro. Você ainda pode fazer Sexo Quântico se estiver em frequência inerente e estabelecer intenções a partir de um estado de Amor Quântico.

Falemos um instante sobre a importância de fazer sexo em frequência inerente. Não se trata apenas de potencializar a alegria, a paixão e a experiência física da conexão sexual. Quando você faz sexo com outra pessoa, você absorve energia dela (falaremos mais sobre isso daqui a pouco), o que, por sua vez, pode afetar sua própria energia, para melhor ou para pior. Em outras palavras, ao fazer sexo com uma pessoa que esteja em baixa frequência, você pode promover uma queda em sua própria frequência (em especial se sua intenção para o sexo também estiver em uma marca próxima a 200 ou abaixo dela). Aquelas pessoas que têm um forte equilíbrio interno e conseguem mergulhar e permanecer em frequência inerente podem absorver aquela energia de baixa frequência sem ocasionar quedas em sua própria energia. Essa é uma excelente razão para passar à frequência inerente antes de fazer sexo. Assim, mesmo que seu parceiro esteja em uma vibração de baixa frequência, você poderá usar sua poderosa energia sexual em frequência inerente para igualar a de seu parceiro, transformando-a em frequência inerente. O sexo é uma das formas mais poderosas de fazer a energia de seu parceiro ajustar-se sincronicamente à sua, de modo que ambos passem juntos ao Amor Quântico.

Que tipo de relação sexual você quer ter?

As mensagens que recebemos a respeito de sexo de qualidade em nossa cultura são, em regra, sobre excitação erótica: a próxima tara a experimentar ou uma nova maneira de apimentar as coisas. É por isso que *50 Tons de Cinza* vendeu milhões de exemplares. Novidades são divertidas, mas isso não é suficiente. Como já mencionei aqui, eu poderia oferecer-lhe 365 novas ideias para experimentar em sua vida sexual e, daqui a um ano, você voltaria à procura de mais. Na verdade, não é novidade que queremos. Aquilo que estamos realmente procurando é por *intensidade*.

O que promove uma experiência sexual intensa é, acima de tudo, *intenção. Qual é sua intenção quanto a sua vida sexual em geral? E em cada encontro sexual específico?* Existe todo tipo de sexo: rápido ou lento, sensual ou indiferente, uma simples liberação ou uma conexão de almas. Tudo depende de nossa intenção consciente e da frequência em que estamos quando ingressamos em um encontro sexual.

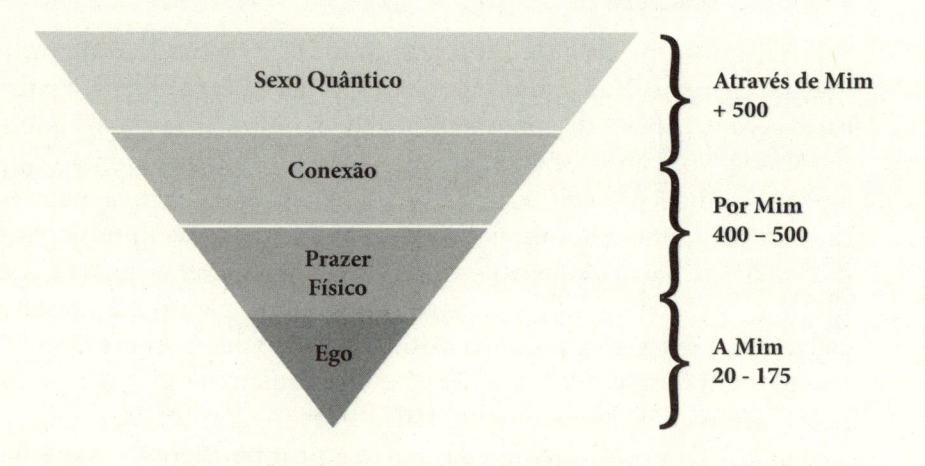

Figura 12. Os Potenciais do Sexo

Observe a Figura 12. Na base está o sexo egoico. Ele está completamente situado na frequência A MIM. O sexo egoico acontece quando usamos o sexo para nos lembrarmos de que temos valor, somos atraentes, ou para controlar nosso parceiro, impedir que ele ou ela nos deixe, manipulá-lo para que faça algo que queremos, e assim por diante. Isso pode ser nossa intenção consciente, ou talvez estejamos apenas inconscientemente vibrando em uma marca inferior a 200 quando nos envolvemos em um encontro sexual, o que pode ser em virtude de quaisquer espinhos ou gatilhos em nós mesmos, no ambiente ou no relacionamento.

O sexo por prazer físico acontece quando usamos o sexo para aliviar o estresse, quando estamos apenas com desejo ou quando vemos alguém ou algo que nos excita. Esse tipo de sexo pode estar tanto na frequência A MIM como na frequência POR MIM, dependendo de sua motivação interna e de qual é sua marca energética no momento do sexo. Por exemplo, se você está em um estado de amor e apreço por seu par, vocês estão se dando bem, existe a sensação de conexão e você precisa apenas de uma liberação, isso seria sexo por prazer físico em um estado POR MIM. Se você estiver desconectado e com raiva de seu parceiro, alimentando ressentimentos ou se sentindo desanimado com relação a ele ou ela e a seu relacionamento, então o sexo por prazer físico que você fizer estará mais na zona A MIM, em frequência egoica. Não há nada errado com o sexo em frequência egoica, desde que o compreendamos pelo que ele é. Contudo, com sexo em frequência egoica é mais difícil sustentar uma conexão profunda e duradoura em um relacionamento de longo prazo, em especial se esse é o único tipo de sexo que vocês fazem.

O sexo por conexão pode acontecer no estado POR MIM ou ATRAVÉS DE MIM. Nele, o sexo não é apenas uma liberação ou um lembrete a si mesmo de que você merece ser amado e desejado. Trata-se de unir seu corpo ao de outra pessoa de quem você se sente emocional e fisicamente íntimo. O sexo é uma expressão da conexão entre vocês. Você pode fazer sexo com o propósito de conexão a partir de um estado emocional de aceitação e compreensão (POR MIM), por exemplo, ou como expressão de amor e reverência por seu par (ATRAVÉS DE MIM).

Mas e o Sexo Quântico? Ele está exclusivamente na zona ATRAVÉS DE MIM. É um sexo que proporciona tanto liberação como uma conexão *muito* profunda. Você está em frequência inerente quando começa o encontro, e sua intenção emerge de amor, alegria, paz, até mesmo de bem-aventurança. O Sexo Quântico é uma fusão de energia sexual e espiritual. Ele envolve uma enorme carga energética, mas há nele também certa serenidade e sacralidade em que você e seu parceiro abrem seu ser pleno um ao outro, sintonizam-se aos ritmos um do outro e fazem cair as barreiras que vocês percebem entre si. O Sexo Quântico proporciona a sensação de uma poderosa experiência espiritual e ele começa com intenção.

Sexualidade sagrada

Nas tradições da sexologia tântrica e taoista, textos que documentam o entrelaçamento de energia e o sexo remontam a milhares de anos. As ideias de energias que se fundem, de unidade, união espiritual por meio do sexo, e até mesmo de sexo como um vislumbre espiritual e jubiloso da energia ATRAVÉS DE MIM são praticadas há séculos e seus objetivos são hoje iguais aos de seus primórdios.

A perspectiva taoista vê o sexo como transformador, valendo-se da energia sexual para curar e restabelecer o corpo, a mente e o espírito. Os taoistas veem a energia sexual como o combustível por trás do *chi*, nossa energia de força vital. Ao mesmo tempo, o Tantra ensina que a sexualidade é nossa maneira de aprofundar a intimidade com nosso parceiro e expandir nossa consciência para além das fronteiras que percebemos. Considero essas duas perspectivas as duas metades de um todo. O Tantra ensina a arte e o Taoismo, a ciência. O Tantra fala à consciência, ao passo que os princípios taoistas se concentram no corpo. Ambos movimentam a energia e lidam com ela. Acredito que, juntas, essas duas sexualidades sagradas representam o Sexo Quântico, e seus ensinamentos antiquíssimos podem inspirar nossos relacionamentos atuais e futuros.

A arte de manifestar o Sexo Quântico

Assim como falamos sobre as principais emoções que você deseja sentir em seu relacionamento, falemos sobre as principais emoções que você deseja sentir no sexo. Se você pudesse estalar os dedos e obter qualquer coisa que quisesse, que sensações sua vida sexual lhe traria?

Ela seria excitante e descontraída? Sensual e profundamente conectada? Seria apaixonada e intensa? As emoções que você deseja podem variar dependendo de seu estado de espírito em determinado momento. É por isso que é tão importante estabelecer suas intenções no tocante ao sexo. Se você quer se sentir excitado e descontraído, então precisa certificar-se de que está levando sua própria energia a um estado de excitação e descontração.

Movimentar a energia sexual também o abre fisicamente de uma maneira que deixa seus canais energéticos mais limpos. Esse é, em parte, o motivo por que eu acredito ser importante autoestimular-se com regularidade, caso você não tenha um parceiro sexual (e mesmo que o tenha). Apresentarei nas próximas páginas muitas técnicas para vivenciar o Sexo Quântico. É uma boa ideia praticá-las primeiro em si mesmo, por meio de autoestimulação, com menos pressão, e depois experimentá-las com um parceiro.

Em meu livro *It's Not Him, It's You!*, faço uma verdadeira lista dos motivos pelos quais a autoestimulação é importante, dentre eles conhecer seu corpo e como ele funciona, conseguir comunicar esse conhecimento a seu parceiro e aprender a relaxar e a desfrutar do prazer sem constrangimentos de baixa frequência. Na realidade (em especial para as mulheres), a autoestimulação é a base para tomar posse do próprio corpo e conduzir uma vida feliz, saudável e orgástica. E, como bônus, também manter sua energia elevada e em frequência inerente.

A bênção da intenção

Se você quer ter uma experiência sexual maravilhosa, *quântica*, você precisa estabelecer sua intenção nesse sentido. Eu aconselho recitar efetivamente uma espécie de bênção curta na forma de intenção, mesmo que apenas em sua mente, antes de dar início a uma relação sexual. Você pode fazer isso de forma consciente e aberta, e até em voz alta, enquanto vocês se olham nos olhos, contemplando a essência um do outro, por exemplo (falaremos mais sobre isso adiante). Ou você pode fazê-la em silêncio e discretamente, enquanto seu parceiro está fora do quarto ou quando você souber que está chegando o momento do sexo.

1. Respire profundamente algumas vezes, ancore-se e abra o coração.
2. Diga a si mesmo: "Estou em frequência inerente, cheio(a) de expectativa e pronto(a) para compartilhar e fundir minha energia amorosa com meu parceiro. Minha intenção para essa experiência sexual é [declarar uma emoção importante que você quer sentir no sexo]".
3. Diga a si mesmo: "Que eu capte qualquer energia negativa dele/dela e a transforme em energia positiva. Que meu corpo seja uma fonte de prazer, amor e satisfação para mim e para meu parceiro".
4. Coloque-se no estado emocional de uma conexão profunda, gratificante, amorosa e cheia de energia. Isso será fundamental para manifestar o Sexo Quântico.

A energia da infidelidade

Enquanto estamos discutindo a importância de estabelecer *por que* fazemos sexo, *que tipo* de sexo queremos fazer e como criar essa experiência usando nossa intenção, eu seria negligente se deixasse de mencionar o que acontece quando fazemos sexo fora de nosso relacionamento e o impacto energético que isso produz.

Pode ocorrer toda sorte de infidelidades em um relacionamento monogâmico. Pode ser uma traição emocional, em que você investe energia emocional em outra pessoa, tendo conversas íntimas, com flertes, ou de caráter sexual, compartilhando coisas pessoais (às vezes em lugar de compartilhá-las com seu parceiro, ou antes de fazê-lo). Ou pode ser um envolvimento físico, que pode ou não incluir a consumação efetiva. O fator crucial é: se você está no que se entende ser um relacionamento monogâmico e está falando, escrevendo ou se comportando de uma forma que não faria se seu parceiro estivesse ali, você está redirecionando sua energia, afastando-a do Amor Quântico.

Não me importa se a sensação é boa no início. Quando você trai, está dispersando e desviando sua energia. Isso é verdadeiro quer você esteja flertando sexualmente com muitas pessoas diferentes ou direcionando toda essa energia a uma pessoa específica com quem está tendo um envolvimento emocional ou físico. E, quando você de fato faz sexo durante esse envolvimento, sua energia também não está inteira ali porque parte dela permanece com seu parceiro da relação monogâmica. Quando você está mantendo mais de um parceiro sexual, em especial quando isso vem acompanhado das emoções de baixa frequência que estão presentes no segredo e nas mentiras, ninguém alcança o Amor Quântico nem o Sexo Quântico.

Acredito que a traição esteja quase sempre relacionada a uma história destruidora de autoestima. Aquele que trai raramente o faz por motivos puramente sexuais. Em regra, essa atitude tem a ver com a necessidade de validação, de sentir-se amado, atraente ou bom o bastante. Quanto ao parceiro, *sempre*, em algum nível, seu eu essencial compactuou com isso. Não me critique ainda! Acredite em mim, já fui traída tanto quanto qualquer outra pessoa e sei como é doloroso. Os céus sabem que aconselhei centenas de indivíduos e casais para curarem as mágoas depois de uma traição. E posso afirmar que quase sempre fica claro que, em algum nível, o parceiro sabia que aquele que traía talvez o estivesse traindo, ou não estava sendo totalmente honesto, ou não estava de todo presente no relacionamento. Por vezes, o parceiro admitirá que foi o primeiro a se afastar. Ou ele tolerou a desconexão do outro, ou se desconectou porque no fundo não acreditava que merecia ser amado. Em seu íntimo havia uma crença que dizia: "não quero estar sozinho"; ou "talvez um dia ela me ame do modo como quero se eu for ao menos [mais ou menos alguma coisa]"; ou "não sou forte o suficiente para lidar com as questões desse relacionamento, então vou apenas me afastar emocionalmente".

Conduzir casais pelo processo de recuperação após uma traição é um dos aspectos mais gratificantes de minha prática clínica. Em grande parte isso é porque, quando ambos os parceiros estão dispostos a olhar para si mesmos e fazer o que for necessário para mudar as coisas, eles invariavelmente acabam criando uma conexão mais profunda e íntima do que jamais teriam se a traição não tivesse ocorrido. A traição é sua OMEC.

Lembre-se: seu parceiro é seu melhor professor. Explorar isso em terapia durante o processo de recuperação do relacionamento após uma traição é como fazer um mestrado em Amor Quântico. Ambos os parceiros aprendem muito sobre si mesmos, seus detonadores e suas histórias destruidoras de autoestima. Com muita frequência, à medida que olhamos para trás e vemos onde o afastamento teve início (em regra, muito antes de a traição começar), podemos ver que aquelas questões estavam em ação e levaram ao afastamento, desviando-os do Amor Quântico e conduzindo à infidelidade.

Um comentário sobre o tédio sexual

A reclamação mais comum que ouço de casais do mundo todo a respeito de seu relacionamento de longa data é que sua vida sexual ficou "sem graça" ou "tediosa". Eles querem dicas e ferramentas, novas maneiras de "apimentá-la". É claro que não há nada errado nisso: um espírito criativo é muito importante para uma vida sexual de qualidade. Contudo, como eu já disse, chegará um momento em que as dicas acabam. A verdadeira intensidade do sexo deriva da frequência de seu estado energético e de suas intenções de Amor Quântico. Você poderia fazer sexo exatamente na mesma posição, no mesmo horário, todos os dias, por uma semana inteira e, se a cada dia estabelecesse uma *intenção* diferente, você teria sete experiências sexuais distintas.

Em sua essência, o tédio sexual não passa de uma *persona*. Eu descobri que, quase sempre que uma pessoa está entediada em seu relacionamento e se sente emperrada, ela está no Triângulo do Drama. O vilão diz: "Estou entediado com minha vida sexual!" e aponta um dedo de acusação para o parceiro, porque este não é ousado o suficiente nem tem disposição ou paixão o bastante. A vítima também pode sentir-se entediada, sentindo-se à mercê da falta de senso de aventura ou de disposição do parceiro. (Mais uma vez é possível ver como se pode ter um pé no papel da vítima e o outro no do vilão, não é?)

Aqui estão algumas formas de fugir da *Persona* do Tédio:

1. Assuma seus 100%. Eu descobri que essa é a maneira mais efetiva de se livrar dessa *persona*. O que você tem feito para manter-se engajado? Como você pode engajar-se mais? Como *você* pode responsabilizar-se por apimentar as coisas em um nível *energético*?
2. Faça uma lista das principais emoções que deseja sentir no sexo. Você quer sentir-se sensual, adorado, descontraído? Pode ser qualquer coisa, mas você tem de estabelecer o que quer a fim de criá-lo.
3. Sinta apreço. Em que você pode se concentrar por *estar funcionando*? O que seu parceiro faz que você adora ou acha ousado? Coloque sua percepção e gratidão nisso. Elogie-o e comece a avançar a partir daí.
4. Assegure-se de não estar direcionando sua energia para outra coisa (quer seja um caso ou algo diferente, como seus filhos ou sua lista de afazeres) nem estar fechado energeticamente.
5. Descontraia e experimente algo novo.

O tédio sexual é combatido com intenções de frequência elevada, estados de frequência inerente e uma mente criativa. Ao livrar-se da *persona* do tédio, você passará a uma frequência mais elevada e, a partir daí, terá uma relação sexual incrível.

A intenção da entrega

No Sexo Quântico não há espaço para apegar-se ao controle. É simples assim. Do mesmo modo que você não pode passar ao Amor Quântico se estiver em frequência egoica, também não consegue fazer Sexo Quântico se estiver no modo CGC.

O controle desempenha um papel importantíssimo em nossa percepção e experiência sexual:

Controle sobre a experiência física (o orgasmo é uma liberação do controle).

Controle sobre o poder em nosso relacionamento (usar o sexo como um meio para alcançar um fim).

Controle sobre nossa experiência emocional (apegar-se a pensamentos negativos intrusivos a respeito de nosso corpo, nossa história e de todos os *deveria ser assim* do sexo).

No entanto, se você quer fazer Sexo Quântico, deve concentrar-se na *entrega*. Seu prazer sexual também será fortemente afetado por seu estado mental e sua conexão energética, sua troca de emoções com seu parceiro.

Infelizmente, muitas pessoas vivenciam emoções de baixa frequência no tocante ao sexo. Desde a tenra infância, a maioria de nós recebeu mensagens negativas acerca de nosso corpo e de nossa sexualidade. Fizeram com que sentíssemos vergonha de nossos desejos sexuais e que ficássemos constrangidos com relação à aparência de nosso corpo. Muitos de nós ainda carregam inconscientemente essas histórias, em especial as mulheres, que foram criadas com muitos *deveria ser assim* no que tange a sua sexualidade, e ideias quanto ao que boas garotas "fazem" ou "não fazem". Muitas mulheres tiveram de reprimir emoções sexuais até o casamento, quando então deveriam de repente ativar sua sexualidade e desfrutá-la. Isso é muito difícil de fazer. Após décadas evitando o sexo e considerando-o algo sujo e mau, é difícil de repente começar a desfrutar o prazer sexual sem inibições. O mesmo vale para homens que foram criados em famílias muito conservadoras ou que observavam preceitos religiosos com rigor. Quando você está emperrado em histórias negativas que induzem a culpa ou vergonha com relação a seu corpo ou sua sexualidade, pode ser difícil relaxar em uma situação de cunho sexual, fazer-se totalmente presente e entregar-se às sensações.

Os homens enfrentam outra batalha única. Ao contrário das mulheres, os homens são educados para acreditar que devem ser sexuais o tempo todo. Eles devem estar sempre ávidos e dispostos, ter a libido elevada e ereções frequentes e potentes que acontecem quase de imediato. Contudo, a verdade é que os homens não são autômatos com uma única coisa em mente. Assim como as mulheres, em geral eles podem ter dificuldades para entrar no clima. O estresse do trabalho em especial é capaz de esgotar seu desejo, e a ansiedade com relação ao desempenho sexual também pode complicar sua capacidade erétil. Esses medos e ansiedades, como vergonha e culpa, que são de baixa vibração e estão em frequência egoica, atrapalham nossa capacidade de abrir mão do controle, o que é necessário para passarmos ao Amor Quântico, e mais ainda para fazermos Sexo Quântico.

A boa notícia é que, se você estiver seguindo as orientações e os exercícios que apresentei até agora neste livro, já está se preparando para um grande fluxo de energia e para o Sexo Quântico. Se você está tendo dificuldades com alguma coisa, seja a ansiedade pelo desempenho, dificuldade com sua resposta sexual, pouco desejo, vergonha de sua sexualidade ou constrangimento com relação a seu corpo, use as técnicas ensinadas nos capítulos anteriores para desafiar suas suposições, deixar seu corpo saudável e entregar-se, reconectando-se a seu corpo e a seu parceiro em um estado coerente que possibilite o Sexo Quântico.

O segredo da vagina rosada cintilante

Toni me procurou porque estava enfrentando problemas em sua vida sexual. Seu parceiro, Alex, tinha dificuldade de chegar ao orgasmo: ele levava muito tempo para alcançar o clímax. Como resultado, a vida sexual do casal era normalmente estressante. Ele se sentia descontente com sua dificuldade em responder, e ela queria fazê-lo feliz assegurando-se de que suas próprias necessidades também fossem atendidas. Era difícil para ela não internalizar que a demora na ejaculação do parceiro fosse por ela não ser atraente.

– Isso contribui de alguma forma para a situação, não é? – ela me perguntou.

Ficou claro para mim que precisávamos trabalhar para mudar suas histórias e levá-la a um estado emocional de frequência mais elevada, em especial antes e durante o sexo.

Como parte de nosso trabalho juntas, ensinei a Toni o segredo da vagina rosada cintilante. É uma visualização que cria uma profunda conexão energética com seu próprio corpo e com seu parceiro. Ela pareceu mais que um pouco cética quando apresentei a ideia:

– Desculpe, *o quê*?

Eu sorri e continuei:

– É assim que funciona. Durante o sexo, feche os olhos e imagine que as paredes de sua vagina são feitas de uma linda energia luminosa rosada cintilante, que pulsa e brilha muito. Imagine a luz circulando à volta dos genitais de seu parceiro, nesse caso, do pênis de Alex.

Eu disse a Toni que imaginasse aquela vagina rosada cintilante sustentando Alex em um estado de amor, paixão e aceitação. E acrescentei:

– Você não precisa sequer dizer a ele o que está fazendo. De preferência, não queremos colocar mais pressão sobre ele.

Toni colocou sua "lição de casa" em prática quase de imediato. Ela simplesmente mudou sua energia, saindo do padrão de tentar consertar, gerenciar e controlar. Antes de começarem seu encontro sexual, ela passou ao estado de coerência como eu havia ensinado. Nas palavras de Toni, ela "apenas entrou em uma piscina profunda de amor e paz e concentrou-se em canalizar essa mensagem de aceitação para Alex".

Durante o sexo, Toni imaginou sua vagina rosada cintilante envolvendo os genitais de Alex, expandindo-se para o interior e envolvendo o corpo dos dois. Ela não fez nada de diferente em termos físicos, apenas alterou os pensamentos, as emoções e as visualizações. E, então, algo maravilhoso aconteceu. Seu marido alcançou o clímax quase sem sua dificuldade habitual! Além disso, a própria resposta sexual dela foi às alturas! Embora ele não tivesse ideia do que ela estava fazendo, Toni conseguiu mudar o tom e a qualidade da conexão sexual entre os dois apenas mudando seu próprio estado energético e alcançando o Amor Quântico.

Experimente esse exercício da próxima vez em que você e seu parceiro estiverem fazendo sexo. Você não precisa imaginar uma vagina rosada cintilante (a menos que queira!). Em vez disso, escolha uma imagem que mexa com você e a faça sentir-se em paz e conectada com seu companheiro. Você pode imaginar sua vagina como uma rosa, desabrochando pétala por pétala para seu parceiro enquanto ele mergulha nela como uma alegre abelha a zumbir. Ou imagine sua vagina como um oceano cálido e salgado, e seu parceiro como ondas que se movem com tranquilidade e poder através dele.

E, rapazes, vocês podem fazer a mesma coisa, é claro! Visualize seu pênis como uma âncora que o conecta a sua parceira, como um cordão dourado de luz que ajuda a uni-lo profundamente à pessoa com quem você está compartilhando seu corpo. Use qualquer visualização que funcione melhor para você. E, sim, não há problema em achar esse exercício um pouco bobo no início! Não há nada mais natural que sorrir diante da ideia de uma vagina rosada cintilante.

YIN E YANG

Mesmo que você não esteja familiarizado com os princípios taoistas, estou disposta a apostar que você já ouviu falar em *yin* e *yang*, as duas metades equilibradas de um todo, uma combinação de luz e sombra que, juntas, estão em constante mudança, transformando uma à outra. É uma dualidade interdependente, já que uma metade não existiria sem a outra, algo que acho divertido contemplar quando se tem dez minutos de folga. O conceito de energia *yin* e *yang* também é muito importante em termos de sexo, já que o equilíbrio entre *yin* e *yang* é diferente em cada pessoa e em cada relacionamento.

Costumamos pensar na energia *yin* como mais passiva e na energia *yang* como mais ativa, em mulheres como *yin* e homens como *yang*. Mas todos nós temos ambas em nosso íntimo e nossas respectivas energias *yin* e *yang* moldam nosso relacionamento de diversas maneiras.

Em seu relacionamento, teoricamente um de vocês será mais *yin* (e não precisa ser a mulher) e o outro, mais *yang*. Vocês equilibram um ao outro. No entanto, pode ser um pouco complicado quando ambos pendem muito para o mesmo lado. Se você e seu parceiro forem mais *yin*, podem notar que, embora sejam muito generosos, nenhum de vocês é muito assertivo sexualmente. Esse tipo de casal talvez considere que o desejo sexual e a frequência sexual compartilhada sejam uma questão problemática. Um casal em que ambos sejam *yang* talvez faça muito mais sexo, mas também enfrente dificuldades com os papéis sexuais: quem fica em cima e quem fica embaixo, quem proporciona e quem recebe?

Existem ainda preconceitos significativos de gênero com relação a como homens e mulheres *devem* agir em termos sexuais, mas estamos entrando em um campo em que a identidade de gênero está ficando mais fluida. Já não se espera que os homens sejam fortemente *yang* e as mulheres, fortemente *yin*. É assim que prefiro encarar a questão: pessoas mais fortemente *yin* tendem a ser criativas, emocionais e estão em contato com sua intuição, ao passo que pessoas mais fortemente *yang* tendem a ser muito lógicas, estruturadas e organizadas. Gosto de pensar na energia que se volta para o interior, a energia *yin*, não como passividade, mas como receptividade e magnetismo, sendo uma energia muito poderosa em sua própria natureza.

O *yin* e o *yang* em nossa sexualidade

O sexo é uma intensa troca energética. E essa troca tem uma natureza e um tom. Prefiro falar sobre nossa energia sexual como *yin* e *yang* em vez de masculina e feminina, porque qualquer pessoa pode ser qualquer deles. O Amor Quântico deve levá-lo a um estado de comunhão e paixão em que sua energia não é limitada por estereótipos. Um homem deve estar em contato com suas emoções, e uma mulher deve ser capaz de assumir seu próprio poder. Ao mesmo tempo, existe um *yin* e um *yang* para a energia masculina e a feminina, e isso é em parte de caráter social, em parte biológico e em parte energético. A verdadeira intimidade surge quando você pode estar em sua própria frequência inerente e entrelaçar conscientemente sua energia com a energia de seu parceiro para criar o Sexo Quântico.

É a energia *yang* que dá início ao sexo, enquanto a energia *yin* recebe e responde. A energia *yang* tende a mover-se para cima e a *yin*, para baixo. Em termos de sexo, isso significa que pessoas mais *yang* tendem a ficar excitadas pela estimulação direta dos genitais, e sua energia flui para cima, dos genitais ao coração. As pessoas mais *yin* em regra precisam ter as necessidades de seu coração atendidas em primeiro lugar antes que a energia flua aos genitais. A energia *yin* é de desaceleração e precisa de mais preliminares para que haja excitação, enquanto a energia *yang* tende a promover a excitação depressa e a queimar mais rápido através da energia sexual. Em relacionamentos heterossexuais, geralmente (mas nem sempre) o homem é mais *yang* e a mulher, mais *yin*. Em relacionamentos entre pessoas do mesmo sexo, qualquer dos dois parceiros pode pender para qualquer dos dois tipos de energia. A chave é que você precisa de um equilíbrio entre ambas.

Em um relacionamento entre *yin* e *yang*, cada qual tem de atender às necessidades do fluxo energético do outro. Para atender à energia *yin*, alimente o fogo todos os dias com palavras de amor e valorização, passem tempo juntos (nada de tecnologia) e beijem-se sem nenhuma intenção além da mera conexão. E, para atender à energia *yang*, lembre-se de que a capacidade e o desejo do parceiro *yang* de apressar as coisas não significam ausência de carinho e cuidado, mas uma energia fustigante de paixão que quer ser liberada. Não se sinta ofendido e, se estiver disposto, consinta nisso de vez em quando. Podem-se encontrar muita energia e paixão em uma rapidinha, em especial quando é feita a partir da frequência inerente.

Encontre o equilíbrio entre *yin* e *yang*

E se uma rapidinha não estiver oferecendo o que você deseja? Esse era o caso de Audra e Logan. Elas faziam sexo com frequência, mas Audra sentia que nem sempre a relação era satisfatória.

– Acaba tão depressa – reclamou ela. – Eu queria que Logan desse mais atenção a minhas necessidades e fosse mais devagar, mas ela já chega ao orgasmo antes mesmo que eu consiga ficar excitada e, então, nunca quer continuar.

Logan confessou que costumava perder o interesse assim que chegava ao orgasmo e achava difícil manter a excitação depois disso. Quando a questionei sobre tentar prolongar o tempo antes do orgasmo, Logan afirmou:

– Já tentei, mas a sensação é tão boa que eu simplesmente vou fundo. – E continuou: – Mas, ao mesmo tempo, houve ocasiões em que prolonguei a relação mais que o normal. E Audra ainda parecia não estar satisfeita.

– Audra – perguntei –, por que você quer que ela demore bastante? O que você está realmente buscando? Aposto que não são apenas alguns minutos no relógio. Então, o que é, de verdade?

– Acho que estou buscando aquele aumento gradual de excitação. Sabe, aquela sensação de ficar excitada e, aos poucos, isso vai se intensificando. E, então, o orgasmo, e ainda melhor se for juntas – disse ela.

– Bem, acho que vocês podem fazer duas coisas. Acho que Logan pode trabalhar para desacelerar um pouco seu ritmo – então, apresentei uma variedade de estratégias para prolongar o processo de excitação. Depois, prossegui: – Mas acho que você também tem sua parcela nisso, Audra. Se você quer sentir aquele aumento gradual de excitação, precisa levar essa energia para o quarto.

– Como? – perguntou ela.

– Comece trabalhando essa excitação muito antes de chegar aos lençóis. Fantasie durante o dia. Envie uma mensagem de texto erótica para Logan. Vista alguma coisa que a faça sentir-se *sexy* e desejável. Assuma de fato sua responsabilidade quando se trata de criar essa energia – disse eu. – Então, quando estiverem no ato, tente passar ao estado de coerência sobre o qual conversamos. Sinta aquela energia poderosa e aquele amor e desejo sem limites. Não fique olhando para o relógio. Não alimente a expectativa de que o desempenho de Logan atinja determinado padrão. Apenas esteja ali com ela. Sinta o que está acontecendo em seu corpo. Não se desespere para chegar ao orgasmo; não tente desacelerá-lo nem tente forçar nada. Apenas seja, em um estado de amor e intimidade.

Desde meu trabalho com Audra e Logan, fico contente em informar que ambas mudaram sua abordagem com relação ao sexo. Logan está felicíssima em atender às necessidades de Audra e ampliou seu foco para além do próprio desejo. Audra já não cronometra Logan nem se preocupa com o que acontecerá em seguida. As duas estão presentes e conectadas, e dizem que o sexo nunca foi melhor!

Alimente o fogo da energia sexual

A maioria de nós sente-se sortuda se puder agregar sexo à vida, e ainda mais se puder vivenciar uma experiência sexual e erótica prolongada, na qual estabelecemos uma conexão entre almas. Eu definitivamente sou a favor da ideia de uma rapidinha como sexo de manutenção, permitindo uma troca energética *yin-yang* que mantém o casal conectado e o relacionamento fora do âmbito dos "colegas de quarto e pais corresponsáveis". No entanto, incentivo você a, pelo menos duas vezes ao mês (de preferência quatro), experimentar um dos exercícios deste capítulo a fim de continuar alimentando sua energia sexual de uma forma mais intencional.

Alimente o fogo: a energia do beijo

Os taoistas afirmam que o beijo é uma maneira de estabelecer uma conexão energética entre duas pessoas e uma forma maravilhosa de trocar *chi*. Ele estimula tanto *yin* como *yang*. Em termos físicos, existe uma troca de hormônios e outras substâncias químicas durante o beijo, e eles são benéficos para seu corpo em muitos níveis! Na realidade, estudos constataram que beijar diminuiu os níveis de cortisol e aumentou os níveis de oxitocina nas pessoas que participaram do estudo, isso em comparação com participantes que apenas ficaram de mãos dadas.[52] Também realizei um estudo, alguns anos atrás, em conjunto com a K-Y, a famosa marca de lubrificantes íntimos, o qual investigava prognosticadores de intimidade sexual e emocional em relacionamentos amorosos. Descobrimos que casais que se beijam e se aconchegam regularmente estão oito vezes menos predispostos a ficar estressados e deprimidos que casais que não o fazem!

Como uma das melhores maneiras de fazer a energia sexual fluir entre você e seu parceiro, o beijo pode ser uma parte extremamente erótica das preliminares e um impulsionador ainda mais poderoso da libido. A seguir, apresento alguns exercícios com beijos que você pode

---

52. Chip Walter, "Assuntos dos Lábios", *Scientific American Mind* 19, nº 1 (2008): p. 24-29.

experimentar. Recomendo que você transforme em prática semanal a realização de ao menos um desses exercícios, mas, na pior das hipóteses, beije apenas pelo prazer de beijar. Passe de dez a 15 minutos (marque isso em seu calendário, se for preciso) apenas beijando e aconchegando-se a seu parceiro, *sem* avançar para qualquer outra atividade sexual. Isso alimenta a energia entre vocês e é uma excelente forma de aumentar a libido de um ou ambos os parceiros.

O Yin-Yang *do beijo*

Nesse exercício, quero que vocês se revezem. Primeiro, beije seu parceiro do jeito que você mais gosta de ser beijado. Beije-o dessa maneira por algum tempo. Em seguida, seu parceiro deve beijá-lo da maneira como ele ou ela mais gosta de ser beijado(a), e beijá-lo assim por algum tempo. Façam isso por dez minutos. Vocês ficarão surpresos com o que aprenderão e com quanto é bom.

Beijar com intenção

Quando estiver beijando seu parceiro, seja apenas por beijar, seja como parte das preliminares ou mesmo durante o sexo, coloque uma intenção clara no beijo. A melhor maneira de experimentar isso pela primeira vez é quando estiver beijando apenas por beijar (porque assim você pode realmente se concentrar). Enquanto beija seu parceiro, imagine que está enviando mensagens de amor, conexão e atração de seus lábios para os lábios dele ou dela. Quando é você quem recebe esse tipo de beijo, pode realmente sentir a intenção!

Adicionais ao beijo

- Crie uma conexão física para além dos lábios. Experimente beijar os ombros, a nuca, os cabelos e o rosto de seu parceiro. Use as mãos para afagar (ou até mesmo puxar) os cabelos ou envolver a cabeça ou a face dele ou dela.
- Faça contato visual. Vocês podem acrescentar a contemplação da essência (descrita adiante) ou apenas fitar os olhos um do outro e comunicar o que vocês estão sentindo através do olhar. De acordo com a medicina chinesa, os olhos estão conectados aos genitais.

- Beijem-se coração com coração. Se vocês penderem um pouco a cabeça para a esquerda enquanto se beijam, seus corações estarão em contato, o que aumentará ainda mais aquela comunicação eletromagnética!

Alimente o fogo: contemplação da essência

Fazer a contemplação da essência com seu parceiro é uma forma maravilhosa de unir e ancorar a energia de vocês e criar uma intimidade emocional que em geral vai além das palavras. Na verdade, enquanto vocês fazem esse exercício, não devem conversar. É algo como conectar conscientemente o eu essencial de vocês. Você e seu parceiro podem fazer a contemplação da essência totalmente vestidos, mas é ainda melhor se o fizerem totalmente despidos. Vocês podem fazer esse exercício por si só ou usá-lo como uma maneira de estar completamente presentes e conectados em todos os níveis antes da união sexual – como parte das preliminares ou mesmo antes delas.

A contemplação da essência deve durar pelo menos dois minutos, o que eu juro que parecerá um tempo *muito* longo no início. As pessoas costumam sentir-se desconfortáveis quando experimentam esse exercício pela primeira vez, mas não desanimem. Pode parecer um pouco estranho no começo, talvez meio bobo. É possível que vocês sintam vontade de rir um pouco – e permitam-se, se for necessário –, mas saibam que isso se deve apenas ao nervosismo pela falta de familiaridade com esse nível profundo de intimidade. É normal, e vai passar.

1. Sentem-se confortavelmente um defronte ao outro, as pernas cruzadas sobre a cama ou em qualquer outra superfície confortável, talvez se apoiando nos travesseiros. Vocês também podem experimentar uma posição conhecida como *Yab Yum*. Nela, o parceiro maior senta-se ereto, com as costas apoiadas e os braços envolvendo o outro parceiro, frente a frente. O outro parceiro senta-se no colo do primeiro parceiro, sustentado pelo abraço, envolvendo a cintura do outro com as pernas.
2. Tirem alguns instantes para se ancorarem e abrirem o coração, como descrito no capítulo 3. Se seu parceiro não sabe como fazer isso, explique. Se ele ou ela gostar da experiência, fazer o ancoramento e a abertura do coração juntos, como uma prática diária (a qualquer hora), pode propiciar um novo nível de conexão para sua

vida conjunta cotidiana, bem como pode ajudá-los a resolver uma discussão de maneira rápida e eficaz.

3. Coloque sua mão direita sobre o coração de seu parceiro e peça que ele ou ela faça o mesmo. Concentre sua percepção nos batimentos cardíacos de seu parceiro. Você consegue senti-los? Imagine que os batimentos cardíacos de vocês se sincronizam e se ajustam. Respirem profundamente algumas vezes.

4. Enquanto você mantém a mão sobre o coração de seu parceiro, olhe no fundo do olho esquerdo dele ou dela (diretamente acima do coração). Imagine que você pode enviar todo o seu amor para dentro dos olhos de seu parceiro e visualize esse amor percorrendo todo o corpo dele ou dela, como se fosse uma luz energética.

5. Agora, comecem a sincronizar sua respiração, inspirando e expirando devagar e profundamente enquanto continuam a fitar o olho esquerdo do parceiro.

Se quiserem, podem acrescentar mais uma etapa à contemplação da essência, agregando a respiração circular. Nesse caso, vocês devem estar na posição *Yab Yum*, com o rosto bem próximo um do outro. A ideia é criar um fluxo circular contínuo de respiração, sem interrupções ou pausas entre inspiração e expiração.

1. Respire suavemente pela boca, mantendo o rosto, a boca e o maxilar relaxados. Relaxe a parte de trás da garganta e, sem forçar a expiração, deixe-a apenas sair de seu corpo.

2. Inspire e expire em um ciclo contínuo. Faça isso sozinho e, então – a parte fundamental do exercício –, faça-o com seu parceiro, sincronizando a respiração de vocês. Na posição *Yab Yum*, fitem os olhos um do outro e insuflem a respiração circular dentro da boca um do outro, ambos expirando ao mesmo tempo. (Dica: não faça uma refeição pesada ou carregada de alho antes do exercício, e escove os dentes!)

Fazer a contemplação da essência durante o ato sexual não apenas torna a experiência incrivelmente mais rica e profunda, como também desacelera as coisas de forma positiva. Quando vocês tiverem dominado a técnica da contemplação da essência durante as preliminares, recomendo que a experimentem durante o sexo em si, caso estejam em uma posição em que fiquem frente a frente. A penetração é mantida nessa posição, mas vocês permanecem totalmente imóveis durante a contemplação da essência. Vocês ficarão surpresos com a intensidade e a excitação que isso pode proporcionar.

Alimente o fogo: toques sensuais

Assim como você pode transmitir imenso amor e energia de frequência elevada para seu parceiro durante a contemplação da essência, também pode enviar energia fisicamente por meio dos toques sensuais. Esse exercício deve ser feito com vocês dois completamente nus. Ele pode ser parte das preliminares ou servir apenas para propiciar uma conexão física mais profunda. Vocês devem falar pouco ou nada. O objetivo aqui é que vocês se concentrem nas sensações físicas que estão criando.

1. Revezem-se no papel de quem toca e de quem é tocado. Aquele que é tocado se deita de bruços e aquele que toca se concentra em tocar o outro de forma sensual, da cabeça aos pés. Desenhe traços e círculos longos e sensuais, mantendo a intenção focada em transmitir energia amorosa pelas mãos. Você pode usar um óleo de massagem, se desejar. No entanto, o toque não deve ser como o de uma massagem nem ter por objetivo relaxar o parceiro. Sua intenção é transmitir energia de frequência elevada de seu corpo para o corpo de seu parceiro por meio do toque.

2. Após cinco ou dez minutos, aquele que recebe o toque vira de barriga para cima e aquele que toca continua a fazê-lo da mesma maneira, da cabeça aos pés, na parte da frente do corpo do parceiro. Aquele que recebe o toque não deve fazer nada além de permanecer intensamente concentrado em receber, notando se é possível sentir o amor e a energia de frequência elevada que fluem das mãos daquele que toca.

3. Em seguida, invertem-se os papéis.

4. Os toques sensuais podem incluir toques nos seios e nos genitais, mas não precisa ser assim. São grandes as chances de que, uma vez que estejam envolvidos no exercício, vocês fiquem tão excitados que o sexo acontecerá de qualquer modo!

Alimente o fogo: trabalhe seus músculos de Kegel

Não posso falar sobre sexo sem fazer menção aos músculos de Kegel. E isso porque são muito importantes! Esses músculos foram batizados com o nome do dr. Arnold Kegel, um ginecologista que enfatizou pela primeira vez a importância de fortalecê-los. Seus músculos de Kegel formam a figura de um 8 (mais ou menos como um IFEI!) em redor da vagina ou do escroto e do ânus. Se feitos regularmente, os exercícios Kegel manterão seu assoalho pélvico forte. O assoalho pélvico (ou tigela pélvica, como gosto de considerá-lo, em virtude de seu formato) é um grupo de músculos em sua pelve, o qual basicamente forma um suporte que sustenta todos os órgãos reprodutivos. Pense nesses músculos como uma grande tigela rasa que se estende desde o ponto entre seus quadris, na parte da frente de seu corpo, até sua coluna. Fazer os exercícios Kegel regularmente manterá seu assoalho pélvico forte.

Os músculos de Kegel também são fundamentais para seu potencial orgástico, já que, em termos fisiológicos, o orgasmo é uma intensa contração e liberação de tensão muscular. Vejo os músculos de Kegel como uma usina geradora de energia sexual, uma bomba que bombeia energia para a criação de *momentum*, em especial quando você os usa em alguns dos exercícios que descreverei mais adiante neste capítulo. Os exercícios Kegel são capazes de potencializar sua experiência sexual, proporcionando um reforço de intensidade. De um ponto de vista fisiológico, os exercícios Kegel aumentam o fluxo sanguíneo, promovem estimulação nervosa e propiciam maior fricção no ponto G da mulher e no pênis do homem. Além de uma bomba energética, os músculos de Kegel também constituem um sinal de pontuação: uma vírgula, não um ponto final, movendo seu fluxo energético adiante.

Os exercícios Kegel são muito fáceis de fazer. Você pode identificar os músculos Kegel como os músculos que usaria para parar o fluxo de urina. Contraia esses músculos enquanto deixa o ânus relaxado. É preciso um pouco de prática, mas, uma vez que você os tenha localizado, cultive o hábito de exercitá-los com ao menos entre 100 e 200 contrações por dia. Não hesite! Você pode fazer os exercícios Kegel em qualquer lugar (no carro, no escritório, no cinema). Contraia os músculos por cinco segundos, depois relaxe por cinco segundos. Sua resposta sexual agradecerá, eu garanto. Você também pode usar os músculos de Kegel para criar bolsões de energia em sua pelve com o exercício a seguir.

Acúmulo gradual de energia na tigela pélvica

Esse é um excelente exercício que você pode usar quando quiser acumular energia sexual física e excitação nos genitais antes do sexo, e também é um ótimo exercício para seus músculos de Kegel. Você pode fazê-lo sozinho ou com seu parceiro.

1. Ancore-se e abra o coração.
2. Inspire e expire profundamente algumas vezes. Após algumas respirações, imagine que, ao inspirar, uma linda luz (você escolhe a cor) entra pelo topo de sua cabeça e desce por sua coluna, em direção a sua tigela pélvica.
3. Com cada inspiração, imagine a luz entrando e descendo por sua coluna. Com cada expiração, contraia os músculos de Kegel e imagine toda aquela luz se acumulando na tigela pélvica.
4. Inspire, faça a luz descer, expire, contraia os músculos de Kegel de sete a dez vezes.

Você perceberá uma sensação de preenchimento e excitação física em seus genitais. Quanto mais tempo levar sua prática, mais a energia se acumulará.

A respiração baixa

Esse é outro exercício excelente para acumular energia sexual no interior da pelve. A respiração baixa movimenta a energia pelos genitais e por todo o corpo, e é muito fácil de fazer.

1. Sente-se no chão, com as pernas cruzadas, ou em uma cadeira, com os pés tocando o chão.
2. Coloque as mãos sobre a barriga e relaxe-as aí. Deixe sua barriga ficar mole, flácida e abaulada.
3. Tire/expire todo o ar dos pulmões.
4. Inspire e, ao fazê-lo, force o esfíncter para fora – a maneira como ouvi a descrição disso (e perdoe-me aqui) é imaginar seu ânus beijando o chão ou o assento da cadeira.
5. Ao expirar, apenas relaxe e solte.
6. Repita várias vezes.

Hora de deixar o sexo empolgante!

As páginas a seguir trazem exercícios cuja prática permitirá que você movimente a energia sexual, ou *chi*, pelo corpo. Uma vez que você as domine e as use durante o sexo, garanto que desfrutará sensações potencializadas, conexão mais profunda, e orgasmos mais fáceis e mais intensos. As técnicas de movimentação de energia que ensinarei funcionam de quatro formas principais:

- Geram mais *chi* e distribuem a energia pelo corpo todo.
- Aumentam o fluxo sanguíneo na pelve, o que melhora o apetite sexual e as sensações.
- Quando usadas durante o sexo, elas distribuem a energia sexual e a potencializam, transformando o orgasmo em uma experiência de corpo inteiro.
- Elas ajudam a fortalecer os músculos do assoalho pélvico!

O ideal é que você primeiro experimente esses exercícios durante a autoestimulação para só então experimentá-los com um parceiro. É melhor ficar bastante confortável com a sequência do exercício antes de

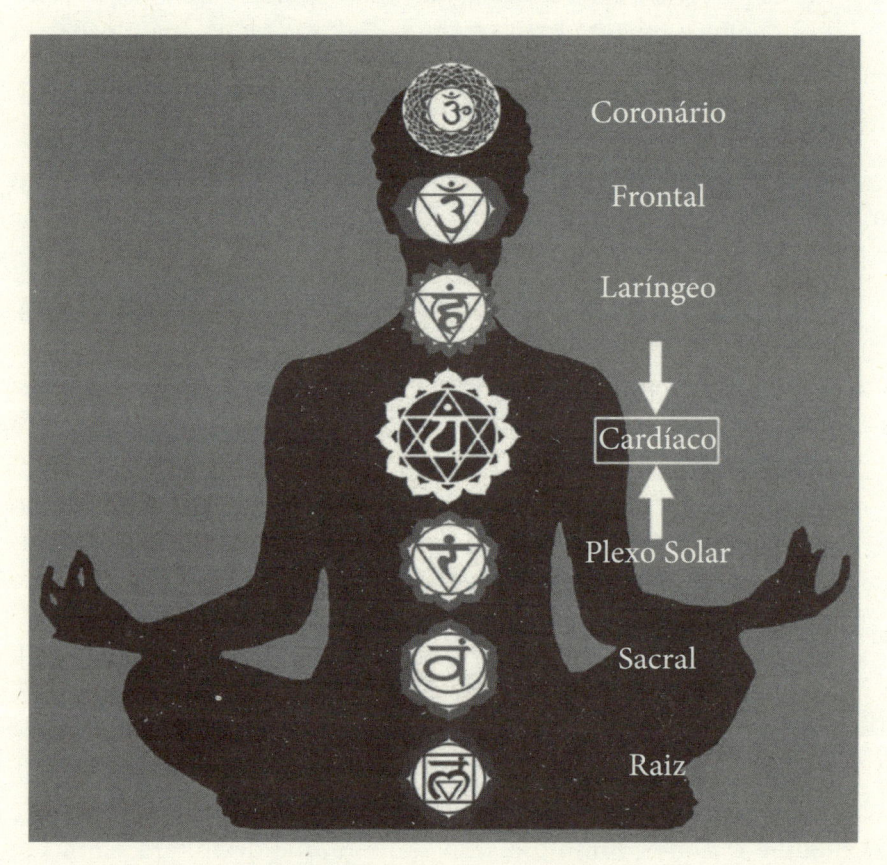

Figura 13. O Sistema de Chacras

usá-lo durante o sexo para que ele não se torne uma distração em vez de um aprimoramento.

Alguns desses exercícios envolvem os *chacras*, por isso veja a Figura 13 para relembrar rapidamente onde fica cada *chacra*.

Meditação da sexpiração

Esse é o exercício perfeito para quando você quer criar mais desejo, uma resposta mais intensa e uma inspiração criativa mais profunda. Se o transformar em uma prática regular, perceberá que ele torna significativamente mais fácil viver nos estados POR MIM e ATRAVÉS DE MIM, não apenas no âmbito sexual, mas nos demais aspectos de seu relacionamento. Você pode fazê-lo sozinho ou durante o sexo com seu parceiro. (Se quiser ouvir uma versão guiada da meditação da sexpiração, visite o *site* <www.drlauraberman.com/quantumlove>.)

Comece concentrando sua atenção na respiração. Devagar, inspire pelo nariz e expire pela boca.

1. Conecte-se com seu eu essencial dizendo "olá" para si mesmo. Lembre-se: seu eu essencial é o eu que ouve seu olá.
2. Ancore-se e abra o coração.
3. Depois de mais algumas respirações, comece a imaginar uma linda luz brilhante derramando-se sobre você, penetrando pelo topo de sua cabeça e fluindo por todo o seu corpo, permeando as células, os músculos, os órgãos. A luz é curativa e bela, e pode ser da cor que você preferir. Ao inspirar, visualize a luz fluindo para dentro de seu corpo. Ao expirar, visualize a luz espalhando-se como uma onda dentro de você, da cabeça aos pés.
4. Agora, volte sua atenção para seu coração. Ao inspirar a luz, envie-a para seu coração. Perceba como o lado esquerdo de seu corpo se expande e relaxa à medida que você inspira. Imagine a bela luz curativa preenchendo seu coração, relaxando-o e iluminando-o. Conforme você inspira, a luz se torna mais intensa. Conforme você expira, seu coração relaxa, abrindo-se e expandindo como uma flor. À medida que seu coração se expande e se abre, você pode enviar sua luz para outra pessoa – alguém que você ama, com quem queira conectar-se ou deseje curar. Talvez por ora você apenas mantenha a luz centrada em seu coração.

5. Seu corpo está repleto dessa luz, que flui por ele. Agora, concentre sua percepção em sua tigela pélvica. Ao inspirar, imagine a luz entrando por sua cabeça ao mesmo tempo em que a tigela se alonga para recebê-la. Ao expirar, contraia os músculos de Kegel e imagine a tigela se acomodando confortavelmente em sua pelve, a luz se acumulando nela, exatamente como no exercício do acúmulo gradual de energia na tigela pélvica. Repita por algumas respirações.
6. Agora, vamos tentar fazer um *loop* com essa energia. Imagine o acúmulo de luz em sua tigela pélvica. Ele é cintilante, brilhante, quase como um precioso óleo de luz. Imagine que sua coluna seja uma espécie de canudo. Dessa vez, ao inspirar, contraia os músculos de Kegel e imagine-se sugando a luz canudo acima, fazendo-a subir por sua coluna até chegar ao chacra frontal, ou do terceiro olho. Ao expirar, imagine a luz jorrando e derramando-se através de seu terceiro olho, descendo pela parte da frente de seu corpo e voltando à tigela pélvica. Repita algumas vezes.

A órbita microcósmica

A órbita microcósmica foi criada como uma meditação focada na respiração. Ocorre que é também uma poderosíssima meditação de caráter sexual. Assim como a meditação da sexpiração, bem como os exercícios tântricos que descreverei logo mais neste capítulo, ela é um método de movimentação da energia sexual pelo corpo.

1. Na primeira vez, é melhor sentar-se confortavelmente em uma cadeira ou com as costas apoiadas, sozinho. Depois de pegar o jeito, você pode fazê-lo deitado ou em qualquer posição sexual que desejar!
2. Pouse sua mão entre o umbigo e o osso púbico (que é a parte frontal do chacra sacral, o centro sexual de sua energia corporal).
3. Agora, concentre-se em seu osso sacro, que é onde a coluna encontra a tigela pélvica, na porção inferior de suas costas. Leve sua mão até lá. Essa é a parte traseira do chacra sacral.
4. Ao inspirar, imagine-se puxando uma energia linda, intensa e límpida da parte frontal de seu chacra sacral até a parte traseira dele, banhando seus órgãos sexuais e seu assoalho pélvico nessa bela energia.
5. Então, ao expirar, leve a mão de volta ao ponto abaixo do umbigo e puxe a energia para a frente outra vez. Leve sua mão de um ponto

ao outro, enviando a energia para a frente e para trás, à medida que você inspira e expira.

6. Agora é o momento de criar um círculo sacral de energia. Ao inspirar, imagine que você eleva a energia até o topo do chacra sacral e, ao expirar, faça-a descer de volta à base. Inspire, levando a energia à parte traseira do chacra sacral; expire, enviando a energia para a parte frontal. Assim você está criando círculos com sua respiração.

7. Movimente sua pelve para a frente e para trás conforme você inspira e expira.

Observação: ao fazer esse exercício durante o sexo ou a autoestimulação, você obviamente não usará suas mãos para guiar a energia, mas as sensações e os efeitos serão os mesmos ou ainda melhores!

A abordagem das três zonas

Você pode usar a abordagem das três zonas para preparar seu corpo e fazer a energia fluir, principalmente para seus genitais. De acordo com a medicina chinesa, temos três níveis de zonas erógenas. Os lábios, os seios/mamilos e os genitais são as *zonas primárias*. As *zonas secundárias* incluem os lobos da orelha, a nuca, a lombar, o traseiro, a parte interna das coxas e a parte de trás dos joelhos. A *terceira zona* inclui as palmas das mãos, o umbigo, as bordas do dedo mínimo, as narinas, a abertura das orelhas, o ânus, a planta dos pés e os dedões dos pés.

Quem sabia que a parte de fora do dedo mínimo era uma zona erógena?

Experimente isso durante a autoestimulação ou com um parceiro. Se estiver com um parceiro, vocês podem se revezar! Primeiro, concentre-se nas zonas secundárias. Como insistiam os taoistas (e eu concordo plenamente), as preliminares não devem começar com os genitais! Em seguida, concentre-se nas zonas primárias e só *então* passe para as terciárias. Sei que isso não parece intuitivo, mas você ficará surpreso com a intensidade de sensações que essa ordem cria. Ao trabalhar cada zona, comece com um toque ou um beijo, então respire ou assopre gentilmente sobre ela. Toques circulares e leves são os melhores. Os taoistas acreditavam que essa abordagem excita a energia sexual lentamente (*yin*) e, então, promove uma pequena liberação (*yang*), podendo a excitação continuar a crescer em seguida. Quando você começa a trabalhar na zona secundária, pode acumular energia erótica para uma experiência de corpo inteiro.

Nove é o número mágico

No Taoismo, o sexo é visto principalmente como uma fusão de energia, e textos taoistas descrevem muitas técnicas para se trabalhar com tal energia. Uma das mais famosas é a técnica das Nove Estocadas. Basicamente, isso envolve um padrão de estocadas durante o sexo, de modo a acumular energia sexual e estimular as áreas externas sensíveis dos genitais da mulher e o frênulo (a prega triangular de pele embaixo da glande) do pênis, bem como o ponto G e o corpo do pênis. É possível usar essa técnica também na penetração anal e ela pode ser feita tanto com um parceiro do sexo masculino como com um brinquedo sexual fálico.

Primeiro, certifique-se de que você esteja em uma posição que permita ao parceiro do sexo masculino controlar totalmente a profundidade da penetração. Também é uma ótima ideia ter lubrificante extra à mão. Sempre recomendo o óleo de coco orgânico, um lubrificante fantástico que é inteiramente natural e maravilhoso para seu corpo e sua pele.

A técnica das Nove Estocadas combina estocadas mais rasas (que são voltadas para *yang*) e estocadas mais profundas (que são mais *yin*). A sequência é esta:

1. 9:1 Rasa a Profunda: para começar, o homem introduz apenas a cabeça no pênis na vagina (ou ânus). Ele faz isso nove vezes. Em seguida, introduz o pênis inteiro em uma estocada profunda, apenas uma vez.
2. 8:2 Rasa a Profunda: depois, o homem dá oito estocadas rasas seguidas de duas estocadas profundas. Então, ele continua assim, diminuindo de um em um o número de estocadas rasas e aumentando, também de uma em uma, as estocadas profundas.
3. 7:3 Rasa a Profunda
4. 6:4 Rasa a Profunda
5. 5:5 Rasa a Profunda
6. 4:6 Rasa a Profunda
7. 3:7 Rasa a Profunda
8. 2:8 Rasa a Profunda
9. 1:9 Rasa a Profunda

É isso mesmo! Nove estocadas! Você pode escolher o ritmo, mas devagar é melhor. A variação de estocadas acumula tensão sexual e intensifica a experiência. Para acrescer ainda um nível, a mulher pode contrair os músculos de Kegel durante as estocadas profundas ou durante as retiradas. Não se preocupe se vocês perderem a conta. A prática leva à perfeição!

Meditação orgástica

A meditação orgástica tem sido muito propagandeada. Visto ser uma prática em que se dedicam 15 minutos de atenção exclusiva a seus genitais, não surpreende que esteja sendo notada pelas pessoas.

A ideia ganhou popularidade com a autora de *Slow Sex*, Nicole Daedone, que vê o orgasmo como um recurso renovável e regenerativo oriundo de nossa necessidade fundamental de conexão física e se refere à prática como OM [*Orgasmic Meditation*].

Em uma palestra do TEDx, ela conta a história de como descobriu a OM: percepção e intenção focadas combinadas com estímulos não sexuais. Após apenas alguns minutos, ela diz, o "engarrafamento em minha mente se desfez". Ela conseguiu acessar o desejo inato de conexão humana, o que ela chama a fome subjacente a toda a fome.

Observe que, embora essa prática possa ser realizada com parceiros de qualquer dos sexos, a OM concentra-se principalmente na excitação feminina. Contudo, a prática não visa a alcançar um objetivo e o orgasmo pode ou não ocorrer. Pense nela como um exercício de atenção presente para seu clitóris! Se vocês forem duas mulheres se relacionando, estabeleçam quem vai oferecer e quem vai receber antes de começarem. Se você estiver em um relacionamento heterossexual, não se preocupem, rapazes, vocês terão sua vez, mas esse exercício é só para elas!

As instruções a seguir foram adaptadas da OneTaste, a organização fundada por Nicole Daedone e que treina pessoas na prática da OM. Essas instruções são muito mais genéricas que o treinamento da OneTaste. Para mais informações, visite o *website* da organização.

Para fazer a OM, a mulher que recebe se deita, despida pelo menos da cintura para baixo, enquanto a pessoa que proporciona permanece totalmente vestida. Esta, então, usa seu dedo indicador para acariciar devagar, de leve e deliberadamente o clitóris da receptora por 15 minutos. Durante esse tempo, ambos os parceiros concentram sua atenção especificamente no clitóris da receptora e nas sensações ou emoções que são provocadas. Após os 15 minutos, cada parceiro compartilha sua experiência e o que foi sentido e observado.

Respiração testicular

Rapazes, eu não me esqueci de vocês. A respiração testicular é tanto um excelente exercício para homens que queiram prolongar sua capacidade e permanência como uma maneira de movimentar e acumular energia sexual. Para fazê-la:

1. Sente-se na beirada de uma cadeira, com as costas retas, mas relaxadas. Seu peso deve ficar distribuído principalmente sobre seu traseiro e seus pés. Você não deve deixar os genitais em contato com a cadeira.
2. Observe seu corpo em busca de qualquer tensão. Se sentir alguma tensão, levante-se e ande pela casa ou saia para uma caminhada até que ela desapareça, e então retorne ao exercício.
3. Agora, concentre sua atenção em seu escroto. Inspire lentamente e contraia seus músculos pélvicos de modo que seus testículos sejam puxados para seu corpo. Enquanto inspira, visualize sua respiração como um fluxo de energia que preenche seus testículos. Segure a respiração pelo tempo que for confortável, então deixe o ar sair de seu corpo à medida que você relaxa os músculos da pelve.
4. Repita essa série por nove respirações, depois faça uma pausa. Realize outro conjunto de três a seis séries antes de avançar para a etapa 5.
5. Agora, ao inspirar, comece a fazer sua energia subir pela coluna, saindo dos testículos, passando pelo períneo (chacra raiz), daí à coluna lombar (chacra sacral). Expire sempre que tiver elevado sua energia a um novo chacra, e inspire ao fazê-la subir ao subsequente. Visualize cada chacra enchendo-se de energia antes de continuar a fazê-la subir por sua coluna.
6. Continue fazendo com que sua energia suba por seu corpo usando essas respirações, elevando-a ao chacra do plexo solar, daí ao chacra cardíaco, ao chacra laríngeo, ao chacra frontal, até alcançar seu chacra coronário, no topo da cabeça.
7. Por fim, leve a energia sexual dos testículos à cabeça durante uma única inspiração.

Você pode fazer esse exercício diversas vezes ou apenas uma vez – faça o que lhe parecer adequado.

Orgasmo com a respiração do fogo

Esse exercício é uma meditação orgástica voltada para os chacras e batizada por um curandeiro cheroqui, Harley Swiftdeer. Você respirará em cada um de seus chacras. À medida que o faz, imaginará as cores de cada chacra específico se iluminando com uma luz brilhante e curativa. Prosseguindo nessa respiração, você fará com que essa bela energia suba por seu corpo em círculos e, ao atingir seus chacras superiores, você terá a impressão de que ela ganhou vida própria. É uma forma maravilhosa de movimentar energia *e* combiná-la com intimidade e prazer.

A respiração do fogo é extremamente relaxante e rejuvenescedora, mas também pode render algumas descobertas inesperadas. Emoções intensas podem passar por você, em geral emoções que você não tinha sequer consciência de estar armazenando. Pode ser que você sinta vontade de chorar ou expressar sua raiva. Embora ela possa certamente ser feita com seu parceiro, sugiro que você primeiro a faça sozinho. No começo, experimente-a como um exercício de respiração, sem qualquer estimulação sexual. Em seguida, pode querer fazê-la durante a autoestimulação. Por fim, você pode praticá-la com seu parceiro. Muitos de meus pacientes relatam que eles *e* seus parceiros sentem o aumento de intensidade à medida que fazem a energia subir. Descreverei primeiro a meditação do fogo completa (que é chamada Respiração do Fogo 2), e depois apresentarei a Respiração do Fogo 1, uma versão condensada. Observe as ilustrações das Figuras 14 e 15 e dedique algum tempo para dominar as etapas. Sua energia e sua vida sexual o agradecerão!

Respiração do Fogo 2

1. Abandone quaisquer expectativas e coloque-se na disposição mental e no estado energético da emoção que você deseja sentir. Abra mão de qualquer apego ou expectativa com relação ao resultado do exercício.
2. Deite-se de costas, com os joelhos dobrados para cima e os pés apoiados no chão (ou cama). Relaxe o maxilar. Inspire pelo nariz e expire pela boca.
3. Imagine sua inspiração enchendo sua barriga, como se fosse uma bexiga. Ao expirar, deixe sua lombar reta no chão. Haverá um suave balanço em sua pelve quando você fizer isso.
4. Contraia seus músculos de Kegel ao expirar.

5. Ao inspirar, imagine que você está puxando energia de seu chacra raiz (seu períneo). Você não precisa empurrar ou puxar a energia. Ela acompanhará seus pensamentos.
6. Em seguida, inspire e faça sua energia subir do chacra raiz ao chacra sacral. Então, expire, fazendo a energia descer em um círculo de volta ao chacra raiz. Continue movimentando sua energia entre o chacra raiz e o chacra sacro, inspirando e sentindo-a subir, expirando e deixando-a voltar ao chacra raiz. Repita várias vezes e você terá a sensação de que a energia se movimenta facilmente e quase por si mesma.
7. Agora, aumente o círculo, inspirando e fazendo sua energia subir do chacra raiz ao chacra do plexo solar, e contraindo seus músculos de Kegel ao expirar. Repita várias vezes também. Quando sentir que essa etapa está completa, reduza o círculo, de modo que a energia se movimente entre seu chacra sacral e seu plexo solar.
8. À medida que você continua respirando e contraindo seus músculos de Kegel, aumente o círculo de energia de modo que ela se movimente entre seu chacra sacral e seu chacra cardíaco. Quando sentir que essa etapa está completa, reduza o círculo, de modo que a energia circule entre seu plexo solar e seu centro cardíaco. Você está levando sua energia do chacra sacral ao coração e do plexo solar ao coração.
9. Em seguida, crie um círculo de energia entre o chacra do plexo solar e o chacra laríngeo, seguido de um círculo menor entre o cardíaco e o laríngeo. Quando chegar ao laríngeo, na garganta, emita alguns sons, caso ainda não o esteja fazendo, qualquer coisa, de suspiros a gemidos, ou "aahs". Isso gera alívio e ajuda a movimentar energia. A energia pode começar a subir por si mesma aos chacras, em círculos, conforme o *momentum* aumenta.
10. Inspire, fazendo a energia subir do chacra cardíaco ao chacra do terceiro olho, e expire, deixando-a descer de volta ao cardíaco. Faça isso várias vezes, diminuindo em seguida o círculo, entre o laríngeo e o terceiro olho. Quando estiver enviando energia ao chacra frontal, gire os olhos para cima (mantendo-os fechados), como se você conseguisse olhar através do topo de sua cabeça. Isso ajudará sua energia a subir.

11. O círculo seguinte é do chacra laríngeo ao chacra da coroa, seguido de um círculo menor entre o terceiro olho e o chacra coronário.
12. Continue respirando, movimentando os quadris e movendo a energia em círculos.

Respiração do Fogo 2

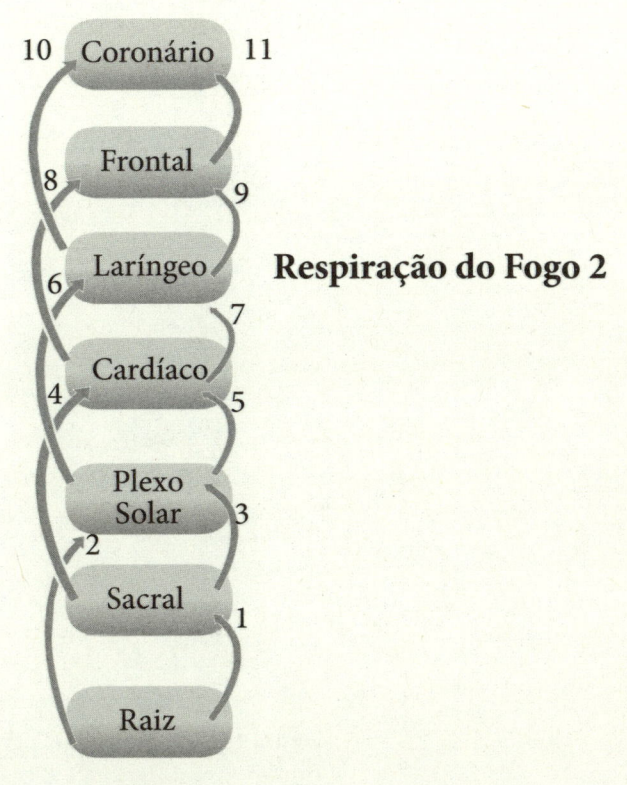

Figura 14: Respiração do Fogo 2

Respiração do Fogo 1

Essa é uma versão mais simples do exercício da Respiração do Fogo e na qual você apenas faz a energia subir pelos chacras, na ordem direta. Siga as etapas 1 a 6 do exercício anterior. Então, simplesmente faça subir a energia entre dois chacras por vez: do chacra raiz ao sacral, do sacral ao plexo solar, do plexo solar ao cardíaco, do cardíaco ao laríngeo, do laríngeo ao terceiro olho, e do terceiro olho ao chacra coronário. Continue respirando e movimentando os quadris à medida que a energia circula.

Respiração do Fogo 1

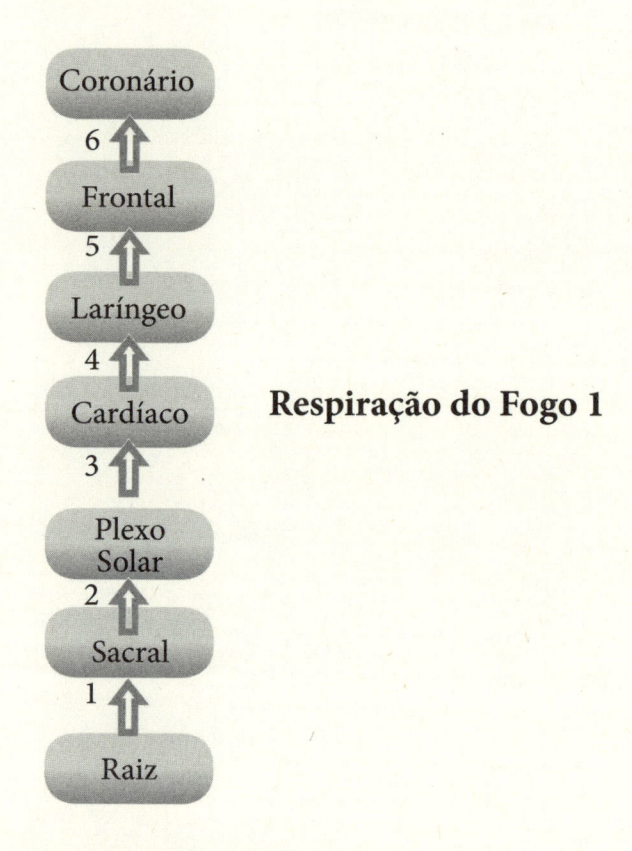

6 → Coronário
5 → Frontal
4 → Laríngeo
3 → Cardíaco
2 → Plexo Solar
1 → Sacral
   → Raiz

Figura 15. Respiração do Fogo 1

O contrair e segurar

Essa também é uma técnica taoista. É mais uma experiência sexual voltada à respiração e de movimentação de energia que se vale da expansão e da contração que discutimos no capítulo 3. A explicação taoista do motivo pelo qual o contrair e segurar funciona é que, quando você acumula muita energia por meio da respiração e, então, de repente, para e contrai os músculos, o único lugar para onde sua energia pode seguir é através de seu canal energético central, que é chamado a Flauta

Interior, saindo pelo topo da cabeça. Assim, muitos descrevem o contrair e segurar como uma espécie de "lançamento de foguete" dentro do corpo.

1. Sente-se confortavelmente no chão (ou na cama) e relaxe o rosto e o maxilar.
2. Inspire, imaginando que você está levando luz para dentro de seu chacra cardíaco e ao redor. Inspire o máximo de ar que puder e, em seguida, solte-o suavemente, deixando sair todo o ar de seus pulmões. Faça isso duas vezes.
3. Após a terceira inspiração, segure-a e não expire! Em vez disso, contraia seus músculos abdominais, os músculos de Kegel e o ânus. Contrair todos os outros músculos de seu corpo também pode ajudar, mas aqueles três grupos são os mais importantes. Contraia tanto quanto puder.
4. Segure por 15 segundos e, então, solte o ar, relaxando por completo. Repita de três a cinco vezes e veja o que acontece. Talvez você descubra que quer continuar!

Sexo tântrico

Se tudo o que você sabe sobre sexo tântrico é que Sting costumava gabar-se de como a técnica o ajudava em sua proeza de longa duração, prepare-se para algo ainda melhor. O sexo tântrico envolve muito mais que maratonas sexuais (embora estas possam ser incríveis também!).

Primeiro, você tem de compreender que, de acordo com a filosofia tântrica, o sexo é sagrado. Fluidos sexuais são considerados uma oferenda valiosa. O sexo nos criou. Ele constitui uma enorme parte de quem somos e de por que somos. Não é algo a ser escondido nem do qual se envergonhar. Mas tampouco é algo de que se pode abusar ou tratar com leviandade. O Tantra nos ensina que, quando fazemos sexo, estamos comungando com a alma de outra pessoa. Não somos apenas corpo. Somos seres sem qualquer espaço entre nós, duas forças fundindo-se em uma, criando uma perfeita unidade de espírito e carne.

Como é triste pensar que muitas pessoas hoje em dia usam o sexo como uma forma de fugir de si mesmas, uma maneira de esquecer sua dor ou distrair-se de suas mágoas. Isso é o absoluto oposto dos ensinamentos tântricos. O Tantra nos ensina que o sexo não é um *band-aid* para os arranhões de nossa alma nem uma forma de entorpecer a dor de nosso coração, mas antes uma maneira de estar totalmente presente com uma pessoa, ser visto por ela e, por extensão, pelo Uuniverso, por Deus ou por qualquer nome que você queira dar àquele poder. No Tantra, o sexo não é para distração. É para transformação.

Faça circular sua energia sexual

No Tantra, acredita-se que, durante um encontro sexual entre um homem e uma mulher, a energia entra pelo coração da mulher e sai por seus genitais, ao passo que entra pelos genitais do homem e sai por seu coração. Ela se transforma em um infinito *loop* energético que continua a acumular-se, criando excitação e orgasmos mais intensos. Quando um homem e uma mulher estão em uma relação sexual, é extremamente poderoso imaginar esse círculo de energia.

Em meu trabalho com casais, encontrei uma tremenda conexão entre esse círculo de energia sexual e o papel que o sexo desempenha nos relacionamentos, em especial nos relacionamentos heterossexuais. Para a maioria dos homens, o sexo é o veículo por meio do qual eles alcançam intimidade emocional. As mulheres, por outro lado, precisam de uma conexão emocional para se inspirar a fazer sexo. Isso corresponde à visão tântrica do modo como a energia flui em uma troca sexual. Emoções de frequência elevada emanam do coração do homem, vindas de seus genitais, e a energia sexual desenvolve-se na mulher por meio de pensamentos e emoções de frequência elevada centradas no coração.

Quando falamos sobre uniões entre pessoas do mesmo sexo, a mesma energia *yin* e *yang* se faz presente. Por vezes, os parceiros equilibram um ao outro de maneira intuitiva. Em outras, um parceiro satisfaz mais o aspecto *yin* ou o *yang*. Isso varia de indivíduo para indivíduo e de relacionamento para relacionamento.

Veja como você pode trabalhar com essa dinâmica:

Para uma mulher que esteja fazendo sexo com um homem: durante a relação sexual, imagine uma energia sexual linda e amorosa e uma luz entrando em seu coração a partir do coração de seu parceiro. Ao longo de várias respirações, imagine essa luz descendo por seus chacras até chegar aos chacras sacral e raiz, à tigela pélvica, aumentando em intensidade conforme desce. Em seguida, ao expirar, imagine a luz saindo diretamente de sua vagina (rosada cintilante?) e entrando pelos genitais de seu parceiro. Imagine um *loop* de energia entre vocês, penetrando você a partir do coração de seu parceiro e saindo através de seus genitais e entrando nos genitais dele.

Para um homem que esteja fazendo sexo com uma mulher: imagine seus genitais absorvendo energia ou luz a partir dos genitais de sua parceira. Ao longo de várias respirações, imagine a luz fluindo por seus chacras raiz e sacral, subindo até seu chacra cardíaco. Deixe que ela se acumule aí. Em uma expiração, envie a bela energia luminosa através de seu coração para que penetre o coração de sua parceira. Imagine um *loop* de energia entre vocês, sendo absorvida por seus genitais a partir dos genitais de sua parceira e subindo por seu corpo, saindo de seu coração e fluindo para o dela.

Para uma mulher que esteja fazendo sexo com outra mulher e para um homem que esteja fazendo sexo com outro homem: você pode experimentar as duas formas para ver qual lhe parece melhor. Alguns casais com os quais trabalhei gostam de fazer circular a energia de cá para lá e de lá para cá entre seus genitais, ou entre o coração um do outro, sendo que essa última forma cria muito mais intensidade emocional e física. Vocês também podem se revezar entre quem começa pelo coração e quem começa pelos genitais, a menos que um de vocês goste mais de uma direção que o outro.

A tranca tripla

A tranca tripla é um exercício tântrico que foi originalmente concebido para ser usado por homens, mas é muitíssimo poderoso para mulheres também. Ele puxa energia da parte superior do corpo para a pelve.

As três "trancas" incluem os músculos do pescoço, do abdômen e do ânus, os quais você contrai em uma ordem específica, em momentos específicos. Sente-se confortavelmente com as costas e os ombros retos e apoiados. Mantenha a cabeça aprumada, olhando diretamente à frente, e, então, realize as seguintes etapas:

1. Primeiro vem a tranca da garganta. Inspire profundamente e, em seguida, contraia os músculos da garganta empurrando o queixo na direção do peito, como se estivesse apertando um lápis entre o queixo e o pescoço. Segure essa posição enquanto conta até três e então relaxe devagar, erguendo a cabeça e soltando a respiração.
2. A próxima é a tranca abdominal. Inspire e contraia o abdômen, como se estivesse tentando tocar sua coluna com o umbigo. Segure enquanto conta até três, soltando em seguida.

3. A tranca anal é a última e consiste apenas em contrair os músculos que você usaria se estivesse restringindo um movimento intestinal. Inspire, segure por um instante e, então, contraia com ainda mais firmeza. Segure essa contração mais forte enquanto conta até três e, depois, relaxe.

Uma vez que você tenha se familiarizado com cada uma das três trancas, pode tentar fazer as contrações de forma consecutiva, mas sem soltar as contrações anteriores: contraia a garganta, mantenha-a contraída enquanto contrai os músculos abdominais e, enquanto as duas regiões permanecem contraídas, faça a tranca anal. Segure sua respiração o máximo que puder e, então, expire.

Para intensificar o orgasmo, use a tranca tripla quando sentir que ele está chegando.

Meditação da *kundalini*

A meditação da *kundalini* é uma prática de yoga tântrica. A *kundalini* é considerada um imenso volume de energia que permanece enrolada na base da coluna (às vezes é representada como uma cobra). Acredita-se que a *kundalini* de uma pessoa possa ser despertada por meio de meditação, yoga ou outras práticas espirituais. Quando desperta, a pessoa experimenta sensações de formigamento ao longo da coluna juntamente com aumento de energia, criatividade e bem-aventurança. Alguns chegam mesmo a dizer que se vivenciam experiências transcendentais.

A meditação da *kundalini* pode ajudar uma pessoa a tornar-se receptiva à energia amorosa bem como a estar mais preparada para uma conexão sexual profunda. A fim de realizar a meditação da *kundalini*, sente-se com as pernas cruzadas e os olhos fechados, em um cômodo silencioso. (Você pode fazer isso sozinho ou com seu parceiro.) Mantendo as mãos imóveis e o rosto relaxado, inspire pelo nariz e expire pela boca. Agora, visualize a base de sua coluna e a energia enrolada ali. Se você não gosta de cobras, pode visualizar algo diferente – talvez um arco-íris reluzente ou bolhas prateadas. Com cada respiração, você extrai cada vez mais bolhas da base de sua coluna. As bolhas viajam por sua coluna, zumbindo de energia. Cada bolha está repleta de puro potencial amoroso e oferece uma oportunidade de conexão, sexual ou de outra natureza. Se estiver fazendo a meditação com seu parceiro, você pode visualizar a *kundalini* dele ou dela se fortalecendo também. Faça esse exercício antes do sexo para experimentar uma verdadeira conexão fenomenal.

A ressaca energética do sexo

Como todas as coisas em um relacionamento, nem toda energia compartilhada no âmbito sexual será positiva. Quando fazemos sexo, ficamos vulneráveis à energia negativa de nosso parceiro. Desde que comecei a prestar atenção nisso e a fazer perguntas a esse respeito, percebi que comumente ouço os casais dizerem que, quando um dos parceiros está mal-humorado e eles fazem sexo, o humor costuma ser transferido ao outro parceiro.

Marla Henderson é uma *coach* de bem-estar e uma intuitiva que trabalha de maneira holística com pessoas que estão lidando com problemas médicos crônicos. Ela me contou que costuma aconselhar pessoas que retêm em seu corpo a energia negativa, até mesmo tóxica, de seus parceiros sexuais. Esse é, com certeza, o caso em situações de estupro ou trauma, mas também se estende inclusive a nossas experiências anteriores e histórias de espinhos. Considero os casos com que ela trabalha uma extensão da sabedoria do corpo (que discutimos no capítulo 7), situações em que um sintoma físico associa-se a dramas e traumas de baixa frequência que aconteceram em nossa vida e ficaram emperrados em nosso corpo. Como já vimos, essa energia ficará alojada por bastante tempo e acabará por manifestar-se como um sintoma físico, a menos que enfrentemos a questão e liberemos a energia.

Já conversamos sobre como você pode sustentar seu próprio estado energético independentemente da vibração de seu parceiro, porém isso é muito mais difícil de fazer durante o sexo, já que a energia de seu parceiro não está apenas à sua volta, mas metafórica e literalmente *dentro* de você.

Uma rápida discussão sobre sexo casual

Não há nenhum problema com o sexo casual. Ele pode ser excitante, divertido e liberador. No entanto, sexo casual não é Sexo Quântico. Você não pode estabelecer uma conexão espiritual com alguém que acabou de conhecer, em especial se os dois tiverem enchido a cara de bebida e mal conseguirem se lembrar do nome um do outro. Se você quer sexo com conexão, revigorante e erótico, repleto de intenção e amor, então sexo casual não será sua melhor aposta.

Sempre que se envolve intimamente com outra pessoa, você absorve parte da energia dela e ela absorve parte da sua. Se você faz sexo com pessoas positivas, amorosas e calorosas, essa energia maravilhosa é absorvida por você e lhe dá ânimo. Se faz sexo com pessoas negativas, pessimistas, instáveis e deprimidas, essa energia pode deixá-lo com uma sensação de desconforto e desconexão. Tenha em mente, ainda, que, se a pessoa com quem você está indo para a cama também vai para a cama com diversas pessoas, ele ou ela absorve a energia delas. Assim como acontece com doenças sexualmente transmissíveis, quando você faz sexo com alguém, está fazendo sexo com todo mundo com quem aquela pessoa fez sexo – e absorvendo aquela energia também.

É com relação a esse ponto que tento aconselhar as mulheres sobre sexo casual. Sim, estamos cientes dos riscos das DSTs, e algumas de nós conhecem até mesmo os riscos emocionais do sexo casual (durante o qual, em especial se for bom, ocorre a liberação, em nosso cérebro, de uma torrente de oxitocina, a substância química do apego emocional, que nos deixa presas a nosso parceiro, mesmo que essa não seja nossa vontade). O sexo casual não é uma coisa ruim, mas existem alguns riscos emocionais e físicos que o acompanham. Agora, também acrescento à lista os riscos energéticos.

O que eu chamo de "ressaca energética" do sexo não é apenas um efeito consecutivo de natureza emocional. Acredito que o sexo pode realmente deixar a energia de seu parceiro dentro de você, principalmente se você estiver recebendo o corpo de seu parceiro em seu corpo.

Observei esse fenômeno com uma de minhas pacientes, de nome Mikayla. Ela tinha uma história longa e dolorosa. Sua primeira experiência sexual foi quando um primo mais velho a molestou, e, daí em diante, ela teve uma sequência de namorados ruins e términos ainda piores. Sua pior experiência foi quando seu médico lhe disse que ela tinha clamídia. Foi então que ela descobriu que o marido era viciado em sexo e a havia traído por anos. Eles se divorciaram e Mikayla seguiu sua vida, ou ao menos era o que pensava. Ela chegou até mesmo a conhecer um homem maravilhoso e a ficar noiva. Mas algo estava errado. O sexo doía.

– A sensação é de uma dorzinha persistente. Ou uma pontada de dor forte – disse ela. – Uma queimação. Ou uma coceira.

Fiquei confusa. Os sintomas de Mikayla não pareciam associados a nenhum problema físico. Na realidade, ela havia passado por consultas com seis médicos e todos lhe disseram que não havia nada errado. Ela também disse que sentia a dor mesmo quando não estava fazendo sexo.

– É como uma dor de dente – disse ela. – Uma cãibra dolorosa aqui e ali.

– O que você acha que é? – perguntei a ela.

– Não sei – respondeu minha paciente. – Acho que meu ex-marido deixou alguma bactéria para trás e me contaminou com algum tipo de doença que ainda não foi descoberto. O que a senhora acha?

Como havíamos esgotado todas as possibilidades físicas e médicas, cogitei em tomar outro caminho.

– Acho que talvez seu ex-marido tenha deixado alguma coisa para trás, mas não creio que seja físico – disse eu. – Acho que ele deixou energia para trás, uma energia que está lhe causando tanto dor física como emocional. E acho que o mesmo se aplica ao parente que a molestou quando você era criança, e a todas as experiências horríveis que você teve desde então. Você está carregando consigo toda essa dor, e a está carregando em seu espaço mais íntimo e precioso.

– Dra. Berman, a senhora está me dizendo que estou carregando dor emocional em minha perereca? – disse ela. – Isso é mesmo possível?

– Creio que sim – respondi. – E acredito que possamos ajudá-la a liberar essa dor.

Mikayla pareceu um pouco cética quanto à ideia de estar carregando dor em sua "perereca", como ela se referiu a sua vagina. Mas estava disposta a ouvir o que eu tinha a dizer. Expliquei-lhe sobre o conceito de ressacas energéticas, sobre como trocamos energia durante o sexo e como, às vezes, essa energia pode ficar para trás, em especial em casos de trauma emocional ou físico. Direcionei Mikayla a uma curadora energética que eu conhecia e que lhe prescreveu algumas meditações e visualizações para ajudá-la a expulsar aquela energia de seu corpo. Elas trabalharam com cristais, e Mikayla começou até mesmo a se masturbar com um pênis artificial de quartzo rosa que a curadora energética lhe deu! Acredita-se que o quartzo rosa contenha a vibração do amor e ajude a absorver energia negativa. Depois de algum tempo, Mikayla notou que a dor estava cada vez menos presente. Ela passou a conseguir desfrutar o sexo com seu novo noivo e parou de ficar obcecada com DSTs, começou a ter orgasmos com seu parceiro e deixou de temer a intimidade.

Em última análise, é impossível dizer o que exatamente ajudou Mikayla (se foi discutir a fundo suas questões, se foram os cristais, a visualização... o pênis artificial!). Mas, no fim, ela parou de sentir dor durante o sexo.

– Obrigada por consertar minha perereca – disse-me ela em nossa última sessão. – Nunca imaginei que ela pudesse carregar tanta coisa. Mas agora está carregando coisas boas: energia positiva, amor incondicional, aceitação, criatividade.

– Parece uma perereca muito ocupada! – disse eu, rindo.

– Ah, ela é muito ocupada – tornou Mikayla. – Pergunte a meu noivo.

O sexo em si acumula energia sexual. Acho que existem razões físicas e de relacionamento para isso. Em um relacionamento de longo prazo, se você realmente se comprometer com o Amor Quântico e se dedicar a praticar as técnicas que discutimos neste capítulo e em outros pontos deste livro, você terá uma energia sexual fabulosa dentro de si. A energia sexual dentro de você e entre você e seu parceiro é algo de que você precisa cuidar, e que precisa aproveitar e colocar em ação em seu relacionamento. Ela é dinâmica, sempre fluindo e mudando, expandindo e contraindo. E é poderosa e criativa. O Sexo Quântico é uma manifestação física de sua poderosa energia sexual, que une você e seu parceiro de uma forma intensa e extremamente positiva. É um benefício do Amor Quântico e um mergulho mais profundo nele.

Uma Nota de Agradecimento

Caro leitor,

Se você leu este livro, agora sabe que, como entramos na órbita um do outro dessa maneira, estamos vibrando no mesmo campo. Isso faz de você não só meu leitor, mas também meu companheiro cósmico. E quero que saiba da profunda gratidão que sinto por você ter permanecido aberto e curioso o bastante para seguir nessa jornada comigo. Obrigada por ter aparecido em meu campo vibracional (ou por ter me manifestado!) e por sua boa vontade em mergulhar de cabeça no oceano infindável do Amor Quântico.

Escrevi outros oito livros sobre os aspectos mais íntimos da existência humana: o amor e a sexualidade. E, no entanto, este livro foi, para *mim*, o mais íntimo, pois foi o mais pessoal. *Amor Quântico* não nasceu da curiosidade intelectual nem de um desejo de curar outras pessoas, como foi com os outros livros que escrevi no passado. Este livro nasceu de minhas próprias lutas pessoais e de minha autodescoberta.

Sinto-me muito sortuda por poder dizer que, por mais de 25 anos, tenho encontrado enorme êxito e satisfação auxiliando indivíduos e casais a aprenderem a amar melhor e a ser amados de forma mais conveniente. Sempre me senti abençoada por ter encontrado uma carreira que me traz tanta realização e alegria, a qual, por sua vez, leva alegria, paixão, amor e risos a outras pessoas. Basicamente, meu trabalho foi o de curar corações partidos por mais de duas décadas. O que pode ser mais legal que isso? Mas eu não imaginava que ainda houvesse tanto a ser descoberto até encontrar o Amor Quântico por intermédio de minha própria OMEC.

Em sua autobiografia intitulada *On Extended Wings*, a poetisa Diane Ackerman escreve: "Não quero chegar ao fim da vida e descobrir que vivi apenas seu comprimento. Quero viver sua largura também". Quatro anos atrás, eu não teria sido capaz de dizer como minha vida pessoal e profissional poderia tornar-se mais ampla e profunda pela vivência do Amor Quântico e pelo trabalho com ele. Sinto-me animadíssima em saber que minha jornada de aplicações do Amor Quântico em minha vida e na vida de meus pacientes está apenas começando.

Quando sua próxima OMEC chegar, porque ela chegará, recomendo que você a use não só para o crescimento de sua própria alma, mas também para o crescimento de seu relacionamento com seu parceiro. Persista em seu centro. Persista no amor. Use sua OMEC para que vocês cresçam juntos. E, naquela "noite escura da alma", espero que você consiga encontrar a coragem de encarar suas emoções em vez de fugir delas, e permaneça consciente de sua energia e de seu poder de criar uma nova realidade, mesmo (e principalmente) nos dias mais sombrios. Sou a prova viva de que isso é possível, e acredito que o simples fato de você ter escolhido ler este livro seja um sinal de que está mais que preparado para abraçar o Amor Quântico em sua vida e no decorrer de sua próxima OMEC (ou daquela que está vivenciando agora).

Em seu livro *The Fear Cure*, Lissa Rankin descreve o que ela chama as quatro verdades que cultivam a coragem:

1. A incerteza é o portal para a possibilidade.
2. Perdas são naturais e podem levar ao crescimento.
3. O Universo tem seus propósitos.
4. Somos todos um.

Creio que possamos levar esses belos axiomas um pouco mais adiante, aplicando nossas lentes quânticas e as lições deste livro:

1. *Tudo é possível.* O campo quântico nada mais é que puro potencial, pronto para ser moldado por sua energia e sua intenção. Você tem o poder de criar qualquer realidade, à sua escolha: basta ter clareza quanto ao que quer e empregar a poderosa, bela e imutável energia de seu interior.

2. *Perdas e dor entram em sua vida por um motivo.* As coisas que se manifestam em sua vida são atraídas até você por desejo de sua própria alma, e não importa quanto sejam dolorosas, cada uma delas é uma lição desejada por seu eu essencial. Talvez você não

compreenda os motivos na ocasião, mas pode ter fé de que tudo é para seu benefício.
3. *Toda experiência é útil para você*. O Universo lhe dará tudo o que você pedir (quer você esteja consciente disso ou não) e você atrairá para sua vida professores e espelhos que refletirão algumas poderosas, e até dolorosas, verdades. Não haverá em sua vida professor melhor que seu parceiro.
4. *Somos todos um*. Sim, eu mantive este igual. Acredito que essa seja a verdade quântica no âmago de tudo quanto discutimos neste livro – e, de fato, no âmago mesmo de nossa existência. Estamos todos tão intimamente conectados em um nível fundamental que encontraremos consolo, amparo, dádivas, lições e, é claro, amor – tudo de que precisamos – por meio de nossa conexão com os outros. Eu realmente acredito que estamos aqui, em nossa forma humana, para tal propósito.

Essas verdades nos fazem lembrar que existe sabedoria em nossas experiências. Nossas lutas nos exortam a perguntar: "O que isso pode me ensinar?". Essas verdades nos fazem lembrar que tudo o que nos acontece é útil para nós. Nossos desafios nos inspiram a ponderar: "Como isso vem em *meu* benefício?". Essas verdades nos fazem lembrar que nossa realidade é puro potencial. Elas nos levam a ter clareza na pergunta-chave: "O que eu *realmente* quero?". Essas verdades nos fazem lembrar que somos todos energia, ilimitados e infinitos, indestrutíveis e imutáveis, conectados a tudo no Universo.

Se você tivesse perguntado à antiga dra. Berman: "Doutora, por que estamos aqui, nesta terra?", eu teria titubeado ao responder. Pode ser que eu falasse sobre evolução, sobre nosso impulso biológico de procriar, ou talvez tivesse até confessado o óbvio: *Não faço ideia*.

Mas hoje eu tenho uma resposta para essa pergunta eterna. Creio que estamos aqui, neste planeta, em forma humana, para amarmos melhor e sermos mais amados. Estamos aqui para nos tornarmos artífices do amor: para dominar a arte de amar e vivenciar o amor na existência, a cada dia.

Obrigada por permitir que eu compartilhasse minhas descobertas com você. É meu mais sincero desejo que você sinta um novo nível de percepção em si mesmo e com seu parceiro, e que você já tenha começado a praticar algumas das ferramentas e técnicas que descobriu aqui. Espero que você consiga usar o Amor Quântico e as lições que aprendeu aqui como fonte de conforto, apoio e encorajamento, como uma forma de sair do medo e vivenciar o amor que você tanto merece.

Ao prosseguir nesta jornada, lembre-se: suas barreiras são sua busca. Você está nesta terra, neste corpo, não só para encontrar o amor, mas para descobrir e destruir as barreiras que você construiu *contra* o amor. Ao fazê-lo, creio que transformará não só a si mesmo e seu relacionamento, mas o próprio mundo.

Apêndice

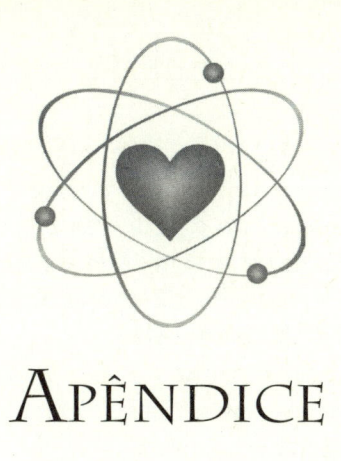

Capítulo 3: Descubra seu Perfil Energético

O Questionário do Amor Quântico

Pense em suas atitudes e comportamentos como um todo nos últimos três meses ao responder a cada uma das perguntas a seguir, em uma escala de 1 a 4, "Nunca" a "Sempre". Circule o número que melhor se aplica a você. Lembre-se: você não precisa estar em um relacionamento para responder ao questionário. Na verdade, construir Amor Quântico dentro de si atrairá um maravilhoso parceiro para sua realidade. Você pode responder às perguntas com relação a um relacionamento anterior ou apenas quanto a sua visão geral sobre relacionamentos.

Após ter respondido a cada pergunta da seção, some os números assinalados e divida o total por 5 a fim de estabelecer sua pontuação de Amor Quântico para cada aspecto de seu relacionamento. A pontuação de cada seção indicará em que área você está vibrando no Mapa do Amor Quântico. Sua pontuação ficará entre 1 e 4 em cada seção.

Pode ser que você descubra que está vibrando em diferentes frequências em aspectos diversos de seu relacionamento. Por exemplo, talvez você esteja vibrando em frequência egoica (A MIM) no quesito segurança, e em frequência inerente (POR MIM) em sua vida sexual, mas não em sua autoestima. Não há problema nenhum nisso. Na verdade, em meu trabalho com centenas de casais, percebi que geralmente essa é a regra.

Após obter sua pontuação para cada seção do questionário a seguir, volte à página 63 e observe onde você está no Mapa do Amor Quântico.

Existem quatro áreas no Mapa do Amor Quântico que correspondem a sua pontuação de 1 a 4 em cada seção. O primeiro e o segundo quadrantes são duas fases da frequência egoica e da zona A MIM. O terceiro e o quarto quadrantes encontram-se na área da frequência inerente e do Amor Quântico: o terceiro quadrante representa a energia POR MIM e o quarto, a energia ATRAVÉS DE MIM.

Fique à vontade para visitar o *site* <www.drlauraberman.com/quantumlove> se quiser usar uma versão eletrônica do Questionário do Amor Quântico e do Mapa do Amor Quântico.

Sensação de segurança em meu relacionamento

Minha intuição sobre...	Nunca	Às Vezes	Geralmente	Sempre
Eu me sinto seguro(a) em meu relacionamento.	1	2	3	4
Para mim, é muito fácil estar presente com meu parceiro(a).	1	2	3	4
Acho fácil vincular-me emocionalmente a meu amante(s) de forma saudável.	1	2	3	4
Sinto que tenho poder suficiente em meu relacionamento.	1	2	3	4
Acho fácil abrir meu coração e mostrar-me vulnerável em meu relacionamento.	1	2	3	4
Some seus pontos e divida por 5 (arredonde se necessário)	**Pontuação sobre Segurança:**			

Energia sexual em meu relacionamento	Nunca	Às Vezes	Geralmente	Sempre
Prefiro espontaneidade a previsibilidade na cama.	1	2	3	4
Aceito plenamente meus impulsos e desejos.	1	2	3	4
Sinto-me confortável explorando novas abordagens sexuais.	1	2	3	4
Consigo perceber o que meu corpo e minha mente precisam, e dou isso a eles.	1	2	3	4
Sinto-me confortável ao expressar-me sexualmente.	1	2	3	4
Some seus pontos e divida por 5 (arredonde se necessário)	**Pontuação sobre Sexo:**			
Meu senso de merecer amor	Nunca	Às Vezes	Geralmente	Sempre
Sinto que mereço o amor de um(a) parceiro(a) disponível e comprometido(a).	1	2	3	4
Sinto-me confortável sendo o objeto do amor e do desejo de meu parceiro(a).	1	2	3	4
Estou seguro(a) de que meu parceiro(a) não me deixará nem me trairá.	1	2	3	4
Em meu relacionamento, mereço ser respeitado(a) na mesma medida em que respeito.	1	2	3	4
Meu parceiro(a) e eu partilhamos de objetivos de longo prazo semelhantes em nosso relacionamento.	1	2	3	4
Some seus pontos e divida por 5 (arredonde se necessário)	**Pontuação sobre Merecimento:**			

Abertura e sinceridade em meu relacionamento	Nunca	Às Vezes	Geralmente	Sempre
Para mim, é fácil confiar em meu parceiro(a) e me abrir com ele(a).	1	2	3	4
Sinto-me confortável com a intimidade emocional.	1	2	3	4
Prefiro a conexão a manter meu parceiro(a) distante.	1	2	3	4
Quando discutimos, acho fácil ser sensível à dor de meu parceiro(a).	1	2	3	4
Tenho facilidade em ser emocionalmente generoso(a) com meu parceiro(a).	1	2	3	4
Some seus pontos e divida por 5 (arredonde se necessário)	**Pontuação sobre Abertura e Sinceridade:**			
Autoexpressão em meu relacionamento	**Nunca**	**Às Vezes**	**Geralmente**	**Sempre**
Sinto-me confortável ao expressar minhas necessidades a meu parceiro(a).	1	2	3	4
Quando necessário, posso ser assertivo(a) com relação a minhas necessidades.	1	2	3	4
Eu me comunico bem com meu parceiro(a), equilibrando o quanto falo e o quanto ouço.	1	2	3	4
Sinto-me confiante e confortável quando digo uma verdade dura a meu parceiro(a).	1	2	3	4
Se eu estiver triste com alguma coisa, eu falo a esse respeito.	1	2	3	4
Some seus pontos e divida por 5 (arredonde se necessário)	**Pontuação sobre Autoexpressão:**			

Intuição em meu relacionamento	Nunca	Às Vezes	Geralmente	Sempre
Tenho consciência do que quero em meu relacionamento.	1	2	3	4
Tenho intuitivamente consciência do que meu parceiro(a) quer sem precisar perguntar.	1	2	3	4
Consigo sentir quando meu parceiro está aflito, mentindo, em perigo, etc.	1	2	3	4
Sei como está o humor de meu parceiro(a) quando ele(a) entra no cômodo.	1	2	3	4
Some seus pontos e divida por 5 (arredonde se necessário)	Pontuação sobre Intuição:			

Meu relacionamento como parte de um plano maior	Nunca	Às Vezes	Geralmente	Sempre
Em minha opinião, meu parceiro(a) e eu somos parte de um poder superior.	1	2	3	4
Confio em minha intuição em meu relacionamento.	1	2	3	4
Acredito que meu parceiro(a) seja meu melhor professor(a).	1	2	3	4
Reconheço as dádivas/lições nas dificuldades que passamos juntos.	1	2	3	4
Tenho consciência de que nosso relacionamento é parte de um plano muito maior.	1	2	3	4
Some seus pontos e divida por 5 (arredonde se necessário)	Pontuação sobre o Plano Maior:			

O Questionário do IFEI

A seguir, você encontra uma série de perguntas sobre aspectos fundamentais de seu relacionamento. Ao longo dos anos em que venho trabalhando com casais, notei que muitos de nós se sentem muito bem em certos aspectos e não tão bem em outros. Este questionário pode oferecer-lhe uma visão clara, caso você ainda não saiba ao certo, de como descobrir quais são suas principais áreas de crescimento rumo ao Amor Quântico.

Para cada pergunta, faça a marca correspondente no Mapa do Amor Quântico. É assim que funciona. Lembre-se: o IFEI tem este formato:

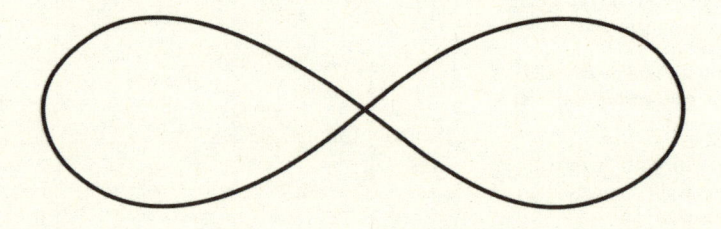

∞

Existem três pontos no IFEI. A extremidade esquerda do símbolo do infinito indica o ponto em que você fica em seu estado mais pessimista. A extremidade direita é o ponto em que você fica em seu estado mais otimista e, exatamente no centro, está seu ponto de transição (o estado emocional no qual você provavelmente esteja passando do pessimismo ao otimismo ou vice-versa). Você pode desenhar seu IFEI no questionário a seguir: basta marcar seu ponto mais pessimista e o mais otimista e desenhar o IFEI por cima, ou você pode voltar ao Mapa do Amor Quântico, na página 63, e assinalar nele cada aspecto (ou os aspectos que você mais precisa trabalhar). Sinta-se à vontade para visitar o *site* <www.drlauraberman.com/quantumlove> se quiser usar uma versão eletrônica.

Tenha em mente que você não precisa estar em um relacionamento para responder ao questionário. Apenas pense no último relacionamento significativo que teve, ou responda de forma geral, de acordo com o modo como normalmente se sente em relacionamentos.

Quando penso em soluções conjuntas sobre logística, no respeito pelos sentimentos um do outro, em trabalharmos juntos...
Em meus piores momentos, sinto (ponto da extremidade esquerda do IFEI):

Vergonha	Culpa	Desânimo	Pesar	Medo	Anseio	Raiva	Desdém	Esperança	Confiança	Otimismo	Aceitação	Empatia	Amor	Alegria	Bem-Aventurança	Iluminação
20	30	50	75	100	125	150	175	200	250	310	350	400	500	540	600	700+

Em meu estado mais otimista, sinto (ponto da extremidade direita do IFEI):

Vergonha	Culpa	Desânimo	Pesar	Medo	Anseio	Raiva	Desdém	Esperança	Confiança	Otimismo	Aceitação	Empatia	Amor	Alegria	Bem-Aventurança	Iluminação
20	30	50	75	100	125	150	175	200	250	310	350	400	500	540	600	700+

Qual é o ponto de transição (exatamente entre os dois pontos)?

Visão

Quando penso em quanto estamos de acordo em nossa visão do futuro, na maneira de educar os filhos, etc...
Em meus piores momentos, sinto (ponto da extremidade esquerda do IFEI):

Vergonha	Culpa	Desânimo	Pesar	Medo	Anseio	Raiva	Desdém	Esperança	Confiança	Otimismo	Aceitação	Empatia	Amor	Alegria	Bem-Aventurança	Iluminação
20	30	50	75	100	125	150	175	200	250	310	350	400	500	540	600	700+

Em meu estado mais otimista, sinto (ponto da extremidade direita do IFEI):

Vergonha	Culpa	Desânimo	Pesar	Medo	Anseio	Raiva	Desdém	Esperança	Confiança	Otimismo	Aceitação	Empatia	Amor	Alegria	Bem-Aventurança	Iluminação
20	30	50	75	100	125	150	175	200	250	310	350	400	500	540	600	700+

Qual é o ponto de transição (exatamente entre os dois pontos)?

Aliança

Quando penso em nós dois como aliados e sinto como se estivéssemos no mesmo time...
Em meus piores momentos, sinto (ponto da extremidade esquerda do IFEI):

Vergonha	Culpa	Desânimo	Pesar	Medo	Anseio	Raiva	Desdém	Esperança	Confiança	Otimismo	Aceitação	Empatia	Amor	Alegria	Bem-Aventurança	Iluminação
20	30	50	75	100	125	150	175	200	250	310	350	400	500	540	600	700+

Em meu estado mais otimista, sinto (ponto da extremidade direita do IFEI):

Vergonha	Culpa	Desânimo	Pesar	Medo	Anseio	Raiva	Desdém	Esperança	Confiança	Otimismo	Aceitação	Empatia	Amor	Alegria	Bem-Aventurança	Iluminação
20	30	50	75	100	125	150	175	200	250	310	350	400	500	540	600	700+

Qual é o ponto de transição (exatamente entre os dois pontos)?

Vida Sexual

Quando penso na frequência e na qualidade de nossa conexão sexual...
Em meus piores momentos, sinto (ponto da extremidade esquerda do IFEI):

Vergonha	Culpa	Desânimo	Pesar	Medo	Anseio	Raiva	Desdém	Esperança	Confiança	Otimismo	Aceitação	Empatia	Amor	Alegria	Bem-Aventurança	Iluminação
20	30	50	75	100	125	150	175	200	250	310	350	400	500	540	600	700+

Em meu estado mais otimista, sinto (ponto da extremidade direita do IFEI):

Vergonha	Culpa	Desânimo	Pesar	Medo	Anseio	Raiva	Desdém	Esperança	Confiança	Otimismo	Aceitação	Empatia	Amor	Alegria	Bem-Aventurança	Iluminação
20	30	50	75	100	125	150	175	200	250	310	350	400	500	540	600	700+

Qual é o ponto de transição (exatamente entre os dois pontos)?

Comunicação

Quando penso no modo como nos expressamos, em nosso nível de respeito e abertura...
Em meus piores momentos, sinto (ponto da extremidade esquerda do IFEI):

Vergonha	Culpa	Desânimo	Pesar	Medo	Anseio	Raiva	Desdém	Esperança	Confiança	Otimismo	Aceitação	Empatia	Amor	Alegria	Bem-Aventurança	Iluminação
20	30	50	75	100	125	150	175	200	250	310	350	400	500	540	600	700+

Em meu estado mais otimista, sinto (ponto da extremidade direita do IFEI):

Vergonha	Culpa	Desânimo	Pesar	Medo	Anseio	Raiva	Desdém	Esperança	Confiança	Otimismo	Aceitação	Empatia	Amor	Alegria	Bem-Aventurança	Iluminação
20	30	50	75	100	125	150	175	200	250	310	350	400	500	540	600	700+

Qual é o ponto de transição (exatamente entre os dois pontos)?

Confiança

Quando penso no nível de confiança e apoio que sinto quando estou com meu parceiro...
Em meus piores momentos, sinto (ponto da extremidade esquerda do IFEI):

Vergonha	Culpa	Desânimo	Pesar	Medo	Anseio	Raiva	Desdém	Esperança	Confiança	Otimismo	Aceitação	Empatia	Amor	Alegria	Bem-Aventurança	Iluminação
20	30	50	75	100	125	150	175	200	250	310	350	400	500	540	600	700+

Em meu estado mais otimista, sinto (ponto da extremidade direita do IFEI):

Vergonha	Culpa	Desânimo	Pesar	Medo	Anseio	Raiva	Desdém	Esperança	Confiança	Otimismo	Aceitação	Empatia	Amor	Alegria	Bem-Aventurança	Iluminação
20	30	50	75	100	125	150	175	200	250	310	350	400	500	540	600	700+

Qual é o ponto de transição (exatamente entre os dois pontos)?

Divertimento/Alegria

Quando penso no nível de diversão e alegria que sinto com meu parceiro...
Em meus piores momentos, sinto (ponto da extremidade esquerda do IFEI):

Vergonha	Culpa	Desânimo	Pesar	Medo	Anseio	Raiva	Desdém	Esperança	Confiança	Otimismo	Aceitação	Empatia	Amor	Alegria	Bem-Aventurança	Iluminação
20	30	50	75	100	125	150	175	200	250	310	350	400	500	540	600	700+

Em meu estado mais otimista, sinto (ponto da extremidade direita do IFEI):

Vergonha	Culpa	Desânimo	Pesar	Medo	Anseio	Raiva	Desdém	Esperança	Confiança	Otimismo	Aceitação	Empatia	Amor	Alegria	Bem-Aventurança	Iluminação
20	30	50	75	100	125	150	175	200	250	310	350	400	500	540	600	700+

Qual é o ponto de transição (exatamente entre os dois pontos)?

Conexão Emocional

Quando penso na conexão emocional entre nós e em nossa proximidade...
Em meus piores momentos, sinto (ponto da extremidade esquerda do IFEI):

Vergonha	Culpa	Desânimo	Pesar	Medo	Anseio	Raiva	Desdém	Esperança	Confiança	Otimismo	Aceitação	Empatia	Amor	Alegria	Bem-Aventurança	Iluminação
20	30	50	75	100	125	150	175	200	250	310	350	400	500	540	600	700+

Em meu estado mais otimista, sinto (ponto da extremidade direita do IFEI):

Vergonha	Culpa	Desânimo	Pesar	Medo	Anseio	Raiva	Desdém	Esperança	Confiança	Otimismo	Aceitação	Empatia	Amor	Alegria	Bem-Aventurança	Iluminação
20	30	50	75	100	125	150	175	200	250	310	350	400	500	540	600	700+

Qual é o ponto de transição (exatamente entre os dois pontos)?

Poder

Quando perco no equilíbrio de poder em nosso relacionamento...
Em meus piores momentos, sinto (ponto da extremidade esquerda do IFEI):

Vergonha	Culpa	Desânimo	Pesar	Medo	Anseio	Raiva	Desdém	Esperança	Confiança	Otimismo	Aceitação	Empatia	Amor	Alegria	Bem-Aventurança	Iluminação
20	30	50	75	100	125	150	175	200	250	310	350	400	500	540	600	700+

Em meu estado mais otimista, sinto (ponto da extremidade direita do IFEI):

Vergonha	Culpa	Desânimo	Pesar	Medo	Anseio	Raiva	Desdém	Esperança	Confiança	Otimismo	Aceitação	Empatia	Amor	Alegria	Bem-Aventurança	Iluminação
20	30	50	75	100	125	150	175	200	250	310	350	400	500	540	600	700+

Qual é o ponto de transição (exatamente entre os dois pontos)?

Capítulo 6: Compromisso nº 2 – Terei clareza Quanto ao Que Quero do Amor

Lista expandida de principais emoções que se deseja sentir no relacionamento

Quais são as suas? Fique à vontade para acrescentar outras emoções! Visite o *site* <www.drlauraberman.com/quantumlove> se quiser encontrar uma versão eletrônica e mais informações sobre Principais Emoções Que Se Deseja Sentir em um Relacionamento e Seus Objetivos

Conectado	Excitado	Em sintonia	Amparado
Alegre	Descontraído	Reconfortado	Incentivado
Prezado	Valorizado	Livre	Tranquilo
Digno de confiança	Contente	Visto e ouvido	Apaixonado
Aberto	Protegido	Frágil	Apegado
Afeiçoado	Amado	Estimado	Querido
Íntimo	Fiel	À Vontade	Unido
Forte	Escolhido	Adorável	Atraente
Paquerador	Amistoso	Leal	Reconhecido
Encantado	Reconfortado	Animado	Revigorado
Amoroso	Priorizado	Tranquilo	*Sexy*
Respeitado	Jovial	Satisfeito	Contente
Entusiástico	Sensual	Provocante	Dinâmico
Aceito	Honesto	Empolgado	Espontâneo

Estabeleça Seus Objetivos de Amor Quântico

Primeiro, quais são os cinco Objetivos de Amor Quântico que você escolheu? Você pode relacioná-los aqui, se quiser.

Em meu relacionamento, quero sentir:

1. _____
2. _____
3. _____
4. _____
5. _____

Agora, para descobrir em que situação você está com relação a seus Objetivos de Amor Quântico, siga os passos a seguir para cada uma das cinco principais emoções que você deseja sentir em seu relacionamento.

1. Responda a cada uma das três perguntas (adiante) referentes ao modo como você se sente em seu relacionamento no tocante a cada uma das principais emoções que deseja sentir.
2. Identifique seu IFEI para cada uma das principais emoções que você deseja sentir no relacionamento e assinale-os no Mapa do Amor Quântico. Isso lhe dará uma visão clara de onde você está no mapa e de quanto precisa avançar até que aquela principal emoção que você deseja sentir no relacionamento seja uma realidade em sua vida.
3. Lembre-se: a maneira de estabelecer seu IFEI é pensando em como se sente em seu estado menos otimista (extremidade esquerda do símbolo do infinito) e em seu estado mais otimista (extremidade direita do símbolo do infinito). O ponto entre os dois é o centro do símbolo do infinito e seu ponto de transição.
4. Se você não quiser estabelecer seu IFEI, pode tão somente escolher um ponto no Mapa do Amor Quântico que descreva como você se sente neste momento, ou ultimamente, e trabalhar a partir daí.

Principal emoção que desejo sentir no relacionamento – nº 1:
Quero sentir _____

Pergunta 1: Quando estou em meu estado mais pessimista, sinto
_____

Pergunta 2: Quando estou em meu estado mais otimista, sinto
_____

Pergunta 3: Hoje (ultimamente), estou sentindo
_____

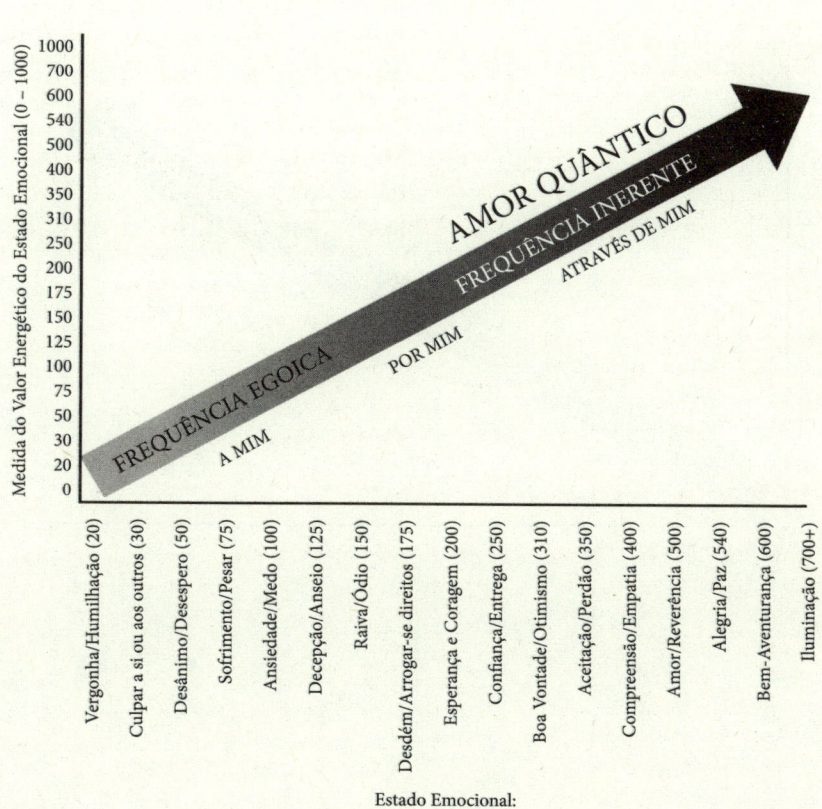

Medida do Valor Energético do Estado Emocional (0 – 1000)

1000, 700, 600, 540, 500, 400, 350, 310, 250, 200, 175, 150, 125, 100, 75, 50, 30, 20, 0

FREQUÊNCIA EGOICA — A MIM
POR MIM
AMOR QUÂNTICO — FREQUÊNCIA INERENTE — ATRAVÉS DE MIM

Estado Emocional:
- Vergonha/Humilhação (20)
- Culpar a si ou aos outros (30)
- Desânimo/Desespero (50)
- Sofrimento/Pesar (75)
- Ansiedade/Medo (100)
- Decepção/Anseio (125)
- Raiva/Ódio (150)
- Desdém/Arrogar-se direitos (175)
- Esperança e Coragem (200)
- Confiança/Entrega (250)
- Boa Vontade/Otimismo (310)
- Aceitação/Perdão (350)
- Compreensão/Empatia (400)
- Amor/Reverência (500)
- Alegria/Paz (540)
- Bem-Aventurança (600)
- Iluminação (700+)

**Principal emoção que desejo sentir no relacionamento – nº 2:
Quero sentir** _____

Pergunta 1: Quando estou em meu estado mais pessimista, sinto
_____

Pergunta 2: Quando estou em meu estado mais otimista, sinto
_____

Pergunta 3: Hoje (ultimamente), estou sentindo
_____

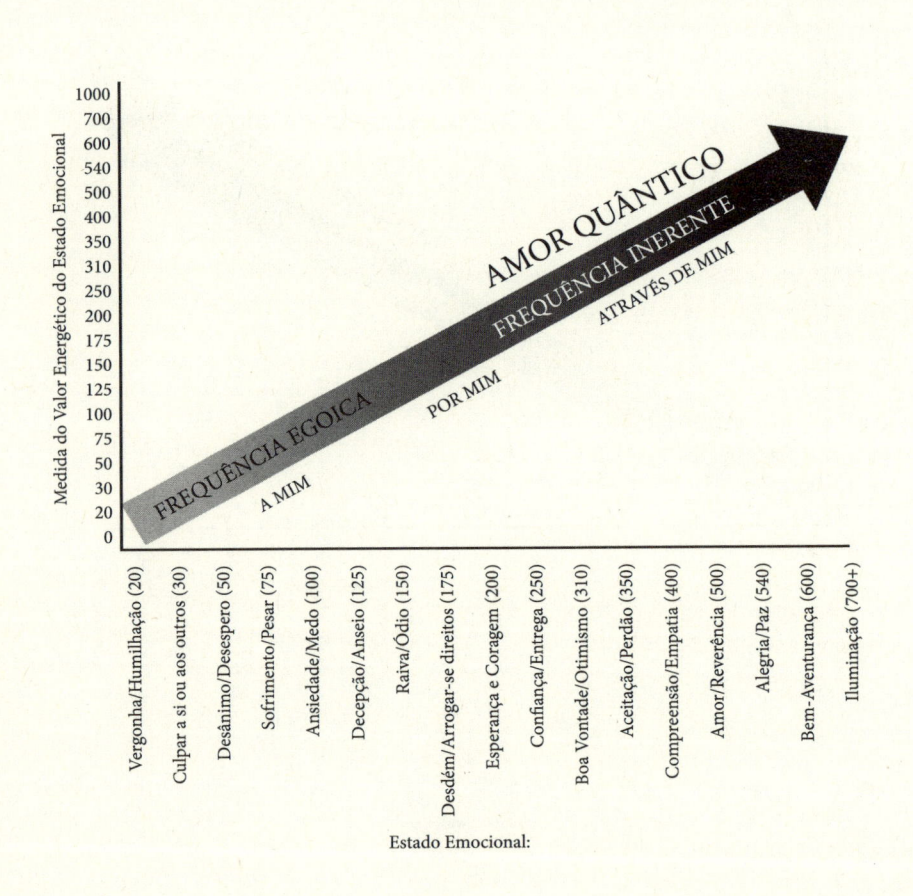

Apêndice

**Principal emoção que desejo sentir no relacionamento – nº 3:
Quero sentir** _____

Pergunta 1: Quando estou em meu estado mais pessimista, sinto
_____

Pergunta 2: Quando estou em meu estado mais otimista, sinto
_____

Pergunta 3: Hoje (ultimamente), estou sentindo
_____

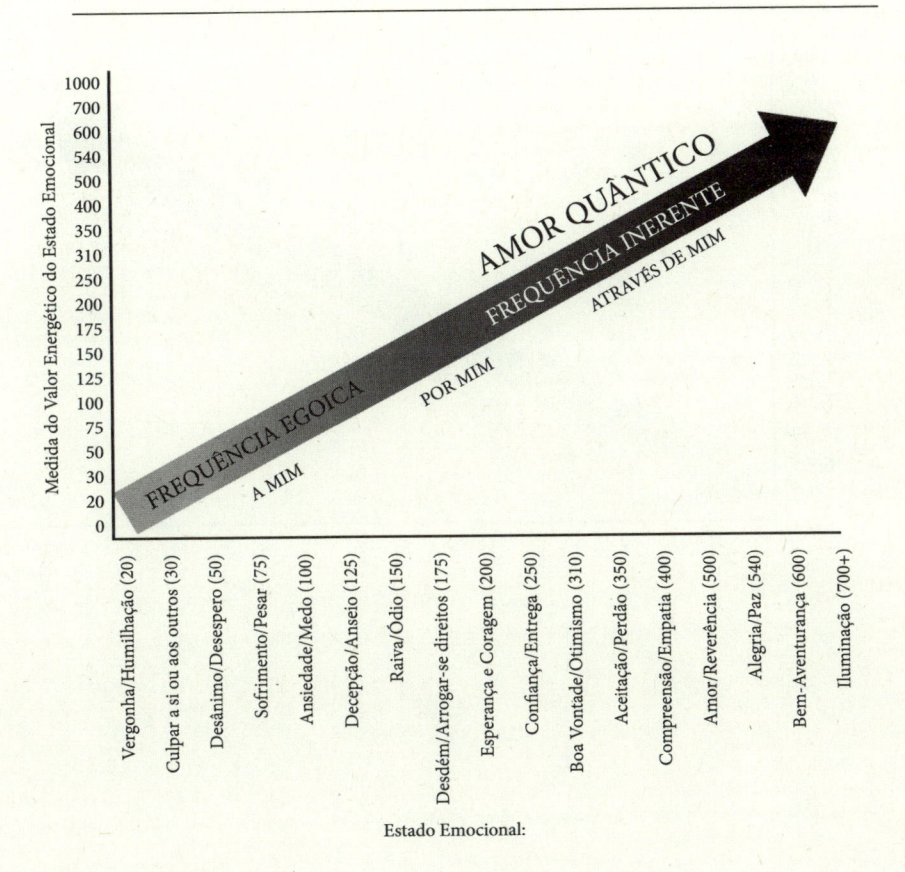

Medida do Valor Energético do Estado Emocional: 1000, 700, 600, 540, 500, 400, 350, 310, 250, 200, 175, 150, 125, 100, 75, 50, 30, 20, 0

FREQUÊNCIA EGOICA — A MIM
POR MIM
AMOR QUÂNTICO — FREQUÊNCIA INERENTE — ATRAVÉS DE MIM

Estado Emocional: Vergonha/Humilhação (20); Culpar a si ou aos outros (30); Desânimo/Desespero (50); Sofrimento/Pesar (75); Ansiedade/Medo (100); Decepção/Anseio (125); Raiva/Ódio (150); Desdém/Arrogar-se direitos (175); Esperança e Coragem (200); Confiança/Entrega (250); Boa Vontade/Otimismo (310); Aceitação/Perdão (350); Compreensão/Empatia (400); Amor/Reverência (500); Alegria/Paz (540); Bem-Aventurança (600); Iluminação (700+)

Principal emoção que desejo sentir no relacionamento – nº 4:
Quero sentir _____

Pergunta 1: Quando estou em meu estado mais pessimista, sinto
_____

Pergunta 2: Quando estou em meu estado mais otimista, sinto
_____

Pergunta 3: Hoje (ultimamente), estou sentindo
_____

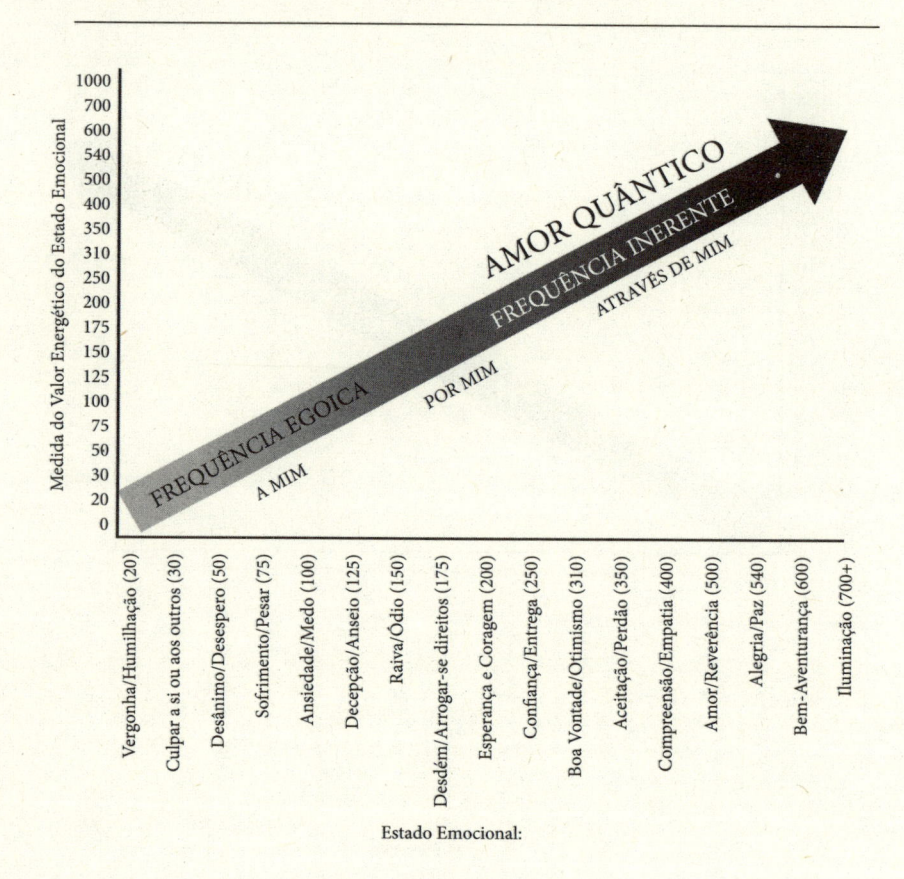

Medida do Valor Energético do Estado Emocional: 1000, 700, 600, 540, 500, 400, 350, 310, 250, 200, 175, 150, 125, 100, 75, 50, 30, 20, 0

FREQUÊNCIA EGOICA — A MIM — POR MIM — FREQUÊNCIA INERENTE — AMOR QUÂNTICO — ATRAVÉS DE MIM

Estado Emocional: Vergonha/Humilhação (20); Culpar a si ou aos outros (30); Desânimo/Desespero (50); Sofrimento/Pesar (75); Ansiedade/Medo (100); Decepção/Anseio (125); Raiva/Ódio (150); Desdém/Arrogar-se direitos (175); Esperança e Coragem (200); Confiança/Entrega (250); Boa Vontade/Otimismo (310); Aceitação/Perdão (350); Compreensão/Empatia (400); Amor/Reverência (500); Alegria/Paz (540); Bem-Aventurança (600); Iluminação (700+)

**Principal emoção que desejo sentir no relacionamento – nº 5:
Quero sentir** _____

Pergunta 1: Quando estou em meu estado mais pessimista, sinto
_____

Pergunta 2: Quando estou em meu estado mais otimista, sinto
_____

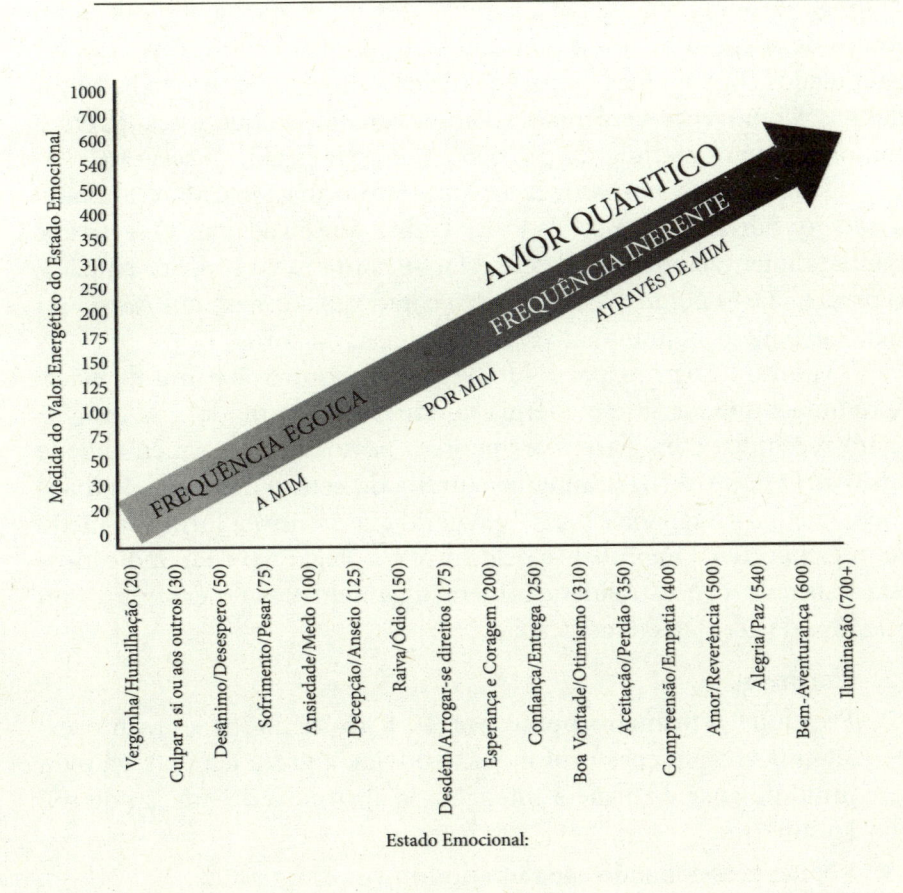

Pergunta 3: Hoje (ultimamente), estou sentindo
_____

Medida do Valor Energético do Estado Emocional: 1000, 700, 600, 540, 500, 400, 350, 310, 250, 200, 175, 150, 125, 100, 75, 50, 30, 20, 0

FREQUÊNCIA EGOICA — A MIM
FREQUÊNCIA INERENTE — POR MIM
AMOR QUÂNTICO — ATRAVÉS DE MIM

Estado Emocional:
Vergonha/Humilhação (20)
Culpar a si ou aos outros (30)
Desânimo/Desespero (50)
Sofrimento/Pesar (75)
Ansiedade/Medo (100)
Decepção/Anseio (125)
Raiva/Ódio (150)
Desdém/Arrogar-se direitos (175)
Esperança e Coragem (200)
Confiança/Entrega (250)
Boa Vontade/Otimismo (310)
Aceitação/Perdão (350)
Compreensão/Empatia (400)
Amor/Reverência (500)
Alegria/Paz (540)
Bem-Aventurança (600)
Iluminação (700+)

Capítulo 8: Compromisso nº 3 – Assumirei a responsabilidade pela energia de meu corpo

Exercício dos Pontos da Graça

Uma enorme sensação imediata de conexão surge quando você estimula seus pontos da graça para ativar os meridianos de seu corpo. Os meridianos são canais energéticos que conectam centenas de minúsculos reservatórios de energia eletromagnética e de outras energias mais sutis ao longo da superfície da pele. Conhecidos na medicina chinesa como pontos de acupuntura, esses pontinhos ou "pontos sensíveis" podem ser estimulados com agulhas ou pressão física a fim de liberar e redistribuir energia. Como você verá mais adiante, acredita-se que esses diversos pontos ativem os meridianos do corpo que se conectam ao coração.

Esse é um exercício usado pela *coach* transformacional Marci Shimoff, criado por Edward Conmey, da Peace Path, e que eu adaptei. O segredo é manter a intenção amorosa de conectar-se com seu eu superior enquanto pressiona três pontos-chave. Muitos curadores afirmam que esse é um exercício poderosíssimo para ativar seu *chacra* da coroa.

O ponto 1 é o principal ponto da graça (no meio da palma da mão). Acredita-se que ele libere energia condensada, de modo que *insights* sejam recebidos com clareza, e ancore a pessoa em uma mentalidade positiva. O ponto 2 (ligeiramente à direita do centro da palma da mão) libera energia estagnada e presa (em geral que assume a forma de medo ou julgamentos). O ponto 3 (a pele entre o polegar e o dedo indicador) está associado à ancestralidade e libera julgamentos e crenças que foram passados de geração em geração.

1. Ancore-se.
2. Pressione o primeiro ponto por 10 a 15 segundos enquanto faz algumas respirações profundas. Convide a graça e a entrega para junto de você e afirme a intenção de abrir-se à orientação de seu eu superior.
3. Repita, pressionando cada um dos outros dois pontos.

A meditação do EU SOU

Se seu chacra laríngeo está desequilibrado, talvez valha a pena ponderar sobre as palavras e mensagens que você está dizendo a si mesmo e aos outros. As palavras estão carregadas de poder e frequência energética, tanto através do som como da energia dos pensamentos e emoções que elas criam na mente e no corpo. Como escreveu Wayne Dyer, no decorrer de nossa vida, ficamos condicionados a pensar e a falar na linguagem do "eu não sou" – não sou bom o bastante, não sou magro o suficiente, não sou digno de amor. "Eu não sou" é a linguagem de nossas crenças destruidoras de autoestima.

Também é nesse campo que as poderosas palavras "EU SOU" entram em ação. Isso é discutido com riqueza de detalhes nas obras de Dyer, em especial em seu livro *Wishes Fulfilled*, que é uma excelente leitura se você quiser se tornar um mestre na arte de manifestar o que deseja. Recomendo ainda suas gravações das meditações *I AM Wishes Fulfilled*, nas quais ele ajusta a tônica vibracional das palavras "eu sou" à música. Ele descobriu esses sons divinos enquanto fazia pesquisas para seu livro.

Agora é hora de mudar sua mentalidade de "eu não sou" para "EU SOU".

1. Sente-se em um lugar confortável e certifique-se de ter consigo caneta e papel ou qualquer coisa que você possa usar para fazer algumas anotações.
2. Ancore-se e abra o coração.
3. Pense em algo do qual você queira criar mais em sua vida. É uma ótima ideia começar com uma das principais emoções que você deseja sentir em seu relacionamento. Escolha uma e trabalhe com ela agora.
4. Quero que você reflita sobre como realmente se sentiria em seu íntimo se aquela importante emoção que você anseia em seu relacionamento fosse realidade. Experimente-a. Pode ser útil imaginar uma cena ou ocasião, ainda que inventada, em que você teve essa experiência. Se deseja se sentir "descontraído" em seu relacionamento, que tipo de situação ou circunstância de descontração você pode imaginar, e que inclua seu parceiro? Pode ser que vocês estivessem se digladiando juntos na cama, ou apenas aconchegados no sofá, juntos, rindo a valer. Seja criativo – quanto mais detalhes, melhor!
5. Agora, coloque-se no estado emocional daquele desejo, vendo-se *na cena*, em primeira pessoa. Use todos os seus sentidos, como se estivesse vivenciando tudo isso no aqui e agora.

6. Chegou a hora de passar à mentalidade "Eu Sou". A partir desse estado coerente e intensamente manifesto, volte a pensar na cena que você acabou de imaginar. Ao olhar para si mesmo na cena, descreva-se com uma lista espontânea de frases que comecem com as palavras "EU SOU". Não se julgue nem elimine nada. Não pense sobre o que é realista ou o que "é apropriado". Apenas deixe isso fluir por você e escreva as palavras à medida que elas lhe ocorram. Formule tantas frases quanto puder.
7. Talvez ajude se você fechar os olhos outra vez, voltar à cena enquanto respira profundamente, dizendo em voz alta: "EU SOU!". Em seguida, abra os olhos e escreva o que quer que venha à sua mente.
8. Terminada a lista de frases, leia-as em voz alta para si mesmo. Recite-as enquanto olha dentro de seus próprios olhos no espelho. Grite-as de cima dos telhados. E pegue essa lista regularmente e coloque-se no estado emocional dessas palavras em seu corpo. Agora você sabe como fazer isso.
9. Considere esse exercício uma espécie de meditação e, quando tiver terminado, apenas retome sua rotina e esqueça. Você ativou o campo quântico rumo a mais Amor Quântico na forma das principais emoções que você deseja sentir em seu relacionamento. Aquela emoção, aquela experiência já está disponível para você: você simplesmente ainda não consegue senti-la com seus cinco sentidos. Mas ela está a caminho, e chegará em breve! Agora, você só tem de esperar por ela e percebê-la em sua realidade.
10. Siga esse procedimento com quantas frases de sua lista e com as principais emoções que deseja sentir em seu relacionamento que você quiser – ou com qualquer outra coisa que você queira manifestar como uma realidade em sua vida.

Meditação taoista: meditação do sorriso interior

Também adoro usar a meditação taoista do sorriso interior para enviar energia positiva a diferentes partes de meu corpo. Essa meditação simples proporciona uma sensação absolutamente maravilhosa, para a mente e para o corpo! Visite o *site* <www.drlauraberman.com/quantumlove> se quiser ouvir uma versão guiada da meditação do sorriso interior.

1. Comece ancorando-se. Sente-se em uma cadeira, mantendo-se com ambos os pés apoiados no chão, feche os olhos e sinta sua conexão com a terra. Inspire profundamente algumas vezes e abra o coração.

2. Crie uma fonte de energia sorridente em sua mente. Pode ser uma imagem de seu próprio rosto sorridente, ou de alguém ou algo que você ama e respeita, ou qualquer lembrança de uma ocasião em que se sentiu profundamente em paz, talvez sentindo a luz do sol em sua pele, estando perto do oceano ou caminhando em uma floresta. Identifique a sensação que essa energia traz, sinta-a. Às vezes, eu apenas imagino o formato de um sorriso.

3. Uma vez que você tenha essa sensação, imagine a *energia* daquele rosto alegre, sorridente, ali, um metro à sua frente.

4. Perceba o ponto central entre suas sobrancelhas, pelo qual você absorverá essa abundante energia sorridente que está à sua frente e à sua volta. Deixe sua testa relaxar. Ao se acumular nesse ponto entre as sobrancelhas, a energia sorridente acabará por transbordar para seu corpo.

5. Sorria em seus olhos. Sinta a energia alegre reluzir neles. Agora, faça essa energia descer a seu pescoço e depois às clavículas. Sua garganta e seus ombros estão totalmente banhados em luz sorridente.

6. Sorria em seu peito, seu coração, suas costelas, seus intestinos, em todos os seus órgãos, seu útero (se você o tiver), sua pelve, suas pernas, seus braços, em seu corpo inteiro. Sorria neles do mesmo modo que você acabou de sorrir em seus olhos até que cada órgão e cada célula de seu corpo nos quais você consiga pensar estejam banhados na luz de um sorriso amoroso.

Capítulo 10: Compromisso nº 4 – Reconhecerei Quando Estiver Emperrado e Mudarei do Cérebro para a Mente

Meditação da atenção presente

A seguir, apresento duas meditações de atenção presente criadas por minha amiga e *coach* de atenção presente Annmarie Chereso. Uma delas é para transformar medo em amor; a outra é para viver em um estado de amor. Visite o *site* <www.dralauraberman.com/quantumlove> se quiser ouvir uma versão de áudio das meditações a seguir, gravada por Annmarie.

Meditação para transformar medo em amor

É muito comum querermos resistir a nossos medos, rejeitá-los ou afastá-los. Nessa meditação, faremos a prática de amar nossos medos. Você consegue realmente amar seu medo? Pode ficar na companhia de seu medo? Consegue segurar seu medo como um bebezinho assustado que não sabe o que fazer? Pode descobrir empatia e compaixão por esse medo? Você consegue honrar esse medo sem afastá-lo ou rejeitá-lo?

1. Sente-se aprumado e encontre uma posição confortável. Permita que sua coluna fique relaxada, que seu pescoço fique solto e que sua cabeça descanse suavemente sobre seu pescoço. Verifique seus ombros e veja se estão tensos e rígidos ou relaxados e suavemente imóveis. Verifique seus dedos das mãos e dos pés. Seus dedos das mãos estão fechados e encolhidos, ou pousados com suavidade em seu colo? Seus pés e seus dedos dos pés estão confortáveis e relaxados? Você encontra tensão neles? Nosso corpo é um guia excelente, desde que prestemos atenção nele.

2. Agora, observe sua respiração. Você pode fazer uma avaliação. Minha respiração está rápida ou lenta? Minha respiração está profunda, ou está curta e superficial? Por um instante, ajuste o ritmo de sua respiração a uma contagem até quatro. Inspire (1, 2, 3, 4) e expire (1, 2, 3, 4).

3. Agora, eu o convido a relembrar uma ocasião de sua vida em que você sentiu medo. Talvez você tenha sentido medo de machucar-se ou de machucar alguém; de estar em um relacionamento com alguém ou de *já não* estar em um relacionamento com alguém; pode ser que você tenha sentido medo de fracassar em um trabalho ou de correr um risco. Veja se, no momento presente, você consegue verificar e encontrar uma situação em que sentiu medo.

4. Perceba se sua respiração está tranquila, no mesmo ritmo que estava há um segundo, ou se ela mudou. Apenas preste atenção.

5. Ao localizar esse medo, essa experiência que você teve, observe onde ele está instalado em seu corpo. Em alguns de nós, os medos se manifestam no estômago, seja uma pressão ou como se houvesse borboletas

voando ali. Ou talvez esse medo esteja instalado em seus ombros, ou em suas costas; pode ser que ele fique apenas em sua cabeça. No momento presente, apenas observe. "Onde mora meu medo?"

6. Ao sentir aquele medo no momento presente, observe seu coração. Onde está seu coração em relação a seu medo? Seu medo está dentro de seu coração? Ele está longe de seu coração? E, ao começar a mergulhar em seu coração, quero que você imagine a luz que existe dentro dele derramando-se sobre seu medo. Imagine seu amor e os raios cálidos da luz de seu coração irradiando sobre seu medo.

7. Olhe amorosamente para seu medo. Você pode imaginar seu medo como um bebê que está chorando. Pode querer que o choro e o barulho acabem, mas não afasta o bebê: você aconchega o bebê mais para junto de si. Você aninha o bebê. Ama esse bebê e cuida dele. Veja se você estaria disposto a amar seu medo do mesmo modo. Nós não temos de sucumbir a nossos medos. Não temos de concordar com eles. Podemos tão somente amá-los e reconhecê-los por aquilo que são.

8. Por ora, imagine esse medo vivendo dentro de você, representando parte de quem você é, e continue a fazer a luz de seu coração brilhar cada vez mais. Ela brilha tanto que já está cercando o medo, segurando-o. Ela brilha tanto que o medo começa a dissolver. Imagine o medo se dissolvendo ao seu redor, como manteiga sobre panquecas quentes. Isso começa no topo de sua cabeça e segue derretendo por seus ombros e suas costas, acariciando cada célula de seu corpo. Como é dissolver seu medo com amor?

9. Você pode sentir seu medo começar a voltar. Tudo bem. Imagine-se dando um forte abraço nesse medo, recebendo-o com alegria. Dessa vez, convide-o para entrar em seu coração. Diga para ele se sentar e ficar com você ali dentro. Incline-se e toque o medo, olhando bem no fundo dele. Sinta curiosidade. "Medo, o que você quer? Como posso ajudar?"

10. Durante todo o tempo, seu amor está expandindo e crescendo, mantendo seu medo em uma presença amorosa. Não há nada errado, nada a ser rejeitado, nada a repelir. Você está disposto a ser todo esse amor?

Meditação para viver em amor

1. Imagine-se sentado no centro de um círculo. Pense em algumas pessoas a quem você ama profundamente e imagine-as à sua volta, cercando-o, à distância de um braço estendido. Se você estendesse os braços para os lados, a ponta de seus dedos poderia quase tocá-los.

2. Agora, imagine outro grupo de pessoas, sentadas atrás do primeiro grupo a mais ou menos a mesma distância. E, em redor delas, um terceiro grupo. Continue imaginando grupo após grupo, até o infinito, como as ondulações ou anéis formados por um seixo jogado em uma lagoa.

3. Assim sentado no centro desse círculo, eu o convido a localizar seu coração, batendo bem no centro de seu ser. Talvez você sinta vontade de ocupar seu coração nesse exato momento. Pode ser que você sinta ou perceba as batidas de seu coração, exatamente como percebe a velocidade e o ritmo de sua respiração. Talvez você até mesmo note uma luz intensa, brilhante, tão brilhante como o sol, dentro de seu coração. E a cada batida dele, essa luz resplandece ainda mais. E a cada respiração, você pode imaginar essa luz preenchendo completamente seu coração, deixando-o repleto de luz. Enquanto permanece sentado, ocupando seu coração, você de fato se torna essa luz.

4. Imagine essa luz se expandindo, penetrando cada célula de seu corpo. Imagine essa energia luminosa se expandir ainda mais, para além de suas células. Agora, imagine essa luz se expandindo, tão reluzente e com tanta intensidade que ela alcança o primeiro anel de pessoas à sua volta.

5. Com cada respiração, você inspira amor e luz. Com cada expiração, essa luz e esse amor se expandem àqueles que estão no círculo mais interno. Você pode até notar a luz se expandindo como os raios do sol que descem à terra. Talvez você observe que, quando a luz alcança aquele primeiro círculo de pessoas a seu redor, a luz dessas pessoas se expande para além delas mesmas e chega ao círculo seguinte de pessoas. E ao círculo seguinte. E ao seguinte, até ao infinito.

6. Você pode perceber ainda, à medida que inspira, que o ritmo de sua respiração está em sintonia com os anéis daqueles que o cercam. Com cada respiração, seu coração que bate está enviando luz

de você para além. Veja se, nesse momento, você consegue ver o grupo inteiro ficando de pé, inspirando, e sua respiração descendo como as ondas do oceano.

7. Enquanto observa essa luz se expandindo e alcançando as distâncias, tire um instante para voltar para a fonte interior dessa luz e desse amor, a fonte que começou a jorrar dentro de seu coração. Nesse exato instante, você está disposto a aceitar o poder infinito do amor que existe dentro de você, por causa de você e por meio de você? Você é a fonte desse amor e o poder pertence a você. Você estaria disposto a assumir esse poder a todo e cada instante? Estaria disposto a viver a partir da luz que existe no interior de seu coração? Você gostaria de viver nesse poder e nesse amor, e estendê-los às pessoas que o cercam? Você estaria disposto a ser todo aquele amor a todo e cada momento?

Meditação da bondade amorosa

Existem algumas formas de praticar a meditação da bondade amorosa: com uma prática de **visualização**, com uma prática de **reflexão** e com uma prática **auditiva**. A prática **auditiva** é provavelmente a mais simples, já que consiste tão somente no ato de repetir um mantra (mesmo "bondade amorosa" vai funcionar) para si mesmo enquanto pensa em seu parceiro e envia amor e boas vibrações para ele ou ela, em sua mente. Você também pode **visualizar** a outra pessoa sentada à sua frente e sorrir para ela ou sentir alegria, direcionando esse sentimento para ela.

No entanto, a prática de **reflexão** é provavelmente minha predileta. Reflita sobre tudo o que você ama na outra pessoa – seus traços de personalidade, seus atos de bondade ou as dádivas que ele ou ela traz ao mundo. Dissolva a barreira física entre você e essa pessoa, lembrando que vocês são um em nível quântico. As características positivas e os atos de bondade daquela pessoa são compartilhados com você, e os seus com ela. Passe ao estado emocional dessas coisas positivas. Qual é a sensação de dar e receber essas gentilezas? Em seguida, compreendendo que vocês são uma única e mesma pessoa, faça uma afirmação positiva sobre si mesmo.

Essas três práticas podem ser usadas em conjunto (por exemplo, você pode usar a visualização para ajudá-lo a passar ao estado emocional, e, então, a afirmação positiva que você enuncia como resultado de sua reflexão pode tornar-se parte de sua prática auditiva), ou você pode escolher sua favorita. O próximo passo é levar sua meditação de bondade amorosa para fora de sua casa! Leve sua energia amorosa para o trabalho, para a escola, para sua mesa de jantar, até para o Starbucks onde você gosta de pegar uma bebida revigorante durante a tarde. Envie uma breve mensagem de "passando para te mandar amor" para um amigo, ou telefone para seu parceiro no meio do dia apenas para dizer algo gentil.

Quando se trata da energia da bondade amorosa, quanto mais você dá, mais você recebe. E no que diz respeito a sua frequência, ela fica nas zonas POR MIM e ATRAVÉS DE MIM o tempo todo!

Versão guiada da meditação da bondade amorosa

Nessa meditação, permita-se passar de sua habitual disposição de fazer para uma disposição de não fazer. Simplesmente seja. À medida que seu corpo se aquieta, direcione sua atenção para o fato de que você está respirando. E perceba o movimento de sua respiração conforme o ar entra em seu corpo e sai dele. Você não precisa mudar nada em sua respiração. Apenas a perceba e observe. Sinta-a entrando e preenchendo sua barriga quando você inspira... e perceba como a barriga recua em direção à coluna quando você expira. Você está totalmente presente e não precisa estar em nenhum outro lugar além daqui. Neste momento. Bem aqui.

Se surgir algum pensamento que possa distraí-lo, perceba-o. Diga a si mesmo: "pensamento". Não faça nada além de levar a atenção de volta à respiração. Agora, traga à mente alguém por quem você tenha profundos sentimentos de amor. Veja essa pessoa em sua imaginação e observe as emoções que surgem em seu corpo. Perceba quaisquer sensações que apareçam. Uma sensação borbulhante na região do peito? Um sorriso no rosto? Uma onda de calor pelo corpo? Apenas sinta qualquer coisa que você perceber e respire aí.

Agora, sustentando as sensações em seu corpo, deixe a imagem dessa pessoa desaparecer de sua imaginação. Traga à mente uma imagem de si mesmo e veja se consegue estender a si mesmo o amor que traz em seu corpo. Ao fazê-lo, diga as palavras a seguir, mentalmente ou em voz alta.

Que eu seja feliz
Que eu seja saudável
Que eu desfrute minha vida
Que eu viva em paz
Não importa o que venha a mim

Perceba as emoções que vêm à tona e deixe-as emergir enquanto você olha para seu interior, preenchendo-se com amor. Imagine-se preenchendo cada célula de seu corpo com uma luz linda, de qualquer cor que lhe pareça adequada.

Quando se sentir pronto, imagine-se enviando essa mesma luz para alguém que lhe dá apoio, alguém que está sempre a seu lado. Veja essa pessoa em sua mente e imagine que a mesma luz que está inundando seu corpo irradia de seu coração e atravessa o campo quântico até chegar àquela pessoa. Ao fazê-lo, diga as palavras a seguir, mentalmente ou em voz alta:

Que você seja feliz
Que você seja saudável
Que você desfrute sua vida
Que você viva em paz
Não importa o que chegue até você

Quando seus sentimentos estiverem fluindo facilmente em direção a uma pessoa amada, volte sua atenção para alguém com quem você tenha alguma dificuldade. Talvez não alguém que lhe cause muitos problemas, mas alguém que o irrite ou aborreça. Enquanto respira profundamente, envie a mesma luz de seu coração para aquela pessoa. Imagine-a banhada na luz de seu coração. Enquanto mantém essa pessoa em sua mente, diga em voz alta ou mentalmente:

Que você seja feliz
Que você seja saudável
Que você desfrute sua vida
Que você viva em paz
Não importa o que chegue até você

Perceba as sensações e emoções que emergem dentro de você. Não as julgue nem tente mudá-las; apenas deixe-as virem à tona. Agora, evoque em sua mente a comunidade de que você faz parte. Você pode imaginar sua família, seus vizinhos, colegas de trabalho – quem você quiser. Então, imagine essas pessoas banhadas na luz de seu coração, dizendo as seguintes palavras:

Que nós sejamos felizes
Que nós sejamos saudáveis
Que nós desfrutemos nossa vida
Que nós vivamos em paz
Não importa o que venha a nós

Perceba as sensações e emoções que emergem em você. Permaneça sentado na companhia delas por alguns instantes, até que esteja pronto para encerrar a prática.

Visite o *site* <www.drlauraberman.com/quantumlove> para ouvir um áudio da versão guiada de uma meditação bondade amorosa.

Fontes de Pesquisa de Amor Quântico

LISTA DE LEITURA

Capítulo 1: O Que é Amor Quântico, Afinal?

BECK, Martha. *Finding Your Own North Star: Claiming the Life You Were Meant to Live*, Harmony, 2002.
BYRNE, Rhonda. *The Secret*, Atria Books/Beyond Words, 2006.
PIERCE, Penney. *Frequency: The Power of Personal Vibration*, Atria Books, 2009.
SINGER, Michael. *The Untethered Soul: The Journey Beyond Yourself*, New Harbinger Publications, 2007.

Capítulo 2: Conheça Seu Físico Quântico Interior

GROUT, Pam. *E-Squared: Nine Do-It-Yourself Energy Experiments That Prove Your Thoughts Create Your Reality*, Hay House, 2013.

Capítulo 3: Descubra Seu Perfil Energético

DETHMER, Jim; CHAPMAN, Diana; KLEMP, Kaley Warner. *The 15 Commitments of Conscious Leadership: A New Paradigm of Sustainable Success*, Dethmer, Chapman & Klemp. 2015.
DISPENZA, Dr. Joe. *You Are the Placebo: Making Your Mind Matter*, Hay House, 2014.

HAWKINS, David R., M.D. Ph.D. *Power vs. Force: The Hidden Determinants of Human Behavior*, Hay House, 2002.

TAYLOR, Jill Bolte, Ph.D. *My Stroke of Insight: A Brain Scientist's Personal Journey*, Viking, 2008.

WEISS, Brian L. *Many Lives, Many Masters: The True Story of a Prominent Psychiatrist, His Young Patient, and the Past-life Therapy That Changed Both Their Lives*, Simon & Schuster, 2012.

Capítulo 4: Compromisso Nº 1 – Assumirei a Responsabilidade pela Energia Que Trago ao Relacionamento

PILLAY, Srinivasan S. *Life Unlocked: 7 Revolutionary Lessons to Overcome Fear*, Rodale, 2010.

Capítulo 5: Apaixonar-se *vs.* Amor Quântico

BRADEN, Gregg. *The Divine Matrix: Bridging Time, Space, Miracles, and Belief*, Hay House, 2008.

CHAPMAN, Gary. *The 5 Love Languages: The Secrets to Love That Lasts*, Northfield, 2015.

WALSCH, Neale Donald. *Conversations with God: An Uncommon Dialogue: Book 1*, Hampton Roads Publishing, 1995.

Capítulo 6: Compromisso Nº 2 – Terei Clareza Quanto ao Que Quero do Amor

BRADEN, Gregg. *Walking Between the Worlds: The Science of Compassion*, Radio Bookstore Press, 1997.

LAPORTE, Danielle. *The Fire Starter Sessions: A Soulful Practical Guide to Creating Success on Your Own Terms*, Crown Archetype, 2012.

Capítulo 7: Seu Corpo é uma Usina de Energia

BECK, Martha. *Finding Your Way in a Wild New World: Reclaim Your True Nature to Create the Life You Want*, Free, 2012.

HAY, Louise. *Heal Your Body*, Hay House, 1984.

Capítulo 8: Compromisso Nº 3 – Assumirei a Responsabilidade pela Energia de Meu Corpo

CARR, Kris. *Crazy Sexy Cancer Tips*. New York: Globe Pequot Press, 2007.

DYER, Dr. Wayne W. *Wishes Fulfilled*, Hay House, 2013.
EDEN, Donna. *Energy Medicine: Balancing Your Body's Energy for Optimal Health, Joy and Vitality*, Jeremy P. Tarcher, 2008.
HYMAN, Mark. M.D. *The Blood Sugar Solution 10-Day Detox Diet*. New York: Little, Brown, 2014.
SNYDER, Kimberly. *The Beauty Detox Solution*. New York: Harlequin, 2011.
WARREN, Rick; AMEN, Daniel; and HYMAN, Mark. *The Daniel Plan*, Grand Rapids. MI: Zondervan, 2013.

Capítulo 9: Reeduque Seu Cérebro para Que Sua Mente Possa Trabalhar

KUHN, Greg. *How Quantum Physicists Build New Beliefs*, CreateSpace Independent Publishing Platform, 2013.
_____. *Why Quantum Physicists Do Not Fail: Learn the Secrets of Achieving Almost Anything Your Heart Desires*, CreateSpace Independent Publishing Platform, 2013.
PERT, Candace. *Molecules of Emotion*. New York: Simon & Schuster, 1999.
WILLIAMSON, Marianne. *A Return to Love*. San Francisco: HarperOne, 1996.

Capítulo 10: Compromisso Nº 4 – Reconhecerei Quando Estiver Emperrado e Mudarei do Cérebro para a Mente

BERMAN, Laura. Ph.D. *It's Not Him, It's You!: How to Take Charge of Your Life and Create the Love and Intimacy You Deserve*, Dorling Kindersley Ltd., 2011.
KATIE, Byron. *Loving What Is: Four Questions That Can Change Your Life*, Harmony, 2002.
KOTLER, Steven. *The Rise of Superman: Decoding the Science of Ultimate Human Performance*, New Harvest, 2014.

Capítulo 11: Sexo Quântico

BERMAN, Laura. Ph.D. *Loving Sex: The Book of Joy and Passion*, Dorling Kindersley Ltd., 2011.
_____. *Real Sex for Real Women*, Dorling Kindersley Ltd., 2011.
_____. *The Book of Love: Every Couple's Guide to Emotional and Sexual Intimacy*, Dorling Kindersley Ltd., 2013.

_____. *The Passion Prescription: 10 Weeks to Your Best Sex Ever*, Hachette, 2013.
DAEDONE, Nicole. *Slow Sex: The Art and Craft of Female Orgasm*, Grand Central Life and Style, 2012.
RANKIN, Lissa. M.D. *The Fear Cure: Cultivating Courage as Medicine for the Body, Mind, and Soul*, Hay House, 2015.

Nota do Editor

A Madras Editora não participa, endossa ou tem qualquer autoridade ou responsabilidade no que diz respeito a transações particulares de negócio entre o autor e o público.

Quaisquer referências de internet contidas neste trabalho são as atuais, no momento de sua publicação, mas o editor não pode garantir que a localização específica será mantida.

Outras Fontes

Websites

American Association of Sexuality Educators, Counselors and Therapists [Associação Norte-Americana de Educadores, Conselheiros e Terapeutas em Sexualidade]
<www.aasect.org>
Site *que pode ajudá-lo a encontrar um terapeuta sexual perto de você.*

Chacras
<www.healer.ch/bmsarticle.html>
Aprenda mais sobre seus chacras e sobre como usar o feedback de seu corpo.

The Chopra Center [O Centro Chopra]
<www.chopra.com/ccl/guided-meditations>
Meditações guiadas gratuitas, bem como produtos e programas para aumentar seu bem-estar físico, mental e espiritual.

Co-Dependents Anonymous (CoDA) [Codependentes Anônimos]
<www.coda.org>
Assistência e apoio no tratamento da codependência.

OneTaste
<www.onetaste.us>
Aprenda a respeito da prática da Meditação Orgástica.

Quantum Love [Amor Quântico]
<www.drlauraberman.com/quantumlove>
Aqui você encontrará mais materiais interativos sobre o Amor Quântico, inclusive meditações guiadas.

Transcendental Meditation [Meditação Transcendental]
<www.tm.org>
Descubra mais sobre a Meditação Transcendental e encontre informações sobre aulas e professores.

UCLA Mindful Awareness Resource Center
<www.marc.ucla.edu>
Meditações guiadas gratuitas, bem como outras informações sobre práticas de atenção presente e pesquisas sobre o tema.

**National Domestic Violence Hotline
[Linha Direta Nacional para Violência Doméstica]**
<www.thehotline.org>
800-799-SAFE (7233)
800-787-3224 (TTY)
Oferece ajuda anônima e confidencial, 24 horas por dia, sete dias por semana.

Curadores, *Coaches* e Especialistas

Martha Beck, *coach* pessoal
<www.marthabeck.com>

Diana Chapman, *coach* pessoal
<www.dianachapman.com>

Annmarie Chereso, *coach* de atenção presente
<www.projectmindfulness.net>

Marla Henderson, guia de bem-estar e curadora intuitiva
<www.haniawellbeing.tumblr.com>

Susan Hyman, estrategista intuitiva e *coach* de liderança
<www.susanhyman.com>

Jackie Lesser, *coach* pessoal e criadora da wHoly Shift [Santa Mudança Integral]
<www.thewholyshift.com>

Robert Ohotto, estrategista pessoal intuitivo
<www.ohotto.com>

Srinivasan Pillay, psiquiatra, especialista em medo
<www.srinipillay.com>

Therese Rowley, curadora intuitiva
<www.thereserowley.com>